Führung und Management in den unendlichen Weiten

Lehren aus der Star Trek-Filmanalyse

Meik Führing

Führung und Management in den unendlichen Weiten

Lehren aus der Star Trek-Filmanalyse

2., erweiterte Auflage

Rainer Hampp Verlag   Augsburg, München 2020

Bibliografische Information der Deutschen Nationalbibliothek

Die Deutsche Nationalbibliothek verzeichnet diese Publikation in der Deutschen Nationalbibliografie; detaillierte bibliografische Daten sind im Internet über http://dnb.d-nb.de abrufbar.

ISBN 978-3-95710-277-5 (print)
ISBN 978-3-95710-377-2 (e-book)
ISBN-A/DOI 10.978.395710/3772
1. Auflage, 2017
2., erweiterte Auflage 2020

© 2020   Rainer Hampp Verlag   Augsburg, München
Vorderer Lech 35   86150 Augsburg

www.Hampp-Verlag.de

∞   *Dieses Buch ist auf säurefreiem und chlorfrei gebleichtem Papier gedruckt.*

Liebe Leserinnen und Leser!
Wir wollen Ihnen ein gutes Buch liefern. Wenn Sie aus irgendwelchen Gründen nicht zufrieden sind, wenden Sie sich bitte an uns.

Für meine wundervolle Familie – für Barbara, Amalia, Freya, Ada und Jan: live long and prosper!

Inhaltsübersicht – Mit „Warp-Flug" durch das Buch

Inhaltsverzeichnis – Mit „halbem Impuls" durch das Buch

13

Abbildungsverzeichnis

Vorwort zur 2. Auflage

Drei Jahre nach Erscheinen der ersten Auflage ist es Zeit für eine erweiterte Neu-auflage. Mit den neuen Serien STAR TREK DISCOVERY (zwei Staffeln) und PICARD (eine Staffel) wurden neue Charaktere aus dem STAR TREK-Universum eingeführt und aus weiteren Führungssituationen können relevante Lehren gezogen werden. Der Erfolg von STAR TREK geht ungebrochen weiter.

So erfahren wir beispielsweise in der Serie DISCOVERY mehr von Captain PIKE, den Mentor von Captain KIRK, wie er es in kurzer Zeit schafft, das Kommando zu übernehmen und ein schlagkräftige Team zu formen, das erfolgreich das Geheim-nis hinter dem ROTEN ENGEL erforscht und die tödliche Bedrohung durch die künstliche Intelligenz CONTROL bekämpft. Es kann beobachtet werden, wie die junge, anfangs unsichere SYLVIA TILLY zu einer echten Führungspersönlichkeit reift oder wie MICHAEL BURNHAM, eine junge Führungskraft, es auch ohne formalen Rang schafft, mit visionärem Blick, den Krieg mit den KLINGONEN zu beenden.

Die Serie PICARD zeigt, wie auch eine Führungskraft mit 94 Jahren ein Team von Freiwilligen auf die Beine stellen, herausfordernde Gefahrensituationen bestehen und das Leben in der Galaxis retten kann.

Neu aufgenommen wurde auch ein Kapitel zu Krisen- und Change Management. Die in 2020 begonnene Corona-Krise hat gezeigt, wie wichtig es für Führungskräf-te in der VUCA-Welt ist, entsprechende Kompetenzen zu besitzen. Von den Füh-rungskräften der STERNENFLOTTE kann gelernt werden, wie erfolgreich Krisen be-wältigt werden und nachhaltige Veränderungen gemanagt werden können und soll-ten.

Windhoek, Juni 2020

1 Einleitung

STAR TREK ist hinsichtlich der Zuschauerzahlen die wohl erfolgreichste und langlebigste Science Fiction-Serie aller Zeiten. Mit seinen Einzelserien RAUMSCHIFF ENTERPRISE, THE NEXT GENERATION, VOYAGER, DEEP SPACE NINE, ENTERPRISE, DISCOVERY und PICARD, den insgesamt rund 750 Folgen und Filmen erreicht STAR TREK seit über 50 Jahren eine Millionenpublikum.

Die ungebrochene hohe Attraktivität von STAR TREK basiert auch darauf, dass sehr anschaulich relevante und visionäre Fragestellungen behandelt werden (z.B. Gentechnik, künstliche Intelligenz, Alter, verschiedene Kulturen) und viele Impulse für konkrete Technologien gegeben werden (z.B. Tablet, Smartphone, Sprachsteuerung Computer). So konnten allein die letzten drei Kinofilme „Into Darkness", „Star Trek" und „Beyond" weltweit ein Einspielergebnis von rund 1,2 Mrd. US-Dollar erzielen, bei Produktionskosten von insgesamt 525 Mio. US-Dollar[1] Auch die neuen Serien sind erfolgreich. So wurden einzelne Folgen von Discovery bei Veröffentlichung Anfang 2019 gut acht Millionen Mal bei Netflix angesehen.[2]

1.1 Ziel des Buches ist es, die Lehren aus den unendlichen Weiten des STAR TREK-Universums nutzbar zu machen für ein besseres Verständnis von Führung und Management heute

Auch für den Bereich Führung und Management lohnt sich der vertiefende Blick auf STAR TREK. Dieses Buch entwickelt anhand der Filmanalysen von STAR TREK praxisnahe Lehren und Anregungen für erfolgreiches Führen in der Gegenwart. Es lässt den Leser teilhaben an den Managementerfahrungen der STERNENFLOTTENCAPTAINS und Mitarbeiter. Die Lehren aus der Zukunft, aus den unendlichen Weiten, sollen dazu beitragen, das Bewusstsein zu schärfen für zentrale Handlungsfelder und mögliche Gestaltungshebel von Führungskräften. Zukünftige Führungskräfte, die sich auf ihre Führungsrolle vorbereiten möchten, erhalten vorerlebbare und gut erinnerbare Situationen und Handlungsempfehlungen, die in einer (späteren) eigenen Führungsherausforderung hilfreich sein können.

Das Buch richtet sich an:

- Heutige und zukünftige Führungskräfte;

---

[1] Vgl. Produktionskosten und weltweites Einspielergebnis der Star Trek-Filme in den Jahren 1979 bis 2016 (in Millionen US-Dollar) (2017), in: https://de.statista.com/statistik/daten/studie/497169/umfrage/produktionskosten-und-weltweites-einspielergebnis-der-star-trek-filme/, Zugriff 06.05.2017

[2] Vgl. Unglaublich: «Star Trek: Discovery» wird stärker und stärker und stärker, 08.03.2019, in: http://www.quotenmeter.de/n/107764/unglaublich-star-trek-discovery-wird-staerker-und-staerker-und-staerker, Zugriff 07.06.2020. Amazon Prime, bei der PICARD läuft, veröffentlicht keine Zuschauerzahlen. Die zweite Staffel ist aber bereits in Produktion.

- Personalmanager und -entwickler;

- Dozenten und Studierende von BWL, Management, Wirtschaftspsychologie;

- interne und externe Berater;

- und nicht zuletzt an alle STAR TREK-Fans.

Erstmalig erfolgt damit eine ganzheitliche Aufbereitung des Themenfelds Management und Führung bei STAR TREK über alle Einzelserien. Bislang lag der Fokus vor allem auf Einzelaspekten, wie zum Beispiel dem Führungsstil von Captain PICARD oder der Art und Weise, wie Probleme von Captain KIRK gelöst werden.[3]

1.2 Die Herausforderungen an Führungskräfte werden auch in den nächsten Jahren weiter steigen – insbesondere durch die Digitalisierung wird die Dynamik exponentiell steigen

Führungskräfte leben bereits heute in einer zugleich sehr spannenden und herausfordernden Welt, die oft auch als VUCA-Welt bezeichnet wird. Die Abkürzung **VUCA** steht für **Volatility, Uncertainty, Complexity, Ambiguity**.[4] In kurzer Zeit und kaum vorhersagbar können neue Gegebenheiten entstehen, die die Spielregeln und Rahmenbedingungen, nicht nur für Unternehmen und Führungskräfte, in kurzer Zeit radikal ändern. Solche sogenannten **Schwarzen Schwäne**, (scheinbar) extrem unwahrscheinliche Ereignisse, sind fester Bestandteil der VUCA-Welt, und eben nicht nur eine Ausnahme.[5] Und wenn solche extremen Ereignisse mit anderen extremen Ereignissen (z.B. riesige Heuschreckenschwärme in Ostafrika, die die Vegetation ganzer Länder vernichten oder Klimaschäden) und großen politischen Umwälzungen (z.B. Zunahme des Rechtspopulismus) zusammenkommen, dann ist Führung in besonderem Maße gefordert.

Insbesondere folgende Trends und Entwicklungen sorgen dafür, dass dies auch in den nächsten Jahren so bleibt bzw. die Dynamik weiter zunehmen wird. Zunehmende **Globalisierung** in den letzten Jahrzehnten und damit stärkere Vernetzung mit anderen Unternehmen, neue Konkurrenten und hoher **Verdrängungswettbewerb** erhöhen die Komplexität des Führungshandelns. Zusammentreffen und

---

[3] Vgl. Roberts, Wess/Ross, Bill (1996): Leadership Lessons from Star Trek The Next Generation – Make it so, New York sowie Stölzel, Simone (2012): Unendliche Weiten – Lösungsorientiert denken mit Captain Kirk, Mr. Spock und Dr. McCoy, Göttingen. Weitere Publikationen analysieren Star Trek aus einer Philosophie-Perspektive, wie zum Beispiel Richards, Thomas (1998): Star Trek – Die Philosophie eines Universums, München oder kulturwissenschaftlichen Perspektive wie Hellmann, Kai-Uwe/Klein, Arne (1997): „Unendliche Weiten …" Star Trek zwischen Unterhaltung und Utopie, Frankfurt.

[4] Vgl. Gerras, Stephan J. (2010): Strategic Leadership Primer 3rd edition, Department of Command, Leadership and Management, United States Army War College, Carlisle, S. 1ff

[5] Vgl. Taleb, Nassim Nicholas (2012): Der Schwarze Schwan – Die Macht höchst unwahrscheinlicher Ereignisse, 4. Auflage, München

Zusammenarbeiten mit **anderen Kulturen** und Wertvorstellungen werden zu täglichen Aufgaben, bei der es gilt, die eigenen Interessen im harten Wettstreit um Ressourcen und Einfluss durchzusetzen.

Die weltweite Coronakrise ab 2020 zeigt, wie schnell und mit welcher Dynamik sich solche Trends aber auch wieder radikal ändern können. Es ist zu erwarten, dass im Nachgang der akuten Coronakrise, mit der Abschottung fast aller Länder auf der Welt, die globalen Lieferketten überprüft und tendenziell lokaler und breiter gestaltet werden. Zugleich verschärfte sich der Kampf um bestimmte Ressourcen und Produkte wie z.B. Gesichtsmasken und Beatmungsgeräte und Vorbehalte gegenüber „dem Fremden" als vermeintlichem Überträger und Verursacher des Virus nehmen zu.

Daraus ergeben sich insgesamt **höhere Erwartungen an die Leistung von Führungskräften** und Mitarbeiter sowie an die Attraktivität der Produkte und Dienstleistungen und die Leistungsfähigkeit der Unternehmensprozesse. Dazu gehört auch eine hohe **Krisenmanagement- und Change-Kompetenz** der einzelnen Führungskräfte/Mitarbeiter und der Unternehmen als Ganzes, um die notwendigen Veränderungen schnell und erfolgreich umsetzen zu können. Diese beinhalten unter anderem ein hohes Maß an organisatorischer **Flexibilität** und **Handlungsfähigkeit** sowie **Resilienz** im Sinne psychischer Widerstandsfähigkeit.

Der bereits begonnene **Wertewandel** (Generation Y, Demokratisierung, Gleichberechtigung der Geschlechter, Work-Life-Balance) erfordern einerseits ein größeres Maß an Mitbestimmung und Einbeziehung der Mitarbeiter in Führungssituationen. Zum anderen wandelt sich der vorherrschende „psychologische Vertrag" zwischen Mitarbeiter und Unternehmen. Lange Jahre galt der Vertrag „sicherer und dauerhafter Arbeitsplatz gegen hohe Loyalität und Identifikation mit dem Unternehmen".[6] Derartige langfristige Bindungen nehmen beiderseitig ab, sodass Führungskräfte gefordert sind, zumindest Commitment und Loyalität der Leistungsträger sicherzustellen.[7]

Neue Technologien, zunehmende Digitalisierung und immer kürzer werdende Innovationszyklen erhöhen die Anforderungen an eine schnelle Produktentwicklung (Time to Market) und ermöglichen über die Vernetzung von Daten und Software neue Dienstleistungen. Bis vor kurzem noch erfolgreiche Unternehmen (z.B. Nokia, Blackberry) verlieren in wenigen Jahren ihre Marktführerschaft und werden zum Sanierungsfall.[8] Zugleich ermöglicht die Digitalisierung ein bisher noch nie dagewesenes Ausmaß an Verhaltens- und Leistungskontrolle, deren Potenzial und

---

[6] Vgl. Marr, Rainer/Fliaster, Alexander (2003): Jenseits der „Ich AG" – Der neue psychologische Vertrag der Führungskräfte in deutschen Unternehmen, München und Mering

[7] Vgl. Sennett, Richard (2011): Die Kultur des neuen Kapitalismus, 5. Auflage, Berlin, S. 52 ff

[8] Vgl. Brynjolfsson, Erik/McAfee, Andrew (2015): The Second Machine Age – Wie die nächste digitale Revolution unser aller Leben verändern wird, 2. Auflage, Kulmbach

Nutzung, sowohl aus ökonomischer als auch ethischer Sicht, erstmal von allen Beteiligten verstanden werden muss.

Die **neuen Medien** beschleunigen die Kommunikation und fordern damit von Führungskräften die Bearbeitung und Koordination einer Vielzahl paralleler Themen (Multifokus) und stellen neue Anforderungen an die Führung, z.b. aufgrund virtueller Teams, ortsunabhängiger und sofortiger Erreichbarkeit, der Verfügbarkeit und Nutzung riesiger Datenbestände (Big Data).

Technologie wird zunehmend zum selbstverständlichen Teil der menschlichen Sinne (z.b. GPS, Smartphone, Datenbrille, Virtual Reality, Prothesen/Implantate) und der Gehirnstrukturen und erweitert so die Gestaltungsmöglichkeiten menschlichen Handelns. **Künstliche Intelligenz** wird nach und nach in Arbeitsabläufe und den Alltag integriert.

Der Megatrend der **demographischen Entwicklung** – Industrieländer werden „älter und weniger", Schwellen- und Entwicklungsländer werden „jünger und mehr" – verändert Arbeitsstrukturen und Führungssituationen. Das betrifft zum Beispiel Führung und Erhalt der Leistungsfähigkeit von älteren Mitarbeitern, die Erschließung neuer Arbeitnehmergruppen im **War for Talents**. Die Lebensarbeitszeit steigt, sodass auch Führungskräfte ihre eigene Leistungsmotivation und –fähigkeit bis ins Alter erhalten und ausbauen müssen, z.B. durch entsprechendes **Selbst- und Energiemanagement**.

Diese Merkmale der Gegenwart – hohe Dynamik, hohe Komplexität und hohe Leistungserwartungen an Führung und Mitarbeiter sowie an Unternehmensstrukturen und Unternehmenskulturen – werden sich in den nächsten Jahren noch weiter verstärken. Aufgrund des Zusammenwirkens und insbesondere der digitalen Transformation entsteht eine **exponentielle Veränderungsdynamik** mit entsprechend hohen Anforderungen, aber auch mit großen Gestaltungsmöglichkeiten an Führung und Management.

Was liegt also näher, als einen Blick in die Zukunft zu werfen. Das STAR TREK-Universum macht diesen Blick möglich. Die rund 750 Folgen und Spielfilme liefern ein einzigartiges und umfangreiches Spektrum an Führungssituationen, die die Herausforderungen und Lösungsansätze miterlebbar machen.

Die verschiedenen STAR TREK-Serien und Folgen sind ein ideales Medium, um Aspekte, Probleme und Themen im Bereich Führung, Organisation und Management zu analysieren, bildhaft und real in den Köpfen entstehen zu lassen, zu diskutieren und bestehende Theorien und Konzepte der Managementforschung anzuwenden, zu überprüfen und weiterzuentwickeln. Es gibt wohl keine Organisation, über die es, aufgrund der Vielzahl der Folgen und der Komplexität der Serien, ein vergleichbares Ausmaß an Informationen, Führungssituationen und Beispielen für Verhalten in Organisationen gibt. In kein „reales" Unternehmen kann ein so tiefer und breiter Einblick in das Funktionieren einer Organisation genommen werden wie in die Organisation STERNENFLOTTE bzw. deren Organisationsteile ENTERPRISE, DISCOVERY, VOYAGER und DEEP SPACE NINE.

1.3 Der Leser des Buchs wird mitgenommen auf eine Abenteuerreise mit sechs Missionen zu den zentralen Herausforderungen an Führungskräfte

Passend zu den Abenteuern der STERNENFLOTTE beschreibt dieses Buch eine Abenteuerreise zu den zentralen Herausforderungen und Gestaltungsmöglichkeiten von Führung und Management (to boldly go ...), um Antworten auf folgende **Grundfragen des Managements und der Führung** zu bekommen:

- Was ist ein effektives Führungsverhalten für komplexe und dynamische Situationen?

- Wie können Leistungsfähigkeit und Commitment der Mitarbeiter hergestellt und kontinuierlich ausgebaut werden?

- Wie kann durch die Verankerung von Vision, Strategie und Werten im täglichen Handeln der Mitarbeiter eine fokussierte und leistungsstarke Unternehmenskultur geschaffen werden?

- Was sind schlagkräftige Organisationsstrukturen, die schnelle Entscheidungen und effektives Handeln ermöglichen und fördern? Wie können sie implementiert werden?

- Was sind Ansätze, um erfolgreich mit anderen Kulturen und gegenläufigen Interessen umzugehen, die Beziehungen zu anderen Organisationen zu gestalten und dabei die eigenen Interessen durchzusetzen?

- Wie können Führungskräfte die eigene Leistungsfähigkeit erhalten und ausbauen, um auch in Stresssituationen voll handlungsfähig zu sein?

- Wie können Führungskräfte insbesondere in Krisenzeiten die organisatorische und individuelle Handlungsfähigkeit sicherstellen und aktives Change Management betreiben?

Der Aufbau des Buches gliedert sich, nach einem **Einleitungsteil über STAR TREK und die STERNENFLOTTE**, in insgesamt **sechs Missionen** zu den zentralen Handlungsfeldern für Führungskräfte:

Mission 1: Selbstverständnis Führungskraft

Der Platz der Führungskraft ist auf der Brücke und dort wo die Herausforderungen sind – Eine Führungskraft führt und wer nicht führt, ist keine Führungskraft!

Mission 2: Personalführung

Direkte Führung von Mitarbeitern ist der Kern der Führung – Es geht darum, situativ die richtigen Führungsimpulse zu geben

Mission 3: Teambuilding

Größere Schlagkraft erreicht eine Führungskraft nur durch ein schlagkräftiges Team – Es reicht nicht aus, nur den einzelnen Mitarbeiter zu führen

Mission 4: Unternehmensführung

Eine Führungskraft kann und muss mehr machen als direkte Führung, sie verantwortet das Ganze – Personalführung ist nur ein Gestaltungshebel

Mission 5: Selbstmanagement

Nur wer sich selbst gut führt kann auch andere führen – Auch Selbstmanagement und Persönlichkeitsentwicklung sind Aufgaben für Führungskräfte

Mission 6: Krisenmanagement und Change Management

In der Krise zeigt sich die Qualität einer Führungskraft – Krisen müssen aktiv gemanagt und zugleich als Chance für einen nachhaltigen Change genutzt werden

Die Kapitel sind so aufgebaut, dass sie bei Bedarf auch einzelnen gelesen werden können.

2 Einführung zu Personen und Organisationsstrukturen bei STAR TREK: Die STERNENFLOTTE ist eine komplexe und sich wandelnde Organisation

Dieses Kapitel gibt einen einführenden Überblick über die zentralen Personen und Strukturen – insbesondere für diejenigen Leser, für die STAR TREK Neuland ist oder die nur einzelne Figuren oder Serien kennen.

2.1 Im Überblick: Ein schneller Warp-Flug durch das STAR TREK-Universum

Im Auftrag der 2161 nach dem ROMULANISCHEN Krieg gegründeten VEREINIGTEN FÖDERATION DER PLANETEN (VFP), deren Ziel die friedliche Koexistenz aller Welten der Galaxie ist, verfolgt die STERNENFLOTTE im Wesentlichen die folgenden beiden Ziele: Erforschung der Galaxie und Verteidigung aller Mitglieder der FÖDERATION. Die einzelnen Unterserien der von GENE RODDENBERRY geschaffenen Serie STAR TREK, der erfolgreichsten Science-Fiction-Serie aller Zeiten, spielen in den Hauptzeitlinien im 22. bis 24. Jahrhundert.

Abbildung 1: Die STAR TREK-Serien[9]

Titel	Führungsspitze	Zeit der Serie (Hauptzeitlinie)	Start Erstausstrahlung (USA)
Enterprise (98 Folgen)	Captain Jonathan Archer	2151 - 2161	2001
Discovery (29 Folgen, weitere für 2020 geplant)	Captain Gabriel Lorca, Captain Christopher Pike	2256-2257	2017
Raumschiff Enterprise (79 Folgen)	Captain James Tiberius Kirk	2264 - 2269	1966
The Next Generation (178 Folgen)	Captain Jean-Luc Picard	2364 - 2370	1987
Raumschiff Voyager (172 Folgen)	Captain Kathryn Janeway	2371 - 2378	1995

---

[9] Quelle: Eigene Erstellung

Deep Space Nine (176 Folgen)	Commander/Captain Benjamin Lafayette Sisko	2369 - 2375	1993
Picard (10 Folgen, weitere geplant)	Admiral a.D. Jean-Luc Picard	2399	2020

Zusätzlich gibt es bislang 13 Kino-Spielfilme von STAR TREK, wie die folgende Abbildung zeigt.

Abbildung 2: Kino-Spielfilme STAR TREK

Nr.	Titel	Führungsspitze	Start Kino (in USA)
1	Der Film	Captain Kirk	1979
2	Der Zorn des Khan	Captain Kirk	1982
3	Auf der Suche nach Mr. Spock	Captain Kirk	1984
4	Zurück in die Gegenwart	Captain Kirk	1986
5	Am Rande des Universums	Captain Kirk	1989
6	Das unentdeckte Land	Captain Kirk	1991
7	Treffen der Generationen	Captain Kirk, Captain Picard	1994
8	Der erste Kontakt	Captain Picard	1996
9	Der Aufstand	Captain Picard	1998
10	Nemesis	Captain Picard	2002
11	Star Trek	Captain Kirk (neu)	2009
12	Into Darkness	Captain Kirk (neu)	2013
13	Beyond	Captain Kirk (neu)	2016

2.2 Die Organisationsstrukturen der Raumschiffe und -stationen der STERNENFLOTTE orientieren sich an ihrem militärischen Vorläufer, der US Navy

Im Unterschied zu vielen Organisationen liegt bislang keine zusammenhängende, explizite Beschreibung der Organisationsstrukturen der STERNENFLOTTE und deren Teileinheiten (Raumschiffe und -stationen) vor. Die Identifikation der Strukturen gleicht damit einem Puzzle, in dem verschiedenen Informationen aus den einzelnen Filmen und Episoden zusammengeführt werden. An verschiedenen Stellen wird so unter anderem deutlich, welche Abteilungen, Hierarchiestufen es z.b. auf der ENTERPRISE gibt, welche Personen welche Positionen innehaben und nach welchen Prinzipien und Regeln ein Raumschiff organisiert und geführt wird.

2.2.1 Organisationsstrukturen wandeln sich und müssen sich wandeln mit neuen Aufgaben und Personen

Am Beispiel der STERNENFLOTTE lässt sich eine elementare Eigenschaft von Organisationsstrukturen erkennen. Sie sind nur sehr begrenzt statisch und verändern sich im Zeitverlauf. Dies gilt zum einen für die Organisationsstrukturen innerhalb der sieben Serien, d.h. innerhalb der fünf Jahre der Mission der ENTERPRISE unter KIRK, der sieben Jahre auf DEEP SPACE NINE etc. Zum anderen gilt dies für Entwicklungen und Veränderungen im Zeitverlauf zwischen den sieben Serien, von 2151 bis zum Ende des 24. Jahrhunderts (Hauptzeitlinie der Handlungen, ohne Zeitreisen).

Organisationsstrukturen ändern und entwickeln sich durch die darin agierenden Personen. Handlungen und Strukturen sind interdependent und sind zugleich abhängig und Ausdruck von bestimmten äußeren Gegebenheiten und Zwängen. So wird zum Beispiel die Crew von Captain ARCHER ergänzt um die MACOs, MILITARY ASSAULT COMMAND OPERATIONS, um die ENTERPRISE in der DELPHIC-AUSDEHNUNG zu schützen. Die MACOs sind militärisch ausgebildete „Soldaten" der STERNENFLOTTE. Die militärischen und kampfbezogenen Kompetenzen hatte die bisherige Crew noch nicht. Ein anderes Beispiel ist die Schaffung der inoffiziellen Position des Moraloffiziers für NEELIX auf der VOYAGER. Als zentrale Konsequenz ergibt sich daraus, dass Organisationsstrukturen nur bedingt im Vorfeld planbar sind und unveränderlich dauerhaft konzipiert werden können.

Es ist daher Aufgabe der Führung, die spezifische Eigendynamik einer Organisation zu erkennen und den organisatorischen Wandel im Rahmen des verbleibenden Spielraums zu steuern bzw. zu versuchen, den eigenen Gestaltungsspielraum zu erweitern.

Bevor konkret auf die Organisationsstrukturen und einzelne Personen und Positionen in den sieben Serien eingegangen wird, sollen zunächst die im Wesentlichen gemeinsamen organisationalen Grundstrukturen der Raumschiffe und -stationen verdeutlicht werden, die übergreifende Organisations- und Orientierungsmuster darstellen.

2.2.2 Die Führungsstruktur der STERNENFLOTTE ist zum einen durch eine vertikale Differenzierung der Führungsebenen gekennzeichnet

Ein zentrales übergreifendes Merkmal der Führungsstruktur der STERNENFLOTTE ist eine nach Rängen ausdifferenzierte Hierarchie, wobei in der Regel nicht jede der möglichen Positionen besetzt ist. Die vertikale Differenzierung wurde offensichtlich vom Rangsystem der früheren (also der derzeitigen) US Navy inspiriert und betont den militärischen Charakter der STERNENFLOTTE, den sie, trotz ihres eigentlichen wissenschaftlichen Auftrags, immer auch aufweist.

Abbildung 3: Führungsstruktur der STERNENFLOTTE[10]

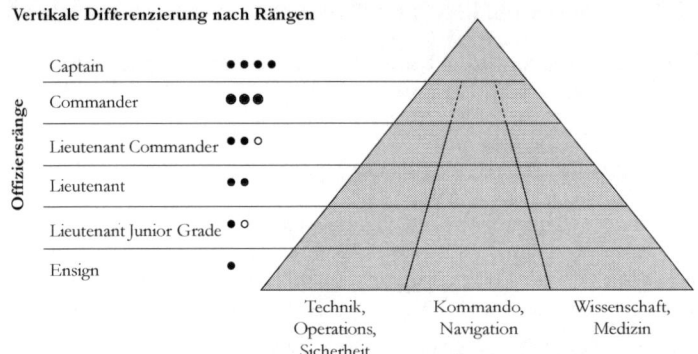

Die Führung eines der größeren und bedeutenden Raumschiffe der Sternenflotte ist typischer mit dem Rang eines **Captains** verbunden, dessen Rangabzeichen vier Knöpfe oder vier Streifen sind. Ein Captain führt im Wesentlich eigenständig und ist in seiner Kleinorganisation die übergeordnete Weisungsinstanz für die Besatzung.

Hierarchisch dem Captain direkt nachfolgend ist der Rang eines **Commanders**, den typischerweise der 1. Offizier eines STERNENFLOTTENCAPTAINS oder der eine Raumstation leitende Offizier (z.B. SISKO in den ersten Jahren auf DEEP SPACE NINE) innehaben. Ein Commander, gekennzeichnet durch drei Knöpfe oder Streifen fungiert als Schnittstelle und teilweise als Vermittler zwischen Besatzung und Captain.

Auf der dritten Rangstufe findet sich der **Lieutenant Commander**, dessen Rangabzeichen drei Knöpfe oder Streifen sind, wovon einer ausgefüllt ist. Typischerweise erhalten (nach einer gewissen Bewährungszeit) die einer Abteilung vorstehenden Offiziere den Rang eines Lieutenant Commanders. Beispiele hierfür sind

---

[10] Quelle: Eigene Erstellung

der leitende medizinische Offizier (Chief Medical Officer, CMO) Dr. MCCOY auf der ENTERPRISE oder Lieutenant Commander TUVOK als leitender Sicherheitschef und taktischer Offizier auf der VOYAGER.

Die dem Lieutenant Commander direkt untergeordnete Rangstufe ist die eines **Lieutenants**, gekennzeichnet durch zwei Knöpfe oder Streifen. Um den Rang eines Lieutenants zu erhalten sind eigenen Kommandoerfahrungen erforderlich.

Die zweitniedrigste Rangstufe für Offiziere ist die eines **Lieutenant Junior Grade**, die üblicherweise für Unterstützungsfunktionen vergeben und mit zwei Knöpfen oder Streifen, wovon einer ausgefüllt ist, gekennzeichnet wird. Ein Beispiel hierfür ist Dr. BASHIR auf DEEP SPACE NINE, an dem auch deutlich wird, dass die Leitung einer Abteilung, - BASHIR ist leitender medizinischer Offizier der Station, - nicht in jedem Fall mit dem Rang eines Lieutenant Commanders verbunden ist.

Mit der sechsten Rangstufe **Ensign** (Fähnrich), mit einem Knopf oder Streifen, schließen die Offiziersränge ab. Dieser Rang wird typischerweise Absolventen der STERNENFLOTTENAKADEMIE in ihren ersten drei Jahren an Bord eines Raumschiffes zugewiesen.

2.2.3 Zum anderen ist sie durch eine horizontale Spezialisierung in verschiedene Abteilungen und Positionen gekennzeichnet

Neben der vertikalen Differenzierung sind die Organisationsstrukturen, und damit auch die Personalstrukturen, horizontal funktional spezialisiert. Es gibt drei grundsätzliche Abteilungen, deren jeweilige Angehörige an der spezifisch farbigen Uniform erkennbar sind, wobei das konkrete Design und die Farbwahl der Uniformen dabei im Zeitverlauf variieren.[11]

- Technik, Operations, Sicherheit;

- Kommando, Navigation;

- Wissenschaft, Medizin.

2.2.4 Ein Zusammenspiel aus Rang- und Positionsprinzip sichert klare und situativ zielführende Entscheidungs- und Weisungsbefugnisse

Um nun zu verstehen, wie die konkreten Entscheidungs- und Weisungsbefugnisse der STERNENFLOTTE organisiert sind, ist es erforderlich zwischen Rang- und Positionsprinzip zu unterscheiden. Während der Rang den jeweiligen Offiziers- oder Besatzungsrang angibt, und damit eine Aussage darüber erlaubt, ob zwischen zwei Mitgliedern der STERNENFLOTTE ein Gleichrangigkeits- oder Unter-

---

[11] Zu einem kompakten Überblick über die Uniformen der verschiedenen Crews vgl. Okuda, Michael/Okuda, Denise (1999): The Star Trek Encyclopedia – A Reference Guide to the Future, Updated and Expanded Edition, New York, S. 533 ff

Überordnungsverhältnis besteht, bezeichnet die Position die konkrete Funktion einer Person.

Typischerweise sind bestimmte Positionen mit bestimmten Rängen verbunden (z.b. Captain mit der Führung eines Raumschiffes). Tendenziell gilt, je bedeutender die Position – insbesondere Chefingenieur, leitender medizinischer Offizier, - desto höher ist auch der Rang einer Person und in der Regel ist der Abteilungschef der Ranghöchste in seiner Abteilung. Rang und Position können aber auch relativ unabhängig voneinander sein. So ist z.b. O'BRIAN auf DEEP SPACE NINE zwar Chefingenieur der Station (Position), rangtechnisch bekleidet er als Chief Petty Officer nicht mal einen Offiziersrang. Möglich ist es auch, dass einzelne Ränge bei einem hierarchischen Aufstieg übersprungen werden. Sie sind also nicht zwangsläufig konsekutiv, wie zum Beispiel bei Dr. BASHIR auf DEEP SPACE NINE, der, ohne jemals Ensign gewesen zu sein, direkt zum Lieutenant Junior Grade befördert wurde. Ränge und Positionen sind daher, obwohl sie in der Regel nicht unabhängig voneinander sind, für ein tieferes Verständnis der Organisationsstrukturen der Sternenflotte analytisch getrennt voneinander zu betrachten.

Ein zentrales Charakteristikum zur Beschreibung der Leitungsstrukturen der STERNENFLOTTE ist die **gleichzeitige Gültigkeit des Rang- und Positionsprinzips**. Rangprinzip meint, dass rangtechnisch höhere STERNENFLOTTEN-MITGLIEDER gegenüber ihren niedrigerrangigen Kollegen entscheidungs- und weisungsbefugt sind. Das Rangprinzip entspricht damit im Wesentlichen dem hierarchisch gestaffelten Einliniensystem. Positionsprinzip meint, dass im Rahmen bestimmter Aufgaben- und Tätigkeitsfelder der Abteilungen den jeweiligen Positionsinhabern inhaltlich positionsbezogene Entscheidungs- und Weisungsrechte zukommen, und zwar zunächst unabhängig von ihrem jeweiligen Rang.

Ein leitender medizinischer Offizier ist beispielsweise die höchste Entscheidungsinstanz in medizinischen Angelegenheiten, auch wenn, wie Dr. BASHIR in seiner Anfangszeit auf DEEP SPACE NINE „nur" Lieutenant Junior Grade ist. In medizinischen Angelegenheiten ist er sogar in bestimmten Situationen dem Captain gegenüber entscheidungs- und weisungsberechtigt. So kann er bei berechtigten Zweifeln eine Überprüfung des psychischen und physischen Gesundheitszustandes des Captains vornehmen und ihm sogar, wenn es notwendig ist, das Kommando entziehen.

In den Fällen und Situationen, in denen eindeutig festzulegen ist, welche Abteilung und Position inhaltlich zuständig ist, ist damit auch die Konstellation der Verantwortungszuordnung, der Entscheidungs- und Weisungsbefugnis eindeutig. Vielfach ist dies allerdings kaum möglich bzw. die Zuständigkeit ist Gegenstand von Streitigkeiten und Diskussionen. Es gibt dann unterschiedliche Meinungen über die jeweiligen Zuständigkeiten. Die oben genannten drei Abteilungen sind im Rahmen der Arbeitsprozesse zur Erfüllung der jeweiligen Organisationsaufgaben (wissenschaftliche Erforschung, Lösung eines technischen Problems, militärischer Einsatz etc.) in der Regel alle betroffen und involviert. Es kommt also zwangsläufig in einem gewissen Ausmaß zu **Verantwortungsdiffusionen**. Rang- und Positionsprinzip kollidieren miteinander, wenn z.B. in einem Projektteam oder auf einer Außenmission Mitglieder verschiedener Abteilungen zusammenarbeiten und es (berechtigter) Gegenstand von divergierenden Interpretationen, Aushandlungen und Machtspielen ist, wer und welche Abteilung die Leitung und damit das letzte Wort haben soll und inwiefern ein ranghöherer Offizier einer unterstützenden Abteilung gegenüber einem rangniedrigeren Offizier der federführenden Abteilung weisungsbefugt ist.

Typischerweise wird versucht, derartige Koordinationsprobleme bereits im Vorfeld zu entschärfen oder zu vermeiden. Zum einen werden in der Regel nur Personen mit Offiziersrang bedeutende Positionen und Funktionen zugewiesen, so dass ein hoher Rang mit einer hohen Position zusammenfällt. Zum anderen erfolgt bei der Zusammenstellung von Projekt- und Außenteams eine eindeutige und klare Zuweisung der Teamleitung, so dass im Rahmen der Projekte oder Außenmissionen diese Person die oberste Instanz ist. Dieses Vorgehen entspricht damit wiederum dem Positionsprinzip, allerdings werden Weisungs- und **Entscheidungsbefugnisse nur befristet** für die leitende Position im Rahmen eines Projektes oder einer Mission vergeben.

Ein weiterer Ansatz/Mechanismus, um diesbezügliche Koordinationsprobleme zu vermeiden, liegt in der Position des 1. und 2. Offiziers begründet. Als direkte Vertreter des Captains stehen sie über einzelnen Abteilungen, selbst wenn sie formal einer Abteilung zugeordnet sind. So sind zum Beispiel der 1. Offizier SPOCK und der 2. Offizier DATA Wissenschaftsoffiziere. Sie sind, in der Position als übergeordnete Führungsoffiziere gegenüber anderen „Abteilungsoffizieren" weisungs- und entscheidungsberechtigt. In vielen Fällen wird daher auch die Leitung eines wichtigen Projekts oder Außenteams dem 1. oder 2. Offizier übertragen.

2.3 Organisationsstrukturen und zentrale Personen auf der ENTERPRISE NCC-1701 unter Captain KIRK: Eine kleine Führungsspitze sichert hohe Schlagkraft der ENTERPRISE in einer relativ unkomplexen Umwelt

Als Einstieg zur Vorstellung der konkreten Organisationsstrukturen (Abb. 4) wird die ENTERPRISE NCC-1701 unter Captain KIRK auf ihrer fünfjährigen Mission (2264-2269) ausgewählt. Dies geschieht vor allem deshalb, weil es sich hierbei, im Vergleich zu den anderen sechs Serien, um die einfachsten und klarsten Strukturen handelt. Ränge und Positionen der zentralen Organisationsmitglieder entsprechen idealtypisch denen der STERNENFLOTTE. Es gibt keine bedeutenden handelnden Personen an Bord, die nicht formales Mitglied der STERNENFLOTTE sind, innerhalb der STERNENFLOTTE sozialisiert und auf der STERNENFLOTTENAKADEMIE ausgebildet wurden.

Insgesamt handelt es sich bei der Organisationsstruktur in diesem Fall um ein **relativ statisches und in sich homogenes Gebilde**. Es gibt in der Führungscrew keine bedeutenden personellen Änderungen über die gesamte Periode von fünf Jahren.

Abbildung 4: Organisationsstrukturen und zentrale Personen auf der ENTERPRISE NCC-1701 unter Captain KIRK[12]

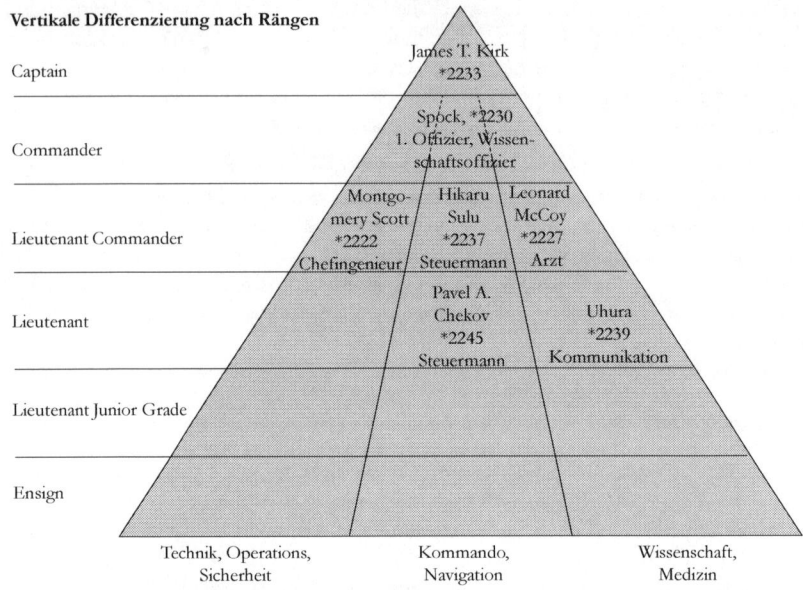

Vertikale Differenzierung nach Rängen

Captain — James T. Kirk *2233

Commander — Spock, *2230 1. Offizier, Wissenschaftsoffizier

Lieutenant Commander — Montgomery Scott *2222 Chefingenieur / Hikaru Sulu *2237 Steuermann / Leonard McCoy *2227 Arzt

Lieutenant — Pavel A. Chekov *2245 Steuermann / Uhura *2239 Kommunikation

Lieutenant Junior Grade

Ensign

Technik, Operations, Sicherheit — Kommando, Navigation — Wissenschaft, Medizin

Horizontale Spezialisierung nach Funktionen/Abteilungen

Obwohl zum Zeitpunkt der Erstausstrahlung der Serie Ende der 1960er Jahre die Organisations- und Personalstrukturen wohl sogar als modern und progressiv angesehen wurden, stellen sie sich doch im Rückblick als relativ traditionell dar. Neben der Statik, Geschlossenheit und Eindeutigkeit der Strukturen sind es vor allem zwei Aspekte, die für eine solche Bewertung sprechen. Zum einen ist dies, gemessen an einem Gleichheitsanspruch für beide Geschlechter, die diskriminierende Unterrepräsentation von Frauen in den Organisationsstrukturen. Wirklich bedeutende Positionen und Ränge werden wie selbstverständlich mit Männern besetzt. Frauen bleiben die klassisch weiblichen Rollen: Ensign CHAPEL als Krankenschwester, Lieutenant UHURA zuständig für Kommunikation als „Empfangsdame" und Yeoman JANICE RAND, zuständig für Dienstleistungen jeder Art – dem Captain Kaffee bringen, ihn massieren etc. Der Reduktion auf ihre Weiblichkeit entspricht konsequenterweise die äußerst knappe Bekleidung, die, so reizvoll sie wohl von der (männli-

---

[12] Quelle: Eigene Erstellung. Aus Gründen der Übersichtlichkeit sind in der Abbildung nur die Hierarchiestufen aufgeführt, auf denen die jeweiligen Personen die überwiegende Zeit waren. Daher sind nicht alle Entwicklungen und Beförderungen enthalten.

chen) Crew und den (männlichen) Zuschauern empfunden wird, eigentlich kein anderes Verhalten in Gefahrensituationen möglich macht, als vergleichsweise passiv und hilfebedürftig auf die Handlungen und Heldentaten der Männer angewiesen zu sein.

Zum anderen können die Strukturen als traditionell bezeichnet werden, da Entscheidungen relativ zentralistisch und paternalistisch getroffen werden. Zwischen dem de facto alleinigen Entscheidungsteam aus KIRK, SPOCK und MCCOY und den übrigen Führungsoffizieren existiert eine große Kluft. Die übrigen Führungsoffiziere werden einerseits nur sehr begrenzt in Prozesse der Entscheidungsfindung und Problemlösung einbezogen, andererseits erweisen sie sich nur bedingt in der Lage, selbstständig und eigenverantwortlich zu handeln – zumindest so lange die drei „Alpha-Tiere" KIRK, SPOCK und MCCOY noch anwesend sind.

Dieser zweite Aspekt steht in enger Beziehung zum Statischen und Unflexiblen der Strukturen. Flexiblere Organisationsstrukturen, mit wechselnden teilautonomen Projektteams, mit weitreichender Delegation an untergeordnete Instanzen etc., setzen ein entsprechendes Selbstverständnis und Menschenbild der handelnden Akteur (bei Vorgesetzten und Untergebenen) genauso voraus wie entsprechende fachliche, methodische und soziale Kompetenzen der Akteure.

2.4 Organisationsstrukturen und zentrale Personen auf der DISCOVERY NCC-1031 unter Captain LORCA und CAPTAIN PIKE: Zwei unterschiedliche Führungspersönlichkeiten an der Spitze prägen die Kultur

STAR TREK DISCOVERY spielt ca. 10 Jahre vor RAUMSCHIFF ENTERPRISE unter Captain KIRK in der Hauptzeitlinie. Die Struktur der DISCOVERY wird hier als zweites vorgestellt, da sie zwar die gleiche Grundstruktur hat wie die ENTERPRISE unter KIRK (die chronologisch erst danach spielt), allerdings einige Komplexitäten und Erweiterungen aufweist. Zunächst werden im Folgenden die Struktur und Personen der ersten Staffel dargestellt.

Nach der Schlacht am Doppelstern am 11. Mai 2256 beginnt der Krieg zwischen dem KLINGONISCHEM REICH und der FÖDERATION, der auch das **Hauptthema der ersten Staffel** darstellt. Kurz vor Schlachtbeginn will sich Commander MICHAEL BURNHAM[13] von der USS SHENZHOU über den Befehl ihres Captains PHILIPPA GEORGIOU hinwegsetzen und die KLINGONEN als erster angreifen. Nach verlorener Schlacht wird sie deswegen wegen Meuterei zu lebenslanger Haft verurteilt. Allerdings wird sie während eines Gefangenentransports an Bord der USS DISCOVERY gebracht und dort von Captain GABRIEL LORCA als Science Specialist, ohne Rang, ins Team aufgenommen. Aufgrund des Kriegszustands hat LORCA die Berechtigung dazu, da die DISCOVERY mit ihrem experimentellen SPORENANTRIEB eine Schlüsselrolle im Kampf gegen die KLINGONEN einnimmt. Mit BURNHAM

---

[13] Anders als der Name vermuten lässt, ist MICHAEL BURNHAM eine weibliche Person.

nimmt damit zum ersten Mal eine Person eine Hauptrolle in einer der STAR TREK-Serien ein, die nicht einen formalen Rang wie Captain oder Commander innehat und außerhalb der Hierarchie steht.

Der SPORENANTRIEB ist ein Antriebssystem, das mit Hilfe des MYCELNETZWERKS und der Sporen des Pilzes Protaxites stellaviatori Sprünge des Raumschiffs an beliebige Orte in bis zu 90 Millionen Lichtjahre Entfernung ermöglicht.[14]

Diese Besonderheit hat direkte organisatorische Konsequenzen. Lieutenant Commander PAUL STAMETS ist als ASTROMYCOLOGIST der verantwortliche Wissenschaftsoffizier und zugleich Chefingenieur. Er leitet also zwei sonst getrennte Bereiche. Unterstützt wird er dabei von Kadett SYLVIA TILLY, einer Spezialistin für theoretisches Ingenieurwesen (Theoretical Engineer) und die Cyborg Commander AIRIAM, der verantwortlichen Brückenoffizierin für den SPORENANTRIEB.

Abbildung 5: Organisationsstrukturen und zentrale Personen auf der DISCOVERY NCC-1031 unter Captain LORCA[15]

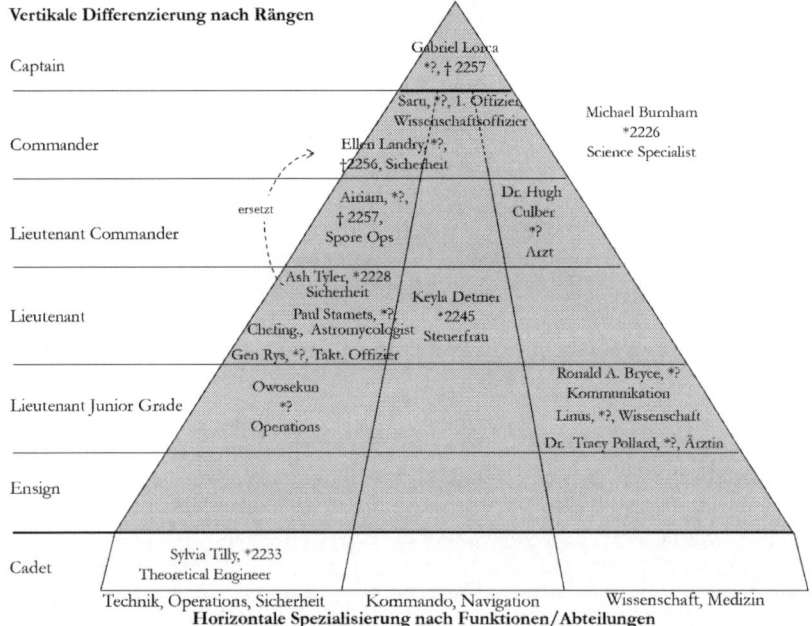

[14] Vgl. Discovery (2017): Lakaien und Könige, 1. Staffel
[15] Quelle: Eigene Erstellung

Captain der DISCOVERY ist GABRIEL LORCA, der, wie sich am Ende herausstellt, aus einem SPIEGELUNIVERSUM stammt und die Rolle des ursprünglichen LORCA eingenommen hat. Dort, im TERRANISCHEN IMPERIUM, führte er den Aufstand gegen den IMPERATOR (entspricht als Person PHILIPPA GEORGIOU in unserem Universum) an und versucht nun, mit allen Mitteln der Täuschung und Manipulation, mit der DISCOVERY wieder zurück in das SPIEGELUNIVERSUM zu kommen[16] Er verhält sich damit auffallend anders, als man es bisher von den STERNENFLOTTENCAPTAINS gewohnt ist. Sein Führungsstil ist geprägt aus einer Mischung aus „Zuckerbrot und Peitsche", inklusive Drohungen und Druckausübung, und einer starken Ich-Orientierung. Das führt dazu, dass er als Captain beziehungsmäßig vom Rest des Teams relativ deutlich getrennt ist (angedeutet durch die fette Linie in der Abbildung) und zum Beispiel bei der Erarbeitung von Lösungen oft nicht dabei ist und sich lediglich die Ergebnisse berichten lässt. Der positive Effekt hieraus ist, dass sich der Rest des Teams mehr und mehr emanzipiert, selbstständig handelt und ein starkes Wir-Gefühl ausbildet.

Vertreter des Captains ist Commander SARU, der erste KELPIANER in der STERNENFLOTTE. Er kennt BURNAHM bereits von der gemeinsamen Zeit auf der USS SHENZHOU, als er Wissenschaftsoffizier war und sie seine Vorgesetzte. Die Hierarchieverhältnisse haben sich damit gedreht, was die Herausforderungen an die Zusammenarbeit sicherlich erhöht hat.

Auch hinsichtlich anderer Beziehungskonstellationen kommen weitere Komplexitäten hinzu, aus denen sich verschiedene Interessenskonflikte und Spannungsfelder ergeben: So leben PAUL STAMETS und Lieutenant Commander Dr. HUGH CULBER, der Schiffsarzt, in einer langjährigen Beziehung; MICHAEL BURNHAM und Lieutenant ASH TYLER, verantwortlich für die Sicherheit, kommen sich persönlich immer näher; LORCA und seine Vorgesetzte Vice-Admiral KATRINA CORNWELL pflegen eine langjährige, auch sexuelle, intime Freundschaft.

Die erste Staffel endet mit einem gewonnenen Krieg in 2257. Captain LORCA wurde im SPIEGELUNIVERSUM vom IMPERATOR getötet und die DISCOVERY schaffte es zurück in das eigentliche Universum. Mit an Bord ist IMPERATOR PHILIPPA GEORGIOU, die von BURNHAM im letzten Moment an Bord der DISCOVERY gebeamt wurde.

Das **Hauptthema der zweiten Staffel** stellt die Suche nach den SIEBEN SIGNALEN und dem sogenannten „ROTEN ENGEL" dar, deren Erscheinen zunächst ein Rätsel ist. Nach und nach zeigt sich, dass der ROTE ENGEL offenbar aus der Zukunft stammt und mit der Bedrohung allen Lebens durch die künstliche Lebensform CONTROL im Zusammenhang steht. CONTROL versucht zur Vergrößerung ihrer

---

[16] Das SPIEGELUNIVERSUM ist ein Paralleluniversum, das mit unserem koexistiert. Dort finden sich grundsätzlich fast alle Personen und Strukturen dupliziert, aber dabei ins Gegensätzliche ausgeprägt. Vgl. Okuda, Michael/Okuda, Denise (1999): The Star Trek Encyclopedia – A Reference Guide to the Future, Updated and Expanded Edition, New York, S. 305

Macht an die Daten aus einer SPHÄRE, die über das Wissen von über 100.000 Jahren verfügt, zu gelangen.[17]

Personell gibt es im Vergleich zur ersten Staffel eine Reihe an Veränderungen: Captain CHRISTOPHER PIKE übernimmt nach STERNENFLOTTENVORSCHRIFT 19, Absatz C, das Kommando über die DISCOVERY von Commander SARU.[18] Von seiner Führungspersönlichkeit her ist er ein Gegenstück zu LORCA. Er zeichnet sich durch eine ausgeprägte Führungsethik aus, es ist absolut integer, sach- statt ichorientiert und interessiert an seinen Mitarbeitern. Seine wichtigste Aufgabe besteht darin, neben der Erforschung der SIGNALE, das Vertrauen des bestehenden Teams zu gewinnen, um für den Kampf gegen CONTROL gerüstet zu sein.

Zu seiner Unterstützung bringt er seine Vertraute, Commander NHAN, eine BARZAN, von der ENTERPRISE, mit auf die DISCOVERY. Sie war zuvor Ingenieurin, jetzt ist sie Sicherheitschefin.

Neu im Führungsteam sind auch Commander JETT RENO, die die leitende Ingenieurin wird, sowie gegen Ende der zweiten Staffel Lieutenant NILSSON, die Lieutenant Commander AIRIAM nach ihrem Tod ersetzt. PAUL STAMETS wurde aufgrund der gezeigten Leistung im Krieg gegen die KLINGONEN zum Lieutenant Commander befördert.

BURNHAM wird aufgrund ihrer Leistungen im Krieg gegen die KLINGONEN rehabilitiert und wieder in ihren früheren Rang als Commander in der Funktion als Wissenschaftsoffizierin eingesetzt. Commander SARU bleibt aber in der Position des Ersten Offiziers und Stellvertreter des Captains.

Eine besondere Rolle nimmt Lieutenant SPOCK, der Stiefbruder von MICHAEL BURNHAM, ein. Er war der Wissenschaftsoffizier von PIKE auf der ENTERPRISE, bevor er sich selbst in eine psychiatrische Anstalt eingewiesen hat, da er höchst verstörende Visionen des ROTEN ENGELS gesehen hat. Formal hat er keine Rolle in der Hierarchiestruktur der DISCOVERY, vielmehr ist er zunächst ein von der STERNENFLOTTE gesuchter Flüchtling, der bei seinem Ausbruch aus der psychiatrischen Anstalt vermeintlich seine Aufpasser getötet haben soll. Dies stellt sich als Manipulation heraus und er wird de facto Teil des Führungsteams der DISCOVERY. Dies verdankt er zum einen sicherlich seinen wichtigen wissenschaftlichen Kompetenzen und dem Wissen über den ROTEN ENGEL. Zum anderen spielen aber wohl auch die Vertrauensbeziehung zu PIKE sowie die familiären Bande zu Burnham (Stiefbruder) und dem vulkanischen Botschafter SAREK (Vater) eine Rolle dabei.

---

[17] Am Ende stellt sich heraus, dass Burnham selbst der ROTE ENGEL ist. Sie reist durch die Zeit, um die DISCOVERY auf die finale Auseinandersetzung mit CONTROL vorzubereiten. Schließlich bringt BURNHAM die Sphärendaten zusammen mit der DISCOVERY über 930 Jahre in die Zukunft in Sicherheit.

[18] PIKE ist eigentlich Captain der ENTERPRISE 1701, die allerdings bei der Untersuchung der Signale schwer beschädigt wurde. Vgl. Discovery (2019): Bruder, 1. Staffel, Zeit 11:15

Abbildung 6: Organisationsstrukturen und zentrale Personen auf der DISCOVERY NCC-1031 unter Captain PIKE[19]

Vertikale Differenzierung nach Rängen

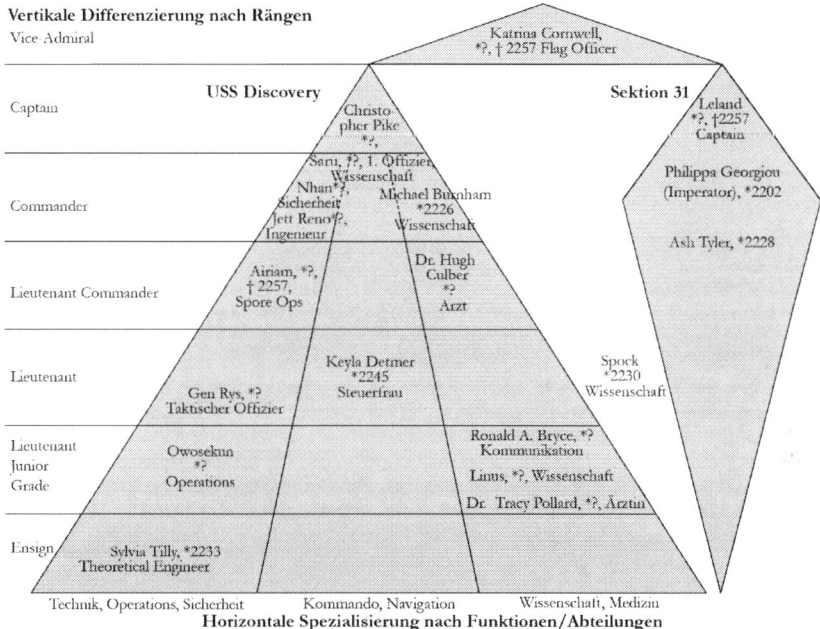

Vice Admiral — Katrina Cornwell, *?, † 2257 Flag Officer

Captain — USS Discovery — Christopher Pike *?, — Sektion 31 — Leland *?, †2257 Captain

Commander — Saru, *?, 1. Offizier — Nhan *?, Wissenschaft — Sicherheit — Jett Reno *?, Ingenieur — Michael Burnham *2226 Wissenschaft — Philippa Georgiou (Imperator), *2202 — Ash Tyler, *2228

Lieutenant Commander — Airiam, *?, † 2257, Spore Ops — Dr. Hugh Culber *? Arzt

Lieutenant — Gen Rys, *? Taktischer Offizier — Keyla Detmer *2245 Steuerfrau — Spock *2230 Wissenschaft

Lieutenant Junior Grade — Owosekun *? Operations — Ronald A. Bryce, *? Kommunikation — Linus, *?, Wissenschaft — Dr. Tracy Pollard, *?, Ärztin

Ensign — Sylvia Tilly, *2233 Theoretical Engineer

Technik, Operations, Sicherheit — Kommando, Navigation — Wissenschaft, Medizin

Horizontale Spezialisierung nach Funktionen/Abteilungen

Neben diesen personellen Veränderungen zeigt die zweite Staffel eine weitere strukturelle Erweiterung. Im Kampf gegen CONTROL muss die DISCOVERY mit SEKTION 31, einer Geheimorganisation der STERNENFLOTTE, zusammenarbeiten. Die Aufgabe von SEKTION 31 ist es, die FÖDERATION mit allen Mittel zu schützen. Dabei greift sie auch auf inhumane Praktiken (z.B. Einsatz verbotener Waffen und Technologien, Folter) zurück, die im Gegensatz zu den Werten der STERNENFLOTTE und der Führungsethik stehen können.

Zu den wichtigsten Akteuren von SEKTION 31 gehören hierbei Captain LELAND und ASH TYLER, der zu SEKTION 31 gewechselt ist und als Verbindungsoffizier auf der DISCOVERY arbeitet. Auch der frühere TERRANISCHE IMPERATOR, PHILIPPA GEORGIOU, arbeitet nun für SEKTION 31, in einer unklaren Rolle und Funktion. Bei aller Unklarheit über den Aufbau von SEKTION 31 scheint es sich um relativ

---

[19] Quelle: Eigene Erstellung. Aus Gründen der Übersichtlichkeit sind in der Abbildung nur die Hierarchiestufen aufgeführt, auf denen die jeweiligen Personen die überwiegende Zeit waren. Daher sind nicht alle Entwicklungen und Beförderungen enthalten. Nicht enthalten ist auch Lieutenant NILSSON, die Commander AIRIAM nach ihrem Tod ersetzt.

kleine Teams zu handeln, die aus hochqualifizierten Mitarbeitern bestehen. Daher ist die Organisationsform tendenziell „top-heavy".

Beide Seiten, das Team der DISCOVERY und das Team von SEKTION 31, misstrauen sich, durchaus aus gutem Grund. Sie müssen aber zusammenarbeiten, wobei es zu verschiedenen Konflikten kommt, da nicht ganz klar ist, wer wann welche Befugnisse hat.

Admiral KATRINA CORNWELL ist die Vorgesetzte der beiden Captains, PIKE und LELAND. Ihre Aufgabe ist es, beide zur Kooperation zu bewegen und dabei den Spagat zwischen der „hellen STERNENFLOTTE" (DISCOVERY) und deren „dunkler" Gegenseite (SEKTION 31) zu schaffen.

2.5 Organisationsstrukturen und zentrale Personen auf der ENTERPRISE NCC-1701 D unter Captain PICARD: Durch die ausgeprägt teamorientierten Strukturen werden die Kompetenzen der Mannschaft systematisch genutzt

Zwischen den Organisationsstrukturen der ENTERPRISE NCC-1701 unter Captain KIRK und denen der ENTERPRISE NCC-1701 D unter Captain PICARD liegen ca. 100 Jahre bzw. 20 Jahre für den Fernsehzuschauer. Diese Zeit hat die STERNENFLOTTE genutzt, um ihre Organisations- und Personalstrukturen auf den Raumschiffen zu verändern und weiterzuentwickeln. Die Strukturen sind flexibler und dynamischer, mit anderen Worten moderner geworden (s. Abb. 7).

Die teamorientierten Organisationsstrukturen auf der ENTERPRISE D weisen wesentliche Gemeinsamkeiten mit dem „System 4" nach LIKERT auf. Die drei grundlegenden Prinzipien lauten:

1. Prinzip der wertschätzenden und unterstützenden Beziehungen;

2. Prinzip der Teamarbeit, -entscheidung und -kontrolle;

3. Prinzip der multiplen überlappenden Organisationsstruktur, situativ abhängig von den jeweiligen Herausforderungen.[20]

In der VOYAGER-Folge „Extreme Risiken" baut ein Team aus PARIS, TUVOK, KIM, SEVEN OF NINE und TORRES in einer gleichberechtigten temporären Teamstruktur den DELTAFLYER. Obwohl nicht der Ranghöchste ist PARIS doch in einer Führungsrolle, wohl vor allem deshalb, da der DELTAFLYER auf seinen Ideen basierte.[21]

Stellvertretend für viele andere, finden sich zwei weitere Beispiele in den Folgen „Auf schmalem Grat", in der LAFORGE, WORF und RIKER das Außenteam bilden sowie in der VOYAGER-Folge „Dämon", in der HARRY KIM zusammen mit TOM

---

[20] Vgl. Schreyögg, Georg (1998): Organisation, 2. Auflage, Wiesbaden, S. 263 ff
[21] Vgl. Voyager (1998): Extreme Risiken, 5. Staffel

PARIS ein Einsatzteam bildet, um DEUTERIUM zu besorgen.[22] Die Abbildung 7 veranschaulicht das grundsätzliche Prinzip.

Abbildung 7: Organisationsstrukturen und zentrale Personen auf der ENTERPRISE NCC-1701 D unter Captain PICARD[23]

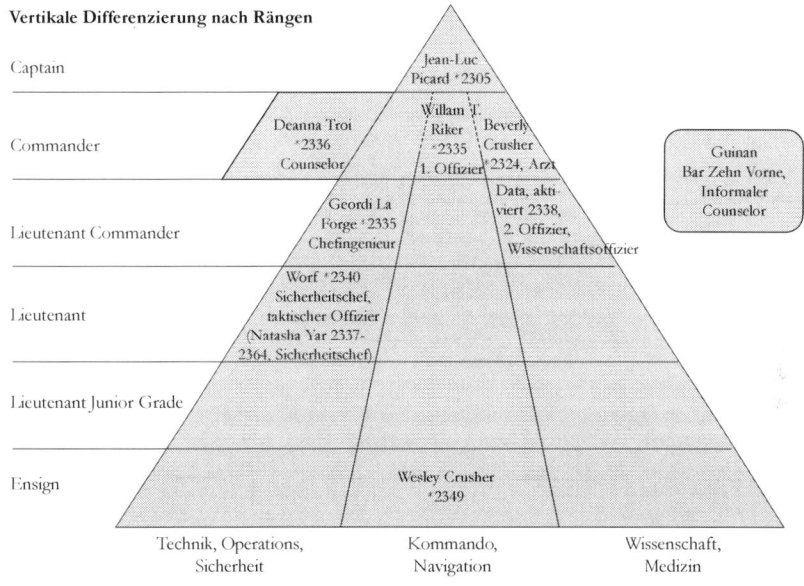

Horizontale Spezialisierung nach Funktionen/Abteilungen

Sichtbar ist diese Veränderung im Hinblick auf die Art und Weise der Zusammenstellung und -arbeit von Projekt- und Außenteams sowie der Position und **Rolle des ersten Offiziers**, hier in Person von Commander WILLAM THOMAS RIKER. Während sich KIRK, begleitet von SPOCK und „PILLE" MCCOY, auf fast allen Außenmissionen immer nach Möglichkeit an vorderster Front auch den gefährlichsten Situationen stellte (und diese zumeist erfolgreich meisterte), ist auf der auf der ENTERPRISE D der Platz des Captains im Normalfall auf der Brücke. Außenteams

---

[22] Vgl. The Next Generation (1989): Auf schmalem Grat, 3. Staffel; Vgl. Voyager (1998): Dämon, 4. Staffel, Zeit 07:50

[23] Quelle: Eigene Erstellung. Aus Gründen der Übersichtlichkeit sind in der Abbildung nur die Hierarchiestufen aufgeführt, auf denen die jeweiligen Personen die überwiegende Zeit waren. Daher sind nicht alle Entwicklungen und Beförderungen enthalten. Nicht enthalten ist auch Dr. PULASKI, die im Jahr 2365 temporär die Vertretung von BEVERLEY CRUSHER übernommen hatte.

werden vom 1. Offizier oder anderen Führungsoffizieren geleitet. Auf den Missionen selbst sind sie weitgehend auf sich selbst gestellt, handeln, interagieren und entscheiden in der Regel autonom. Nur wenn es wirklich notwendig ist, wird die ENTERPRISE kontaktiert, damit PICARD eine Entscheidung trifft.

Abbildung 8: Funktionsübergreifende Zusammenstellung eines Außenteams[24]

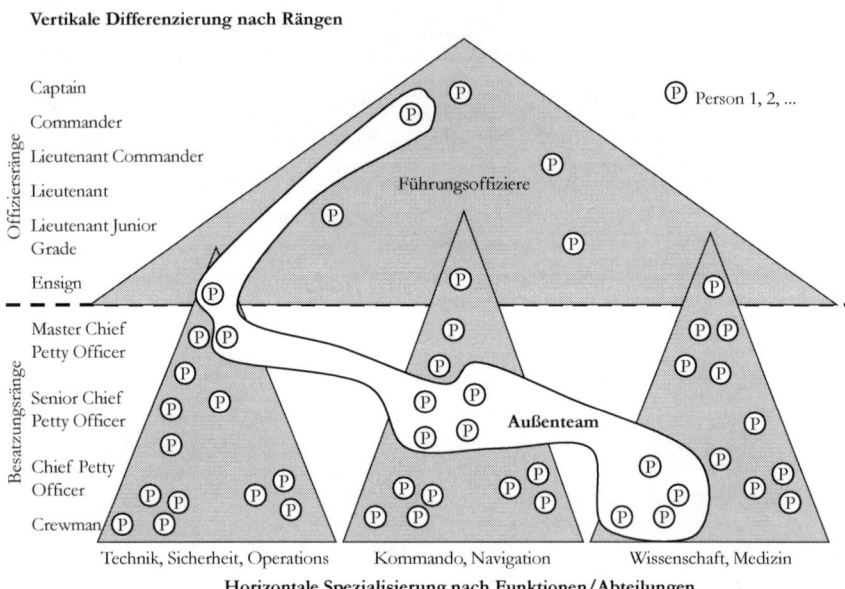

Ein wesentlicher Vorteil einer derartigen Arbeitsorganisation ist darin zu sehen, dass das Raumschiff nicht führerlos im Weltraum schwebt, falls die Mitglieder der Außenmission verletzt oder getötet werden sollten oder falls in der Zwischenzeit andere wichtige Aufgaben (Verteidigung, Verhandlung etc.) anfallen, die die Anwesenheit des Captains erforderlich machen.

Nachteile bestehen darin, dass möglicherweise die Expertise und die Kompetenzen des Captains auf der Außenmission nicht genutzt werden können. PICARD missfällt diese Vorgabe in verschiedenen Situationen, obwohl er sie als sinnvoll und angemessen ansieht. Zu gerne würde er selbst häufiger spannende und herausfordernde

---

[24] Quelle: Eigene Erstellung

Außenmissionen selbst leiten. Entsprechend weist ihn RIKER häufig auf seinen Platz auf der Brücke hin, wie zum Beispiel in der Folge „Der stumme Vermittler".

Riker: „Ich bin immer noch besorgt, dass Sie das Außenteam leiten wollen."

Picard: „Sie sind wie eine Glucke."[25]

Das Thema beschäftigt ihn so sehr, dass er es auch beim Abschied von dem zum Captain beförderten RIKER anspricht, der das Kommando der USS TITAN erhält, mit erstem Auftrag, als Task Force im Zusammenspiel mit den ROMULANERN in der neutralen Zone zu agieren.

Picard: „Ich kann mir keinen besseren Mann dafür vorstellen. Wenn ich darf, ein kleiner Rat in Bezug auf ihr erstes Kommando."

Riker: „Bitte sehr."

Picard: „Wenn ihr erster Offizier darauf besteht, dass Sie keine Außeneinsätze mitmachen dürfen …"

Riker: „… dann ignorieren Sie ihn. Habe ich auch vor."

PICARD grinst.

Riker: „Der Dienst mit Ihnen war mir eine Ehre."

Picard: „Es war mir eine Ehre, Captain."[26]

Möglich werden derartige moderne, multiple und flexible Organisationsstrukturen nur, wenn die Organisationsmitglieder **willens und fähig** sind, ihren, im Vergleich zur ENTERPRISE unter KIRK, erheblich vergrößerten Handlungsspielraum angemessen und erfolgreich auszufüllen – bzw., wenn ihre Vorgesetzten es ihnen ermöglichen und sie dabei unterstützen (**Empowerment**), den Handlungsspielraum auch zu nutzen.

Nicht nur bezüglich der Besatzungsstärke (ca. 1000 im Vergleich zu den ca. 400 Personen unter KIRK) ist die Organisation größer und ausdifferenzierter geworden. So gibt es nun offiziell die Position eines Sicherheitsoffiziers und taktischen Offiziers, in Person von WORF, der die Position des Sicherheitschefs von Lieutenant NATASHA YAR im Jahre 2364 übernommen hat. Neu ist auch die **Stabsfunktion des Counselors**, in Person von DEANNA TROI, die als BETAZOID-Mensch-Mischling aufgrund ihrer empathischen Fähigkeit besonders für diese Position geeignet ist. Es handelt sich um eine Stabsstelle, die nicht unmittelbar eingebunden ist in die hierarchischen Leitungsstrukturen. Sie beinhaltet keine unmittelbaren Entscheidungs- und Weisungsbefugnisse und wirkt im Wesentlichen als unterstützende, konfliktlösende und beratende Stelle, insbesondere für die Führungsoffiziere, aber auch für die übrige Besatzung.

---

[25] The Next Generation (1989): Der stumme Vermittler, 2. Staffel, Zeit 01:40
[26] Star Trek X (2002): Nemesis, Zeit 1:41:32

Neben der offiziellen und formalen Position des Counselors gibt es mit der Person von GUINAN, die in ihrer Ten-forward Lounge („Zehn-vorne") formal nur für die Bewirtung ihrer Gäste zuständig ist, auch die Position eines nichtoffiziellen, informalen Counselors. Aufgrund ihrer wertvollen Erfahrungen und ihrer Persönlichkeit arbeitet sie faktisch ebenfalls als Counselor und stellt für verschiedene Crewmitglieder, insbesondere für PICARD, einen immens wichtigen Gesprächspartner und Ratgeber dar.

Am Fall GUINAN zeigen sich die **Grenzen einer engen Definition der Organisationsmitglieder**, nach der nur diejenigen als Organisationsmitglieder betrachtet werden, die auch formal Mitglieder der STERNENFLOTTE (mit Arbeitsvertrag) sind und mit einem bestimmten Rang in die formalen Leitungsstrukturen der Enterprise eingegliedert sind. Obwohl GUINAN lediglich als Zivilistin an Bord der ENTERPRISE ist und rein formal weder Rang noch Position innehat, erbringt sie für das Funktionieren der Organisation ENTERPRISE durchaus relevante Handlungen. Um Verhalten und Entscheidungsprozesse in Organisationen vollständig erfassen, beschreiben und verstehen zu können ist es gerade bei modernen, dynamischen und flexiblen Organisationsstrukturen notwendig, eine weitere Definition der Organisationsmitglieder zu verwenden, die alle Personen erfasst, die relevante Handlungen in und für die Organisation erbringen.

Zusammenfassend lässt sich also festhalten, dass die Organisationsstrukturen der ENTERPRISE D unter Captain PICARD flexibler, komplexer und dynamischer sind als die der ENTERPRISE unter Captain KIRK. Allerdings bleiben sie noch relativ in sich (ab)geschlossen, da z.B. NICHTSTERNENFLOTTENANGEHÖRIGE offiziell noch keine formalen Positionen oder Ränge bekleiden.

2.6 Organisationsstrukturen und zentrale Personen auf der ENTERPRISE NX-01 unter Captain ARCHER: Auf dem ersten WARP 5-Raumschiff bilden sich die schlagkräftigen Strukturen erst nach und nach im Praxistest aus

Die von der Zeit der Handlung her früheste Serie „Enterprise" führt den Zuschauer in die Anfangszeit der STERNENFLOTTE. Es gibt im Jahre 2151 noch keine VEREINIGTE FÖDERATION DER PLANETEN und mit der ENTERPRISE NX-01, dem ersten und zunächst einzigen WARP 5-fähigen Raumschiff, werden unter der Führung von Captain ARCHER die ersten wirklichen Missionen in die unendlichen Weiten unternommen.

Nach wie vor bzw. bereits in dieser Anfangs- und **Pionierphase** der Organisation STERNENFLOTTE findet sich eine vertikale Differenzierung in verschiedene Ränge und eine horizontale in die **drei Abteilungen Kommando/Navigation, Technik/Sicherheit und Wissenschaft/Medizin/Kommunikation** (s. Abb. 9).

Insgesamt betrachtet sind die Organisationsstrukturen noch nicht sehr verfestigt und geschlossen, sondern vielmehr in einem andauernden und undogmatischen Prozess des Ausprobierens, Weiterentwickelns und Anpassens der Strukturen. Diese Einschätzung resultiert insbesondere aus zwei Gegebenheiten: zum einen aus der Bedeutung und Existenz von T'POL und Dr. PHLOX, zum anderen aus der Integration der MACOs (MILITARY ASSAULT COMMAND OPERATION).

Abbildung 9: Organisationsstrukturen und zentrale Personen auf der ENTERPRISE NX-01 unter Captain ARCHER[27]

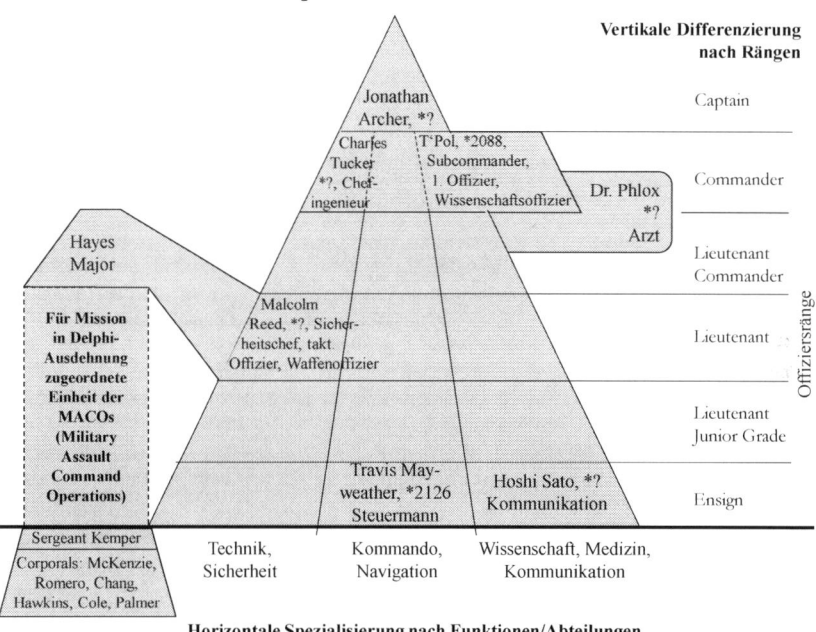

T'POL wurde 2151 zunächst als **Beobachterin** vom VULKANISCHEN HOCHKOMMANDO auf der ersten Mission der ENTERPRISE NX-01 eingesetzt. Sie hat zu diesem Zeitpunkt den VULKANISCHEN Rang eines Subcommander inne, der sie zum höchstrangigen Offizier nach dem Captain macht. Ihr Rang ist also im Vergleich geringfügig höher angesiedelt, als der STERNENFLOTTENFLOTTENRANG eines Commanders.

Auf eigenen Wunsch beantragt T'POL kurz nach Abschluss dieser Mission, als Wissenschaftsoffizier weiterhin an Bord bleiben zu dürfen. Diesem Antrag wird sowohl vom VULKANISCHEN Hochkommando als auch von der Führung der

---

[27] Quelle: Eigene Erstellung. Aus Gründen der Übersichtlichkeit sind in der Abbildung nur die Hierarchiestufen aufgeführt, auf denen die jeweiligen Personen die überwiegende Zeit waren. Daher sind nicht alle Entwicklungen und Beförderungen enthalten.

STERNENFLOTTE entsprochen. Sie übernimmt damit auch formal die Position des 1. Offiziers und Verbindungsoffiziers auf der ENTERPRISE.[28]

Um 2153 an der Mission in die DELPHIC-AUSDEHNUNG teilnehmen zu können, legt sie ihr VULKANISCHES Offizierspatent nieder. Das VULKANISCHE HOCHKOMMANDO ist entschieden gegen diese Mission und weigert sich, diese mit eigenen Leuten zu unterstützen. Nun, formal zwar ohne VULKANISCHEN Rang und offiziell noch kein Mitglied der STERNENFLOTTE, ändert sich faktisch an der Position und Rolle T'POLS auf der ENTERPRISE nichts. Möglicherweise stärkt sie durch ihre Entscheidung sogar ihre Position, da das VULKANISCHE Hochkommando von den STERNENFLOTTENMITGLIEDERN zumeist als arrogant und geheimniskrämerisch angesehen wird. Schließlich, nach Rückkehr aus der DELPHIC-AUSDEHNUNG 2154 wird sie auch formales und offizielles Mitglied der STERNENFLOTTE im Rang eines Commanders.[29]

Auch Dr. PHLOX ist formal kein normales Mitglied der STERNENFLOTTE und ohne Rang. Er übernimmt aber auf ARCHERS Wunsch die Position des leitenden medizinischen Offiziers an Bord der ENTERPRISE. Er arbeitet temporär für die STERNENFLOTTE im Rahmen des INTERSPECIES MEDICAL EXCHANGE-PROGRAMS.[30]

Komplexer werden die Organisations- und Personalstrukturen mit Beginn der Mission in die DELPHIC-AUSDEHNUNG (3. Staffel). Zur militärischen Unterstützung auf der bevorstehenden Reise wird der STERNENFLOTTENCREW, die mit Ausnahme von Waffenoffizier Lieutenant MALCOLM REED und seinen Mitarbeitern im Bereich Sicherheit, eher Wissenschaftler, Forscher und Ingenieure sind, eine Einheit der MACOs zur Seite gestellt. Wohl erstmals und für diesen Auftrag projektbezogen befristet wird die Organisationseinheit der MACOs unter Führung von Major HAYES in die bestehenden Strukturen integriert. Obwohl die MACOs dem Sicherheitschef REED untergeordnet sind, bilden sie, insbesondere zu Beginn, weiterhin eine Art eigene **Organisation in der Organisation**. Die militärischen Ränge Major, Sergeant und Corporal bleiben weiterhin gültig, die MACOs haben eigene Uniformen, Waffen und Leitungsstrukturen und vermischen sich nur allmählich mit der übrigen Crew.

Eine derartige Integration und befristete Fusion zweier unterschiedlicher Organisationsstrukturen bringen zwangsläufig gewisse Spannungen bei der Zusammenarbeit mit sich. Zum einen treffen **unterschiedliche Organisationskulturen** mit jeweils spezifischen Traditionen, Werten, Verhaltensweisen und -vorgaben aufeinander und diese sind nicht in jedem Fall kompatibel miteinander. Zum anderen kommt es typischerweise zu **Kompetenzgerangel und Revierkämpfen**, die sich hier vor

---

[28] Vgl. Enterprise (2001): Aufbruch ins Unbekannte, 1. Staffel
[29] Vgl. Enterprise (2004): Grenzgebiet, 4. Staffel, Zeit 12:30
[30] Vgl. Enterprise (2001): Aufbruch ins Unbekannte, 1. Staffel, Zeit 20:35

allem zeigen in der Rivalität zwischen Lieutenant REED und Major HAYES.[31] HAYES ist hierbei formal der ranghöhere Offizier (Major entspricht ungefähr Lieutenant Commander), ist REED aber aufgrund seiner Position als Sicherheitschef formal unterstellt ist und muss von ihm diesbezügliche Weisungen entgegen nehmen. Es kommt zu diversen Auseinandersetzungen und Meinungsverschiedenheiten über Vorgehensweisen, Zusammenstellungen von Außenteams etc. Auf dem Weg der Auseinandersetzung zwischen STERNENFLOTTENMITGLIEDERN und MACOs entstehen so faktisch neue und gemeinsame Organisationsstrukturen, die den beteiligten Akteuren jeweils ihre Positionen und Rollen mit den jeweiligen Entscheidungs- und Weisungsrechten im erweiterten Gesamtsystem ENTERPRISE zuweisen.

Obwohl beide Organisationen im vereinten Kampf gegen den gemeinsamen lebensbedrohenden Feind zusammenfinden, wurden offensichtlich die Koordinationsprobleme und Nachteile einer derartigen Integration der MACOs in bestehende Strukturen eines Raumschiffes als zu groß angesehen. In dieser Form wird die Abordnung von MACOs nicht noch einmal wiederholt. Vielmehr wird der Erwerb militärischer Kompetenzen (Kampfsport, Umgang mit Waffen, Kampfsimulationen, Strategie etc.) zu einem festen Bestandteil der Ausbildung auf der Sternenflottenakademie gemacht. Die MACOs sind daher selbst auf den gefährlichsten Missionen der späteren ENTERPRISE unter KIRK oder PICARD nicht mehr erforderlich.[32]

Sowohl T'POL und PHLOX als auch die MACOs sind Beispiele dafür, wie Organisationen mit anderen Organisationen, eher freiwillig oder eher zwangsweise, kooperieren und miteinander verzahnt sind.

2.7 Organisationsstrukturen und zentrale Personen auf der USS VOYAGER unter Captain JANEWAY: Zwei Organisationen wachsen zusammen und passen sich den neuen Gegebenheiten chancenorientiert an

Die Organisationsstrukturen der VOYAGER zeichnen sich vor allem durch zwei Besonderheiten aus, die eine Konsequenz aus der Strandung des Raumschiffes im DELTA-QUADRANTEN sind. Die VOYAGER ist ein gutes Beispiel, um deutlich zu machen, welchen Einfluss äußere Zwänge und situative Faktoren auf die Ausgestaltung von Organisations- und Personalstrukturen haben können. Dabei handelt es aber nicht um einen eindeutigen Determinismus in dem Sinne, dass die angepassten Strukturen zwangsläufig und genauso gestaltet sein müssten. Es gibt immer eine Auswahl an Optionen, wie auf bestimmte äußere Einflüsse reagiert werden könnte. Dass bestimmte Strukturen wahrscheinlicher und effektiver sind als andere, ändert

---

[31] Vgl. Enterprise (2004): Der Vorbote, 3. Staffel

[32] Wie herausfordernd die Rückintegration der MACO-Soldaten ins zivile Leben oder die STERNENFLOTTE war, zeigt sich im Film „Beyond". Dort geht es um das Leben von BALTHAZAR M. EDISON, einem früheren MACO, für den die STERNENFLOTTE keine Verwendung mehr hatte und der schließlich zum erbitterten Feind der STERNENFLOTTE und FÖDERATION wurde. Vgl. Spielfilm Star Trek XIII (2016): Star Trek - Beyond

nichts an der **grundsätzlichen Wahlmöglichkeit und Optionenvielfalt** für die verantwortlichen Führungskräfte.

Abbildung 10: Organisationsstrukturen und zentrale Personen auf der USS VOYAGER unter Captain JANEWAY[33]

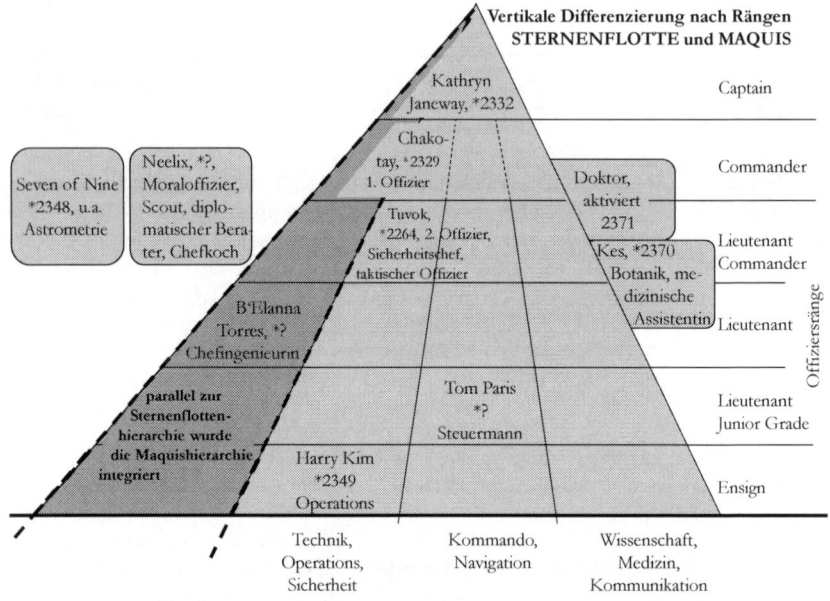

Vertikale Differenzierung nach Rängen
STERNENFLOTTE und MAQUIS

Kathryn Janeway, *2332 — Captain

Chakotay, *2329 1. Offizier — Commander

Doktor, aktiviert 2371

Neelix, *?, Moraloffizier, Scout, diplomatischer Berater, Chefkoch

Seven of Nine *2348, u.a. Astrometrie

Tuvok, *2264, 2. Offizier, Sicherheitschef, taktischer Offizier — Lieutenant Commander

Kes, *2370 Botanik, medizinische Assistentin — Lieutenant Commander / Lieutenant

B'Elanna Torres, *? Chefingenieurin

Tom Paris *? Steuermann — Lieutenant Junior Grade

parallel zur Sternenflottenhierarchie wurde die Maquishierarchie integriert

Harry Kim *2349 Operations — Ensign

Offiziersränge

Technik, Operations, Sicherheit | Kommando, Navigation | Wissenschaft, Medizin, Kommunikation

Horizontale Spezialisierung nach Funktionen/Abteilungen

Die erste Besonderheit betrifft die Zusammenführung der STERNENFLOTTENCREW mit der MAQUISCREW, nach der Zerstörung ihres Raumschiffs. Der MAQUIS, eine paramilitärische Einheit, hat sich aus Protest gegen die neue Grenzziehung im Rahmen des Friedensvertrags zwischen der FÖDERATION und CARDASSIA im Jahre 2370 gebildet.[34] Dabei handelt es sich nicht um einen Zusammenschluss unter Gleichen; vielmehr werden die MAQUIS in die bestehenden Sternenflottenstrukturen integriert und die Leitung hat selbstverständlich Captain JANEWAY. Um die wertvollen Fähigkeiten der MAQUIS zu nutzen, aber auch, um den Willen zu einer möglichst gleichberechtigten Zusammenarbeit deutlich zu machen, erhält Commander

---

[33] Quelle: Eigene Erstellung. Aus Gründen der Übersichtlichkeit sind in der Abbildung nur die Hierarchiestufen aufgeführt, auf denen die jeweiligen Personen die überwiegende Zeit waren. Daher sind nicht alle Entwicklungen und Beförderungen enthalten.

[34] Vgl. Voyager (1995): Der Fürsorger, 1. Staffel, Zeit 00:05

CHAKOTAY die wichtige Position des 1. Offiziers und B'ELANNA TORRES wird zur Chefingenieurin ernannt.

Die MAQUIS behalten dabei aber grundsätzlich zunächst ihre MAQUISRÄNGE und -rangabzeichen und werden nicht formal Angehörige der STERNENFLOTTE. Schließlich wird z.B. TORRES von JANEWAY zum Lieutenant befördert. Zu einem Offiziersrang, den sie aufgrund ihrer im zweiten Jahr abgebrochenen STERNENFLOTTENAKADEMIEAUSBILDUNG unter normalen Umständen nicht erhalten könnte. Offensichtlich verfügt aber ein Captain eines Raumschiffs über die Entscheidungsbefugnis so genannte außerordentliche Beförderungen bei besonderen Leistungen bei einem Einsatz vornehmen zu können. Auf diese Weise erhält auch der ehemalige Strafgefangene TOM PARIS den Rang eines Lieutenants.[35]

Anders als im Fall der MACOs, die der ENTERPRISE unter ARCHER nur befristet für eine bestimmte Mission zugewiesen wurden, handelt es sich im Fall der VOYAGER um eine dauerhafte Integration beider Organisationen. Die Perspektive ist von vornherein eine langfristige, da die Akteure davon ausgehen, dass ihre Rückkehr in den ALPHA-QUADRANTEN und zur Erde ca. 70.000.000 Lichtjahr bzw. 70 Jahre dauern wird. Diese Perspektive trägt sicherlich auch dazu bei, dass nach kurzer Zeit von beiden Seiten, MAQUIS und STERNENFLOTTE, aufrichtige Bemühungen und erfolgreiche Versuche unternommen werden, um Freundschaften aufzubauen und sich in die neuen gemeinsamen Organisationsstrukturen der VOYAGER zu integrieren.

Die zweite Besonderheit der Organisations- und Personalstrukturen bezieht sich auf die Art und Weise der strukturellen Integration von insbesondere vier Personen: des DOKTOR, von NEELIX, KES und SEVEN OF NINE. Diese stehen dauerhaft außerhalb des formalen Rangsystems und teilweise auch außerhalb des formalen Positionensystems der STERNENFLOTTE und tragen auch keine Uniform der STERNENFLOTTE. Gleichwohl handelt es sich bei ihnen um zentrale Organisationsmitglieder, sie sind ein fester Bestandteil des Teams der VOYAGER.

Der DOKTOR, das MEDIZINISCH HOLOGRAPHISCHE NOTFALLPROGRAMM (MHN) hat unter ihnen noch die klarste und eindeutigste Position. Nach dem Tod des ursprünglichen menschlichen leitenden medizinischen Offiziers und des sonstigen medizinischen Personals beim Raumsprung in den DELTA-QUADRANTEN, wird er erstmals aktiviert und nimmt schließlich formal die Position des leitenden medizinischen Offiziers ein, ohne offiziellen Rang.[36]

---

[35] Zwischenzeitig wird PARIS allerdings wieder zum Ensign degradiert, bevor später wieder zum Lieutenant befördert wird. Begründet wird die von Captain JANEWAY vorgenommene Degradierung mit Gehorsamsverweigerung, dem nicht genehmigten Gebrauch eines Shuttles, rücksichtsloser Gefährdung und insgesamt offiziersunwürdigem Verhalten. Vgl. Voyager (1998): 30 Tage, 5. Staffel, Zeit 39:57

[36] Vgl. Voyager (1995): Der Fürsorger, 1. Staffel

Seine Rechte und Rolle sind dabei in der Anfangsphase noch relativ unklar. Die Besatzung sieht in ihm lediglich ein Holoprogramm mit einem anstrengenden Charakter und uncharmanten Sozialverhalten. Das führt dazu, dass er in Situationen, in denen er die anderen nervt, einfach deaktiviert wird, und zwar oft mitten im Satz, was ihn besonders stört. Im Laufe der Zeit, begünstigt durch den mobilen holographischen Emitter, der ihm autonome Missionen außerhalb der Krankenstation und Holodecks erlaubt, entwickelt er sich mehr und mehr zu einem gleichberechtigten Crewmitglied, dem unter anderem das Recht zugestanden wird, sich selbst zu deaktivieren und seine Persönlichkeit durch entsprechende Subroutinen und Erfahrungen zu erweitern.[37]

Als medizinische Assistentin sowie als Lehrerin in sozialen Umgangsformen unterstützt KES, eine OCAMPA aus dem DELTA-QUADRANTEN, den DOKTOR. Zugleich arbeitet sie als Botanikerin an Bord der VOYAGER und zieht Gemüse für die Verpflegung der Crew. Auch sie hat keinen formalen Rang inne. Sie verlässt, entwickelt zu einem höheren Wesen, die VOYAGER im Jahre 2374.[38]

Der TALAXIANER NEELIX war anfangs mit KES in einer partnerschaftlichen Beziehung, er initiiert ihre Rettung von den KAZON mit Hilfe der VOYAGER. Ohne offiziellen Rang vereinte er dennoch eine Reihe unterschiedlichster Positionen und Funktionen in sich. So ist er der Chefkoch der VOYAGER und hilft als beratender Scout (Stabsfunktion) der Crew der VOYAGER bei der Reise durch den bislang unerforschten DELTA-QUADRANTEN. Schließlich ernennt er sich noch selbst zum (inoffiziellen) „Moraloffizier" der VOYAGER, zuständig für die Moral, gute Laune, Ablenkung, Späße, Feste etc.

Ab 2374 ist SEVEN OF NINE, eine ehemalige BORGDROHNE Organisationsmitglied der VOYAGER. Sie kam zunächst als Verbindungsoffizier der BORG an Bord, im Rahmen der Allianz der VOYAGER mit den BORG gegen SPEZIES 8472.[39] Mit der Zerstörung ihres BORGKUBUS wurde sie vom Kollektiv getrennt und mit Hilfe des DOKTORS weitestgehend zurück in ihre menschliche Gestalt zurücktransformiert. Bei der übrigen Crew ist SEVEN aufgrund ihrer Vergangenheit als BORG und ihres mangelhaften Sozialverhaltens zunächst nur in Maßen beliebt und ihr wird gerade in der Anfangszeit auch offen Misstrauen entgegengebracht. Insbesondere JANEWAY fungiert als ihre Mentorin und unterstützt sie in ihrem schwierigen und für alle Beteiligten oft problematischen Prozess der Entdeckung und Entwicklung ihrer Menschlichkeit. Formal bekleidet sie weder Rang noch Position in den Leitungsstrukturen der VOYAGER. Faktisch wird sie, aufgrund ihrer BORG-FÄHIGKEITEN, zu einem wertvollen Akteur bei Außenmissionen und trägt durch ihre Tätigkeit in der Astrometrie wesentlich dazu bei, die Rückreise der VOYAGER zurück zu Erde zu ermöglichen und zu beschleunigen.

---

[37] Vgl. Voyager (1996): Vor dem Ende der Zukunft – Teil 1, 3. Staffel, Zeit 42:28
[38] Vgl. Voyager (1997): Die Gabe, 4. Staffel, Zeit 37:37
[39] Vgl. Voyager (1997): Skorpion – Teil 2, 4. Staffel

2.8 Organisationsstrukturen und zentrale Personen auf DEEP SPACE NINE unter Commander/Captain SISKO: Komplexe und unklare Organisationsstrukturen erfordern ein professionelles Stakeholdermanagement

Im Vergleich zu den Strukturen in den anderen Serien weist die Raumstation DEEP SPACE NINE die wohl dynamischsten, komplexesten und unklarsten Organisationsstrukturen auf (Abb. 11). Im Kern liegt dies in der grundsätzlichen Situation und Funktion der Anwesenheit der STERNENFLOTTE auf der Raumstation begründet. Als Institution zur Friedenschaffung und -sicherung zwischen BAJORANERN und CARDASSIANERN, nach Entdeckung des Wurmloches in den GAMMA-QUADRANTEN auch als Verteidigungsposten gegen das DOMINION, übernimmt die STERNENFLOTTE unter Führung von Commander SISKO wesentliche Teile der Führung von DEEP SPACE NINE. Die ehemalige CARDASSIANISCHE Station ist dabei im Besitz der BAJORANER.

Aus dieser Konstellation heraus erklärt sich die personelle Besetzung zentraler Positionen auf der Raumstation. So stellt das BAJORANISCHE Militär mit Major KIRA NERYS sowohl den 1. Offizier als auch den Sicherheitschef mit dem Formwandler ODO, im BAJORANISCHEN Rang eines Constables. Beide sind nach wie vor Angehörige des BAJORANISCHEN Militärs, sind zugleich aber auch zentrale Organisationsmitglieder der Organisation DEEP SPACE NINE unter der Leitung von Benjamin SISKO.

Anders als im Fall der MACOs auf der ENTERPRISE unter ARCHER und auch anders als im Fall der MAQUIS auf der VOYAGER, ist die STERNENFLOTTENCREW an Bord der Raumstation nur sehr bedingt in einer dominierenden Position. Es befindet sich eine Vielzahl von Personen, Zivilisten und Militärs verschiedenster Kulturen, auf DEEP SPACE NINE, denen gegenüber die STERNENFLOTTENOFFIZIERE nur begrenzt, insbesondere in Sicherheitsfragen, weisungsbefugt sind. Notwendig sind daher ein kontinuierliches Verhandeln und Taktieren an internen und externen Fronten sowie die Vermittlung zwischen den verschiedenen interessenspolitischen Positionen. Das professionelle und intensive **Stakeholdermanagement** ist daher eine Kernaufgabe für SISKO und seine Führungscrew. Um die eigenen Interessen durchsetzen zu können, ist SISKO daher auch darauf angewiesen, ungewohnte Wege zu gehen und pragmatisch geeignete Koalitionspartner zu finden. Ein Beispiel hierfür ist, dass er darauf hinwirkt, den FERENGI QUARK an Bord zu halten, der mit seiner Bar, den Holosuiten, DABOMÄDCHEN und diversen anderen Geschäftsaktivitäten eine zentrale Voraussetzung für eine lebendige Raumstation ist.[40] Es stellt sich im Nachhinein heraus, dass SISKO, bei allen Problemen, die QUARKS profitorientierten Geschäfte mit sich bringen, mit QUARK einen wichtigen Partner im Kampf gegen das DOMINION und andere Bedrohungen gefunden hat.

---

[40] Vgl. Deep Space Nine (1996): Der Streik, 4. Staffel, Zeit 24:00

Abbildung 11: Organisationsstrukturen und zentrale Personen auf DEEP SPACE NINE unter Commander/Captain SISKO[41]

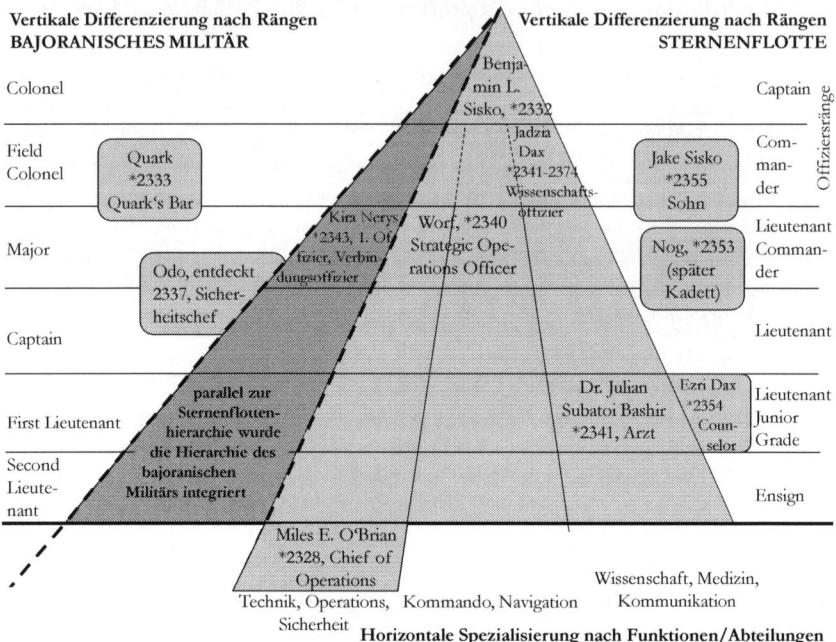

Vertikale Differenzierung nach Rängen
BAJORANISCHES MILITÄR

Vertikale Differenzierung nach Rängen
STERNENFLOTTE

BAJORANISCHES MILITÄR		STERNENFLOTTE
Colonel	Benjamin L. Sisko, *2332	Captain
Field Colonel	Quark *2333 / Quark's Bar — Jadzia Dax *2341-2374 Wissenschaftsoffizier — Jake Sisko *2355 Sohn	Commander
Major	Odo, entdeckt 2337, Sicherheitschef — Kira Nerys *2343, 1. Offizier, Verbindungsoffizier — Worf, *2340 Strategic Operations Officer — Nog, *2353 (später Kadett)	Lieutenant Commander
Captain		Lieutenant
First Lieutenant	parallel zur Sternenflottenhierarchie wurde die Hierarchie des bajoranischen Militärs integriert — Dr. Julian Subatoi Bashir *2341, Arzt — Ezri Dax *2354 Counselor	Lieutenant Junior Grade
Second Lieutenant		Ensign

Miles E. O'Brian *2328, Chief of Operations

Technik, Operations, Kommando, Navigation
Sicherheit

Wissenschaft, Medizin, Kommunikation

Horizontale Spezialisierung nach Funktionen/Abteilungen

Offiziersränge

Insgesamt ist der Zeitraum der Serie, 2369-2375, von einer erheblichen Dynamik der Organisationsstrukturen sowie von Wechseln und Veränderungen der Personalstrukturen geprägt. So gibt es mit USS DEFIANT, die zum Schutz von DEEP SPACE NINE abgestellt wird, eine Erweiterung der Organisation. Das Kommando über dieses hochentwickelte Kriegsschiff hat Commander SISKO. Ab 2372 ist WORF, der nach der Zerstörung der ENTERPRISE D auf DEEP SPACE NINE versetzt wurde, der 1. Offizier der Defiant und übernimmt in SISKOS dreimonatiger Abwesenheit 2375 sogar das Kommando der DEFIANT.[42]

SISKO, 2671 zum Captain befördert, wurde im Jahr 2372 kurzzeitig Sicherheitchef der STERNENFLOTTE auf der Erde. 2373 muss DEEP SPACE NINE dem DOMINION aufgrund dessen Übermacht temporär überlassen werden. SISKO dient in dieser Zeit als Berater im Stab des Admirals zur Koordination des Kampfes gegen das

---

[41] Quelle: Eigene Erstellung. Aus Gründen der Übersichtlichkeit sind in der Abbildung nur die Hierarchiestufen aufgeführt, auf denen die jeweiligen Personen die überwiegende Zeit waren. Daher sind nicht alle Entwicklungen und Beförderungen enthalten.

[42] Vgl. Deep Space Nine (1998): Das Gesicht im Sand, 7. Staffel, Zeit 04:30

DOMINION. Die Organisation DEEP SPACE NINE existiert in dieser Zeit damit nicht mehr in der bisherigen Form. Allerdings zeigt sich an diesem Beispiel, wie Organisationen und Strukturen in neuer und angepasster Form weiterexistieren können, trotz Wechsel von Personen und Lokalität.

2.9 Organisationsstrukturen und zentrale Personen auf der LA SIRENA im Team von Admiral PICARD: Ein One-Mission-Team bildet sich freiwillig und ist als lockeres Gebilde erfolgreich

Die neueste Star Trek-Serie „PICARD" spielt im Jahr 2399. Vier-Sterne-Admiral JEAN-LUC PICARD lebt zurückgezogen auf seinem Château in Südfrankreich und kümmert sich um den Weinanbau. 14 Jahre zuvor hat PICARD die STERNENFLOTTE aus Protest verlassen, da sie eine von ihm initiierte Rettungsmission nicht weiter unterstützen wollte. Diese war notwendig geworden, nachdem eine Supernova das ROMULANISCHE REICH bedrohte. Anfangs unterstützte die FÖDERATION die Umsiedlung von ca. 900 Millionen ROMULANERN. Dann zerstörten Androiden aus unbekanntem Grund Teile der Rettungsflotte und die UTOPIA PLANITIA Flottenwerft auf dem Mars, was zum Verbot künstlicher Lebensformen und dem Abbruch der Rettungsmission führte.

Die absolut menschenähnliche Androidin DAHJ, die verbotenerweise geschaffen wurde und zunächst selbst nicht weiß, dass sie eine Androidin ist, nimmt Kontakt zu PICARD auf. Kurz darauf wird sie im Beisein von PICARD von ROMULANISCHEN Geheimagenten getötet. PICARD macht sich auf die Suche nach ihrer Zwillingsschwester, SOJI, um das Geheimnis und die dahinterliegende Bedrohung zu bekämpfen.

Zunächst versucht er ein Schiff und ein Team von der STERNENFLOTTE zu bekommen, was diese aber ablehnt. Daraufhin stellt er selbst ein Team zusammen und organisiert ein Raumschiff, LA SIRENA, mit ihrem Captain CHRISTÓBAL RIOS, wie in der folgenden Abbildung dargestellt.

Beim „Team PICARD" handelt es sich nicht um eine klassische Organisationsstruktur, sondern eher um eine Art Projektorganisation, die um ein Thema (Geheimnis um die Androiden aufklären) bzw. um eine Person (PICARD) gestaltet ist. Das Team, zumindest in der ersten Staffel, kann als **„One-Mission-Team"** bezeichnet werden. Vereinigend wirken gemeinsame Werte und Ziele sowie dass es sich letztlich bei allen in gewisser Weise um Außenseiter handelt, die hier Zugehörigkeit und wechselseitig Halt finden.

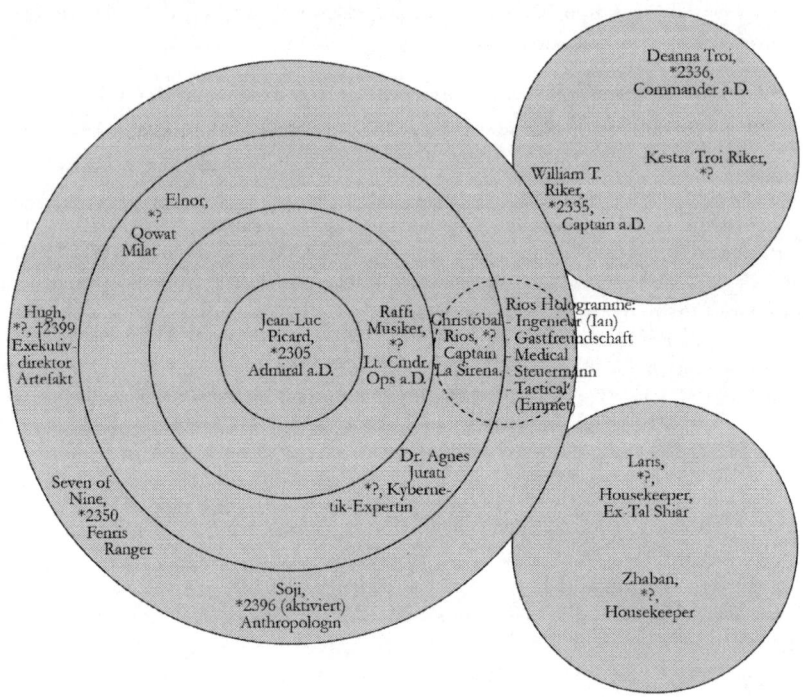

Anders als auf den anderen Schiffen ist hier nicht der Captain die zentrale Person,
sondern PICARD, ein Admiral außer Dienst. Er hat Captain RIOS engagiert und bezahlt ihn dafür, ihn bei der Suche nach SOJI zu helfen. Captain RIOS stellt sein
Schiff, LA SIRENA, und fünf programmierte Hologramme zur Verfügung: 1) den
Techniker und Ingenieur IAN, 2) das Gastfreundschaftsprogramm, 3) das Medizinische Notfallprogramm, 4) das Navigatorische Hologramm und 5) das Taktische
Programm namens EMMET. Diese Hologramme sind einerseits nach RIOS gestaltet
und repräsentieren verschiedene Erfahrungen und Charakterzüge. Andererseits
führen sie aber auch ein Eigenleben und sind damit durchaus (fast) gleichwertige
Crewmitglieder.

Mit dabei ist auch RAFFI MUSIKER, die vor 14 Jahren als Lieutenant Commander PICARDS rechte Hand und erste Offizierin bei der Umsiedlung der ROMULANER war. Sie wurde von der STERNENFLOTTE nach Abbruch der Rettungsmission in den Ruhestand versetzt, was ihr psychisch sehr zugesetzt hat und dazu führte, dass sie eigentlich mit PICARD nichts mehr zu tun haben will.

Insgesamt handelt es sich bei dem Team um ein **fluides Gebilde** und die Zugehörigkeit zum Team ist nicht immer ganz klar bzw. wechselt. Das Team entsteht schrittweise. So will zum Beispiel RAFFI PICARD anfangs nicht unterstützen, dann ist sie bei Abflug aber schon auf der LA SIRENA, will aber auch nur bis zum Planeten FREECLOUD mitkommen usw. Gleichwohl kann sie aufgrund der alten Verbundenheit und Vertrautheit dem innersten Ring zugeordnet werden. Die Ringdarstellung wurde gewählt, um zum einen diese Entwicklungsprozesse zu verdeutlichen und zum anderen, um deutlich zu machen, dass das Team keine Hierarchie und Ränge entsprechend der STERNENFLOTTE hat, auch wenn PICARD, RIOS, RAFFI MUSIKER und SEVEN OF NINE eine STERNENFLOTTENVERGANGENHEIT haben und ihre Erfahrungen und Routine entsprechend einbringen.

Und auch obwohl PICARD Dreh- und Angelpunkt für alle Entscheidungen und Handlungen ist, handelt es sich eher um einen **Verbund von Freiwilligen**, deren Bereitschaft, diesen Entscheidungen auch zu folgen, immer erst durch Überzeugung hergestellt werden muss. Es gibt **keine klare Befehlsgewalt**, bei deren Nichtbefolgung, wie bei der STERNENFLOTTE, das Kriegsgericht drohen würde.

DR. AGNES JURATI, eine führende Kybernetik-Expertin vom DAYSTROM-Institut bittet ihrerseits von sich aus darum, Teil des Teams zu werden.[44] Danach überzeugt PICARD den ROMULANER ELNOR, der von den Kriegernonnen des QOWAT MILAT erzogen wurde und den er bereits als Kind kennengelernt hatte. Die Aufgabe dieses großartigen Kämpfers ist es, PICARD zu beschützen.[45] Beide bilden zusammen mit RIOS den zweiten Ring.

Im dritten Ring befindet sich der Ex-BORG HUGH, der Exekutivdirektor des ROMULANISCHEN Rückgewinnungsprogramms auf dem sogenannten ARTEFAKT, einem ehemaligen BORGKUBUS. Auch hier gibt es eine gemeinsame Vergangenheit mit PICARD. HUGH, war vor vielen Jahren als einziger Überlebender eines BORG-Schiffes auf die ENTERPRISE D unter Captain PICARD gekommen und machte dort seine ersten Schritte, wieder zum Menschen zu werden. Seitdem ist er PICARD in Dankbarkeit verbunden.[46]

Auch SEVEN OF NINE, ebenfalls EX-BORG, ist in dem dritten Ring. Sie kommt nur zufällig an Bord der LA SIRENA.[47] Nach ihrem Dienst auf der VOYAGER unter Cap-

---

44 Vgl. Picard (2020): Keine Gnade, 1. Staffel, Zeit 39:13
45 Vgl. Picard (2020): Unbedingte Offenheit, 1. Staffel
46 Vgl. The Next Generation (1992): Ich bin Hugh, 5. Staffel
47 Vgl. Picard (2020): Unbedingte Offenheit, 1. Staffel, Zeit 42:58

tain JANEWAY wechselte sie zu den sogenannten FENRIS RANGERN, benannt nach dem Planeten FENRIS. Die FENRIS RANGER sehen es als ihre Aufgabe an, im QIRIS-SEKTOR selbst für Recht und Ordnung zu sorgen, nachdem die FÖDERATION dort nach ihrem Rückzug ein Machtvakuum hinterlassen hatte.

Schließlich ist die Androidin SOJI im dritten Ring zu finden, also die Person, um die sich das Hauptthema der ersten Staffel dreht. Sie ist ca. 36 Monate vorher von BRUCE MADDOX zusammengebaut und aktiviert worden. Sie ist eine „Tochter" von DATA, dem Androiden auf der ENTERPRISE D, der Person, der PICARD wohl am engsten verbunden war, was für PICARD letztlich der ausschlaggebende Grund war, sich auf die Suche nach ihr zu machen. Sie steht am Rande des Teams, da die Nachricht, dass sie kein Mensch, sondern eine Androidin ist, sie im tiefsten Inneren erschüttert hat und sehr misstrauisch gegenüber anderen gemacht hat.

Zum erweiterten Team können auch weitere Personen gezählt werden, die ebenfalls einen **Beitrag zur Erreichung der Missionsziele** liefern. Zu nennen sind die beiden romulanischen Housekeeper LARIS und ZHABAN, die PICARD auf Château PICARD beschützt haben und ihm wichtige Information hinsichtlich der Verbindung zum ROMULANISCHEN Geheimdienst, dem TAL SHIAR, gegeben haben. Allerdings bleiben sie auf dem Château und begleiten das Team im weiteren Verlauf nicht.

Auch WILLIAM T. RIKER, DEANNA TROI und ihre Tochter KESTRA können als Teil des erweiterten Teams gesehen werden. PICARD und SOJI besuchen sie auf dem Planeten NEPENTHE und holen sich Rat, Geborgenheit und Unterstützung. Dank KESTRA fasst Soji Vertrauen zu PICARD, eine wesentliche Voraussetzung für den späteren Erfolg ihrer Mission.[48] Und in der Folge „Et in Arcadia Ego, Teil 2" kommt RIKER, wieder als Captain aktiviert, mit einer großen Flotte auch militärisch zur Hilfe.[49]

---

[48] Vgl. Picard (2020): Nepenthe, 1. Staffel
[49] Vgl. Picard (2020): Et in Arcadia Ego, Teil 2, 1. Staffel, Zeit 31:25

3 Mission 1: Selbstverständnis Führungskraft
Der Platz der Führungskraft ist auf der Brücke und dort wo die Herausforderungen sind – Eine Führungskraft führt und wer nicht führt, ist keine Führungskraft!

Führungskraft wird man nicht durch die Visitenkarte, sondern dadurch, dass man die Führungsrolle für sich annimmt, die Situationen aktiv gestaltet, Themen treibt und Probleme löst: Nicht passiv sein, nicht zaudern, sondern machen! Die innere Grundhaltung, führen zu wollen und unternehmerisch zu denken, ist die zwingende Voraussetzung für einen guten Führungsjob. Führungskräfte müssen ihren Platz auf der Brücke einnehmen und „die Zügel in die Hand" nehmen. Dabei kann von den umfangreichen Erfahrungen der Sternenflottencaptains gelernt werden, um sich das eigene Führungs- und Selbstverständnis bewusst zu machen und es noch weiter zu verbessern.

Kernfragen, die auf dieser Mission beantwortet werden

- Was ist die erforderliche innere Grundhaltung für wirksame Führung?

- Welche Herausforderungen sollten sich Führungskräfte bewusst machen?

- Was sind Ansatzpunkte, um die eigene aktive Führungsrolle noch weiter auszubauen?

Die erste Mission findet noch vor Abflug, sozusagen „im Trockendock" statt und ist notwendige Vorbereitung und Fundament für die folgenden Missionen.

3.1 Merkmale des Selbstverständnisses einer wirksamen Führungskraft: Im Kern geht es um eine aktive und gestaltende Grundhaltung

Es braucht die richtige, im Sinne von zielführender, innerer Grundhaltung, den Mind set, das Selbstverständnis „Ich bin Führungskraft" und „Ich gehöre in den Driver Seat". Was macht nun dieses Selbstverständnis konkret aus? Woran ist es zu beobachten? Woran ist aber auch das Fehlen dieser Haltung zu sehen?

3.1.1 Merkmal 1: Eine Führungskraft entscheidet sich dafür, selbst zu treiben statt getrieben zu werden

Das erste Merkmal ist der **innere Antrieb, gestalten zu wollen** und bestimmte Themen selbst zu treiben, statt selbst getrieben zu werden. Dieser Aspekt resultiert damit auch aus einem gewissen Maß an **Macht- und Dominanzstreben**. Eine Führungskraft muss sich, zumindest relativ zu ihren Geführten, als **„Alpha-Tier"** verstehen und bereit sein, Einfluss auszuüben und selbst die Agenda zu bestimmen, was und wie es bearbeitet wird.

Captain KIRK will etwas bewegen, etwas, das real ist und das mit Risiken verbunden ist. Auch wenn er im Laufe seiner Karriere immer mal wieder mit der Rolle des Captains fremdelt und sich sogar in den Planungsstab versetzen lässt, hat er doch letztlich verstanden, dass der Platz auf der Brücke dafür der beste Platz ist. Im Film „Treffen der Generationen" trifft er im NEXUS auf PICARD und spricht zu ihm, nachdem er bei einem Ausritt mit einem Pferd einen anspruchsvollen Sprung versucht und mehrfach geschafft hatte.[50]

> *Kirk: „Den Sprung habe ich sicher 50-mal gemacht. Ich hatte jedes Mal höllische Angst davor, doch diesmal nicht. Weil es nicht real ist. [...] Vielleicht geht es hier für mich gar nicht um ein leeres Haus, vielleicht geht es für mich um diesen leeren Stuhl auf der Brücke der Enterprise. Seit ich die Raumflotte verlassen habe, habe ich nichts mehr bewegt. Captain der Enterprise, was?"*
>
> *Picard: „Das ist richtig."*
>
> *Kirk: „Kurz vor der Pensionierung?"*
>
> *Picard: „Das habe ich noch nicht vor."*
>
> *Kirk: „Naja, ich will Ihnen etwas sagen, tun Sie es nicht. Lassen Sie sich nicht von denen befördern, nicht versetzen. Lassen Sie nicht zu, dass man Sie von der Brücke dieses Schiffes holt, denn solange Sie dort sind, können Sie etwas bewegen."[51]*

Dieses dafür erforderliche Dominanzverhalten kann unterschiedliche Ausprägungen annehmen. Es kann in einer negativen Ausprägung zu korrosiver Energie führen, wie im Fall der Machtkämpfe an Bord von KLINGONENRAUMSCHIFFEN. In einer positiven Ausprägung bedeutet es, mit eigenen Impulsen den Lauf der Geschichte beeinflussen zu wollen.

Das Treiben erfordert Hartnäckigkeit und das Überwinden von Vorbehalten und Widerständen. Das erfordert ein hohes Maß an Energie und Durchhaltevermögen. Wichtig dabei ist es, sich die Konsequenzen des Nicht-Treibens deutlich zu machen, was Captain ARCHER prägnant in der Folge „Vox Sola" formuliert.

> *Archer: „Sobald du aufgibst, ist das Spiel verloren."[52]*

Zugleich kann die Spiel-Metapher dabei helfen, kritische und durchaus ernste Situationen nicht zu ernst zu sehen und den Stresspegel in einem produktiven Rahmen zu halten und auch auf den **Spaßfaktor** zu fokussieren. Für Captain KIRK ist Spaß zu haben sogar ein wesentlicher Antrieb für seine Führungsrolle und Motivation als Captain auf der ENTERPRISE, wie der folgende Dialog mit MCCOY auf der YORKTOWN nach dem Sieg über KRALL zeigt. Kirk ist voller Begeisterung, MCCOY eher zurückhaltend.

> *McCoy: „Du hast nicht mal versucht, unsere Mission kürzer zu gestalten?"*

---

[50] Der NEXUS ist ein nichtlineares zeitliches Kontinuum, in dem die Realität nach den eigenen Wünschen geformt werden kann.

[51] Spielfilm Star Trek VII (1994): Treffen der Generationen, Zeit 1:32:00

[52] Enterprise (2002): Vox Sola; 1. Staffel, Zeit 25:00

58

Kirk: „Warum sollte ich das tun? Pille, wir können jetzt durch diesen Nebel navigieren. Was uns da wohl alles erwartet?"

McCoy: „Außerirdische Despoten, die uns umbringen wollen. Oder tödliche Weltraumviren und -bakterien. Unfassbare kosmische Anomalien, die uns mit einem Schnipsen auslöschen."

Kirk: „Mann, was wird das für ein Spaß!" [53]

Und im Film „Treffen der Generationen" trifft er im NEXUS auf Captain PICARD. Dieser überzeugt ihn davon, den NEXUS zu verlassen und ihm bei der Rettung der ENTERPRISE zu helfen.

Kirk, „Wie könnte ich dem Captain der Enterprise widersprechen. Wie heißt dieser Planet nochmal, Veridian 3? Ich nehme an, die Chancen sind schlecht und die Situation ist trostlos?"

Picard „So sieht es wohl aus."

Kirk „Das wird sicher ein Spaß." [54]

Durch die Zusammenarbeit der beiden Captains wird die ENTERPRISE schließlich gerettet. Allerdings stirbt KIRK dabei und spricht zu PICARD im Sterben seine letzten Worte, mit einem Lächeln auf den Lippen.

Kirk: „Das war ein Spaß." [55]

Hier zeigt sich, wie stark KIRK von seinem ersten Captain und Mentor geprägt wurde. Auch für Captain PIKE ist es wichtig, was immer auch kommen mag, sich den Spaß und die gute Laune nicht verderben zu lassen. Das gilt für ihn, hat aber auch positive Ausstrahlungseffekte auf sein Führungsteam.

Pike: „Wo immer die Mission uns auch hinführt, wir lassen uns dabei auf keinen Fall den Spaß verderben. Hauen wir auf die Pauke und wirbeln bisschen Staub auf."

Burnham: „Ich freue mich schon darauf, Captain. [56]

Für Führungskräfte, die sich selbst in der **Gestalterrolle** sehen, ist der Platz im Sessel des Captains wie ein Jungbrunnen, eine Energiedusche, die sie mit Glückshormonen versorgt. Commander RIKER wird ein eigenes Kommando angeboten und er reflektiert mit PICARD in der Folge „Rikers Vater" das Angebot zur Beförderung.

Riker: „Soll ich das Angebot ablehnen?".

Darauf Picard zu Riker mit glänzenden Augen: „Es gibt wirklich keinen Ersatz dafür, die Zügel zu halten." [57]

---

[53] Spielfilm Star Trek XIII (2016): Star Trek - Beyond, Zeit 1:45:46
[54] Spielfilm Star Trek VII (1994): Treffen der Generationen, Zeit 1:34:48
[55] Spielfilm Star Trek VII (1994): Treffen der Generationen, Zeit 1:43:58
[56] Discovery (2019): Bruder, 1. Staffel, Zeit 55:20

Letztlich entscheidet sich RIKER dagegen und bleibt auf der ENTERPRISE, da es für ihn der bessere Platz für die persönliche Entwicklung ist. Auch dort ist und bleibt er damit aber eine Führungskraft, die treibt und sich bewusst entscheidet – er ist Akteur.

Von einer anderen Seite betrachtet, bedeutet es auch, dass man sich, wenn man es wirklich will, die Führungsrolle aktiv nehmen muss und nicht passiv darauf warten sollte, bis sie zu einem kommt. Der Unterschied zwischen einer echten Führungskraft mit entsprechender innerer Haltung und einer Person, die in erster Linie am Prestige der Position interessiert ist, wird an folgender Szene auf der DEFIANT in der DEEP SPACE NINE-Folge „Der Widersacher" deutlich, in der SISKO vom Commander zum Captain befördert wird.

> *Lt. Commander Eddington: „Es ist der Posten des Captains, auf den jeder scharf ist. Als ich anfing, war das auch mein Ziel. Man wird aber nicht Captain, wenn man eine goldene Uniform trägt."*

> *Sisko: „Wieso wechseln Sie dann nicht von der Sicherheit zur Kommandoebene?"* [58]

Während EDDINGTON sich in einer Opferrolle „einrichtet", und die Schuld in den Strukturen sieht, nimmt SISKO direkt eine aktive Rolle ein und fokussiert auf das eigene Handeln und Gestalten der Situation.

Selbst bei erfahrenen Führungskräften kann es immer wieder Situationen geben, in der die Treiberrolle temporär verloren geht. Dann kommt es darauf an, wieder in die Aktion zu kommen, den richtigen Moment abzuwarten und mit aller Konsequenz wieder die Treiberrolle einzunehmen und die Regeln zu bestimmen. Captain KIRK verfügt in diesem Zusammenhang über eine hohe **Frustrationstoleranz**, wie McCoy treffend formuliert als MCCOY, KIRK, SCOTT, CHEKOV und SULU im Film „Auf der Suche nach Mr. Spock" die verglühende ENTERPRISE betrachten.

> *Kirk: „Mein Gott, Pille, was habe ich getan?"*

> *McCoy: „Was du tun musstest. Was du immer tust. Was dir entspricht. Trotz aller Verluste weiter ums Überleben zu kämpfen."* [59]

Im Film „Am Randes des Universums" wird Captain KIRK vom Vulkanier SYBOK zunächst gefangen genommen, und dann, als die ENTERPRISE (vermeintlich) SHA KA REE erreicht, der Ort, den die Menschen Eden nennen, auf die Brücke geführt. SYBOK überlässt ihm wieder die Brücke, ohne Bedingungen – und KIRK geht direkt wieder in die Treiberrolle und erteilt Befehle.

> *Daraufhin fragt Kirk: „Woher wollen sie wissen, dass ich nicht umkehre?"*

> *Sybok: „Weil auch sie erfahren wollen, was uns dort erwartet."*

---

[57] Vgl. The Next Generation (1989): Rikers Vater; 2. Staffel, Zeit 25:00
[58] Vgl. Deep Space Nine (1995): Der Widersacher; 3. Staffel, Zeit 12:09
[59] Spielfilm Star Trek III (1984): Auf der Suche nach Mr. Spock, Zeit 1:12:48

Kirk: „Na gut, wenn wir es schon durchziehen, dann streng nach Vorschrift. Mr. Chekov, sie haben das Kommando, Mr. Sulu, Standardorbit. Uhura, Raumfähre auf Abruf. Sybok, Spock, Dr. McCoy, sie kommen mit mir, die übrigen bleiben an Bord. Bis ich weiß, was uns dort unten erwartet. Na, steht nicht da wie die Salzsäulen, Gott ist ein vielbeschäftigter Mann." [60]

Diese Szene ist zugleich ein Beispiel dafür, dass eine schwierige Situation nicht vermieden oder verdrängt wird, sondern sich eine treibende Führungskraft dieser Situation stellt und darauf zu bewegt. Die **Lösung eines Problems liegt demnach immer dort, wo das Problem ist**. Ein weiteres Beispiel dafür findet sich am Ende des ersten STAR TREK-Films, als KIRK auf die Sonde VGER zugeht und die direkte Konfrontation, sozusagen Angesicht zu Angesicht, sucht. [61]

3.1.2 Merkmal 2: Eine Führungskraft will und kann jede Situation gestalten, denn es gibt keine ausweglosen Situationen

Am deutlichsten wird dieses Merkmal an dem vielzitierten Ausspruch von Captain KIRK „Es gibt keine aussichtslose Lage" [62]. Noch deutlicher wird es im englischen Original *„I do not believe in no-win-scenarios"*, denn im Begriff Szenario wird deutlich, dass es eben auch andere Szenarien und Möglichkeiten gibt, die Situation oder ein Problem zu betrachten. Die Situation, in der man sich befindet, wird nicht als etwas objektiv Gegebenes verstanden, sondern als etwas, was unterschiedlich interpretiert und damit auch umgestaltet werden kann. Wissenschaftlich formuliert besteht das Selbstverständnis einer Führungskraft darin, **Wirklichkeit zu konstruieren**. Und zwar eine Wirklichkeit, die von Dritten als „objektiv" angesehen wird. Durch die Interpretation, durch die Umdefinition einer Situation ändern sich die Handlungsmöglichkeiten und es eröffnen sich **Freiräume für Führungshandeln** und neue Lösungswege. Durch diese Sicht auf die Welt wird die Welt eine andere. Sie wird zu einer Welt ohne Sackgassen, zu einer Welt der Möglichkeiten.

Exemplarisch zeigt sich diese innere Haltung in der ENTERPRISE-Folge „Vereinigt", in der Captain ARCHER bewusst in einen Kampf mit seinem Freund dem ANDORIANER SHRAN geht, von dem ihm T'POL abhalten will.

T'Pol: „Die Vulkanier haben ein Sprichwort: „Ein Mann kann die Zukunft gestalten. Wenn dieser Mann sein Leben jedoch vor seiner Zeit wegwirft, was passiert dann?"

Darauf Archer: „Ich habe in diesen Jahren auf der Enterprise etwas gelernt, nämlich, dass die Zukunft nicht feststeht." [63]

---

[60] Vgl. Spielfilm Star Trek V (1989): Am Rande des Universums, Zeit 1:15:50
[61] Vgl. Spielfilm Star Trek I (1979): Der Film, Zeit 1:44:10
[62] Spielfilm Star Trek XI (2009): Star Trek, Zeit 33:00 sowie Spielfilm Star Trek II (1982): Der Zorn des Khan, Zeit 1:13:55
[63] Vgl. Enterprise (2005): Vereinigt; 4. Staffel, Zeit 27:30

ARCHER, der SHRAN nicht töten will und selbst auch nicht getötet werden will, und der aus übergeordneten Gründen den geltenden kulturellen Regeln entsprechen muss, geht ein kalkuliertes Risiko ein. Es ist ein kalkuliertes Risiko, da es sich zum einen über die eigenen Stärken und Schwächen und die von SHRAN bewusst ist. Zum anderen aber findet und gestaltet er mit Hilfe von HOSHI SATO und TRAVIS MAYWEATHER einen Ausweg aus der Situation, die zunächst nur durch den Tod des einen aufzulösen erscheint. ARCHER schneidet im Duell SHRAN am Kopf seinen linken Fühler ab. Der Kampf ist damit beendet, der Tradition wurde Genüge getan.

Noch einen Schritt weiter bei der Konstruktion von Wirklichkeit geht Captain ARCHER in der Folge „Kriegslist", in der er direkt das Gedächtnis des Gefangenen XINDI DEGRA manipuliert und ihm dann zum Beispiel vorspielt, er hätte mit ihm drei Jahre zusammen im Gefängnis gesessen oder dass sie bereits beim Roten Riesen angekommen wären, um so Sicherheit darüber zu erlangen, dass auf AZATI PRIME tatsächlich die XINDI-Waffe ist.[64] Moralisch-ethisch ist eine solche Gehirnwäsche sicherlich fragwürdig. Sie zeigt aber auf, wie veränderbar grundsätzlich Erinnerungen sind. Und auch ohne technische Manipulation gestalten Führungskräfte über die von ihnen formulierten Interpretationen (z.B. „In der Vergangenheit waren wir immer dann erfolgreich, wenn …"; „Das Problem besteht darin, dass …"; „Wir müssen jetzt folgende Entscheidung treffen …"; „Es ist zwingend notwendig, dass …") die Wahrnehmung der Geführten und formen die Erinnerungen in den Gehirnen.

3.1.3 Merkmal 3: Eine Führungskraft übernimmt Verantwortung und sucht den Erfolg

Eine Führungskraft, die treibt und die Situation gestaltet, übernimmt damit auch Verantwortung. Sie ist bereit, auch unter Unsicherheit Entscheidungen zu treffen. Sie geht ins Risiko und steht für die Entscheidung und die Folgen ein. Als im Spielfilm „Der erste Kontakt" die STERNENFLOTTE von einem BORGKUBUS angegriffen wird und das Admiralsschiff zerstört wurde, übernimmt Captain PICARD das Kommando und lässt einen Kommunikationskanal an die gesamte Flotte eröffnen, obwohl er eigentlich mit der Bewachung der NEUTRALEN ZONE einen anderen Auftrag hatte.

> *Picard: „Hier ist Captain Picard von der Enterprise. Ich übernehme das Kommando der Flotte. Richten sie all ihre Waffen auf die folgenden Koordinaten. Feuer auf mein Kommando."*[65]

Ein anderes Beispiel findet sich im Film „Der Zorn des Khan", in dem KIRK, als Admiral eigentlich nur zu Inspektion auf der ENTERPRISE, das Kommando von

---

[64] Vgl. Enterprise (2004): Kriegslist; 3. Staffel
[65] Spielfilm Star Trek VIII (1996): Der erste Kontakt, Zeit 10:30

Captain SPOCK übernimmt. KIRK geht auf die Brücke und lässt die Lautsprecher vorbereiten.

Kirk: „Eine Notsituation ist eingetreten. Auf Befehl unseres Oberkommandos übernehme ich von jetzt an, 18:00 Uhr, das Kommando über dieses Raumschiff. Der Offizier vom Dienst notiert das im Logbuch. Berechnen Sie einen neuen Kurs zum Raumlaboratorium Regula 1. Maschinenraum, Mr. Scott."[66]

Eine Führungskraft, die Verantwortung übernimmt, steht damit oft auch ganz real vorne in der ersten Reihe und muss entsprechend bereit sein, sichtbar und präsent zu sein sowie mögliche Konflikte auszuhalten. Oder wie es TRAVIS MAYWEATHER zu seinem Bruder PAUL auf der HORIZON sagt.

Travis Mayweather: „Wenn ich eines von Captain Archer gelernt habe, dann sich nichts gefallen lassen."[67]

Wenn Führungskräfte nicht sichtbar in die Verantwortung gehen und sich ihrer Führungsrolle entziehen, dann kommt es zu einem **Führungsvakuum**, das die Handlungsfähigkeit der gesamten Organisation gefährdet. Selbst bei gestandenen Führungspersönlichkeiten kann es, wie das folgende Beispiel der VOYAGER-Folge „Nacht" zeigt, Phasen der inneren Leere und Antriebslosigkeit geben. Umso wichtiger ist, ein starkes Führungsteam zu haben bzw. es bewusst entwickelt zu haben, das ein temporäres Führungsvakuum auffangen kann und die Führungskraft wieder zur Übernahme ihrer Verantwortung motiviert.

Nach zwei Monaten in einer Region ohne Sterne befindet sich Captain JANEWAY in einem psychischen Loch. Sie bleibt in ihrem Quartier, isoliert sich von der Mannschaft. Commander CHAKOTAY übernimmt de facto die Captainsrolle und versucht dabei JANEWAY wiederaufzubauen.

Chakotay zu Janeway im Halbdunkel ihres Zimmers: „Das Schiff braucht einen Captain."

Darauf Janeway: „… und ich die Moral an Bord in ihren fähigen Händen. Falls die Crew nach mir fragt, sagen Sie ihr, der Captain ließe sie grüßen."

Kurz darauf nach einem Stromausfall findet JANEWAY zurück zu ihrer alten Einsatzkraft und übernimmt wieder sichtbar die Verantwortung.[68]

Eine Führungskraft, die Verantwortung übernimmt, ist **eher Erfolgssucher als Misserfolgsvermeider**. Damit macht sie sich aber auch angreifbar und sitzt im Zweifelsfall sogar konkret auf der Anklagebank, wenn es im Misserfolgsfall darum geht, den Verantwortlichen zu benennen und ggf. zur Rechenschaft zu ziehen. Das ist beispielsweise der Fall als Captain KIRK vor dem Föderationsrat beschuldigt

---

[66] Spielfilm Star Trek II (1982): Der Zorn des Khan, Zeit 37:59
[67] Enterprise (2003): Horizon; 2. Staffel, Zeit 17:03
[68] Vgl. Voyager (1998): Nacht; 5. Staffel, Zeit 12:10

wird, für die Rettung von SPOCK vom Planeten GENESIS im Film „Zurück in die Gegenwart", neun Vorschriften der FÖDERATIONSFLOTTE übertreten zu haben.[69]

Auch im Film „Das unentdeckte Land" wird KIRK angeklagt, nachdem Kanzler GORKON durch ein Attentat getötet wurde, welches (fälschlicherweise) KIRK angelastet wurde. Captain KIRK übernimmt die Verantwortung, da festgestellt wurde, dass von der ENTERPRISE zwei Torpedos auf das KLINGONENSCHIFF gefeuert wurden und er versucht herauszufinden, wie es dazu kam.

Das KLINGONENSCHIFF hat nach den Treffern wieder Hilfsschwerkraft, dreht und fliegt auf die ENTERPRISE zu. General CHANG kündigt voller Wut an, die ENTERPRISE aus dem Weltall „zu fegen". Statt die Schutzschilde zu aktivieren gibt Captain KIRK aber einen unerwarteten Befehl.

Kirk: „Signal, wir ergeben uns."[70]

Damit macht er etwas Unerwartetes und Riskantes, denn wenn die KLINGONEN feuern würden, dann wäre die ENTERPRISE wehrlos. Er macht es, da er aktiv der Ursache des Torpedoabschusses auf den Grund gehen will und bleibt damit trotz des Aufgebens in der Gestaltung der Situation. Er will auf das KLINGONENRAUMSCHIFF, SPOCK auch, aber KIRK stellt seine Position klar.

Kirk: „Nein, ich gehe. Sie sind dafür verantwortlich, dass ich heil wieder rauskomme. Wir werden nicht am Vorabend des galaktischen Friedens den Grund für einen Krieg liefern."[71]

Er **stellt die Situation und das eigene Handeln in einen größeren Zusammenhang** und sucht den übergeordneten Erfolg, auch wenn es für ihn zunächst negative Folgen hat.

Etwas später steht Kirk vor dem klingonischen Tribunal: „Als Captain bin ich für das Verhalten der mir unterstellten Mannschaft verantwortlich."[72]

Er wird dann zur Zwangsarbeit nach RURA PENTE in die DELITHIUMMINEN verurteilt, da die Todesstrafe wegen der anstehenden Friedensverhandlungen umgewandelt wurde.

Die Übernahme von Verantwortung und Risiken, das Abwägen und die Entscheidung zwischen verschiedenen Alternativen erfordert **unternehmerisches Denken und Handeln**. Ein solches unternehmerisches Selbstverständnis zeigt sich im Handeln der verschiedenen STERNENFLOTTENTEAMS. Diese sind in der Regel allein auf sich gestellt in den Weiten des Universums und nur mit einem vage formulierten Auftrag unterwegs, wie zum Beispiel mit dem kurzformulierten Auftrag „Ent-

---

[69] Vgl. Spielfilm Star Trek IV (1986): Zurück in die Gegenwart, Zeit 06:20
[70] Vgl. Spielfilm Star Trek VI (1991): Das unentdeckte Land, Zeit 30:50
[71] Vgl. Spielfilm Star Trek VI (1991): Das unentdeckte Land, Zeit 30:50
[72] Vgl. Spielfilm Star Trek VI (1991): Das unentdeckte Land, Zeit 30:50

seuchung des Planeten".[73] Oder etwas detaillierter in der Folge „Die Wolkenstadt". KIRK übermittelt der Mannschaft den Auftrag:

> *Kirk: „Eine Pflanzenseuche verwüstet einen Planeten in dem galaktischen Quadranten, in dem die Enterprise zur Zeit operiert. Die Seuche droht die Vegetation des Planeten zu zerstören und ihn unbewohnbar zu machen. Die Föderationsorder lautet, mit schnellster Warp-Geschwindigkeit zum Planeten Ardana, um dort Zenait zu holen, die einzige Substanz, die der Seuche Einhalt gebietet."*

Im Sinne eines **Unternehmers vor Ort** interpretieren sie diese Aufträge und lösen sie bestmöglich im Sinne des Gesamtinteresses der STERNENFLOTTE.

Die Fähigkeit, die jeweilige Situation immer auch im Gesamtzusammenhang zu interpretieren und selbständig zu handeln macht damit einen wesentlichen Unterschied zwischen einem Spezialisten und einer Führungskraft aus, wie die folgenden Dialoge aus der Folge „Erstflug" zwischen Captain ARCHER und seinem früheren Rivalen A.G. ROBINSON zeigen. A.G. ROBINSON erklärt ARCHER, warum dieser nicht von der STERNENFLOTTE ausgewählt wurde, der erste Pilot für den Testflug zu sein, um die WARP 2-Barriere zu durchbrechen, obwohl er immer der erste sein und nicht verlieren wollte.

> *Robinson: „Du warst zu ehrgeizig. Du hast alles ganz korrekt gemacht, die die Nächte im Simulator um die Ohren geschlagen, 18, 20 Stunden am Tag. Und dabei hast du alles andere in deinem Leben vernachlässigt, nur damit du Erster wirst."*

> *Archer: „Und?"*

> *Robinson: „Du kapierst immer noch nicht. Die Sternenflotte will nicht nur einen super Piloten, sie will `nen super Captain."*

Dann etwas später, nachdem beim ersten Test das Schiff explodierte.

> *Robinson: „Wir haben nur ein Schiff verloren. Eins ist immer noch übrig."*

> *Archer: „Die Starterlaubnis bekommen wir nie."*

> *Robinson: „Wie sollen wir ihnen sonst beweisen, dass der Vogel fliegt. Du sprachst gerade von gewissen Risiken. Du bist ein toller Pilot, vielleicht so gut wie ich, aber du wirst nie in die Tiefen des Raums gelangen, wenn du immer auf Nummer Sicher gehst. Wenn das erste Warp 5-Raumschiff gebaut wird, kann sein Captain nicht jedes Mal zu Hause anrufen, wenn eine Entscheidung zu treffen ist. Er kann sich auch nicht an die Vulkanier wenden – es sei denn er entschließt sich, einen mitzunehmen."[74]*

Die Folge zeigt auch, dass **Entwicklung möglich** ist und sich Führungskräfte die eigene Rolle erarbeiten können.

---

[73] Vgl. Raumschiff Enterprise (1969): Bele jagt Lokai, 3. Staffel

[74] Vgl. Enterprise (2003): Erstflug, 2. Staffel

Archer zu T'Pol, der ihr die oben beschriebenen Dialoge erzählt: „Glauben sie mir nicht?"

T'Pol: „Ich bezweifle nicht diesen Vorfall, es fällt mir allerdings schwer zu glauben, dass man sie wirklich überreden musste, daran teilzunehmen."

Archer: „Verstehe. Sie kannten mich damals nicht. Ich handelte immer streng nach Vorschrift."[75]

Die innere Einstellung, Verantwortung zu übernehmen und den Erfolg zu suchen sind grundsätzlich **nicht an eine Hierarchiestufe gebunden**. Man muss nicht erst zum Captain ernannt werden! So übernimmt beispielsweise SYLVIA TILLY in der Folge „New Eden", gerade erst zum Ensign befördert, Verantwortung für die kreative Lösungssuche bei der Rettung des Planeten TERRALYSIUM. Sie überzeugt die übrige Crew, den Asteroiden mit seiner hohen Gravität zu nutzen, um die tödliche radioaktive Strahlung abzulenken und setzt sich dabei, im Sinne des Erfolgs, auch zunächst gegen den Befehl ihres Vorgesetzten SARU hinweg.[76]

Hilfreich ist dabei sicherlich, dass sie in einem Team agiert, das Verantwortungsübernahme auch bei jungen Führungskräften zulässt, wie die folgende Szene nach erfolgreicher Ablenkung der radioaktiven Trümmer zeigt. SARU zeigt hier, vor der gesamten Brückencrew die Fähigkeit zur Selbstkritik und ermuntert damit auch zukünftige Verantwortungsübernahme seiner Mitarbeiter.

Saru zu Tilly: „Vielleicht sollten Sie öfter einen direkten Befehl von mir missachten, Ensign."

Tilly: „Nein, eigentlich stehe ich ja auf Ihre Befehle, Sir. Ich werde mal kurz ohnmächtig."

Saru: „Brauchen Sie Hilfe?"

Tilly: „Nein, das passt schon, ich muss nur kurz direkt ins Bett."[77]

Auch BURNHAM, die in der ersten Staffel ohne formalen Rang als Wissenschaftsspezialistin arbeitet, bringt sich stets mit vollem Einsatz ein. Sie überzeugt beispielsweise in der Folge „Algorithmus" Captain LORCA auf der Brücke, dass sie mit TYLER auf das KLINGONISCHE SCHIFF DER TOTEN geht, auf eine sehr gefährliche Mission. Zuvor hat sie mit TYLER und SARU in einer überzeugenden Teamleistung die Situation analysiert und eine Lösungsstrategie erarbeitet.[78]

Bei MICHAEL BURNHAM kommt in beeindruckender Weise eine weitere Führungsfähigkeit hinzu. Sie übernimmt Verantwortung, ist sich dieser sehr bewusst, geht ins persönliche Risiko und hat dabei aber nicht nur den unmittelbaren Erfolg der Mission im Blick, sondern hat stets **visionär das große Ganze im Blick**. In der Folge „Der Wolf im Inneren" will sie nicht dem Plan LORCAS folgen, den Befehl des

---

[75] Vgl. Enterprise (2003): Erstflug, 2. Staffel, Zeit 27:00
[76] Vgl. Discovery (2019): New Eden, 2. Staffel, Zeit 29:30
[77] Discovery (2019): New Eden, 2. Staffel, Zeit 33:24
[78] Vgl. Discovery (2017): Algorithmus, 1. Staffel, Zeit 11:00

IMPERATORS auszuführen und alle Rebellen auf dem Planeten zu eliminieren. Das wäre insofern sinnvoll gewesen, da sie so kein Misstrauen des IMPERATORS erwecken würde. Das entspricht aber weder ihren Werten noch würden so die Chancen der Situation im Sinne einer friedlichen Zukunft genutzt.

> Burnham: „Ich werde einen Weg finden, um die Daten [Anm.: Für die Rückkehr in das eigene Universum] an die Discovery zu übermitteln. Doch bis es soweit ist, werden unzählige Leben von meinen Entscheidungen abhängen – hier und zuhause. Und diese Rebellion gegen die Terraner ist ein Zusammenschluss verschiedener Spezies. Klingonen, Vulkanier, Andorianer, Tellariten, das ist gar nicht so weit entfernt von einer Föderation."
>
> Lorca: „Worauf wollen Sie hinaus?"
>
> Burnham: „Darauf, dass ein Klingone der Anführer der Allianz ist. Ein Klingone! Sie stehen geschlossen hinter ihm. Wenn wir dieses Universum verlassen könnten, mit dem Wissen darum, wie man erfolgreich mit dem Klingonischen Reich verhandeln kann, wäre das doch ein Hoffnungsschimmer auf Frieden in der Heimat. Bitte, Sir. Ich trage zwar kein Abzeichen mehr, aber ich gehöre zur Sternenflotte. Bitte zwingen Sie mich nicht, diese Koalition der Hoffnung zu vernichten."
>
> Lorca: „Vielleicht haben Sie Recht, vielleicht kann ich die Dinge wirklich nicht klarsehen. Gut, aber kein Landtrupp. Sie und Tyler gehen alleine runter. Bestehen Sie darauf. Wir können nicht riskieren, dass Ihre wahre Mission bekannt wird. Kommen Sie schnell zurück, bitte."[79]

Eine Führungskraft übernimmt neben der Verantwortung für Themen auch die Verantwortung für die eigenen Mitarbeiter. Bei den oft gefährlichen Einsätzen der STERNENFLOTTE geht es über die Verantwortung für Anleitung, Motivation und Entwicklung hinaus um die Verantwortung über Leben und Tod. Ein Aspekt der Verantwortungsübernahme ist **das Anführen selbst**, also selbst in erster Reihe, an vorderster Front zu agieren, da wo es gefährlich ist und den Mitarbeitern ein sichtbares Vorbild zu sein. Und es zeigt sich auch darin, im Todesfall die richtigen Worte zu finden und als Führungskraft präsent zu sein, wie CHAKOTAY, der in der Voyager-Folge „Allianzen"[80] die Totenrede vor der Crew hält oder wie TUCKER, der in der Folge „Die Vergessenen"[81] den Eltern eines verstorbenen Besatzungsmitglieds einen Brief schreibt.

3.1.4 Merkmal 4: Eine Führungskraft gibt anderen Orientierung und Halt

Zusätzlich zum Anspruch, selbst das Geschehen anzutreiben und Verantwortung zu übernehmen, gehört es auch zur Führungsrolle, den anderen Orientierung und Halt zu geben. Mit „den anderen" sind zunächst die eigenen Mitarbeiter gemeint. Aufgrund der Schnittstellenfunktion einer Führungskraft lässt sich dieser Anspruch

---

[79] Discovery (2018): Der Wolf im Inneren, 1. Staffel, Zeit 16:12
[80] Vgl. Voyager (1996): Allianzen, 2. Staffel, Zeit 05:40
[81] Vgl. Enterprise (2004): Die Vergessenen, 3. Staffel, Zeit 10:00

aber ausweiten auf die verschiedenen anderen Personen, wie zum Beispiel andere Führungskräfte, Kunden, Lieferanten. Gerade in schwierigen und unsicheren Situationen und Krisenzeiten sollte sich eine Führungskraft bewusst sein, dass es eine zentrale Aufgabe für die gesamte Führungsmannschaft ist, den anderen, und damit auch sich selbst, Halt und Hoffnung zu geben.

Nachdem die VOYAGER-Crew von den KAZON überlistet wurde und die VOYAGER übergeben musste, wurde die Crew auf dem unwirtlichen Planeten HANON IV zurückgelassen, in einer Situation, aus der es keinen Ausweg zu geben scheint. Allerdings befanden sich noch zwei Crewmitglieder der VOYAGER an Bord und mit deren Hilfe geht die Geschichte schließlich gut aus.

Janeway: „Es ist äußerst wichtig, dass die Crew die Hoffnung nicht verliert. Dazu müssen die Führungsoffiziere beitragen."[82]

Mit diesem Zitat zeigt Captain JANEWAY, dass sie erkannt hat, dass es nicht nur darum geht, als Führungskraft eine Richtung und Orientierung vorzugeben, sondern auch moralischen Halt und Hoffnung. Denn solange die Mannschaft noch Hoffnung hat, gibt sie sich nicht selbst auf und bleibt handlungsfähig. Außerdem kann es so gelingen über Ausstrahlungseffekte einen **positiven Kreislauf** in Gang zu setzen, bei dem sich **Führungskräfte und Mitarbeiter gegenseitig „hochziehen" und im Spiegel der anderen Stabilität finden.**

Hoffnung und neue Impulse zu geben ist nicht nur etwas, das von oben nach unten stattfinden kann. Auch Mitarbeiter können ihren Vorgesetzten (nach oben) oder ihren Kollegen (lateral) Hoffnung geben, indem sie deutlich machen, dass sie nicht aufgegeben haben, weiterhin Ideen haben und diese ausprobieren wollen und den anderen ermuntern auch weiter zu machen. Im folgenden Beispiel ist es Kadett TILLY die STAMETS in der Folge „Auftakt zur Vergangenheit" Energie und Hoffnung gibt. Zugleich ist es ein Beispiel für die Ausstrahlungsketten im Team. Zunächst hat SARU durch seine Ansprache an die Crew Orientierung und Halt gegeben, was einen positiven Effekt auf TILLY hat, die die Orientierungspunkte von SARU operationalisierte in konkretes Vorgehen, wie die DISCOVERY wieder in ihr ursprüngliches Universum zurückkehren kann.

Tilly: „Der Captain [Anm.: Saru] hatte Recht."

Stamets: "Womit?"

Tilly: „Damit, dass wir ein Scheitern auf gar keinen Fall hinnehmen dürfen. Vielleicht habe ich am Ende doch einen Ausweg gefunden. Ich habe die Simulationen erneut durchgerechnet. Also, wenn wir den Reaktorkern in die Luft jagen, dann sendet die Explosion reine Myzelenergie aus, richtig?";

Stamets: „Richtig. Richtig, aber es entsteht nicht nur eine Explosion. Darüber hinaus könnte die Mutter aller Myzel induzierten Schockwellen entstehen."

---

[82] Voyager (1996): Der Kampf ums Dasein – Teil 1, 2. Staffel, Zeit 40:05

Tilly: „Wenn wir uns direkt auf dem Wellenkamm halten, könnten wir die Energie dazu nutzen, den Antrieb zu aktivieren und dann könnten Sie uns nach Hause navigieren. "

Diese Idee entwickelt STAMETS weiter in einer Kombination mit dem Warpantrieb und findet eine funktionierende Lösung.

Stamets: "Aber ein Scheitern werde ich auf keinen Fall hinnehmen. Ich danke Ihnen für die Inspiration, Kadett. Und jetzt informieren Sie den Captain über Ihre Analyse. Sieht aus, als könnten wir doch noch nach Hause kommen. [83]

Ein weiteres Beispiel dafür, nie aufzugeben und auch in den schwierigsten Situationen Hoffnung zu sehen, findet sich im Film „Star Trek – Beyond". SPOCK ist schwer verletzt, KIRK legt ihn auf eine Bank auf der USS FRANKLIN.

Kirk: „Wie manövrieren wir uns da wieder raus, Spock? Wir haben kein Schiff, keine Mannschaft, keine guten Chancen. "

Spock: „Wir werden tun, was wir immer getan haben, Jim, wir finden Hoffnung im Unmöglichen. [84]

Um anderen Orientierung und Halt zu geben, braucht eine Führungskraft grundsätzlich ein **eigenes Bild von der anzustrebenden Zukunft**, dem notwendigen Vorgehen und einen eigenen festen Halt. Wichtig ist es dann, dieses eigene Bild auch mit dem Team zu teilen, es auf das gemeinsame Ziel einzuschwören und die eigene Stärke zu vergegenwärtigen, ohne die Gefahr zu verharmlosen Exemplarisch demonstriert das Captain PIKE in der Folge „Süße Trauer, Teil 2" bei seiner Ansprache an die gesamte Crew vor dem finalen Kampf gegen CONTROL.

Pike: „Übertragung an alle Schiffe. Hier spricht Captain Pike. Wir haben nur eine Aufgabe. Wir bringen Commander Burnham und die Discovery durch das Wurmloch. Sektion 31 will das verhindern. Sobald Burnham mit dem Anzug gestartet ist, wird die zweite Staffel Kurs und Geschwindigkeit übernehmen und sie verteidigen. Die Staffeln 3 und 4 bilden unsere erste Verteidigungslinie gegen Sektion 31. Sie leiten den Angriff und ziehen das Feuer auf sich, damit wir Zeit gewinnen. Die Enterprise wird die feindliche Flotte zur Ablenkung beschießen, solange es geht. Aber sobald Burnham dort draußen entdeckt wird, müssen wir sie beschützen. Alle Shuttles und Pods gehen auf Angriffsformation Gamma 6. Die Staffeln 1 und 3 koordinieren ihre Position, um die feindlichen Großschiffe anzugreifen. Wir sind die Sternenflotte! Zeigen wir es ihnen! [85]

Aber selbst, wenn eine Führungskraft den richtigen Weg nicht kennt, kann es sinnvoll sein, trotzdem eine Richtung vorzugeben, um nicht auf der Stelle zu verharren, wie die folgende Szene aus der THE NEXT GENERATION-Folge „Kontakte" zeigt.

---

[83] Discovery (2018): Auftakt zur Vergangenheit, 1. Staffel, Zeit 27:50
[84] Spielfilm Star Trek XIII (2016): Star Trek – Beyond, Zeit 1:02:00. Die USS FRANKLIN war das erste Warp 4-fähige Raumschiff.
[85] Discovery (2019): Süße Trauer, Teil 2, 2. Staffel, Zeit 02:21

BEVERLY CRUSHER und Captain PICARD flüchten aus einem Gefängnis und suchen einen Weg. BEVERLY CRUSHER ist sich über die Richtung nicht sicher.

Picard blickt auf den Tricorder und sagt dann mit fester Stimme: „Da lang"

Beverly Crusher, die merkt, dass er eigentlich unsicher ist: „Machen Sie das immer so?"

Picard: „Manchmal muss ein Captain Verantwortung übernehmen und Sicherheit darstellen."[86]

Auch in der VOYAGER-Folge „Die Prophezeiung" konstruiert eine Führungskraft, ein KLINGONISCHER Captain, die Wirklichkeit seiner Mannschaft, indem er Schriftrollen so interpretiert, dass er seiner Mannschaft eine neue Heimat geben kann. Und typischerweise gibt es nicht eine richtige oder falsche Interpretation. Vielmehr ist es charakteristisch für solche Führungssituationen, dass es Interpretationsspielräume gibt, die genutzt werden können und die zugleich von anderen als „richtig" akzeptiert werden müssen. Wie im Fall des Tricorders von PICARD oben und den Schriftrollen des KLINGONISCHEN Captains ist es dabei in der Regel hilfreich, wenn die Legitimität der Führungsbehauptung anhand einer äußeren Quelle (Tricorder, Schriftrolle) belegt werden kann. Je mehr die Führungskraft an die eigene Sicht glaubt, umso überzeugender wird sie auch für die Mitarbeiter sein.[87]

3.1.5 Merkmal 5: Eine Führungskraft vertritt die Unternehmens- und Managementsicht, und behält dabei ihre eigenen Werte und Überzeugungen

Das eigenständige und unternehmerische Denken und Handeln der Führungskräfte der STERNENFLOTTE wird dadurch, dass sie letztlich „Angestellte" der STERNENFLOTTE sind, vergleichbar mit Führungskräften in heutigen Unternehmen. Sie haben und brauchen eine eigene Meinung, müssen aber bereit sein, die übergeordneten Vorgaben zu akzeptieren und auch im Zweifelsfall für sie unangenehme Dinge tun, bei denen sie selbst Vorbehalte haben, um letztlich die Unternehmens- und Managementsicht zu vertreten und durchzusetzen. Damit ist nicht blinder Gehorsam gemeint, sondern vielmehr das **ernsthafte Ringen um die richtige Entscheidung** und Ausgestaltung.

Das kann auch bedeuten, gegen anderslautende Aufträge zu handeln, wenn es die Bewertung der Situation vor Ort erforderlich macht. So wie beispielsweise SISKO, der mit der DEFIANT gegen den expliziten Befehl des Admirals in den GAMMA-

---

[86] The Next Generation (1993): Kontakte, 7. Staffel, Zeit 23:00

[87] Vgl. Voyager (2001): Die Prophezeiung, 7. Staffel. Vgl. auch Weick, Karl (2008) Plans in case you are stuck; in: Mintzberg, Henry/Lampel, Joseph/Ahlstrand, Bruce (Hg.): Strategy bites back, Harlow, Great Britain, S. 50-53. WEICK schildert die Geschichte einer ungarischen Einheit in den schweizerischen Alpen während eines Militärmanövers, die vom Weg abgekommen sind. Mit Hilfe einer Bergkarte führt der Leutnant die Einheit wieder auf den richtigen Weg. Allerdings stellt sich später heraus, dass die Bergkarte nicht die Alpen darstellte, sondern die Pyrenäen. Ihre Funktion erfüllte sie trotzdem.

QUADRANTEN fliegen will, um ODO aus den Händen der ROMULANER zu befreien. Belohnung und Bestrafung für derartiges selbständiges Handeln können dabei eng nebeneinander liegen, was von den Führungskräften **Rückgrat** erfordert:

Admiral nach erfolgreichem Abschluss zu Sisko: „Vielleicht interessiert es Sie, ich werde keine Anklage gegen irgendjemand an Bord der Defiant erheben. "

Sisko: „Danke, Sir. "

Admiral: „Zielen Sie aber wieder so eine Show ab, bring ich Sie vors Kriegsgericht oder ich befördere Sie, auf jeden Fall kriegen Sie Schwierigkeiten.[88]

Deutlich wird das auch am Beispiel an der **obersten Direktive**, die die Nichteinmischung in die Entwicklung fremder Zivilisationen vorgibt. Da nun aber die STERNENFLOTTE grundsätzlich mit einem Forschungsauftrag die unendlichen Weiten erforscht, kommt es zwangsläufig immer wieder zu Zielkonflikt, die es zu lösen bzw. managen gilt.

Herausfordernd wird es für Führungskräfte, wenn die erhaltenen Aufträge ihrer Vorgesetzten bzw. ihrer Abteilung nicht im Einklang mit übergeordneten Zielen und Aufträgen der Organisation stehen. Das kann immer dann der Fall sein, wenn Eigeninteressen vor Unternehmensinteressen gestellt werden oder wenn aufgrund einer Notsituation von den Vorgesetzten keine andere Alternative dazu gesehen wird, sich nicht an die eigentlich geltenden Regeln und Werte halten zu können. Ein gutes Beispiel hierfür findet sich in der Folge „Nimm meine Hand" als BURNHAM, TILLY und TYLER herausfinden, dass in TILLYS Koffer keine Drohne, sondern eine Wasserstoffbombe ist. Sie zeigen Admiral CORNWELL die Simulation der Zerstörung von QO'NOS.

Burnham: „Will die Sternenflotte so den Krieg gewinnen? Durch Völkermord?"

Cornwell: „Sie wollen das hier diskutieren? Meinetwegen. Diese Grausamkeit wird sich rückblickend als gerechtfertigt herausstellen. Die Klingonen stehen kurz davor, die Föderation vollständig auszulöschen. "

Burnham: „Durchaus, aber eine Frage bleibt. Wieso haben Sie die Mission klammheimlich in die Hände eines Terraners gelegt? Weil wir so niemals vorgehen würden. "

Cornwell: „Das wird sich bald ändern. Wir können uns den Luxus von Prinzipien nicht leisten. "

Burnham: „Das ist alles, was wir noch haben, Admiral. Vor einem Jahr dachte ich auch, dass unser Überleben wichtiger war als unsere Prinzipien. Ich habe mich geirrt. Ist heute wieder eine Meuterei nötig? Um zweifelsfrei zu beweisen, wer wir sind?"

Saru steht auf, drückt die Brust durch: „Wir sind die Sternenflotte!"[89]

---

[88] Vgl. Deep Space Nine (1995): Der geheimnisvolle Garak – 2. Teil, 3. Staffel, Zeit 40:40
[89] Discovery (2018): Nimm meine Hand, 1. Staffel, Zeit 27:33

Danach stehen auch DETMER und alle anderen auf der Brücke auf. Offensichtlich hat BURNHAM hat Führungsqualität und, obwohl sie hier in dieser Situation immer noch ohne formalen Rang ist, folgen ihr die Leute. Auch CORNWELL lässt sich überzeugen und fragt nach ihren Vorschlägen, auf die sie dann auch eingeht. Der Zielkonflikt wird aufgelöst, indem eine andere Lösung gefunden wird. Nach erfolgreichem Abschluss bekommt BURNHAM auch offiziell von der STERNENFLOTTE die Anerkennung für dieses Eintreten für die übergeordneten Ziele und Werte. Ihr Eintrag über Meuterei wird gelöscht, und sie bekommt das Abzeichen als Commander zurück.[90] Zu einem Zielkonflikt kann es auch zwischen den Interessen des Unternehmens und den Interessen der Mitarbeiter kommen. Da ist es hilfreich, wenn die Führungskräfte nicht zu sehr mit der Mannschaft „fraternisieren" und eine gewisse Distanz halten. Zu viel Distanz und Unnahbarkeit ist allerdings auch nicht angebracht, da sich die Führungskraft dann zu sehr von den Mitarbeitern entfernt und sie dann nicht mehr erreichen und motivieren kann.

3.1.6 Merkmal 6: Führungskräfte müssen Führung im tiefsten Inneren wollen, sonst werden sie keine wirksamen Führungskräfte sein

Ohne dieses Selbstverständnis werden Führungskräfte mit ihren Führungsaufgaben fremdeln und sie mit einer inneren Distanz angehen. Die innere Distanz führt dann dazu, dass sie zum einen nicht mit der notwendigen Konsequenz und Energie gerade die herausfordernden Aufgaben angehen werden. Und zum anderen werden sie diese innere Distanz gegenüber Ihren Mitarbeitern, Vorgesetzen und Kunden ausstrahlen und damit an Schlagkraft und Wertschätzung verlieren, die Arbeitsdisziplin leidet.

Eine Ursache für viele Führungskräfte mit Ihrer Führungsrolle zu fremdeln liegt darin begründet, dass bei ihnen „zwei Herzen in einer Brust" schlagen, da sie sowohl Führungskraft sind, als auch selbst Mitarbeiter. Besonders hin- und hergerissen sind oft Führungskräfte auf der ersten Führungsstufe bzw. die, die vor kurzem vom Mitarbeiter zur Führungskraft befördert wurden. Als Führungskraft sollen sie andere führen, den Wandel gestalten, Sicherheit ausstrahlen etc. Als Mitarbeiter sind sie selbst betroffen von den Entscheidungen ihrer Vorgesetzten, haben möglicherweise selbst Vorbehalte und Ängste. Sich dieses bewusst zu machen, kann ihnen helfen, nicht zwischen beiden Rollen emotional hin- und hergerissen zu werden. Hilfreich ist auch ein entsprechendes Coaching durch die eigene Führungskraft oder Kollegen.

HARRY KIM, der nach sieben Jahren im DELTA-QUADRANTEN aufgrund der eingeschränkten Beförderungsmöglichkeiten immer noch Fähnrich ist, will in der Folge „Nachtigall" endlich sein erstes eigenes „echtes" Kommando. Er will nicht nur das Kommando in der Nachtschicht der VOYAGER haben, mit CHAKOTAY und JANEWAY in der Nähe, die bei Problemen sofort einspringen könnten. Er hat die

---

[90] Vgl. Discovery (2018): Nimm meine Hand, 1. Staffel, Zeit 39:19

innere Haltung, den Platz auf der Brücke einnehmen zu wollen. Dieses Wollen macht er JANEWAY im Gespräch sehr deutlich und überzeugt sie. Er bekommt sein Kommando auf dem Schiff der KRAYLOR. JANEWAY gibt ihm SEVEN OF NINE mit auf die Mission und da sie keinen offiziellen Rang hat, ist er der Ranghöhere.[91]

Wenn Führungskräfte also Führung nicht im tiefsten Inneren wollen – dann sollten sie keine Führungsaufgabe übernehmen. Und wenn sie sich für Führung entscheiden, dann sollte auch das eine bewusste Entscheidung sein, da sie nur dann den erforderlichen Antrieb haben, Führung konsequent zu leben und die eigenen Führungskompetenzen kontinuierlich auszubauen. Es gibt gute Gründe sich für Führung zu entscheiden – selbst die Richtung vorgeben, größerer Hebel bei der Umsetzung, Entwicklung bei Mitarbeitern miterleben, vielseitige und spannende Aufgaben, aber auch Karriere und Gehalt.

3.2 Führungskräfte sollten innerlich und für andere sichtbar ihren Platz auf der Brücke einnehmen und immer am Ort des Geschehens sein

Die innere Haltung, sich in den „Driver Seat" setzen zu wollen, den Platz des Captains auf der Brücke als den eigenen angemessenen anzusehen ist der notwendige Antrieb, um die Aufgaben, die dieser Platz auf der Brücke mit sich bringt, auch angehen und erfolgreich bewältigen zu können.

Führungskräften müssen also „ihren Platz auf der Brücke" einnehmen. Platz auf der Brücke ist hier sowohl im realen als auch im übertragenen Sinne gemeint. Real, weil es wichtig ist, sichtbar für Mitarbeiter, Kunden und Konkurrenten Präsenz zu zeigen und für die eigene Sache einzustehen und zu kämpfen. Gemeint ist es aber auch im übertragenen Sinne, da es für die Wirksamkeit einer Führungskraft zu wenig ist, nur im Stuhl des Captains (oder in der Vorstandsetage) zu sitzen und von da aus zu regieren. Wirksame Führungskräfte sitzen vom Selbstverständnis und der Ausstrahlung her auch in folgenden Situationen im „Driver Seat":

- wenn sie vor Ort in den „Maschinenraum" gehen, um mit den Spezialisten die geeignete Lösung zu erarbeiten;

- wenn sie ein Außenteam in einer gefährlichen Situation leiten;

- wenn sie diplomatischen Verpflichtungen nachkommen;

- wenn sie eine offene Diskussion im Kreis ihrer Führungsoffiziere führen.

---

[91] Vgl. Voyager (2000): Nachtigall, 7. Staffel, Zeit 16:30

Abbildung 13: Einsatzorte von Führungskräften – immer am Ort des Geschehens sein[92]

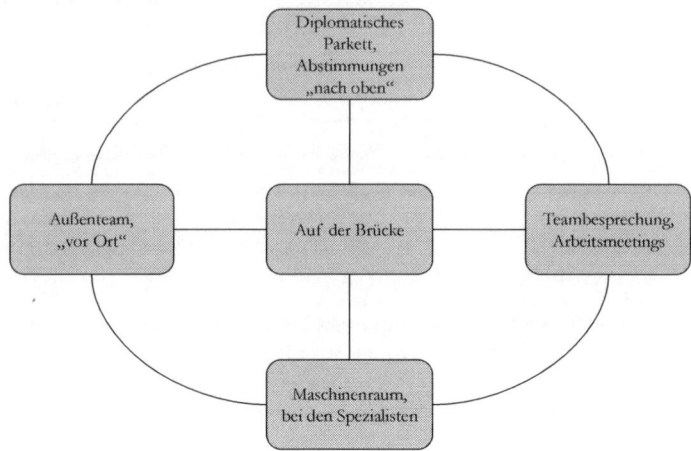

Die Führungskräfte der STERNENFLOTTE verstehen sich an allen ihren Einsatzorten auch als zentrale **Kulturträger**. Sie zeigen Präsenz und übernehmen Führungsverantwortung im Sinne der Werte und Ziele der STERNENFLOTTE. Mitarbeiter orientieren sich an den Führungskräften und machen den Abgleich, inwiefern sich ihre Vorgesetzten an die postulierten Ziele und Werte selbst halten. Wenn „Ja", dann ist das ein zentraler Treiber für entsprechendes Verhalten auch bei den Mitarbeitern. Und wenn „Nein", dann ist auch das handlungsleitend, aber in dem Sinne, als dass das Signal verstanden wird, dass die Werte und Ziele letztlich keine Bedeutung haben.

Admiral FORREST von der STERNENFLOTTE ist dieser Mechanismus sehr bewusst und gibt seinem Mitarbeiter ARCHER auch folgenden wichtigen Rat mit auf die Mission in der Folge „Schockwelle", nachdem unter dem Shuttle TETROSIN in der Atmosphäre des Planeten explodierte, was die Zerstörung der Kolonie und den Tod von 3.600 Personen zur Folge hat.

> *Forrest: „Ihre Crew wird Sie genau beobachten, um herauszufinden, wie man auf so etwas reagieren soll. Gehen Sie mit gutem Beispiel voran!"[93]*

---

[92] Quelle: Eigene Erstellung
[93] Enterprise (2002): Die Schockwelle – Teil 1, 1. Staffel, Zeit 06:20

3.3 Das Handeln der Führungskräfte hat im Guten wie im Schlechten Vorbildcharakter und ist ganz wesentlich für das Verhalten der Mitarbeiter

Beobachtbares **Vorbildhandeln** schafft Identifikationsmöglichkeiten und gibt den Mitarbeitern Ansätze, um sich selbst in vergleichbaren Situationen werte- und zielkonform zu verhalten.

Das Vorbildhandeln ist dann umso prägender, je gefährlicher und moralisch anspruchsvoller die Situation ist. Im Film „Star Trek" befindet sich die ENTERPRISE in einer solchen Situation, als der Feind NERO mit seinem Schiff nach erbittertem Kampf vor dem Abgleiten in ein schwarzes Loch ist. Captain KIRK ruft ihn von der ENTERPRISE und bietet ihm Hilfe an. Das ist eine solche überraschende und große Geste, dass es zu folgendem Dialog zwischen KIRK und SPOCK kommt.

Spock: „Captain, was tun sie da?"

Kirk völlig gelassen, in sich ruhend: „Wir zeigen Mitgefühl, womöglich der einzige Weg zu einem Frieden mit Romulus. Das ist Logik, Spock. Ich dachte, dass gefällt Ihnen."

Spock: „Nein, tut mir leid, diesmal nicht."[94]

In dieser Situation, in der es nur allzu „menschlich" gewesen wäre, Rache am Mörder seines Vaters zu üben, zeigt KIRK eine überragende moralische Stärke und strategische Weitsicht und lässt sich nicht von persönlichen Gefühlen leiten. Der Eindruck wird dadurch weiter verstärkt, dass selbst der sonst so logische und rationale SPOCK hier diese Stärke nicht zeigen kann.

NERO lehnt die Hilfe ab und will lieber sterben, worauf KIRK von einem Moment auf den anderen umschaltet und konsequent handelt.

Kirk: „Können Sie haben. Phaser aktivieren, feuern Sie aus allen Rohren."[95]

Vorbildhandeln zeigt sich aber auch in kleinen Dingen und in ungefährlichen Situationen. So bildet sich insgesamt bei den Mitarbeitern ein bestimmtes (Vor-)Bild der Führungskraft heraus. Der Einfluss auf das Verhalten der Mitarbeiter ist umso größer, desto konsistenter das Verhalten der Führungskraft wahrgenommen wird.

Ein besonderer Prüfpunkt aus Sicht der Mitarbeiter ist, wie sich Führungskräfte in Situationen verhalten, die unangenehm und potenziell demütigend sind. In der VOYAGER-Folge „30 Tage" zeigt TOM PARIS, in Gegenwart von JANEWAY und B'ELANNA, gegenüber einem Konsul der Meeresbewohner ein unangemessen ruppiges Verhalten. Statt ihn vor Dritten zu maßregeln, hält sich JANEWAY zurück, belässt es bei einem klaren „Lieutenant", um ihn in die Grenzen zu weisen. Im Nachgang spricht sie dann das Fehlverhalten klar und deutlich unter vier Augen an. Dieses zugleich konsequente und gesichtswahrende Führungsverhalten vermeidet die

---

94 Spielfilm Star Trek XI (2009): Star Trek, Zeit 01:45:25
95 Spielfilm Star Trek XI (2009): Star Trek, Zeit 01:45:30

negativen Effekte von Demütigungen und begünstigt die Annahme der geäußerten Kritik.[96]

Ähnlich verhält sich Captain JANEWAY gegenüber SEVEN OF NINE, als beide in der Folge „Icheb" mit ICHEBS Eltern ein Gespräch führen. SEVEN OF NINE wird verbal sehr aggressiv, worauf JANEWAY ihr befiehlt in ihrem Büro auf sie zu warten. Erst dann gibt es eine Strafpredigt.[97]

Langfristig zahlt sich dieses Verhalten für JANEWAY aus und sowohl PARIS als auch SEVEN OF NINE werden zu sehr loyalen und wichtigen Leistungsträgern in ihrem Führungsteam.

Vorbildhandeln hat dabei nicht nur positive Effekte für die eigenen Mitarbeiter, sondern kann **auch bei Dritten** dazu führen, Vertrauen und Kooperationsverhalten aufzubauen. Captain ARCHER will daher, gegen die Meinung von z.B. TUCKER, in der Folge „Brutstätte" die XINDI-Kinder retten, die die ENTERPRISE auf einem XINDI-INSEKTOIDEN Schiffe findet, um bewusst den XINDI ein positives Beispiel zu geben, dass die Menschen keine Barbaren sind.[98]

Damit verhalten sich die Führungskräfte der STERNENFLOTTE entsprechend zentraler Erkenntnisse der Gehirnforschung, unter welchen Bedingungen Verhaltensänderungen möglich und wahrscheinlich sind. GERHARD ROTH formuliert es wie folgt:

„Neben den nichtverbalen Kommunikationssignalen „Glaubwürdigkeit" und „Aufrichtigkeit" ist das vorbildliche Verhalten des Vorgesetzten das Wichtigste, um bei Mitarbeitern den Boden für Veränderungen vorzubereiten. Kurz und knapp: Der Vorgesetzte muss ein Vorbild in all dem sein, was er von seinen Mitarbeitern fordert. Das ist so einfach, dass man sich fast schämt, es auszusprechen, aber in vielen Fällen wird dieses Postulat dennoch nicht beachtet."[99]

Die Ausstrahlungswirkung kann dabei sogar so stark sein, dass die Führungskraft auch dann wirkt, wenn sie nicht zugegen ist, wie der folgende Dialog zwischen ODO und QUARK in der DEEP SPACE NINE-Folge „Der Aufstieg" zeigt. Sie sind zu zweit auf dem Weg zum Berggipfel, am Ende ihrer Kräfte, um dort einen Emitter aufzustellen.

Odo: „Wenn Sisko hier wäre, denken Sie, er würde aufgeben? Oder Worf, oder Dax?"

---

[96] Vgl. Voyager (1998): 30 Tage, 5. Staffel, Zeit 30:00. Was TOM PARIS allerdings in der Folge nicht davon abhält, im weiteren Verlauf unerlaubter Weise mit einem DELTA-FLYER auf den Wasserplaneten zu fliegen, was ihm letztlich 30 Tage Arrest einbringt.

[97] Vgl. Voyager (2000): Icheb, 6. Staffel, Zeit 15:00

[98] Vgl. Enterprise (2004): Brutstätte, 3. Staffel, Zeit 11:20

[99] Roth, Gerhard (2009): Persönlichkeit, Entscheidung und Verhalten – Warum es so schwierig ist, sich und andere zu ändern, 5. Auflage, Stuttgart, S. 299

Quark: „Sie sind nicht hier."[100]

Auch wenn QUARK so antwortet, gibt doch beiden die Erinnerung an SISKO und WORF den notwendigen Energie- und Motivationsschub, um die gefährliche Situation erfolgreich bewältigen zu können.[101]

3.4 Von den Führungskräften der STERNENFLOTTE können auch heutige Führungskräfte lernen und sich helfen lassen

Nun ist es nicht so, dass unabhängig von den Rahmenbedingungen zu jederzeit in jedem Thema eine Treiberrolle eingenommen werden kann. Aber auf dem Kontinuum von Omnipotenz bis Ohnmacht gibt es eine breite Zone in der Mitte - „a bisserl was geht immer"[102]. Und diese Rolle kann und muss erlernt und kontinuierlich weiter ausgebaut werden. Selbst eine Führungspersönlichkeit wie JAMES T. KIRK, der bereits vor Eintritt in die STERNENFLOTTE über eine natürliche Führungsautorität verfügte, hatte noch viel zu lernen. Dafür braucht es andere starke Führungspersönlichkeiten, die durch engagiertes Fordern und Fördern die Entwicklung vorantreiben, wie die folgende Szene aus dem Film „Into Darkness" zeigt.

Captain PIKE hält KIRK eine **ernsthafte Ansprach**e, nachdem herauskam, dass KIRKS Logbucheintrag vom letzten Einsatz nicht wahrheitsgemäß war und er die Verletzung der obersten Direktive in Kauf genommen hat, um SPOCK zu retten.

Pike zu Kirk: „Was haben Sie falsch gemacht, welche Lehre ziehen sie aus diesem Fall?"

Kirk: „Niemals einem Vulkanier trauen [...]"

Pike: „Sie denken, Sie müssen sich nicht an Regeln halten, die Ihnen nicht passen."

Captain PIKE wirft ihm vor, Regeln nur für andere gelten zu lassen und Gott zu spielen. KIRK verteidigt sich. PIKE erzählt ihm vom Tribunal, das ihm die ENTERPRISE wegnehmen wird.

---

[100] Deep Space Nine (1996): Der Aufstieg, 5. Staffel, Zeit 36:20

[101] Ähnliche Beispiele finden sich auch bei TRAVIS MAYWEATHER, für den die Captains der Sternenflotte eine besonders große Ausstrahlungswirkung haben und der in der Folge „Horizon" gegenüber seinem Bruder PAUL feststellt: „Wenn ich eines von Captain Archer gelernt habe, dann sich nichts gefallen lassen". Enterprise (2003): Horizon, 2. Staffel, Zeit 17:03. Für TRAVIS MAYWEATHER war auch im Flottenkommando allein der tägliche Anblick der Bilder der Sternenflottencaptains ein mächtiger Ansporn. Vgl. Enterprise (2002): Gesetze der Jagd, 1. Staffel, Zeit 03:35.

[102] „A bisserl was geht immer" war das Motto von MONACO FRANZE, des ewigen Stenz von Schwabing aus der gleichnamigen Fernsehserie. Er war zwar keine Führungskraft, schaffte es aber als Lebemann sich überall seine Möglichkeiten und Gelegenheiten zu schaffen. Das Motto wählte auch der Regisseur der Serie für seine Autobiographie. Vgl. Dietl, Helmut (2016): A bisserl was geht immer - Unvollendete Erinnerungen, Köln

Pike: „Sie halten sich niemals an Regeln, selbst als Captain übernehmen Sie keine Ver-
antwortung, Ihnen fehlt der nötige Respekt vor dieser Rolle. Und wissen Sie warum? Weil
Sie noch nicht bereit dafür sind. "[103]

Die klaren Worte treffen bis ins Mark. Es ist sprachlos, den Blick nach innen gerichtet. Allerdings sind es genau diese Klarheit und Grenzziehung von PIKE, durch
die er lernt und sich entwickelt. PIKE macht diese harte Ansage, weil er an KIRK
glaubt und ihn ermutigen will.

Kurz darauf findet PIKE KIRK wieder in der Bar. PIKE hat die ENTERPRISE zu-
rückbekommen und sagt ihm, dass er sein erster Offizier werden soll. SPOCK wurde
auf ein anderes Raumschiff versetzt.

Kirk: „Was haben Sie ihm [Admiral Marcus] gesagt?"

Pike: „Die Wahrheit. Dass ich an Sie glaube. Und wenn jemand eine zweite Chance ver-
dient, dann Jim Kirk. "[104]

Dieses Buch begleitet den Leser auf den grundlegenden Missionen für Führungskräfte. In diesem Buch stehen dafür auch (virtuelle) Mentoren zur Unterstützung
und als Vorbilder bereit. Mit auf der Brücke als „Mentorencrew" sind dabei: JEAN-
LUC PICARD, CATHERINE JANEWAY, BENJAMIN SISKO, JONATHAN ARCHER, JAMES
T. KIRK, CHRISTOPHER PIKE.[105] Die Captains stehen für besondere Stärken und
Erfahrungen, aber auch dafür, über ein breites Spektrum an Führungsverhalten zu
verfügen, das situativ eingesetzt werden kann.[106] Die folgenden Kurzbeschreibungen
sind so zu verstehen, dass sie besonders auffällige Eigenschaften hervorheben und
nicht, dass andere wichtige Führungseigenschaften nicht vorhanden sind.

- **Captain JAMES TIBERIUS KIRK** steht insbesondere für absoluten Gestaltungswillen, für ein Alpha-Tier mit ausgeprägtem Ego, für pragmatische und innova-
tive Lösungen, für Extrovertiertheit und Lebensfreude, für Bauchentscheidun-
gen, für Präsenz an vorderster Front, für Pokern als Verhandlungsstrategie, für

---

[103] Spielfilm Star Trek XII (2013): Into Darkness, Zeit 14:10
[104] Spielfilm Star Trek XII (2013): Into Darkness, Zeit 20:00
[105] Captain LORCA wurde an dieser Stelle bewusst nicht aufgeführt, da er, aus dem
SPIEGELUNIVERSUM stammend, nicht die positiven Werte und Führungseigenschaften der
STERNENFLOTTE verkörpert. Aber natürlich kann auch er als Mentor gewählt werden, um sich
genau mit seinen Charakterzügen auseinanderzusetzen.
[106] Schon SENECA kannte die Vorteilhaftigkeit des Prinzips, sich ein virtuelles Team (er nennt es
„geistige Familie") zusammenzustellen und von Personen aus anderen Zeiten zu profitieren,
der dies zum Beispiel auf ARISTOTELES oder DEMOKRIT bezieht: „Wir sagen gewöhnlich, wir
hätten nicht die Möglichkeit gehabt, uns unsere Eltern auszusuchen, da sie uns das Schicksal
zugeteilt hat. Aber nach unserer eigenen Entscheidung aufzuwachsen, das steht uns frei. Es
gibt Familien der edelsten Geister: Wähle aus, in welche du aufgenommen werden willst. [...]
Die Mitglieder deiner geistigen Familie werden dir den Weg zur Ewigkeit weisen und dich auf
einen Platz heben, von dem niemand herabgestürzt werden kann." Seneca (2012): Von der
Kürze des Lebens, Stuttgart, S. 47 f.

Konsequenz, für eine Zentralisierung von Entscheidungen (ist dabei aber auch oft „Bottleneck");

- **Captain/Admiral JEAN-LUC PICARD** steht insbesondere für strategischen Gesamtblick, für Kopfentscheidungen, die nach dem Abwägen verschiedenster Sichtweisen getroffen werden, für Delegation, für absolute Integrität und Werteorientierung, für professionelle Distanz, für die Souveränität der erfahrenen Führungskraft, für Introvertiertheit, dafür nicht die Kontrolle über seine Gefühle zu verlieren, für vielseitige Interessen neben der Sternenflotte (z.B. Theater, Musik, Archäologie);

- **Captain KATHRYN JANEWAY** steht insbesondere für Ausdauer (Rückflug aus dem DELTA-QUADRANTEN), für das fürsorgliche Kümmern um das Team (ihre „Familie"), für zugleich Bewahren der Selbstkontrolle und Nahbarkeit gegenüber den Mitarbeitern, für kontinuierliche Teamentwicklung und Aufnahme neuer Mitarbeiter, für das Nutzen außenstehender Dritter (z.B. des Universalgelehrten LEONARDO DA VINCI auf dem Holodeck) zur Reflektion und inneren Einkehr;

- **Captain BENJAMIN LAFAYETTE SISKO** steht insbesondere für das erfolgreiche Management komplexer Beziehungs- und Interessensnetzwerke, für Diplomatie und Politik, für die Vereinbarkeit von Familie und Beruf, für Verhandlungsgeschick;

- **Captain JONATHAN ARCHER** steht insbesondere für Pioniergeist, für Offenheit, neue Wege zu gehen und dabei Fehler zu machen und zu lernen, für das Verbinden des eigenen operativen Alltags mit einer großen Zukunftsvision (VEREINIGTE FÖDERATION DER PLANETEN);

- **Captain CHRISTOPER PIKE** steht insbesondere für eine starke Werteorientierung, verbunden mit der Bereitschaft, dafür auch große persönliche Opfer zu bringen, für einen lockeren, sehr teamorientierten Führungsstil, bei dem er zwar klare Führungsautorität hat, sich dabei aber selbst nicht zu wichtig nimmt.

Bei der Besetzung der eigenen „Mentorencrew" können darüber hinaus noch weitere Personen ausgewählt werden, die als **innere Berater** genutzt werden können. Es müssen nicht nur die Captains sein. Wer ist ein geeignetes Führungsvorbild und „Role Model"? Von welchen Führungserfahrungen könnte auf den folgenden Missionen profitiert werden? Das können reale Personen sein (z.B. aktuelle Vorgesetzte, CEOs anderer Unternehmen), Personen der Zeitgeschichte (z.B. NAPOLEON, ALEXANDER DER GROßE, HELMUT SCHMIDT) oder fiktive Personen (aus STAR TREK z.B. Commander BURNHAM, Commander RIKER, T'POL, Q, GUINAN), die für eine bestimmte Sichtweise stehen. Sollten eher Personen ausgewählt werden, die der eigenen Persönlichkeit ähnlich sind oder solche, die Fähigkeiten oder Sichtweisen einbringen, über die man selbst nicht verfügt? Wofür stehen die ausgewählten zusätzlichen Personen auf der Brücke?

4 Mission 2: Personalführung
Direkte Führung von Mitarbeitern ist der Kern der Führung – Es geht darum, situativ die richtigen Führungsimpulse zu geben

Mit Übernahme einer Führungsfunktion gilt es, für die Mitarbeiter mit- und vorzudenken, sie anzuleiten, Aufgaben zu delegieren und diese wieder zu einem Ganzen zusammenzuführen. Um nicht zwischen den vielen, teilweise gegenläufigen Rollenerwartungen (von Mitarbeitern, eigenen Vorgesetzten, der Familie, den Propheten u.v.m.) zerrissen zu werden, ist es hilfreich, sich diese Erwartungen bewusst zu machen und sie aktiv zu managen. Erfolgreiche Führung ist situativ, das zeigt die Bandbreite an Führungsverhalten der erfahrenen STERNENFLOTTENCAPTAINS. Sie ist situativ passend zu den Mitarbeitern (z.b. Alte vs. Junge, hierarchisch Höhere vs. formal Untergebene, neue Teammitglieder), der jeweiligen Aufgabe und den Rahmenparametern der Situation. Auf dieser Mission wird betrachtet, wie Mitarbeiter der STERNENFLOTTE ihre ersten Führungserfahrungen sammeln (z.b. WESLEY, TUCKER, HARRY KIM, WORF) und wie sie selbst und mit Hilfe ihrer Vorgesetzten und Mentoren zur Führungskraft werden.

Kernfragen, die auf dieser Mission beantwortet werden:

* Was ändert sich mit der Übernahme einer Führungsaufgabe? Was macht die direkte Führung aus?

* Wie können Führungskräfte erfolgreich mit den verschiedenen Rollenerwartungen umgehen und diese gezielt managen?

* Wie können unterschiedliche Mitarbeitertypen erfolgreich geführt werden? Welches Führungsverhalten passt zu welchen Situationen?

Grundsätzlich gibt es für Führungskräfte zwei große Handlungsfelder: Personalführung und Unternehmensführung. Die zweite Mission hier führt zum Kern der Personalführung, der direkten Führung von Mitarbeitern, die auch die unmittelbarste und ursprünglichste Führungserfahrung darstellt.

4.1 Wird ein Mitarbeiter zur Führungskraft, ändert sich alles und er sieht sich verschiedensten und neuen Rollenerwartungen ausgesetzt

Das was die direkte Führung, also das Zusammenspiel aus Führungskraft und Mitarbeiter ausmacht, lässt sich sehr gut bei Führungskräften beobachten, die ihre erste Führungsfunktion übernommen haben. Oft in der gleichen Teamkonstellation ist ein Mitarbeiter von einem Tag auf den anderen nicht mehr Kollege auf der gleichen Hierarchiestufe, sondern Vorgesetzter und Weisungsbefugter. Der Mitarbeiter tritt heraus aus der Masse der Mitarbeiter und steht in gewisser Weise auf der anderen Seite. Die eigenen Mitarbeiter schauen zu ihm, sehen und bewerten jedes Verhalten jetzt aus einer anderen Perspektive. Sie erwarten je nach Typ und Situation nun ein anderes Verhalten, d.h. ein bestimmtes Führungsverhalten, sie erwarten Entscheidungen, Bestätigung, Orientierung und Vorbildhandeln.

Das Einnehmen einer Führungsrolle ist daher häufig mit einem Gefühl der Unsicherheit für die neue Führungskraft verbunden, wie der folgende Dialog aus der Folge „Brieffreunde" zeigt, in der Fähnrich CRUSHER sein erstes Kommando bekommt und sein eigenes Team zusammengestellt hat.

Wesley Crusher: „Jedes Mal, wenn ich einen Befehl erteilen will, stelle ich mir die Frage: Wodurch bin ich den Leuten meines Teams eigentlich überlegen?"

Riker: „Wes, Verantwortung und Autorität gehen Hand in Hand. Du hast Verantwortungsbewusstsein. Jetzt musst du Autorität lernen. Deshalb hast Du auch dieses Kommando übertragen bekommen. Du sollst sehen, dass Du in der Lage bist, richtige Entscheidungen zu treffen. Das wird Dein Selbstbewusstsein stärken. Aber wenn Du zu Deinem eigenen Urteil kein Zutrauen hast, bist Du für so eine Aufgabe nicht geeignet."

Crusher: „Und wenn ich Unrecht habe?"

Riker: „Dann hast Du Unrecht. Glaubst Du, Du würdest niemals einen Fehler machen?"

Crusher: „Aber wenn es einmal um etwas wirklich Entscheidendes geht, nicht nur um eine geologische Untersuchung? Wenn jemand stirbt, weil ich einen falschen Befehl erteilt habe?"[107]

In der Folge „Vor dem Ende der Zukunft" gelangte die VOYAGER durch einen Raum-Zeit-Riss wieder in den ALPHA-QUADRANTEN, allerdings in das Jahr 1996. Zuvor wollte sie Captain BRAXTON, von einem Zeitschiff des 29. Jahrhunderts, zerstören, da die VOYAGER für eine Umweltkatastrophe in seinem Jahrhundert verantwortlich sein soll. JANEWAY, CHAKOTAY, TUVOK und PARIS suchen auf der Erde, in Los Angeles, nach einer Lösung und HARRY KIM erhält zum ersten Mal die Brücke.[108] Man sieht ihm die Last der Verantwortung, entscheiden zu müssen, an. In einer Situation befindet sich das Außenteam in Gewalt von STARLING, der von KIM verlangt, den Datentransfer auf die VOYAGER abzubrechen, da er sonst den Captain töten würde. KIM bricht den Transfer ab und überlegt die nächsten Schritte. Er wägt sämtliche Argumente gegeneinander ab und kommt erst zu einer Entscheidung, als ihn TORRES auf seine Rolle hinweist.

Kim: „Wie ist der Transporterstatus?"

Torres: „Die Hauptmusterpuffer sind noch immer außer Funktion. Notfalltransport ist nur aus niedrigerem Orbit möglich."

Kim: „Genau das hat uns der Captain untersagt. Wir würden riskieren, entdeckt zu werden."

Torres: „Darauf dürfen wir keine Rücksicht nehmen. Ihr Leben ist in Gefahr."

---

[107] The Next Generation (1989): Brieffreunde, 2. Staffel, Zeit 19:12
[108] Vgl. Voyager (1996): Vor dem Ende der Zukunft – Teil 1, 3. Staffel, Zeit 08:30

Kim: „Und wenn jemand sieht, wie ein riesiges Raumschiff durch die Wolken fliegt?"

Torres: „Sie haben jetzt hier das Kommando. Es ist ihre Entscheidung."

KIM besinnt sich für einen Moment und nimmt die Führungsrolle an und spricht mit klarer und entschiedener Stimme seine Befehle.

Kim: „Steuermann, Kurs auf Chakotay und den Captain."

Steuermann: „Aye, Sir."

Kim: „B'Elanna, Nottransporter einsatzbereit halten. Wir beamen die beiden hierher, direkt auf die Brücke. Fliegen Sie hin."[109]

Erfolgreich können JANEWAY und CHAKOTAY auf die VOYAGER gebeamt werden.

Das, was der ehemals gleichrangige Kollege nun als Vorgesetzter sagt und entscheidet, wird auf einmal verbindlicher und relevanter, allein aus der neuen formalen Machtposition heraus. Über die Führungsfunktion verfügt eine Führungskraft über die formale Macht zu bestimmen, wer welche Aufgaben bearbeitet, ob Plan A oder Plan B verfolgt wird oder wer welchen Jahresbonus bekommt. Menschen orientieren sich als soziale Wesen an Ordnungen und an hierarchischen Beziehungen. Daher ist auch in Organisationen, in denen die Mitarbeiter grundsätzlich freiwillig sind, Nein sagen können und bei Unzufriedenheit kündigen können, die Grundbereitschaft der Mitarbeiter erstmal grundsätzlich gegeben, sich von ihrer Führungskraft auch führen zu lassen. Allerdings reicht die formale Macht als Vorgesetzter in der Regel nicht aus, sondern der **Vorgesetzte muss auch vom Mitarbeiter als Führungskraft akzeptiert** werden. Ein wesentlicher Akzeptanzfaktor für Gefolgschaft ist, dass sich der Vorgesetzte auch entsprechend der Erwartungen der Mitarbeiter an eine Führungskraft verhält.

Originäre Führungsaufgaben sind Strategie, Mitarbeiterführung- und -entwicklung sowie die Schaffung der Rahmenbedingungen für erfolgreiches Mitarbeiterhandeln, um die zeitgerechte Lieferung der gewünschten Produkte oder Dienstleistungen sicherzustellen. Dabei besteht eine wichtige Aufgabe eines Vorgesetzten darin, aus einem Gesamtblick heraus Einzelaufgaben für die einzelnen Teammitglieder zu definieren. Das setzt voraus, dass für das Team vor- und mitgedacht wird. Aufgaben sind zu priorisieren, zu delegieren und dann wieder aus einem strategischen Gesamtblick zu einem Ganzen zusammenzuführen. Die dafür erforderlichen zeitlichen und gedanklichen Kapazitäten machen es notwendig, dass sich eine Führungskraft von (den bisherigen) operativen fachlichen Tätigkeiten löst.

Das fällt oft neuen Führungskräften schwer, die sich selbst bislang eher als Spezialisten für ein Thema verstanden haben, die jedes Detail in ihrem Arbeitsumfeld kannten. Auf einmal müssen sie **ohne die Sicherheit der tiefen Detailkenntnis** Entscheidungen treffen. Die Befürchtung, eine falsche Entscheidung zu treffen

---

[109] Voyager (1996): Vor dem Ende der Zukunft – Teil 1, 3. Staffel, Zeit 39:00

führt daher oft zu einem unangenehmen Gefühl der Unsicherheit, das die Führungskraft dadurch zu reduzieren versucht, indem sie aus der übergeordneten Führungsrolle wieder in die Mitarbeiterspezialistenrolle wechselt.

In der Folge „Nachtigall" sind KIM, SEVEN OF NINE und NEELIX mit dem DELTA-FLYER auf der Suche nach DILITHIUM, als sie in ein Gefecht zwischen den ANNARI und den KRAYLOR geraten. Zur Rettung der Crew beamen sie auf das KRAYLOR-Schiff, versorgen die Verletzten und machen das Schiff wieder flugfähig und setzten die Tarnfunktion wieder instand. Allerdings sind bei dem Gefecht die Brückenoffiziere getötet worden, die das Schiff fliegen konnten. Daher wird KIM gebeten, das Kommando zu übernehmen und das Schiff mit den Überlebenden zum Ziel zu fliegen, was er zunächst ablehnt, dann aber annimmt, da das Schiff auch Richtung VOYAGER fliegt.[110] In der Zwischenzeit sind die ANNARI als mögliche Handelspartner auf der VOYAGER willkommen geheißen worden, was JANEWAY in einen Konflikt bringt. KIM überzeugt sie aber, seine Mission, wie er betont, weiterführen zu können und er bekommt das Kommando über das KRAYLOR-Schiff.[111]

Vor dem Start geht er noch ins Kasino zu NEELIX, um etwas zu essen und bekommt schon dort einen Vorgeschmack auf seine neue Rolle als Captain.

> *Neelix: „Ich freu mich, dass Sie nicht vorhaben, mit leerem Magen aufzubrechen, Captain."*

> *Kim freut sich über die Anrede und lächelt zufrieden und stolz.*

> *Neelix: „Ich habe Plomeeksuppe und Eierpflanzenparmesan."*

> *Kim: „Beides gut."*

> *Neelix: „Falsche Antwort."*

> *Kim: „Wie bitte?"*

> *Neelix: „Wenn Sie Captain sein wollen, dann müssen Sie auch so handeln wie ein Captain. Geben Sie nie zu, dass Sie bei irgendwas unsicher sind. Sie dürfen niemals unentschlossen vor Ihrer Crew wirken."*

> *Kim: „Es ist nur ein Snack, Neelix."*

> *Neelix: „Wenn Captain Janeway das Kasino betritt, dann weiß sie immer ganz genau, was sie will."*

> *Kim: „Vielleicht bin ich nur nicht so mäklich mit meinem Essen."*

> *Neelix: „Ganz wie Sie meinen, Fähnrich."*

---

[110] Vgl. Voyager (2000): Nachtigall, 7. Staffel, Zeit 11:25
[111] Vgl. Voyager (2000): Nachtigall, 7. Staffel, Zeit 15:50

NEELIX dreht sich um und geht. KIM besinnt sich und spricht mit fester Stimme weiter.

Kim: „Neelix! Plomeeksuppe! Und zwar ganz heiß.[112]

Dann kommt er auf die Brücke des KRAYLOR-Schiffs und wird von seinem jungen KRAYLOR-Offizier freudig begrüßt. Er übernimmt die Brücke und richtet sein Zimmer wohnlich ein, zum Beispiel mit einem Saxophon. Er erteilt Befehle und freut sich offenkundig an seiner neuen Rolle als Captain. Allerdings fällt es ihm schwer, im Stuhl des Captains zu bleiben. Vielmehr geht er zu dem Steuermann, schiebt ihn von seinem Platz weg, um ihm zu zeigen, wie man das Ziel richtig programmiert – der Platz des Captains, ein starkes Symbol, ist unbesetzt. Er fällt zurück in seine Rolle als Fähnrich. Dieses Verhalten, dass für einen Fähnrich angemessen ist, ist für einen Captain zu operativ und zu sehr Mikro-Management, worauf ihn SEVEN OF NINE hinweist.[113]

Seven of Nine: „Ich habe einen schweren Defekt entdeckt in einem der Schiffssysteme. "

Kim: „Welches ist es?"

Seven of Nine: „Der Captain. Die Hauptaufgabe des Captains ist es, Befehle zu erteilen. Korrekt?"

Kim: „Richtig. "

Seven of Nine: „Und die Crew hat die Aufgabe, den Captain zu unterstützen und die Befehle auszuführen. "

Kim: „Worauf wollen Sie hinaus?"

Seven of Nine: „Jedes Mal, wenn Sie etwas befehlen, führen Sie den Befehl selbst aus. Und wenn jemand anderes etwas vorschlägt, wird es abgelehnt. "

Kim: „Diese Crew-Mitglieder sind unerfahren. Sie brauchen meine Hilfe. "

Seven of Nine: „Als Sie auf die Voyager gekommen sind, hat Captain Janeway Ihnen da geholfen?"

Kim: „Sie kümmerte sich um alle rangjüngeren Offiziere. "

Seven of Nine: „Indem sie ihre Arbeit für sie machte?"

Kim: „Nein, sie gab mir sogar sehr viel zu tun. "

Seven of Nine: „Weil Captain Janeway glaubte, dass Sie fähiger als sie waren. "

Kim: „Natürlich nicht. Sie wollte, dass ich lerne. Und Sicherheit gewinne. "

Seven of Nine: „Interessant. "[114]

---

[112] Voyager (2000): Nachtigall, 7. Staffel, Zeit 19:46
[113] Vgl. Voyager (2000): Nachtigall, 7. Staffel, Zeit 20:00
[114] Voyager (2000): Nachtigall, 7. Staffel, Zeit 25:00

Dann kommt es zu einem Angriff der ANNARI und KIMS Schiff gerät unter Beschuss. Als SEVEN OF NINE im Maschinenraum getroffen wurde und nicht mehr antwortet, will KIM die Brücke verlassen und ihr helfen. Seine Crew hält ihn aber zurück. Er muss schließlich feststellen, dass er getäuscht wurde. Die NIGHTINGALE transportiert keine Impfstoffe, sondern Tarnvorrichtungen. KIM ist frustriert und wieder ist es SEVEN OF NINE, die ihm den Spiegel vorhält.[115]

Seven of Nine: „Haben Sie vor das Schiff zu verlassen, weil die Mission nicht wie erwartet verlaufen ist? Oder weil die Arbeit als Captain nicht wie erwartet war?"

Kim: „Ich bin absolut dazu befähigt, ein Raumschiff zu kommandieren."

Seven of Nine: „Wirklich? Sie fühlen sich höchst unwohl in dieser Rolle. Einsätze delegieren, Befehle erteilen."

Kim: „Jemand starb, weil er meine Befehle befolgte."

Seven of Nine: „Geben Sie sich niemals die Schuld dafür."

Kim: „Ein Captain ist verantwortlich für das Leben seiner Crew."

Seven of Nine: „Manchmal stirbt jemand auf einer Mission. Auch wenn der Captain dies verhindern will."

Kim: „Ich hätte weiter Buster Kincade spielen sollen."

Seven of Nine: „Ein Holodeckprogramm kann man abschalten, wenn es einem nicht mehr gefällt. Die Realität nicht. Wenn Sie sich wirklich für diese Crew verantwortlich fühlen, dann helfen Sie ihr, nach Hause zu kommen. Weil sie ohne Sie nicht überleben wird."[116]

Wieder besinnt er sich, und entscheidet sich dafür, wieder die Rolle einzunehmen. Mit energischer Körperhaltung geht er wieder auf die Brücke, setzt sich sehr bewusst in den Stuhl des Captains und erteilt Befehle. Die Crew, die ihm zuvor nicht mehr folgen wollte, akzeptiert ihn nun wieder. Als die ANNARI erneut angreifen, bleibt er auf dem Stuhl des Captains – und in der Rolle des Captains. Er zeigt Führungsstärke und findet eine Lösung, indem er die ANNARI täuscht.[117]

Die neue Rolle als Führungskraft bringt daher neue Aufgaben und entsprechend neue Rollenerwartungen anderer mit sich, die es zu verstehen und denen es zu entsprechen gilt bzw. die aktiv gemanagt werden müssen. Die neue Rolle bedeutet aber auch, einen neuen eigenen Blick auf die bisherigen Gegebenheiten. Prägnant formuliert es TRAVIS MAYWEATHER in der Enterprise-Folge „Der kalte Krieg", als er zum ersten Mal das Kommando hat und sich auf den Platz des Captains setzt.

Mayweather: „Die Brücke sieht anders aus von hier."[118]

---

[115] Vgl. Voyager (2000): Nachtigall, 7. Staffel, Zeit 26:00
[116] Voyager (2000): Nachtigall, 7. Staffel, Zeit 34:29
[117] Vgl. Voyager (2000): Nachtigall, 7. Staffel, Zeit 35:45
[118] Enterprise (2001): Der kalte Krieg, 1. Staffel, Zeit 09:05

Die Welt ist dann tatsächlich eine andere, in der Selbst- und Fremdwahrnehmung, was auf neue Rollenerwartungen zurückzuführen ist.

Eine Führungskraft ist insgesamt einer Vielzahl an unterschiedlichen Rollenerwartungen ausgesetzt, die teilweise im Konflikt zueinanderstehen und nicht gleichzeitig vollständig erfüllt werden können. Die Führungskraft erlebt die Situation als „Jeder will etwas von mir". Nichterfüllte Erwartungen führen zu Frustration und können dann schnell zu Konflikten führen.[119] Wenn diese Rollenerwartungen nicht aktiv gemanagt werden, besteht die Gefahr, dass man zwischen ihnen zerrieben wird und die Arbeitsergebnisse leiden.

Eine **Führungskraft steht im Zentrum verschiedenster Rollenerwartungen**, die sich inhaltlich oder hinsichtlich ihrer Relevanz im Zeitverlauf verändern können.[120] Bildlich gesprochen befindet sich die Führungskraft in einer Situation, vergleichbar mit der eines Raumschiffes, das aus verschiedenen Richtungen von Traktorstrahlen gezogen und gehalten wird. Je nachdem, über welche Rollen sich die Führungskraft definiert, was die eigenen Interessen sind, wer die für sie wichtigen Personen sind, ergibt sich ein individuelles Erwartungsprofil, das sich grundsätzlich aus vier Bereichen zusammensetzt, wie in der folgenden Abbildung dargestellt.

Jede Führungskraft muss für sich individuell analysieren: Welchen Rollenerwartungen bin ich bzw. fühle ich mich ausgesetzt? Welche sind miteinander kompatibel, welche stehen in einem Konfliktverhältnis? Wo besteht Handlungsbedarf und wie kann über Priorisierung und klares Erwartungsmanagement die eigene Situation verbessert werden? Welche Spannungsverhältnisse können nicht grundsätzlich aufgelöst und müssen als permanente Gratwanderung angenommen werden?

Die Aufgaben, die mit einer (neuen) Führungsrolle verbunden sind, müssen gelernt und immer wieder geübt werden. Am Beispiel von Commander TUCKER lässt sich beobachten, dass Führung gelernt werden kann. Der gleiche TRIP TUCKER, der noch vor kurzer Zeit mit der Führungsrolle überfordert war, übernimmt in der Folge „Transformation" ganz selbstverständlich das Kommando der ENTERPRISE und agiert als souveräne, entschlossene Führungskraft auf der Brücke gegenüber den Dekontaminationsagenten. Er hat seine Führungskompetenz in vielen kleinen und unterschiedlichen Führungssituationen trainiert. Das ist auch erforderlich, da sich das Außenteam aus ARCHER, T'POL, REED und SATO auf einem Dschungel-Planeten mit einem biologischen Mutagen infiziert und in primitive Lebensformen transformiert hat.[121]

---

[119] Vgl. Berner, Winfried/Hagenhoff, Regula/Vetter, Thomas/Führing, Meik (2015): Ermutigende Führung – Für eine Kultur des Wachstums, Stuttgart, S. 227

[120] Vgl. Neuberger, Oswald (2002): Führen und führen lassen, 6. Auflage, Stuttgart, S. 318 ff

[121] Vgl. Enterprise (2002): Der Siebente, 2. Staffel, Zeit 14:30 sowie Enterprise (2003): Transformation, 3. Staffel, Zeit 22:50. Siehe auch Enterprise (2004): Kir'Shara, 4. Staffel, Zeit 4:00, in der TUCKER souverän die ENTERPRISE befehligt, eine bewusste Führungsentscheidung trifft, die ANDORIANER zu warnen und das auch souverän umsetzt.

Ein weiteres Beispiel ist die Entwicklung von HIKARU SULU, vom jungen Steuermann an Bord der ENTERPRISE unter Captain KIRK bis zum souveränen Captain der USS EXELSIOR.[122]

Abbildung 14: Die Führungskraft im Zentrum verschiedenster Rollenerwartungen[123]

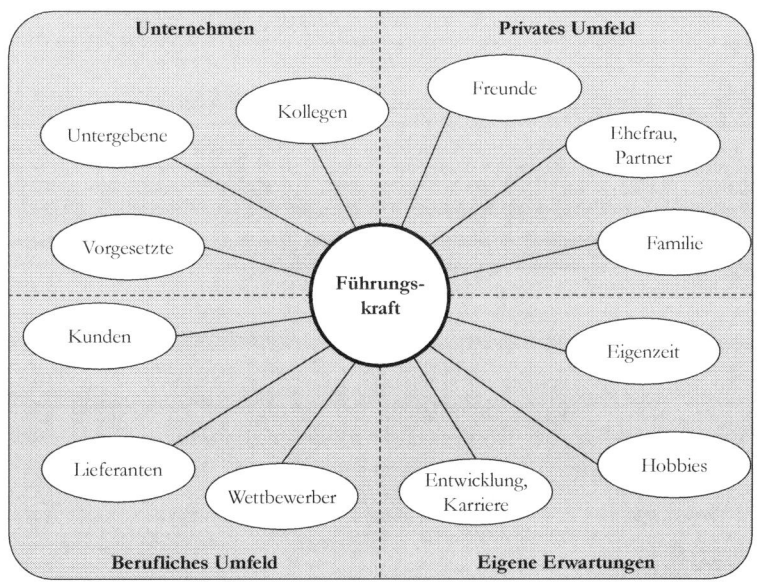

Aber auch Führungskräfte, die, wie Captain KIRK oder Commander SPOCK, aus ihrer Persönlichkeit heraus bereits eine gute „Grundausstattung" als Führungskraft mitbringen, müssen kontinuierlich an sich arbeiten. Nur dann werden sie zu einer großen Führungspersönlichkeit. Oder, anders formuliert, sie „machen" sich zu einer großen Führungspersönlichkeit. Der Spielfilm „Into Darkness" (2013) zeigt anschaulich den Weg der „jungen Wilden" zu den reifen Führungskräften, die dabei aber ihren jeweiligen besonderen Charakter nicht nur erhalten, sondern noch weiter fokussieren und ausbauen.

---

[122] Vgl. Voyager (1996): Tuvoks Flashback, 3. Staffel sowie Spielfilm Star Trek VI (1991): Das unentdeckte Land
[123] Quelle: Eigene Erstellung, nach Neuberger, Oswald (2002): Führen und führen lassen, 6. Auflage, Stuttgart, S. 320

Beide, SPOCK und KIRK, haben sich in der Anfangszeit als Führungskräfte noch nicht immer Griff und sind so voller Aggressivität, dass sie weiter auf den wehrlosen KHAN alias HARRISON einprügeln und sich ihren Emotionen hingeben, nachdem sie ihn besiegt haben.[124] Beide müssen sich die spätere Souveränität und Gelassenheit erst erarbeiten.

Generell sind auffällige emotionale Reaktion, Gereiztheit, aggressive Handlungen und fehlende Selbstkontrolle Anzeichen dafür, dass die jeweilige **Person unter Stress** steht und überfordert ist. Wie zum Beispiel auch TUCKER, der in Vertretung für Captain ARCHER in der Folge „Im Schatten von P'Jem" die Brücke hat, aber sehr unsouverän, undiplomatisch und gereizt agiert.[125]

Dazu gehört auch, dass eigene Ego zurückzustellen und die relevanten Meinungen der Mannschaft anzuhören und anzunehmen oder zumindest bewusst abzuwägen und nicht nur aus reiner emotionaler Angespanntheit heraus abzulehnen. KIRK agiert in seiner Anfangszeit als Captain noch häufig gereizt, wenn es (begründete) Einwände seiner Offiziere gibt und wehrt sie barsch ab. Zum Beispiel gegenüber SPOCK als der ihn daraufhin weist, dass es nicht regelkonform ist, einen Menschen (HARRISON) ohne Prozess zum Tode zu verurteilen.[126] Auch wenn er sich in späteren Zeiten immer wieder über die Meinungen anderer hinweg setzt - was auch sein gutes Recht als Captain ist, der die Verantwortung trägt -, so ist es doch kaum vorstellbar, dass er dies in vergleichbarer Weise nochmal tun würde. Genauso wenig wie die sich zeitlich direkt anschließende harte verbale Auseinandersetzung mit SCOTTY, der sich wehrt, die Torpedos an Bord zu nehmen, ohne sie vorher untersuchen zu können. Die Auseinandersetzung eskaliert und schließlich stellt KIRK SCOTT frei – und KIRK steht alleine im Maschinenraum.[127] In gewisser Weise eine tragische Situation, denn eine Führungskraft, die niemanden mehr führt, ist keine Führungskraft mehr.

Aber, und das zeichnet ihn aus, er reflektiert das eigene Handeln, was seine Ansprache bei der Trauerfeier nach erfolgreichem Abschluss der Mission zeigt:

> *Kirk: „Es wird immer diejenigen geben, die uns Schaden zufügen wollen. Um sie aufzuhalten, riskieren wir etwas ebenso Böses in uns selbst zu erwecken. Wir wollen instinktiv Rache üben, wenn uns ein geliebter Mensch genommen wurde. Aber so sind wir nicht. Heute feiern wir die erneute Taufe der USS Enterprise, um diejenigen zu ehren, die vor fast einem Jahr ihr Leben verloren haben. Als Captain Pike mir damals sein Schiff überließ, ließ er mich den Schwur des Captains leisten. Zu jener Zeit wusste ich die Worte nicht zu würdi-*

---

[124] Vgl. Spielfilm Star Trek XII (2013): Into Darkness, Min 53:30 (Kirk) und 1:54:10 (Spock)
[125] Vgl. Enterprise (2002): Im Schatten von P'Jem, 1. Staffel
[126] Vgl. Spielfilm Star Trek XII (2013): Into Darkness, Zeit 32:20
[127] Vgl. Spielfilm Star Trek XII (2013): Into Darkness, Zeit 34:45

gen. Doch heute weiß ich, dass sie ein Aufruf an uns sind, uns zu erinnern, wer wir einst waren und wer wir wieder sein müssen. "[128]

Letztlich muss jeder seine eigenen Führungserfahrungen machen, aus Erfolgen und Misserfolgen lernen und seinen eigenen, praktikablen und für ihn authentischen Führungsstil finden, um dann mit den Aufgaben zu wachsen und sich ein Führungsleben lang weiterzuentwickeln. Sich immer wieder aufs Neue zu motivieren, weiter die Führungsrolle zu üben, erfordert oft ein hohes Maß an Frustrationstoleranz und Selbstmanagement.

4.2 Typische Führungsfehler vor allem neuer Führungskräfte sollten frühzeitig erkannt und vermieden werden

Gerade in den ersten Führungssituationen und in der Findungsphase als neue Führungskraft werden oft typische Fehler gemacht. In den folgenden Abschnitten werden wesentliche Fehler beschrieben sowie Ansätze, wie damit umgegangen werden kann.

4.2.1 Führungsfehler 1: Nicht delegieren und loslassen können

Ein typischer Fehler ist es, wenn Führungskräfte **nicht delegieren und loslassen können** und sich zu sehr operativ in die Arbeit und Handlungsspielräume ihrer Mitarbeiter einmischen.

So muss sich beispielsweise WORF auf der Raumstation DEEP SPACE NINE nach sieben Jahren in der Sicherheit erst in seine neue Rolle als Offizier für strategische Operationen eingewöhnen. Mindestens genauso schwierig wie das Erlernen der neuen Rolle ist es, die alten, vertrauten und gut funktionierenden Verhaltensweisen abzulegen. Dabei gibt ihm SISKO als seine direkte Führungskraft in der Folge „Der hippokratische Eid" Orientierung. WORF mischt sich bezüglich eines Schmugglers, der anscheinend mit QUARK Geschäfte macht, in die Sicherheitsbelange von ODO ein.

Sisko: „Denken Sie aber bitte daran, Odo ist der Sicherheitschef auf dieser Station, und Sie sind der Offizier für strategische Operationen [Anm.: In der vorherigen Folge wurde er dazu befördert]. Ihre primäre Pflicht besteht darin, alle Aktivitäten der Sternenflotte in diesem Sektor zu koordinieren, und nicht Schmuggler zu fangen." "[129]

Die Versuchung und das Risiko, die Aufgaben der Mitarbeiter operativ zu übernehmen, sind immer dann besonders groß, wenn es sich um Aufgaben handelt, für die die Führungskraft ein fachlicher Experte ist. Dann liegt der Fokus der Aufmerksamkeit schnell zu sehr auf den bekannten und geliebten Themen, dort wo man sich zuhause und sicher fühlt. Das geht zulasten von anderen und möglicherweise wichtigeren Themen.

---

[128] Vgl. Spielfilm Star Trek XII (2013): Into Darkness, Zeit 1:55:45
[129] Deep Space Nine (1995): Der hippokratische Eid, 4. Staffel, Zeit 09:15

Exemplarisch zeigt sich dieser Führungsfehler in der ENTERPRISE-Folge „Bound", in der es zu heftigen Spannungen zwischen Commander TUCKER und KELBY, dem neuen Chefingenieur kommt. TUCKER, davor verantwortlicher Chefingenieur, überwacht alle Handlungen seines Nachfolgers, was dieser als Herabsetzung seiner Person und Arbeit interpretiert. Die Situationen werden immer angespannter und schließlich droht TUCKER KELBY mit der Arrestzelle, wenn dieser seinen Befehlen nicht gehorchen sollte.[130] Auch wenn es vordergründig um verschiedene Ansichten auf der Sachebene gehen mag, so zeigt die emotionale Betroffenheit bei beiden, dass es um mehr geht. Vielmehr beanspruchen hier zwei Menschen das gleiche Revier und sehen sich in Konkurrenz. Der Fehler liegt, unabhängig von einer inhaltlichen Bewertung, klar bei TUCKER, da er ein **Terrain beansprucht, das nicht mehr seins ist** und was dazu führt, dass die Leistungsfähigkeit der Organisation insgesamt reduziert wird.

4.2.2 Führungsfehler 2: Zu „harte" Führung

Häufig zu beobachten ist auch ein **zu harter Führungsstil** von neuen Führungskräften. Das geschieht vielleicht aus Angst, sonst nicht akzeptiert zu werden und um zu verdeutlichen, dass man jetzt das Sagen habe und nicht mehr wie früher der gleichberechtigte Kollege ist. Es kann aber auch im mangelnden Verständnis darüber begründet sein, dass letztlich ohne Einbindung und Gestaltungsfreiheit kein Commitment erreicht werden kann.

Gerade junge Führungskräfte müssen hier ihren Mittelweg finden zwischen Nähe und Abgrenzung, zwischen Härte und kollegialer Weichheit. Aber selbst erfahrene Führungskräfte müssen in neuen Führungssituationen immer erst das richtige Maß finden. In der VOYAGER-Folge „Erfahrungswerte" erhält TUVOK die Aufgabe, den ehemaligen MAQUIS-Mitgliedern, die nun Teil der VOYAGER-Crew sind, ihnen die Sternenflottenprotokolle und entsprechende Disziplin beizubringen. Dabei überzieht er seinen Disziplinanspruch, zum Beispiel beim intensiven Inspizieren der Kleider und dem Verbot von Ketten, Haarbändern oder Ohrringen. Er übertreibt seine Ausbildung soweit (Transporter mit Zahnbürste reinigen), dass durchaus von Schikane gesprochen werden kann. Schließlich findet TUVOK im Gespräch mit dem Moraloffizier einen adäquateren Weg, um sowohl dem Anspruch an Disziplin als auch dem Anspruch, auf die neuen Mitarbeiter einzugehen, gerecht zu werden.[131]

Ein harter Führungsstil kann allerdings, situativ und mit Bedacht eingesetzt, durchaus zielführend sein, wenn er zu der Person passt und aus einer Grundhaltung des Wohlwollens heraus angewendet wird. In der DEEP SPACE NINE-Folge „Nachempfindung" spielt SISKO gegenüber EZRI DAX den harten und zornigen Vorgesetzten. Sie findet nicht richtig ihren Platz auf der Raumstation und will aus der STERNENFLOTTE austreten. SISKO will das verhindern und provoziert sie mit einem

---

[130] Vgl. Enterprise (2005): Die Verbindung, 4. Staffel, Zeit 04:45 und 17:00
[131] Vgl. Voyager (1995): Erfahrungswerte, 1. Staffel, Zeit 14:40, 22:30 und 27:40

psychologischen Kniff. Er wirft ihr vor, des Symbionten DAX nicht würdig zu sein, der acht wundervolle Leben hatte und dessen neuntes jetzt von ihr vergeudet würde. Die Provokation ist erfolgreich, DAX besinnt sich stellt sich den weiteren Aufgaben auf DEEP SPACE NINE. [132]

4.2.3 Führungsfehler 3: Nicht entscheiden können oder wollen

Ein weiterer typischer Fehler besteht darin, **nicht entscheiden zu können oder zu wollen**. Aus Scheu, Verantwortung zu übernehmen, wird dann zum Beispiel eine **Rückdelegation der Entscheidung** versucht, was in der Regel unsouverän wirkt und ist.

Es lässt sich gerade oft bei neuen Führungskräften beobachten, wenn sie nicht jedes Detail verstanden haben, dass sie sich vor einer Entscheidung drücken oder versuchen, sie zu delegieren. Die Führungsrolle ist in beiden Fällen unbesetzt und es entsteht ein **Führungsvakuum**. In der Enterprise-Folge „Der Siebente" ist Captain ARCHER mit T'POL auf einer Außenmission, sodass Commander TUCKER jetzt temporär in der Rolle des Captains ist. TUCKER lässt sich in ARCHERS Essensraum ein schönes Essen kommen und er hat Doktor PHLOX und den Sicherheitchef MALCOLM REED dazu eingeladen. PHLOX fragt nach seiner Erlaubnis hinsichtlich einer Impfung, die aber Nebenwirkungen haben könnte.

> Tucker: „Also ich wäre ungern dafür verantwortlich, wenn die Crew Dünnschiss kriegt. Vielleicht warten sie lieber, wenn der Captain da ist."

> Phlox: „Ich fürchte, bis dahin wird sich der Virus ausgebreitet haben, ich brauche heute eine Antwort."

> Tucker: „Warum besprechen wir das nicht nachher, Doc?"

Dann fragt ihn auch noch REED hinsichtlich einer Rekalibrierung einer Torpedovorrichtung.

> Tucker: „Ich habe ein ungutes Gefühl, den Hauptantrieb gerade jetzt auszuschalten."

> Reed: „Hat da der Chefingenieur gesprochen, oder der amtierende Captain?"

> Tucker (zögert): „Wir reden später darüber." [133]

Als kurz darauf noch weitere Anfragen unter anderem der VULKANIER kommen, ist „Captain" TUCKER die Überforderung deutlich anzusehen. Die neuen Anforderungen als Captain, Verantwortung für Entscheidungen und deren Folgen zu übernehmen, sind für ihn eine sichtbare Bürde, der er sich zu entziehen versucht.

---

[132] Vgl. Deep Space Nine (1998): Nachempfindung, 7. Staffel, Zeit 31:00
[133] Enterprise (2002): Der Siebente, 2. Staffel, Zeit 14:30. Vgl. auch Voyager (1996): Vor dem Ende der Zukunft – Teil 1, 3. Staffel, Zeit 08:30; Während JANEWAY, CHAKOTAY, TUVOK und TOM PARIS eine Außenmission auf der Erde haben, übernimmt HARRY KIM zum ersten Mal die Brücke und erfährt die Last der Verantwortung, Entscheidungen zu treffen.

Exemplarisch zeigt sich auch die Überforderung einer jungen Führungsmannschaft in der DEEP SPACE NINE-Folge „Valiant" (1998). Die Kadetten-Elitetruppe RED SQUAD befindet sich plötzlich nicht mehr in einer Trainingssituation, sondern in einer anspruchsvollen Kampfsituation hinter feindlichen Linien, nachdem die eigentlichen Offiziere getötet wurden. Die beiden Freunde JAKE SISKO und der FERENGI NOG werden von ihnen aufgenommen und NOG wird, - zu seiner großen Freude, - vom RED SQUAD Captain zum Chef Ingenieur und Lieutenant Commander befördert. Die Situation eskaliert schrittweise bis zum tödlichen Ausgang, weil die Überforderung gepaart ist mit einer dramatischen Selbstüberschätzung der Elitetruppe, die sich zum Beispiel in sehr pompösen Ansprachen des jungen Captains äußert. Alle sind so sehr in ihrer Rolle von einer Mischung aus Pflicht-, Verantwortungs- und Überlegenheitsgefühl beseelt, dass ihnen die Fähigkeit zur Selbstreflektion und nüchternen Einschätzung der Situation fehlt.

Schließlich gibt Nog der einzig anderen Überlebenden sein Red Squad-Abzeichen zurück und stellt treffend fest: „Wer weiß, vielleicht war er ein Held und wer weiß, vielleicht war er sogar ein großer Mann. Am Ende, Doreen, war er aber ein schlechter Captain."[134]

4.2.4 Die Ursachen für unzureichende Delegation und Lösungsansätze für erfolgreiche Delegation finden sich auf vier Ebenen

Die beiden Themen, Umgang im Team und Entscheidungen, werden auf den nächsten Missionen ausführlicher behandelt. An dieser Stelle soll das Thema **Delegation/Nichtloslassenkönnen** genauer betrachtet werden, da es selbst bei langjährigen Führungskräften zu beobachten ist und offensichtlich vielen schwerfällt. So fällt es beispielsweise Captain PICARD in vielen Fällen schwer, das Kommando der Außenmission an Commander RIKER zu übertragen, und Captain KIRK ist sowieso jemand, der die spannenden Aufgaben gerne selbst macht.

Für die Neigung, nicht zu delegieren, sondern alles selbst zu machen, gibt es - zumindest aus Sicht der Führungskraft -, oft gute Gründe. Einerseits klagen Sie darüber, dass „alles über meinen Schreibtisch muss". Andererseits verhindern sie bewusst oder unbewusst eine effektive Delegation. Ursachen dafür und Ansätze für entsprechende Maßnahmen und Lösungen finden sich auf vier Ebenen:

- **Nicht-Verstehen**: Es ist nicht bewusst oder es wird nicht verstanden, dass Delegation ein zentrales Führungselement ist, um die Leistungspotenziale einer Organisation zu nutzen. In diesem Fall sollten die Vorteile, insbesondere Nutzung der Fähigkeiten und zeitlichen Ressourcen der Mitarbeiter, höherer Gesamtoutput und mehr Zeit für übergeordnete Führungsthemen anhand konkreter Beispiele bewusst gemacht werden.

- **Nicht-Können**: In diesem Fall fehlen den Mitarbeitern die Kompetenzen und nur die Führungskraft kann den Qualitätsanspruch sicherstellen. Oder die Mit-

---

[134] Deep Space Nine (1998): Valiant, 6. Staffel, Zeit 41:00

arbeiter übernehmen keine Verantwortung. Kurzfristig kann diese Situation möglicherweise nicht aufgelöst werden. Umso wichtiger ist es aber, die Mitarbeiter dazu zu qualifizieren, zu motivieren und ggf. auszutauschen, damit zumindest mittel- bis langfristig die Aufgaben durch die Mitarbeiter übernommen werden können. Eine andere Facette des Nicht-Könnens besteht darin, dass Arbeits- und Entscheidungsprozesse so gestaltet sind, dass die Führungskraft zwingend zum „Flaschenhals" werden muss, da zum Beispiel Kleinstbudgetentscheidungen nur durch die Führungskraft freigegeben werden dürfen. Lösungsansätze bestehen dann darin, die Arbeitsorganisation effizienter zu gestalten, Entscheidungskompetenzen zu verschlanken und nur wenige, wohl definierte Checkpoints und Qualitätskriterien einzurichten, die durch die Führungskraft abgenommen werden müssen.

- **Nicht-Wollen**: Wenn das Nichtdelegieren im Wesentlichen darauf zurückzuführen ist, dass es die Führungskraft im Innersten gar nicht will, weil selbstmachen doch am meisten Spaß macht und eine Hands-on-Mentalität dazu führt, immer an vorderster operativer Front zu stehen, dann ist die Führungsposition möglicherweise nicht die richtige. In jedem Fall sollte dann aber nicht darüber gejammert werden, dass so viel zu tun ist.

- **Nicht-Trauen**: Hierbei fehlt der Mut, loslassen und aus der Ferne zu steuern. Dahinter liegt die Befürchtung des Scheiterns und dass einem die Dinge entgleiten, wenn sie nicht selbst durchgeführt werden. Das führt zum Bedürfnis nach absoluter Kontrolle und danach, alle Details zu kennen. Die Lösung liegt hier darin, sich selbst zu ermutigen, schrittweise und bei kleineren Themen bewusst die Delegation auszuprobieren und auch mögliche Fehler zuzulassen.

Wichtig sind in allen Situationen **Feedback und Rückkopplungsmechanismen** der Vorgesetzten und Mitarbeiter sowie eigene Reflektionsschleifen, um das eigene Führungsverhalten zu kalibrieren. Für eine solche Feedbackkultur kann einiges getan werden, genauso wie umgekehrt Feedback verhindert werden kann.

In der DEEP SPACE NINE-Folge „Das Wagnis" beklagt sich der Chefingenieur O'BRIAN über den einmischenden und harten Führungsstil der neuen Führungskraft Worf, der die aus seiner Sicht berechtigten Einwände der Ingenieure einfach abwürgt. O'BRIAN verteidigt seine Ingenieure, die nicht Offiziere seien und einen besonderen Führungsstil benötigen würden. WORF hört zu, nimmt den Rat seines alten Gefährten an. Wichtig daran aus Führungssicht sind zwei Dinge: Zum einen, dass O'BRIAN seine Führungsverantwortung wahrnimmt und WORF auf das Problem aus seiner Sicht anspricht. Zum anderen, dass WORF sich selbst als Lernenden begreift, zu einer Veränderung bereit ist und diese kurzfristig umsetzen kann.[135]

---

[135] Vgl. Deep Space Nine (1995): Das Wagnis, 4. Staffel, Zeit 28:45

Worf geht zu den Ingenieuren hin und sagt: „Ich benötige Ihre Hilfe."[136]

Damit trifft er den richtigen Ton. Die Ingenieure fühlen sich als Tüftler angesprochen und springen auf die Bitte an. Und etwas später: Einer der Ingenieure bringt WORF, der mit O'BRIAN im QUARKS sitzt, den Reparaturzeitplan für die DEFIANT und schlägt vorsichtig etwas vor.

Darauf Worf: „Gehen Sie nach eigenem Ermessen vor, Mr. Stevens.

Stevens: „Danke, Sir.

O'Brian, der die veranschlagte Zeit von 16 auf zwölf Stunden drückt, bemerkt freundlich: „Sehen Sie, man muss Sie mit sanfter Hand führen, aber man darf die Zügel nicht locker lassen [137]

Andere Führungskräfte zu unterstützen bedeutet nicht, sie aus der Führungsverantwortung rauszulassen, ihnen die Aufgabe abzunehmen und sich den „**Klammer-Affen**" aufsetzen zu lassen.[138] Das schafft vielleicht kurzfristig ein gutes Gefühl auf beiden Seiten: der Vorgesetzte freut sich, dass er helfen kann und die unterstellte Führungskraft wird aus einer belastenden Situation erlöst. Damit wird aber verhindert oder sogar weiter erschwert, dass Delegation erlernt wird und entsprechendes Selbstvertrauen aufgebaut wird.

In der Anfangsszene der VOYAGER-Folge „Flaschenpost" beschwert sich B'ELANNA TORRES bei Commander CHAKOTAY, ihrem Vorgesetzten, über SEVEN OF NINE, die sich ihr gegenüber nicht so verhält, wie es ihr gegenüber als Chefingenieur angemessen sei. CHAKOTAY nimmt den Klammer-Affen, den ihm TORRES auf die Schulter setzen will, mit freundlich-festen Worten nicht auf, sondern setzt ihn dahin zurück, wo er hingehört – auf die Schulter der verantwortlichen Führungskraft TORRES. Als Führungsoffizier solle sie die Situation zunächst selbst regeln, was diese auch tut und die Aussprache mit SEVEN OF NINE sucht.[139]

CHAKOTAY agiert in dieser Hinsicht vorbildlich und hat ein gutes Gespür dafür, was er als Führungskraft zwingend selbst machen muss und was nicht. Damit entlastet er sich nicht nur von unnötigen Aufgaben, was ihm Freiraum für seine originären Führungsaufgaben verschafft, sondern er ermutigt und entwickelt zugleich seine Mitarbeiter, die das gute selbstwertstärkende Gefühl bekommen, Situationen alleine regeln zu können.

---

[136] Deep Space Nine (1995): Das Wagnis, 4. Staffel, Zeit 30:36
[137] Deep Space Nine (1995): Das Wagnis, 4. Staffel, Zeit 40:50
[138] Vgl. Blanchard, Kenneth/Oncken, William/Burrows, Hal (2010): Der Minuten Manager und der Klammer-Affe, 9. Auflage, Hamburg. Der Begriff Klammer-Affe steht bildlich für den nächsten Schritt oder die nächste Aufgabe, die getan werden muss. Die Person, auf deren Schulter der jeweilige Klammer-Affe sitzt, ist verantwortlich für die Ausführung des Schrittes oder der Aufgabe. Im Buch werden Ansätze gezeigt, wie die Klammer-Affen, die nicht klar ihre Probleme sind, verjagt bzw. erst gar nicht auf die Schulter gesetzt werden.
[139] Vgl. Voyager (1998): Flaschenpost, 4. Staffel, Anfangsszene und Zeit 26:36

Ein weiteres Beispiel dafür, dass **angehende Führungskräfte nicht zu früh aus der Verantwortung gelassen** werden sollten, ist die VOYAGER-Folge „Asche zu Asche". Dort übernimmt SEVEN OF NINE ihre erste Führungsrolle als Ausbilderin der vier BORGKINDER. Diese folgen nur ansatzweise ihren Anordnungen und sie schafft es auch erstmal nicht, eine Beziehungsebene herzustellen. Sie erlebt diese Führungssituation als ein reines Chaos, was natürlich für eine ehemalige BORG („Wir bringen Ordnung in das Chaos") nur schwer zu ertragen ist. Daher bittet sie CHAKOTAY, sie von der Führungsaufgabe zu entbinden, was dieser aber bewusst ablehnt.[140]

Es ist wichtig, als Führungskraft früh das Delegieren zu üben, um so Erfahrungen und Lerneffekte aufzubauen. Mit der Übung kommen die Souveränität und Gelassenheit.

4.3 Situative Führung berücksichtigt die spezifischen Herausforderungen in unterschiedlichen Unternehmensphasen

Es gibt nicht den einen richtigen Führungsstil. Da es viele unterschiedliche Führungssituationen gibt, mit situativ spezifischen Herausforderungen, gibt es entsprechend situativ spezifische „richtige" bzw. „falsche" Führung. Mit „richtiger Führung" ist gemeint, dass die jeweiligen Probleme gelöst werden und die sich bietenden Chancen genutzt werden. Situative Führung berücksichtigt die besonderen Gegebenheiten und unterschiedlichen Mitarbeitertypen. Obwohl letztlich jede Situation einzigartig ist, lassen sich doch bestimmte Standardsituationen und Empfehlungen für die Führung beschreiben.

Grundsätzlich sollte eine Führungskraft alle Führungssituationen beherrschen und handlungsfähig sein. Typischerweise hat aber jede Führungskraft individuelle Stärken und Schwächen sowie Neigungen und Abneigungen für bestimmte Aufgaben und Verhaltensmuster. Wichtig ist es daher, sich dessen bewusst zu sein und sich einzustellen auf die Anforderungen der konkreten Situation.

Eine erste Dimension zur Beschreibung situativer Führung ist die Unterteilung in unterschiedliche **Unternehmensphasen**. Jedes Unternehmen, hier die STERNENFLOTTE, durchläuft fünf Phasen, mit unterschiedlicher zeitlicher Ausprägung; teilweise in mehreren Durchläufen und teilweise mit Sprüngen. Das Grundmuster der organisatorischen Entwicklung bildet die sogenannte Sigmoid-Kurve, die nach CHARLES HANDY (1995) „die Geschichte des Lebens selbst"[141] zusammenfasst. Sie kann auch auf verschiedene Unternehmensphasen bzw. den Lebenszyklus einer Organisation angewendet werden, wie die folgende idealtypische Abbildung anhand von zwei aufeinanderfolgenden **Sigmoid-Kurven** zeigt. Charakteristisch ist

---

140 Vgl. Voyager (2000): Asche zu Asche, 6. Staffel, Zeit 21:30
141 Handy, Charles (1995): Die Fortschrittsfalle, Wiesbaden, S. 54

hierbei, dass die einzelnen Phasen ineinander übergehen bzw. überlappende Bereiche haben.

Abbildung 15: Unternehmensphasen auf der Sigmoid-Kurve[142]

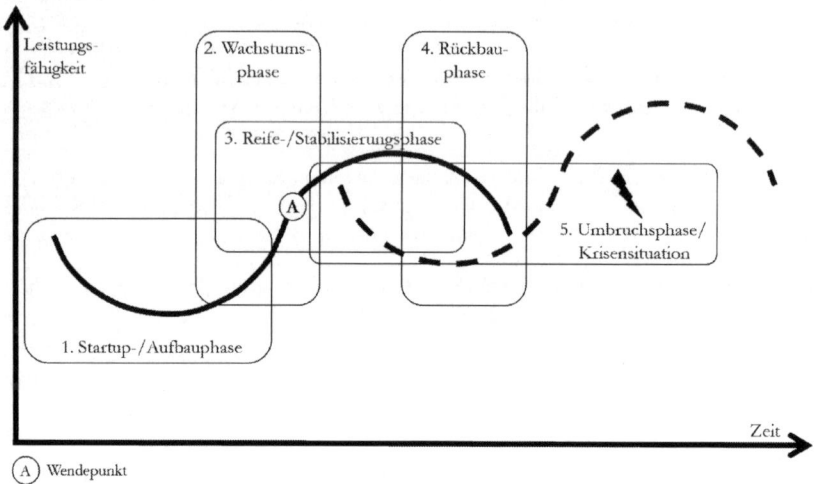

4.3.1 In der Startup- und Aufbauphase braucht eine Führungskraft vor allem Pioniergeist und die Fähigkeit auch unter großer Unsicherheit zu gestalten

In der **Startup- und Aufbauphase** gibt es noch keine etablierten Prozesse, die Ziele sind noch nicht klar definiert. Ohne etablierte Prozesse und Regeln sind die Führungskräfte in diese Phase von entscheidender Bedeutung, da sie die zentrale Instanz sind, um Orientierung zu geben. Es herrscht eine „hemdsärmlige" Startup-Atmosphäre, mit wenig ausgeprägten Hierarchien, einer eher kleinen Mannschaft und unternehmerischem Ausprobieren. Die zentralen Führungsaufgaben bestehen in dieser Phase darin, mit Pioniergeist neue Wege zu gehen, die Mitarbeiter auf diesen Wegen mitzunehmen und unter extremer Unsicherheit Entscheidung treffen zu können.

Ein Beispiel für eine Organisation in der Startup- und Aufbauphase ist die STERNENFLOTTE bzw. konkret die ENTERPRISE unter der Leitung von Captain ARCHER. So ermutigt Captain ARCHER in vielen Situationen seine Crew, neue Wege zu denken und zu gehen, etwas auszuprobieren und über den eigenen Schatten zu springen. Zum Beispiel in der Folge „Freund oder Feind", in der HOSHI SATO er-

---

[142] Quelle: Eigene Erstellung, nach Handy, Charles (1995): Die Fortschrittsfalle, Wiesbaden, S. 54

mutigt, die Kontaktaufnahme statt mit einem Übersetzungscomputer alleine zu versuchen, was sie sich zunächst nicht zutraut, dann aber schließlich wagt. Sie schafft es erfolgreich mit den AXANAR zu kommunizieren. Zuvor hatte die ENTERPRISE ein Schiff der AXANAR treibend im All und mit der Besatzung tot und an der Decke hängen entdeckt.[143] ARCHER bringt damit bei seiner Mannschaft eine positive Dynamik in Gang, die sich zunehmend mehr zutraut und mit immer größerer Offenheit dem Neuen entgegentritt. So meldet sich HOSHI SATO kurz darauf in der Folge „Schlafende Hunde" freiwillig für die Außenmission und zeigt in gerade in den Krisensituationen mit den KLINGONEN eine beeindruckende Entschiedenheit.[144]

In der Startup- und Aufbauphase müssen erste Prozesse definiert werden und mutig mit einer hohen Fehlertoleranz nach Lösungen für neue Herausforderungen gesucht werden. Hohe Fehlertoleranz bedeutet, dass nicht jeder Fehler direkt bestraft wird, was zu Fehlervermeidung und damit auch Risikovermeidung führen würde. Vielmehr geht es um einen lernenden und ermutigenden Umgang mit Fehlern. In der ENTERPRISE-Folge „Der Kommunikator" vergisst MALCOM REED auf dem Planeten einer PRÄ-WARP-Kultur einen Kommunikator und sagt ARCHER beschämt, er würde dafür jede Strafe akzeptieren. ARCHER lehnt das ab, da so ein Fehler jedem passieren könne.[145]

Captain ARCHER, der die erste ENTERPRISE befehligt, steht prototypisch für Führung in einer Startup- und Aufbauphase. Er ist sich seiner Situation bewusst und hat verstanden, dass er einerseits handeln, andererseits aber auch die Folgen seines Handelns berücksichtigen muss. In der Folge „Freund oder Feind" steht er vor der Wahl, den VALAKIANERN, einer PRÄ-WARPKULTUR, die von einer Seuche betroffen ist, ein Heilmittel zu geben, damit aber in ihre eigene evolutionäre Entwicklung einzugreifen oder sich nicht einzumischen. Diese Grundfrage der STERNENFLOTTE beim Zusammentreffen mit fremden Zivilisationen hat später zur Formulierung der OBERSTEN DIREKTIVE (Nicht-Einmischung in die Entwicklung) geführt.

Archer: „Irgendwann werden sich meine Leute eine Art Leitfaden einfallen lassen. Etwas, das uns sagt, was wir hier draußen tun können und was nicht, was wir tun sollen und was nicht. Aber bis mir jemand sagt, dass es so etwas gibt, so eine Direktive, solange werde ich mir wohl jeden Tag vor Augen halten müssen, dass wir nicht hier sind, um Gott zu spielen."[146]

Diesen Leitfaden hat ARCHER hier noch nicht. Er trifft trotzdem seine Entscheidung durchaus im Sinne der obersten Direktive, indem er Medikamente gibt, die die Symptome lindern, aber nicht heilen. Damit entscheidet sich er sich letztlich gegen seine ursprüngliche Intention, sich rein von seinem Mitgefühl leiten zu las-

---

[143] Vgl. Enterprise (2001): Freund oder Feind, 1. Staffel, Zeit 38:00
[144] Vgl. Enterprise (2002): Schlafende Hunde, 1. Staffel
[145] Vgl. Enterprise (2002): Der Kommunikator, 2. Staffel, Zeit 06:10
[146] Enterprise (2002): Lieber Doktor, 1. Staffel, Zeit 38:04

sen. Er nimmt sich u.a. die Position des Doktors PHLOX zu Herzen, überlegte die ganze Nacht und entscheidet sich schließlich im Sinne des Vorschlags von PHLOX.

ARCHER übernimmt hier Führungsverantwortung und trifft eine unternehmerische Entscheidung. Das funktioniert nur deshalb, weil er einerseits die erforderliche unternehmerische, explorative Persönlichkeit mitbringt. Andererseits funktioniert es auch deshalb, weil die STERNENFLOTTENVERANTWORTLICHEN auf der Erde, insbesondere Admiral FORREST, ihm den Freiraum bewusst einräumen, wie der folgende Dialog zwischen Q und Admiral FORREST aus der ENTERPRISE-Folge „Gefallene Heldin" zeigt. Darin gibt ARCHER gegen ursprünglichen Befehl die Anweisung, mit der Botschafterin zurück zum Planeten MZAR zu fliegen, da die ENTERPRISE beschossen wurde.

Forrest: „Die Vulkanier machen einen Riesentamtam wegen der Sache."

Archer: „Sie können mir ja befehlen, sie zum Treffpunkt [mit den Vulkaniern] zu bringen."

Forrest: „Sie sind da draußen, ich nicht. Es ist ihre Entscheidung. Dass es Konsequenzen haben wird, können sie sich denken."[147]

Die Grundhaltung Admiral FORRESTS, der Captain ARCHER in vielen Situationen wichtige Rückendeckung gibt, äußert sich prägnant in seiner Feststellung gegenüber einem VULKANIER:

„Was immer Archer vorhat, es gibt bestimmt gute Gründe dafür. Er weiß genau, was er macht."[148]

In gewisser Weise befindet sich auch DEEP SPACE NINE mit Commander SISKO in einer Start- und Aufbauphase. Anders als die Captains der Raumschiffe in der Zeit steht SISKO vor einer grundsätzlich neuen Herausforderung. Zur Friedenssicherung übernimmt SISKO die ehemalige Raumstation der CARDASSIANER und baut eine neue Organisation auf, aus Teilen der STERNENFLOTTE, des BAJORANISCHEN Militärs und verschiedenen Einzelpersonen wie QUARK, ODO oder GARAK. Er kann bei dieser Zusammensetzung nur begrenzt auf den etablierten und akzeptierten Regeln und Werte der STERNENFLOTTE aufsetzen, sondern muss einen eigenen und neuen Weg gehen.

4.3.2 In der Wachstumsphase muss eine Führungskraft vor allem die Professionalisierung von Strukturen und Prozessen vorantreiben und die Handlungsfähigkeit der Organisation personenunabhängig machen

Ist die Startup- und Aufbauphase erfolgreich, schließt sich die **Wachstumsphase** an. Das Unternehmen wächst, die Mitarbeiteranzahl steigt und für eine effiziente Steuerung ist die **Professionalisierung von Strukturen und Prozessen** erforder-

---

[147] Enterprise (2002): Gefallene Heldin, 1. Staffel, Zeit 18:15
[148] Enterprise (2002): Die Schockwelle – Teil 2, 2. Staffel, Zeit 10:00

lich. Es bilden sich verbindliche Regeln (z.B. STERNENFLOTTENRICHTLINIEN) und Standards heraus. Damit wird zugleich der Handlungsspielraum der Führungskräfte durch Leitplanken beschränkt. Die zentrale Führungsaufgabe in dieser Phase ist die Skalierung des Geschäftsmodells und damit auch die **Entpersonalisierung der Organisationsstrukturen**. Während in der vorherigen Phase die Strukturen noch stark um eine einzelne Führungskraft, ggf. auch den Gründer, gebaut sind, müssen jetzt Strukturen gefunden werden, die auch unabhängig von einzelnen Personen funktionieren.

Das Ende der neuen ENTERPRISE-Serie zeigt den finalen Übergang von der Startup- in die Wachstumsphase. In der letzten Folge „Dies sind die Abenteuer" wird im Rückblick aus dem 24. Jahrhundert dargestellt, wie Captain ARCHER mit seiner Mannschaft zur Erde zurückkehrt, um der feierlichen Unterzeichnung der FÖDERATIONSCHARTA in San Francisco beizuwohnen.[149] Vorbereitet wurde dieser Wachstumsschritt durch die vorangehenden situativen Kooperationen mit den TELLARITEN, ANDORIANERN, VULKANIERN und vielen mehr. Aus situativer Zusammenarbeit wurde mit der FÖDERATION eine feste Struktur mit entsprechenden Regeln und Prozessen geschaffen.

Auch die aktive Zeit von Captain KIRK im 23. Jahrhundert lässt sich zum großen Teil als Wachstumsphase charakterisieren, was sich an dem weiterhin zu beobachtenden pragmatischen und hemdsärmeligen Führungsstil zeigt. In der Folge „Tuvoks Flashback" bezeichnet Captain JANEWAY STERNENFLOTTENOFFIZIERE wie KIRK und SULU als Offiziere aus einem anderen Zeitalter, die, statt die OBERSTE DIREKTIVE zu beachten, eher den Phaser zücken würden.

Janeway: „Natürlich würde dieser Haufen heutzutage aus der Sternenflotte rausfliegen. Aber ich muss zugeben, ich hätte nur allzu gerne einmal mit ein paar von diesen Offizieren einen Kampfeinsatz mitgemacht.[150]

Zu diskutieren bleibt, inwiefern ein Captain KIRK in einem späteren Zeitalter erfolgreich wäre oder zum Beispiel eine Captain JANEWAY zurzeit Captain ARCHERS. Oder anders formuliert: inwiefern ist eine Führungskraft in der Lage, ihren Führungsstil erfolgreich situativ zu verändern und dabei zugleich ihre Persönlichkeit zu erhalten? Zumindest Captain JANEWAY hat diese Fähigkeit eindrucksvoll unter Beweis gestellt. Nachdem sie vom FÜRSORGER in den DELTA-QUADRANTEN in unbekanntes Gebiet geschleudert wurde, befand sie sich mit der VOYAGER auf einmal nicht mehr in den bekannten Weiten und einer Reife- und Stabilisierungsphase, sondern musste unternehmerische Qualitäten beweisen und Pionierarbeit leisten.[151]

---

[149] Vgl. Enterprise (2005): Dies sind die Abenteuer, 4. Staffel, Zeit 36:15
[150] Voyager (1996): Tuvoks Flashback, 3. Staffel, Zeit 26:00
[151] Vgl. Voyager (1995): Der Fürsorger, 1. Staffel

4.3.3 In der Reife- und Stabilisierungsphase muss die Führungskraft vor allem die Gratwanderung zwischen Stabilisierung der Unternehmenserfolge und kontinuierlicher Verbesserung managen

In der **Reife- und Stabilisierungsphase** ist das Unternehmen am Markt etabliert und weitgehend professionalisiert, mit klaren Entscheidungswegen und teilweise sehr kleinteilig definierten Prozessen. Hier besteht die **Gefahr einer zunehmenden Bürokratisierung, die zu Inflexibilität führen** kann. Außerdem kann sich eine gewisse **Bequemlichkeit** breitmachen, die zum Beispiel verhindert, externe Bedrohungen frühzeitig zu erkennen und schnell zu handeln. Die zentrale Führungsaufgabe in dieser Phase besteht in der Gratwanderung, auf der einen Seite ein hohes Maß an Professionalität und bewährter Standards zu bewahren und die Unternehmenserfolge zu stabilisieren. Auf der anderen Seite muss die Führung das Unternehmen und die Mitarbeiter veränderungsfähig halten und im Sinne einer kontinuierlichen Verbesserung weiterentwickeln.

Etwas holzschnittartig lässt sich aus Sicht der STERNENFLOTTE das 24. Jahrhundert, also die Zeit, in der Captain PICARD, Captain JANEWAY und Captain SISKO aktiv sind, als Reife- und Stabilisierungsphase charakterisieren.

Am Beispiel von Captain PICARD lässt sich anschaulich zeigen, wie es gelingen kann, beide Welten zu leben – die der professionellen Regeln und Strukturen und die der situativen Flexibilität. Insbesondere in neuen oder gefährlichen Situationen sind neben den routinisierten Standardprozessen der STERNENFLOTTE neue kreative Lösungsansätze gefragt. Der gedankliche Wechsel zeigt sich dann oft auch in der Kleidungswahl. Dann wird, wie beispielsweise beim Kampf gegen die BORG auf der ENTERPRISE im Film „Der erste Kontakt" oder „Der Aufstand" die STERNENFLOTTENUNIFORM abgelegt, die in ihrer Uniformität zugleich für die festen Strukturen der Organisation steht. Gedanklich und für die anderen sichtbar, so kann dies interpretiert werden, schafft er sich so Freiheit für neue Denk- und Verhaltensmuster, die sonst eher in einer Startup- und Aufbauphase zu finden wären.[152]

Vergleichbares findet sich teilweise auch bei heutigen Managern von Großkonzern, die sich von einer lockeren Kleidung (die dann oft genauso uniform aussieht) auf Strategieveranstaltungen ebenfalls neue Denk- und Verhaltensmuster versprechen.

Charakteristisch für diese Position auf der „Kuppe" der Sigmoid-Kurve ist, dass es einerseits eine Situation ist, in der die Organisation „am Markt" etabliert ist und über einen relativ großen Macht- und Einflussbereich verfügt. Andererseits ist in einer Position der Stärke, aufgrund der Größe, auch immer bereits der Keim des Untergangs enthalten. Das macht die STERNENFLOTTE so verwundbar gegenüber den Angriffen starker Gegner wie dem DOMINION oder den BORG. Zugleich bil-

---

[152] Vgl. Spielfilm Star Trek IX (1998): Der Aufstand, Zeit 48:28 sowie Spielfilm Star Trek VIII (1999): Der erste Kontakt

den sich bei einer wachsenden Gemeinschaft oder Organisation immer auch „Fliehkräfte" aus, die nicht mehr mit der übergeordneten Linie einverstanden sind. Ein Beispiel hierfür ist die paramilitärische Widerstandbewegung des **MAQUIS**, in dem viele ehemalige Sternenflottenmitglieder aktiv sind. Da sich die Siedler im Grenzgebiet nicht mehr ausreichend von der FÖDERATION geschützt sahen, nahmen sie den halboffenen Kampf gegen die CARDASSIANER auf. Dadurch stehen teilweise aktuelle Sternenflottenmitglieder ihren früheren Kollegen im Kampf gegenüber, wie zum Beispiel Commander SISKO seinem alten Freund CAL HUDSON in den Folgen „Der Maquis".[153] Beide sehen sich auf der richtigen Seite und argumentieren mit Werten und übergeordneten Zielen.

Auch in dem spannungsgeladenen Prozess des Zusammenfindens des MAQUIS-Teams von CHAKOTAY mit der Mannschaft der VOYAGER im DELTA-QUADRANTEN zeigen sich die Führungsherausforderungen in einer Reife- und Stabilisierungsphase.

4.3.4 In der Rückbau- und Abwicklungsphase steht eine Führungskraft vor allem vor der Herausforderung, die Organisation zu verkleinern und dabei zugleich ihre Leistungsfähigkeit zu erhalten

Wenn der Umbruch und die Neuorientierung erfolgreich sind kann das das Unternehmen wieder in eine Wachstums- oder Reifephase führen. Es kann aber auch zu einer **Rückbau- und Abwicklungsphase** führen, in der es um den geordneten Rückzug aus bestimmten Unternehmensfeldern geht oder um den Abbau von Mitarbeitern. Die zentrale Führungsaufgabe besteht hier darin, die Motivation der Mitarbeiter aufrechtzuerhalten, die vormals eingeführten Strukturen und Abläufe aus dem Unternehmen herauszulösen und dabei die operative Stabilität und Handlungsfähigkeit des Unternehmens zu erhalten.

Ein Beispiel für eine Rückbauphase ist der **Rückzug von DEEP SPACE NINE** in der Folge „Zu den Waffen". SISKO gibt den Befehl zur Evakuation der STERNENFLOTTE von der Raumstation. Auch wenn sich wie bei einem solchen dramatischen Rückzug die Ereignisse überschlagen, ist es wichtig, dass die Führungskräfte einen kühlen Kopf behalten und einen möglichst geordneten Rückzug managen. So hat SISKO zum Schutz von BAJOR den BAJORANERN dazu geraten, mit dem DOMINION einen Nichtangriffspakt zu schließen.[154] In dieser Phase geht es darum, die Organisationsstrukturen schrittweise zu reduzieren und dabei aber die Handlungsfähigkeit zu erhalten, mit einem kleineren Team, mit weniger Ressourcen, in einer neuen politischen Konstellation. Ein weiteres Beispiel ist die Situation auf der ENTERPRISE im Film „Der erste Kontakt", nachdem die BORG große Teile

---

153 Vgl. Deep Space Nine (1994): Der Maquis – 1. Teil, 2. Staffel sowie Deep Space Nine (1994): Der Maquis – 2. Teil, 2. Staffel

154 Vgl. Deep Space Nine (1997): Zu den Waffen, 5. Staffel, Zeit 34:10

der STERNENFLOTTE zerstört hatten und Captain PICARD mit dem verbleibenden Rumpfteam versucht, die BORG aufzuhalten.[155]

Rückzug und Rückbau sind Momente, in denen oft die Stimmung und Motivation leiden mit der Folge, dass sich Frustration, Resignation oder Richtungskämpfe zeigen. Umso mehr ist eine **starke Führungspräsenz** erforderlich, die Zuversicht verbreitet sowie den Zusammenhalt und die Fähigkeit zu koordinierten Handlungen sichert.

Ein spannendes Untersuchungsfeld ist diesbezüglich auch der **Niedergang des KLINGONISCHEN Reichs**, der im Film „Das unentdeckte Land" schließlich zu Friedensverhandlungen mit der FÖDERATION führt. Exemplarisch zeigt sich der Niedergang daran, dass hohe Militärausgaben dazu geführt haben, dass nur noch für 50 Jahre Energie vorhanden ist.[156] Die KLINGONEN haben über ihre Verhältnisse gelebt und es fällt ihnen schwer, sich dieses einzugestehen. Gerade für eine Kultur, in der Ehre und Stolz eine große Rolle spielen, wird eine solche Phase schnell als **Demütigung** erlebt. Die Dünnhäutigkeit nimmt zu und es kommt zu kompensatorischen Handlungen (aggressive Rhetorik, Kämpfe, Abwertung anderer), um sich selbst und anderen die alte Stärke zu zeigen. Gerade dann braucht es Führungskräfte wie den KLINGONISCHEN Kanzler GORKON, die über so viel Selbstbewusstsein und Souveränität verfügen, dass sie sich besonnen und mit Weitblick den neuen Realitäten stellen und weiterhin in einer konstruktiv gestaltenden Führungsrolle bleiben.

4.3.5 In der Umbruchsphase muss die Führungskraft den notwendigen Veränderungsbedarf erkennen und zum richtigen Zeitpunkt die Veränderungen einleiten

Aufgrund von externen Bedrohungen (z.B. neue Wettbewerber, Krieg) oder internen Entwicklungen (z.B. Machtkämpfe, Führungs- oder Strategiewechsel) können sich Unternehmen in einer **Umbruchsphase** befinden. Häufig bedeutet Umbruch zugleich auch akute Krise (siehe auch Mission 6). Alte Regeln und Ordnungen werden auf den Prüfstand gestellt. Bisherige Lösungsansätze funktionieren nicht mehr und ein neuer, frischer Blick nach vorne ist erforderlich. Hier braucht es von den Führungskräften zum einen den unternehmerischen Pioniergeist aus der Startup- und Aufbauphase. Zum anderen besteht die zentrale Führungsaufgabe darin, den Transformationsprozess aus einer im Rückblick oft verklärten früheren Welt in eine ungewisse neue Welt zu managen und erfolgreich Widerständen und Vorbehalten zu begegnen.

In der Logik der **Sigmoid-Kurve** geht es darum eine neue Kurve zu beginnen, um den nächsten Entwicklungsschritt einzuleiten (s. Abb. 16). Die Herausforderungen

---

155 Vgl. Spielfilm Star Trek VIII (1996): Der erste Kontakt
156 Vgl. Spielfilm Star Trek VI (1991): Das unentdeckte Land, Zeit 07:00

aus Führungssicht bestehen nun erstens darin, zu erkennen, wann der Wendepunkt A erreicht ist, an dem noch ausreichend Energie und Ressourcen vorhanden sind und an dem die Organisation immer noch in der Aufwärtsbewegung ist. Weiter rechts vom Punkt A beginnt bereits trotz des weiteren Aufstiegs der Niedergang, da die Kurve nicht mehr steigt, sondern sinkt. Zweitens bestehen sie darin, das Team und die Organisation für den Start einer nächsten Kurve zu mobilisieren. Das ist insofern eine Herausforderung, da zum Zeitpunkt A in einer oberflächlichen Betrachtung noch alles gut und erfolgreich ist, obwohl eine tiefere Analyse zeigen würde, dass man von den Erfolgen der Vergangenheit lebt.[157]

Abbildung 16: Zum richtigen Zeitpunkt eine neue Kurve beginnen am Beispiel der MACOs auf der ENTERPRISE[158]

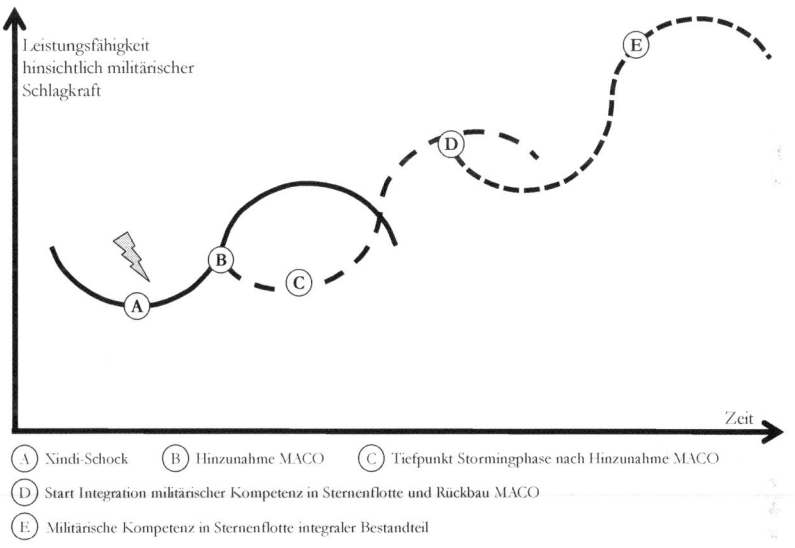

Ⓐ Xindi-Schock   Ⓑ Hinzunahme MACO   Ⓒ Tiefpunkt Stormingphase nach Hinzunahme MACO
Ⓓ Start Integration militärischer Kompetenz in Sternenflotte und Rückbau MACO
Ⓔ Militärische Kompetenz in Sternenflotte integraler Bestandteil

Ein Beispiel für das Ineinandergreifen von sogar drei Sigmoid- bzw. Entwicklungskurven auf der Ebene einzelner Organisationseinheiten sind die verschiedenen Entwicklungsschritte bei der Hinzunahme sowie beim späteren Rückbau der **parallelen MACO-Strukturen** (MILITARY ASSAULT COMMAND OPERATIONS) auf der Enterprise unter Captain ARCHER. Da die ENTERPRISE zunächst als reines Forschungsschiff konzipiert wurde, fehlte es an militärischer Kompetenz zur Bewältigung der XINDI-Bedrohung, was zu einer existenziellen Krise für die

[157] Vgl. Handy, Charles (1995): Die Fortschrittsfalle, Wiesbaden, S. 55
[158] In Anlehnung an Handy, Charles (1995): Die Fortschrittsfalle, Wiesbaden, S. 55

STERNENFLOTTE führte (Punkt A). Nach dem ersten Schock wurden die Situation analysiert, erste Allianzen geschlossen und die Handlungsfähigkeit wiederhergestellt, dargestellt durch die Aufwärtsbewegung rechts von Punkt A.

Allerdings waren damit noch nicht die ausreichenden Voraussetzungen für eine erfolgreiche Konfrontation der XINDI geschaffen. Daher wurde die Besatzung der ENTERPRISE und Captain ARCHER durch ein MACO-Team verstärkt (Punkt B). Wäre diese Hinzunahme erst später erfolgt, dann wäre es wohl schon zu spät gewesen. Durch den frühzeitig eingeleiteten organisatorischen Umbruch konnten aber die Anfangsschwierigkeiten in der Zusammenarbeit zwischen bisheriger STERNENFLOTTENMANNSCHAFT und den MACOS (Punkt C) immer noch auf einem höheren Energie- und Leistungsniveau bewältigt werden.

In den späteren Strukturen der STERNENFLOTTE gibt es diese Parallelstruktur nicht mehr, es wurde die nächste Kurve begonnen (Punkt D). Die erforderlichen militärischen Kompetenzen wurden dann zur Grundanforderung für alle Mitglieder der STERNENFLOTTE im Einsatz. Damit konnten die Parallelstrukturen aufgelöst und zurückgebaut werden, was eine reibungslose und einheitlichere Führung ermöglichte.

Daran lässt sich zeigen, dass eine Umbruchsphase, trotz einer existenziellen Bedrohung, durchaus gesteuert stattfinden und ein normaler Entwicklungsschritt einer lernenden Organisation sein kann. Und je früher einzelne notwendige Rückbauschritte eingeleitet werden, umso einfacher und unkritischer ist er für das Selbstbild und die Handlungsfähigkeit einer Organisation.

In Punkt E schließlich sind die militärischen Kompetenzen integraler Bestandteil der STERNENFLOTTE, zum Beispiel unter dem Kommando der ENTERPRISE unter Captain KIRK.

Ein Beispiel für eine andere Umbruchsphase ist die Situation, in der sich **Captain JANEWAY** auf einmal mit erweitertem Team im DELTA-QUADRANTEN wiederfindet. Der Start ihrer neuen Kurve liegt allerdings weiter rechts auf der Kurve, d.h. sie hat nicht mehr die Kraft der Wachstumsphase, sondern ist bereits in der Stabilisierungs- oder sogar Rückbauphase. Die FÖDERATION befindet sich insgesamt auf dem bisherigen Höhepunkt ihrer Ausdehnung und mit den Auseinandersetzungen mit dem MAQUIS und der Bedrohung durch die BORG zeigen sich bereits erste Auflösungserscheinungen. Daher ist der Umbruch, vor dem JANEWAY und ihre Mannschaft stehen, zunächst noch herausfordernder als der von Captain ARCHER; wenngleich beide existenzbedrohend sind. Die wesentlichen Herausforderungen an Captain JANEWAY als Führungskraft sind:

- Ehemals verfeindete Teams zu einem schlagkräftigen Team zusammenführen und gute Teamstimmung und Teamzusammenhalt sicherstellen, mit der Gewissheit aller, dass die Rückkreise voraussichtlich 70 Jahre dauern wird;

- Neuorientierung, Konflikt- und Stakeholdermanagement in unbekannten Welten 70.000 Lichtjahre von der Erde entfernt ohne Kontaktmöglichkeit dorthin;
- das langfristige Ziel nicht aus den Augen zu verlieren und dabei die eigenen Werte zu erhalten;
- ohne Technologie und Infrastruktur der STERNENFLOTTE ein leistungsfähiges Raumschiff weiterentwickeln;
- weiterhin den Forschungsauftrag der STERNENFLOTTE erfüllen und Kontakt mit neuen Zivilisationen aufzunehmen.

4.4 Erfolgreiche Führung ist situativ und berücksichtigt die Anforderungen aus den jeweiligen Mitarbeiterkonstellationen und der Führungssituation

Eine Führungskraft muss sich in der Regel auf ganz unterschiedliche Mitarbeiter einstellen und in unterschiedlichen bzw. wechselnden Führungskonstellationen agieren müssen. In diesem Abschnitt werden typische herausfordernde Führungssituationen beschrieben.

4.4.1 Herausfordernde Führungssituation 1: Am Umgang mit „erfolgreichen Regel-Ignoranten" zeigt sich, wie ernst es eine Führungskraft mit ihrer Führungsrolle meint

Eine besondere Herausforderung besteht für eine Führungskraft darin, einen Führungskonflikt mit einem grundsätzlich sehr guten und geschätzten Mitarbeiter anzugehen und zu lösen. Für die Akzeptanz einer Führungskraft ist es ganz entscheidend, wie sie mit sogenannten **„erfolgreichen Regel-Ignoranten"** umgeht. Lässt sie es zu, dass zum Beispiel eine erfolgreiche Vertriebskraft Compliance-Regeln nicht befolgt oder sich nicht wertekonform verhält oder Aufträge einfach nicht befolgt? Oder gibt sie das klare Signal an diese Vertriebskraft, und damit auch an die anderen beobachtenden Mitarbeiter, dass auch für Leistungsträger die allgemeinen Regeln gelten, konsequent eingefordert und bei Nichtbefolgung sanktioniert werden?

Auf der VOYAGER gestaltet sich die Integration von SEVEN OF NINE in das Teamgefüge insgesamt als anspruchsvolle Aufgabe. Zugleich ist sie eine wertvolle Mitarbeiterin, die grundsätzlich sowohl von JANEWAY als auch von CHAKOTAY sehr geschätzt wird. Mit CHAKOTAY hat sie nach verschiedentlichen Vorgeplänkeln in der letzten Folge „Endspiel" sogar eine Romanze.[159] SEVEN OF NINE verweigert in mehreren Situationen die Befolgung eines Befehls. Zum Beispiel in der Folge „Jäger" verweigert sie zunächst den Befehl JANEWAYS, für SPEZIES 8472 eine Singularität zu öffnen, damit die sterbende Kreatur nach Hause zurückkehren kann. Dann

---

[159] Vgl. Voyager (2001): Endspiel, 7. Staffel, Zeit 16:30

beamt sie kurz darauf ohne bzw. gegen Befehl JANEWAYS den HIROGEN und die SPEZIES 8472 auf ein Schiff der HIROGEN. Daraufhin wird SEVEN OF NINE der Zugang zu den Primärsystemen verboten und JANEWAY droht mit der Arrestzelle:

> Janeway: „Die Individualität ist begrenzt. Insbesondere auf einem Raumschiff, auf dem eine Kommandostruktur herrscht."[160]

In der übernächsten Folge „Im Rückblick" verhandelt JANEWAY mit dem Waffenhändler KOVIN über neue Waffen im Gegenzug für Karten und anders. CHAKOTAY fordert SEVEN OF NINE auf, KOVIN bei der Installation der Waffenphalanx zu helfen, was sie aber ablehnt.

> Chakotay: „Sie haben ihr [Anm.: Janeways] Vertrauen enttäuscht. Und um es wieder zu erlangen, müssen Sie es sich verdienen, und zwar Schritt für Schritt."[161]

Kurz darauf schlägt SEVEN OF NINE den Händler KOVIN zu Boden und erhält eine Strafpredigt.

> Janeway: „Es steht fest, dass bei Ihnen traditionelle Disziplinarmaßnahmen keine Wirkung erzielen. Die Frage ist, was wirkt?"[162]

Das zielführende Führungsverhalten, was im weiteren Verlauf der Reise der VOYAGER zur erfolgreichen Integration von SEVEN OF NINE führt, ist mit der Formulierung von CHAKOTAY schon treffend beschrieben. Ein Vertrauensaufbau ist ein langwieriger Prozess, insbesondere, wenn es darum geht, verlorengegangenes Vertrauen wiederaufzubauen. Dafür braucht es **Vertrauenssignale**, eine Vielzahl an Belegen, warum man das Vertrauen verdient – Schritt für Schritt. Vertrauen ist aber immer auch eine beiderseitige Angelegenheit, die eine Seite muss bereit sein, der anderen eine echte Chance zu geben. Auch das steckt in der Formulierung „das müssen Sie sich verdienen". SEVEN OF NINE, das ist die implizite Botschaft, wird die Möglichkeit bekommen, ein anderes Verhalten zu zeigen. Damit zeigt sich zugleich die erforderliche Grundhaltung auf Seiten der Führungskräfte: **freundliche und feste Nähe sowie** Annehmen der Person mit Vermittlung von **Zugehörigkeitsgefühl**.

Ein weiteres Disziplinproblem zeigt die besondere Angespanntheit an Bord der VOYAGER, was wohl auch auf Situation zurückzuführen ist, dass sie sich 70.000 Lichtjahre von der Erde im DELTA-QUADRANTEN befinden. In der Folge „30 Ta-

---

[160] Vgl. Voyager (1998): Jäger, 4. Staffel, Zeit 35:00

[161] Voyager (1998): Im Rückblick, 4. Staffel, Anfangsszene

[162] Voyager (1998): Im Rückblick, 4. Staffel, Zeit 07:35. Allerdings stellt sich im weiteren Verlauf der Folge das Verhalten von SEVEN OF NINE als nachvollziehbar und in Sinne der Voyager heraus. Der Händler KOVIN hatte zuvor, während er und SEVEN OF NINE auf dem Planeten Waffen testeten, einen THORONENSTRAHL auf sie abgefeuert und NANOSONDEN gegen ihren Willen extrahiert. Diese Erinnerung war wohl so traumatisch, dass sie unterdrückt wurde und erst mit Hilfe des DOKTORS und einer hypnotischen Regressionstherapie wieder hervorgeholt werden konnte.

ge" wird Lieutenant TOM PARIS von Captain JANEWAY zum Fähnrich degradiert und er muss für 30 Tage in die Arrestzelle bei einfachem Essen. Begründet wird die Degradierung mit Gehorsamsverweigerung, nicht genehmigten Gebrauchs eines Shuttles, rücksichtsloser Gefährdung und insgesamt offiziersunwürdigen Verhaltens.[163]

Für JANEWAY, die TOM PARIS persönlich aufgrund seiner hervorragenden Pilotenfähigkeiten rekrutiert hat und aus der Strafkolonie der FÖDERATION in Neuseeland herausgeholt hat, ist die Situation schwierig und man merkt es ihr an.[164] Sie will sich auf keinen Fall auf der Nase herumtanzen lassen und den gravierenden Disziplinverstoß durchgehen lassen. Sie sanktioniert, um ihre eigene Glaubwürdigkeit und Autorität zu erhalten. Bemerkenswerterweise sanktioniert JANEWAY nämlich nicht in erster Linie den Verstoß gegen die OBERSTE DIREKTIVE (die Nicht-Eimischung), sondern die Gehorsamsverweigerung; genauer die Verweigerung des Gehorsams ihr gegenüber. Offensichtlich fühlt sie sich in Position als Captain angegriffen. Das äußert sich in den folgenden harten Worten von ihr, nachdem TOM PARIS eigenmächtig das Shuttle genommen hat und auf den Wasserplaneten fliegt um diesen zu retten. JANEWAY will das Shuttle gewaltsam mit einem Photonentorpedo stoppen.

Harry Kim: „Wir reden hier von Tom!"

Janeway: „Wenn Sie mich fragen, hat er in der Sekunde als er gestartet ist, seinen Status als schützenswertes Mitglied dieser Crew aufgegeben."[165]

Auch hier ist die Führungsbeziehung gestört und es benötigt viele beiderseitige Schritte sowie gemeinsam überstandene Extremsituationen, um wieder zu einer vertrauensvollen Beziehung zu kommen. Das beiderseitige Investment lohnt sich offensichtlich, da die VOYAGER noch häufig von den Fähigkeiten und der Person TOM PARIS profitiert. Für ihn lohnt es sich auch ganz persönlich, er findet in B'ELANNA TORRES an Bord der VOYAGER seine Frau.

Es ist viel **Erfahrung und Fingerspitzengefühl** gefragt, um als Führungskraft in einer konkreten Situation zu entscheiden, **ob und mit welchem Maß das Ignorieren von Regeln und Befehlen sanktioniert** werden sollte. Im Fall der Krisensituation am DOPPELSTERN, die letztlich zum Krieg mit den KLINGONEN führt, kann und will Captain PHILIPPA GEORGIOU den Regelverstoß ihrer Leistungsträgerin und persönlichen Vertrauten Commander BURNHAM (man kann da durchaus von einer Mutter-Tochter-Beziehung sprechen) nicht ungestraft lassen.

Georgiou, mit Phaser auf Burnham gerichtet, kurz zuvor waren 24 Klingonenschiffe aufgetaucht: „Commander Burnham, Sie haben sich und Ihre Schiffskameraden in große Gefahr

---

[163] Vgl. Voyager (1998): 30 Tage, 5. Staffel, Anfangsszene und Zeit 39:57
[164] Vgl. Voyager (1995): Der Fürsorger, 1. Staffel, Zeit 05:04
[165] Voyager (1998): 30 Tage, 5. Staffel, Zeit 38:07

gebracht. Sie haben einen ranghöheren Offizier angegriffen und Sie haben sich der Befehls-
kette widersetzt. Ich entbinde Sie vom Dienst. Sicherheit, in die Arrestzelle mit ihr. "[166]

Nach der Schlacht wird BURNHAM sogar zu einer lebenslangen Haftstrafe wegen Meuterei verurteilt. Für dieses konsequente und durchaus harte Vorgehen von GEORGIOU spielen wohl vor allem folgende Gründe eine Rolle: Zum einen sah sie ihre Autorität auf der Brücke zu sehr gefährdet, als dass sie es hätte durchgehen lassen. Zum anderen war sie wohl auch persönlich enttäuscht von ihrem „Schütz-ling", der sich hier so offen gegen sie wendete.

Bemerkenswerterweise hat diese Erfahrung bei BURNHAM nicht dazu geführt, dass sie von da an einfach nur noch Befehle ausführt, um auf Nummer sicher zu gehen. Wenn sie davon überzeugt ist, dass ein Befehl oder eine Regel falsch sind, dann folgt sie ihrer Überzeugung – mit allen verbundenen Risiken und Konsequenzen. Zum Beispiel in der Folge „Bruder", gleich nachdem Captain PIKE auf die DISCOVERY gekommen ist, und sie mit ihm, CONNELLY und NHAN im Außenein-satz das havarierte STERNENFLOTTENSCHIFF auf dem Asteroiden retten will. Im Rettungseinsatz hört CONNELLY nicht auf BURNHAM und stirbt. PIKES Pod (Flug-gerät) ist beschädigt und BURNHAM will ihn einfangen, aber er gibt ihr den aus-drücklichen Befehl es nicht zu tun. Sie ignoriert den Befehl, erarbeitet eine neue Lösung, der PIKE letztlich zustimmt. Dank BURNHAM wird er gerettet.[167]

Hier wird es interessant sein zu beobachten (in Staffel 3?), inwiefern sich ihr Ver-halten ändert, wenn sie in der Rolle eines Captains oder Nummer Eins ist und dort ein noch deutlicheres Vorbildhandeln erforderlich ist.

4.4.2 Herausfordernde Führungssituation 2: Als junge Führungskraft ältere Mitarbeiter führen erfordert Fingerspitzengefühl und respektvollen Umgang

Auch in dem nächsten Fall – **junge Führungskraft und ältere Mitarbeiter** – geht es darum, situativ das richtige Führungsverhalten zu zeigen, um als Führungskraft akzeptiert zu werden. In der bisherigen Menschheitsgeschichte und in stabilen Zei-ten war eine Führungsposition in den meisten Fällen gekoppelt an bestimmte Er-fahrungen. Diese Erfahrungen und Fähigkeiten wurden mit der Zeit aufgebaut, so-dass eine Führungskraft in der Regel älter war als die zu führenden Mitarbeiter. In dynamischen Zeiten, in der neue Fähigkeiten gefragt sind, verlieren die bisherigen Erfahrungen an Bedeutung und es gibt häufiger Konstellationen, in denen die Füh-rungskraft jünger ist als die Mitarbeiter. Der Verweis auf die formal höhere Positi-on mag zwar inhaltlich richtig sein, führt aber allein noch nicht dazu, dass die Mit-arbeiter Aufträge und Befehle befolgen.

---

[166] Discovery (2017): Das Urteil, 1. Staffel, Zeit 03:40
[167] Vgl. Discovery (2019): Bruder, 2. Staffel, Zeit 35:38

In der THE NEXT GENERATION-Folge „Brieffreunde" bereitet Commander RIKER WESLEY CRUSHER auf die STERNENFLOTTENAKADEMIE und die Offizierslaufbahn vor. RIKER lässt sich hierbei von seinen Führungskollegen, LAFORGE, Dr. PULASKI, TROI und PICARD beraten und gemeinsam diskutieren sie das richtige Vorgehen und wie das richtige Ausmaß an Verantwortung aussehen sollte.

Riker: „Ich brauche Ihre Hilfe und Ihren Rat. Wie Sie wissen, bin ich für die Ausbildung Wesley Crushers verantwortlich. Und ich möchte ihm jetzt die Verantwortung für planetarische Mineralbestimmung übertragen."

Pulaski: „Das ist eine schwere Aufgabe mit einer Menge Verantwortung."

Riker: „Doktor, Sie wissen, Menschen wachsen mit ihren Aufgaben."

LaForge: „Das bedeutet auch, Wesley wird ein Team leiten müssen. Glauben Sie, er verfügt über genug Führungsqualitäten?"

Troi: „Auf jeden Fall wird diese Aufgabe sein Selbstbewusstsein stärken. Das ist eine wichtige Voraussetzung für einen Offizier der Sternenflotte."

Picard: „Das ist richtig. Sie wissen, dass erfahrene Pädagogen sagen, man soll einem jungen Rücken nicht zu viel Last zumuten. Wir wollen nicht, dass Wesley zusammenbricht."

Pulaski: „Worum geht es uns eigentlich? Wollen wir einen talentierten Fähnrich erfolgreich auf die Sternenflottenakademie vorbereiten? Oder geht es um einen jungen Mann, dem wir helfen wollen, den Übergang zum Erwachsensein leicht zu vollziehen."

Troi: „Man kann niemandem helfen, erwachsen zu werden. Das ist eine spezielle Erfahrung, die jeder durchmacht. Ob dieser Übergang erfolgreich oder katastrophal endet, liegt ganz allein bei Wes."

Pulaski: „Das ist richtig. Also geht es darum, dass dieser Prozess beschleunigt werden sollte."

LaForge: „Meinen Sie, wir verlangen zu viel von ihm?"

Pulaski: „Wir sollten darüber nachdenken."

Picard: „Harte Anforderungen sind ein sehr gutes Training."

Pulaski: „Er ist kein Spitzensportler, nur ein Junge."

Picard: „Der eines Tages ein Mann sein wird und als zukünftiger Offizier der Sternenflotte wird es gut für ihn sein, wenn wir ihm eine gehörige Portion Widerstandskraft mitgeben."

Riker: „Früher oder später muss er Verantwortung übernehmen. [Er ruft Wesley über Funk] Fähnrich Crusher, bitte kommen Sie sofort in die Beobachtungslounge."[168]

CRUSHER kommt von der Brücke zu den Offizieren in die Lounge und nimmt seinen ersten Führungsauftrag entgegen. Er bekommt ihre Unterstützung und ihren Rat und zugleich ein großes Ausmaß an Handlungsspielraum.

---

[168] Vgl. The Next Generation (1989): Brieffreunde, 2. Staffel, Zeit 05:52

Riker: „Fähnrich, hiermit übertrage ich Ihnen die Leitung der planetarischen Mineralbestimmung."

Crusher: „Ist das wahr? Danke, Sir."

Riker: „Danken Sie mir nicht zu früh. Sie übernehmen da 'ne schwere Aufgabe. Stellen Sie ein Team zusammen und informieren Sie sich über den Drema-Quadranten. Hier gibt es ein Geheimnis, das gelöst werden muss."

Crusher: „Und ich soll ein Team zusammenstellen?"

Picard: „Fähnrich, Sie tragen eine große Verantwortung."

Crusher: „Ja, sicher, Sir."

Picard: „Alle hier Anwesenden sind bereit, Ihnen zu helfen. Sie werden Ihnen keine Befehle erteilen, Ihnen aber trotzdem mit Ihrer Erfahrung zur Seite stehen. Denken Sie daran. Es ist immer klüger, seine Unkenntnis zuzugeben und Fragen zu stellen, als aus falschem Stolz blind vorwärts zu stolpern."

Crusher: „Ich verstehe, Sir."

Riker: „Fähnrich, Sie können gehen."

Crusher: „Ich werde Sie alle nicht enttäuschen."[169]

WESLEY CRUSHER wählt sein Team aus, PRIXIS für Mineralogie und Metallogie, ALANS und HILDEBRANDT für Vulkanologie und DAVIES für Biochemie. Allerdings ist DAVIES älter als er, was ihm „eigenartig" vorkommt. Er spricht RIKER und TROI darauf an, die versuchen, ihn zu beruhigen. Allerdings fällt es ihm schwer, sich im Team durchzusetzen, er hat Autoritätsprobleme und ist zum Beispiel zögerlich, bevor er in den Raum zur Teambesprechung geht. Seine Befehle werden nicht akzeptiert und von DAVIES wegdiskutiert[170] Daher sucht er nochmals den Rat von Commander RIKER.

Wesley Crusher: „Aber wie gebe ich jemanden Befehle, der älter und erfahrener ist als ich?"
[...]
Riker: „In Deiner Situation musst Du Dir immer wieder eine Frage stellen: Was würde Picard tun?"

Wesley: „Er hört sich die Meinung jedes einzelnen an und trifft dann seine Entscheidung."[171]

Er schafft es, weil er RIKERS und PICARDS Rat folgt und findet immer besser in die Führungsrolle hinein. Als er später mit Bestimmtheit seinen Befehl DAVIES gegenüber wiederholt, akzeptiert dieser ohne Widerworte und macht sich an die Durchführung des Ecogramms, was CRUSHER überrascht, aber auch freut. Er schafft es,

---

[169] The Next Generation (1989): Brieffreunde, 2. Staffel, Zeit 07:40
[170] Vgl. The Next Generation (1989): Brieffreunde, 2. Staffel, Zeit 09:56
[171] The Next Generation (1989): Brieffreunde, 2. Staffel, Zeit 19:12

die für ihn älteren Mitarbeiter zu führen, weil er ihre Kompetenz anerkennt und ihnen einerseits Freiräume und Handlungsspielräume gibt, andererseits aber auch mit Klarheit und Beharrlichkeit auftritt. Grundsätzlich braucht es in derartigen Konstellationen für beide Seiten etwas Zeit, um sich auf die neue Situation einzustellen. Diese Zeit sollte die Führungskraft geben.

4.4.3 Herausfordernde Führungssituation 3: Die Führung von Mitarbeitern, die man nicht akzeptiert, ist ein Prüfpunkt für die Führungsverantwortung

Ein anderer herausfordernder Führungsfall besteht darin, **wenn die Führungskraft den zu führenden Mitarbeiter als Mensch ablehnt**, sie als Person nicht akzeptiert und diese Haltung auch durch Mimik, Worte und Taten ausstrahlt. Dann fehlt es an der grundlegenden Bereitschaft, auf den anderen einzugehen, sich empathisch in die Situation des andern einzufühlen und Zugeständnisse zu machen.

Ein Beispiel für eine solche Führungskonstellation findet sich in den beiden DEEP SPACE NINE-Folgen „Ein Unglück kommt selten allein" und „Kampf mit allen Mitteln". Major KIRA soll im Auftrag von Sisko eine Gruppe CARDASSIANER in Widerstandstaktik trainieren, was ihr sehr schwerfällt, da sie selbst schwer unter den CARDASSIANERN gelitten hat und voller Hass ist. Und auch die CARDASSIANER tun sich schwer mit einer BAJORANISCHEN Führungskraft.[172]

Ein solche Führungskonstellation wird für beide Seiten unerfreulich sein und das Arbeitsergebnis eher schlecht. Insofern muss es das Ziel sein, die Führungsbeziehung entweder zu beenden, indem die Führungskraft oder der Mitarbeiter gehen oder aber die Wahrnehmung des Mitarbeiters durch die Führungskraft verändert wird. Voraussetzung dafür ist, dass die Führungskraft bereit ist, ihr Menschenbild in Frage zu stellen und sich zum Beispiel gezielt positive Eigenschaften des Mitarbeiters aufschreibt und verdeutlicht. Und dann über ein positiveres Bild des Gegenüber auch die Mimik (natürliches Lächeln), Gestik (offene Körperhaltung) und Interaktion (Zuhören, auf Argumente eingehen) verändert. Schritt für Schritt kann sich dann die Akzeptanz des Mitarbeiters verbessern und darüber dann auch ein positiveres Verhalten des Mitarbeiters der Führungskraft gegenüber erreicht werden.[173]

Ein Beispiel für die erfolgreiche Veränderung des Mitarbeiterbildes ist die Konstellation SISKO und QUARK. SISKO, der dem Barbesitzer zunächst nicht über den Weg traut – was aufgrund der verschiedenen kriminellen Machenschaften und rein eigennutzorientierten Aktionen durchaus gerechtfertigt ist –, findet schrittweise und in einem längeren Prozess zu einer vertrauensvolleren Führungsbeziehung. Die

---

[172] Vgl. Deep Space Nine (1999): Ein Unglück kommt selten allein, 7. Staffel sowie Deep Space Nine (1999): Kampf mit allen Mitteln, 7. Staffel

[173] Vgl. Berner, Winfried/Hagenhoff, Regula/Vetter, Thomas/Führing, Meik (2015): Ermutigende Führung – Für eine Kultur des Wachstums, Stuttgart, S. 71 ff

Treiber hierfür kommen von beiden Seiten. SISKO gibt ihm, trotz offenkundiger Abneigung, immer wieder eine Chance und setzt sich mit ihm auseinander.

Und QUARK entwickelt immer mehr Zugehörigkeit zum Führungsteam von DEEP SPACE NINE und nimmt dafür sogar – für einen FERENGI ein ungehöriges und irritierendes Verhalten – ökonomische Nachteile in Kauf. Und beide erleben und überleben gemeinsam Extremsituationen, auch das schweißt zusammen. So nimmt er ihn beispielsweise auf Wunsch seines Sohnes mit in den GAMMA-QUADRANTEN in der Folge „Der Plan des Dominion". Im Verlauf des Abenteuers rettet er SISKO das Leben und trägt wesentlich zur erfolgreichen Flucht vor den JEM'HADAR bei.[174]

4.4.4 Herausfordernde Führungssituation 4: Bei der Führung von Mitarbeitern ohne direkten disziplinarischen Durchgriff ist die Gestaltung der Beziehungsebene zentral

In Unternehmen mit flexiblen Arbeits- und Projektstrukturen wird es zumindest temporär immer zu Situationen kommen, in denen eine **Führungskraft Mitarbeiter führt, von denen sie nicht die direkte Führungskraft ist.** Insbesondere wenn mehrere Hierarchieebenen zwischen Führungskraft und Geführtem liegen ist das häufig für beide Seiten ungewohnt. Der Geführte ist angespannt, voller Respekt bzw. Angst vor der Hierarchie und die Führungskraft weiß möglicherweise auch nicht so richtig, wie sie mit dem „einfachen" Mitarbeiter ins Gespräch kommen und Führungsimpulse geben soll. Zentral ist hierbei die aktive Gestaltung der Beziehungsebene mit den Mitarbeitern. So versucht sich zum Beispiel Captain ARCHER etwas unbeholfen im Small Talk, als Lieutenant REED bei ihm zum Frühstück sitzt.

Archer: „Ich habe gehört, England ist für die WM qualifiziert."[175]

Abgesehen davon, dass dies für den gebürtigen Engländer REED sicherlich ein positives Thema ist, ist auch ihm die Situation insgesamt unangenehm und er fühlt sich unwohl.

Dabei wird oft von höheren Führungskräften unterschätzt, welcher Respekt und manchmal auch Furcht ihnen gegenüber besteht.[176] Allein das Foto des Captain zu sehen hat da bereits einen nicht zu unterschätzenden Effekt, wie in der Folge „Gesetze der Jagd" zu beobachten ist, in der sich Commander TUCKER mit TRAVIS MAYWEATHER über Fotos und Porträts der Captains unterhält.

Tucker: „Alle jungen Rekruten, die ins Flottenkommando gehen, werden das an der Wand hängen sehen."

---

[174] Vgl. Deep Space Nine (1994): Der Plan des Dominion, 2. Staffel
[175] Enterprise (2002): Das Minenfeld, 2. Staffel, Anfangsszene
[176] Vgl. Berner, Winfried/Hagenhoff, Regula/Vetter, Thomas/Führing, Meik (2015): Ermutigende Führung – Für eine Kultur des Wachstums, Stuttgart, S. 125 f

Travis Mayweather: „Das ist eine große Ehre, Sir. Der tägliche Anblick der Sternenflot-tencaptains war ein mächtiger Ansporn für uns."[177]

In der ENTERPRISE-Folge „In sicherem Gewahrsam" ist ARCHER alleine mit dem jungen Steuermann TRAVIS MAYWEATHER unterwegs, was für diesen eine großarti-ge Möglichkeit darstellt, von Archer zu lernen und ihn unmittelbar zu erleben.[178] Und es bleibt nicht bei einer einmaligen direkten Zusammenarbeit. Zum Beispiel in der Folge „Der Siebente" gibt es einen weiteren Einsatz von ARCHER und MAYWEATHER, diesmal auch noch mit T'POL.[179] Eine Konstellation, die bei Captain KIRK kaum vorstellbar ist, der seine Zusammenarbeit auf enge Freunde und höhe-ren Offiziere konzentrierte.

Im vorherigen Fall bestand zwar keine unmittelbare Führungsbeziehung, aber beide befanden sich in der gleichen Hierarchielinie. Etwas anders gelagert ist der Fall, wenn eine **Führungskraft Mitarbeiter führt, die nicht in der eigenen Hierar-chielinie sind**, sondern Teil einer Parallelorganisation (z.B. Zulieferer, externe Be-rater, Tochterunternehmen) sind, mit der man projektbezogen zusammenarbeitet. Dann besteht zwar eine fachliche Führung, die disziplinarische Führung liegt aber weiterhin bei einer anderen Führungskraft aus der Parallelorganisation. Hier kön-nen sich zum einen Interessenskonflikte ergeben, da sich beide Seiten eher den Zie-len ihrer Organisation verpflichtet sehen. Zum anderen ist die Führung dadurch beschränkt, dass letztlich der Durchgriff auf den Mitarbeiter hinsichtlich Durchset-zung von Aufträgen und möglicherweise erforderlichen Sanktionen nicht gegeben ist. Hilfreich ist es in einem solchen Fall, gemeinsam und frühzeitig die Ziele, das Vorgehen und die Art und Weise der Zusammenarbeit zu vereinbaren und ins Teambuilding zu investieren. Erfolgskritisch sind auch das Zusammenspiel und die gute Beziehung zwischen den beiden beteiligten Führungskräften. Stehen beide in einem Konfliktverhältnis zueinander, wird der Konflikt typischerweise auf ihre Mitarbeiter ausstrahlen und deren Zusammenarbeit verschlechtern.

Ein Beispiel für derartige Konflikte ist die Zusammenarbeit der Mannschaft der STERNENFLOTTE mit der Mannschaft der MACOs, die zur Verstärkung im Kampf gegen die XINDI an Bord der ENTERPRISE kommen.[180] Diese sind zwar formal dem Sicherheitschef REED unterstellt, bilden aber zunächst weiterhin eine relativ ge-schlossene Einheit mit Major HAYES als zentralem Eingangskanal für Führungsim-pulse, was die effiziente und reibungslose Führungszusammenarbeit erschwert. Die Mannschaftsmitglieder der MACOSs sehen HAYES als ihre relevante Führungskraft an und nicht Lieutenant REED.

Ein weiteres Beispiel stellt die Konstellation an Bord der DISCOVERY dar, in der Captain PIKE mit Captain LELAND von SEKTION 31 zusammenarbeiten soll.

---

[177] Enterprise (2002) Gesetze der Jagd, 1. Staffel, Zeit 0:35
[178] Vgl. Enterprise (2002): In sicherem Gewahrsam, 1. Staffel
[179] Vgl. Enterprise (2002): Der Siebente, 2. Staffel, 07:50
[180] Vgl. Enterprise (2003): Die Xindi, 3. Staffel, Zeit 22:35

Grundsätzlich sieht PIKE die volle Befehlsgewalt über Schiff und Crew bei sich, während LELAND für sich in Anspruch nimmt, als Vertreter von SEKTION 31 übergeordnete Sonderrechte zu besitzen, ohne dabei seine Entscheidungen begründen oder die Hintergründe transparent machen zu müssen. Beide sind auf der gleichen Hierarchieebene und **blockieren sich in dieser Führungskonkurrenzsituation** gegenseitig. Obwohl es eine gemeinsame freundschaftliche Vergangenheit und zumindest grundsätzlich gegenseitige Wertschätzung gibt, gelingt hier die laterale Führung weder von LELAND noch von PIKE. Sie finden z.B. keine gemeinsame Lösung, wie die DISCOVERY aus dem MYCELNETZWERK gerettet werden soll.[181]

Hier zeigt sich die **Bedeutung von Eskalationsmechanismen** in Organisationen. Beide können sich nicht einigen, da braucht es die Hierarchieebene, die beiden übergeordnet ist, um zu vermitteln und eine Entscheidung zu treffen. Admiral CORNWELL findet in der Folge „Alte Bekannte" offensichtlich den richtigen Ton, um beide zu einer besseren Zusammenarbeit bei der Untersuchung der SIEBEN SIGNALE „einzuordnen."

> *Cornwell, steht erhöht zu Leland und Pike: „Sie müssen beide nach ihm [Spock] suchen und sich gegenseitig dabei unterstützen. Das ist mein Ernst, jetzt ist Schluss mit „Wer-hat-den-Längsten-Schwachsinn". Leland, Sie haben sich vor einem Sternenflottencaptain getarnt, der ihr Freund ist und das mitten in einer Rettungsmission."*
>
> *Leland: „Admiral, unsere Tarnung …"*
>
> *Cornwell: „Sparen Sie sich das! Und Captain Pike, Sektion 31 ist vielleicht nicht das strahlende Beispiel der Rechtschaffenheit, so wie es Ihnen lieb wäre. Aber es ist eine entscheidende Geheimdienstabteilung und es gibt derzeit Wichtigeres als über Artikel 14 der Charta zu streiten. Staatenbildung ist immer schmutzig. Das ist die unappetitliche Wahrheit, und das wissen Sie. Es ist mir egal, ob Sie glauben, auf verschiedenen Seiten zu stehen. Wir sitzen alle im selben Boot."*
>
> *Leland: „Wir kennen uns beide kennen uns jetzt schon sehr lange. Aber bei meinem Job muss ich auf einem schmalen Grat wandeln und den habe ich hier überschritten. Ich bitte um Entschuldigung."*
>
> *Pike: „Ist angenommen. Ich versuche nicht zu vergessen, dass mein Weg manchmal gradliniger ist als Deiner."[182]*

Etwas anders sieht es zwischen PIKE und TYLER aus, der als Verbindungsoffizier von SEKTION 31 an Bord der DISCOVERY gekommen ist. Da beide auf unterschiedlichen Hierarchiestufen stehen und dies auch so akzeptieren, gibt es keinen „Längenvergleich" wie bei LELAND und PIKE. Gleichwohl hat auch PIKE hier nur einen bedingten Durchgriff auf das, was TYLER macht und die Zusammenarbeit ist gerade am Anfang von starkem, gegenseitigem Misstrauen geprägt. Hier gelingt es

---

[181] Vgl. Discovery (2019): Alte Bekannte, 2. Staffel, Zeit 32:07
[182] Discovery (2019): Alte Bekannte, 2. Staffel, Zeit 45:47

PIKE, eine **Beziehungsebene** zu TYLER aufzubauen. So sucht er beispielsweise als Vertrauensbeweis und Zeichen seiner Kooperationsbereitschaft in der Folge „Donnerhall" den direkten Kontakt zu TYLER in der Kantine. Er gibt ihm wichtige Informationen über den ROTEN ENGEL, die er auch hätte zurückhalten können. Er macht den ersten Schritt und investiert in die Beziehung, was sich letztlich auszahlt. TYLER nimmt das dankbar auf und gibt seinerseits entsprechende Vertrauensbeweise.[183] Kurz darauf gehen PIKE und TYLER zusammen auf eine lebensbedrohliche Außenmission in einen Raum-Zeit-Riss. Sie sind in diese Extremsituation aufeinander angewiesen, überleben und reflektieren im Nachgang das Erlebte. Dabei danken sie sich, zeigen Interesse an den Verletzungen und äußern wechselseitig große Wertschätzung.[184] So entsteht, auch jenseits der direkten Führungshierarchie eine funktionierende Führungsbeziehung zwischen PIKE und TYLER. Auch Captain SISKO muss sich mit den BAJORANISCHEN Militärs mit einer Parallelstruktur arrangieren, über die er nur bedingten Führungszugriff hat und sich in erster Linie als BAJORANER verstehen und weniger der STERNENFLOTTE oder FÖDERATION verpflichtet sehen. Hilfreich für ihn, neben dem Umstand, dass er von den BAJORANERN als der Abgesandte der verehrten Propheten angesehen wird, ist sicherlich, dass er mit Major NERYS KIRA eine vertrauensvolle Führungsbeziehung pflegt. Anders als bei REED und HAYES erhalten zwar hier die BAJORANER in der Regel ihre Befehle auch von der eigenen Führungskraft; es findet aber vorher ein „Alignment" von SISKO und KIRA statt, die im Sinne von SISKO die Befehle erteilt. In den Fällen, in denen SISKO und KIRA anderer Meinung sind, klären sie in durchaus intensiven Diskussionen ihre Positionen und finden letztlich zu einer gemeinsamen Linie. Ähnlich verhält es sich im Führungsteam zwischen Captain JANEWAY und Commander CHAKOTAY.

4.4.5 Herausfordernde Führungssituation 5: Bei Führung von sozialen Außenseitern kommt es darauf an, die eigene Wahrnehmung zu verändern

Eine weitere besondere Führungssituation, die Einfühlungsvermögen und Fingerspitzengefühl im Sinne situativer Führung erfordert, ist die **Führung eines unsicheren, sozialen Außenseiters**. Die Führungsaufgabe besteht hierbei darin, die eigenen Mitarbeiter zu integrieren und ein Zugehörigkeitsgefühl zu erzeugen. Über eine stringente Personalauswahl kann einiges dafür getan werden, dass die Mitarbeiter grundsätzlich gut zusammenpassen und sich als ein zusammengehöriges Team verstehen. Trotzdem wird es immer wieder Personen geben, die sich aus verschiedensten Gründen in einer Außenseiterrolle befinden und dies derart zum Problem wird (z.B. schlechte Arbeitsergebnisse oder Krankheit), dass die Führungskraft handeln muss. Die STERNENFLOTTE ist nun grundsätzlich eine Organisation, die den Zusammenhalt fördert und deren Mitglieder auch menschlich-privat

---

[183] Vgl. Discovery (2019): Donnerhall, 2. Staffel, Zeit 49:22
[184] Vgl. Discovery (2019): Licht und Schatten, 2. Staffel

gut zusammenpassen. Commander BARCLAY ist daher eines der wenigen Beispiele, an denen sich die diesbezügliche situative Führung veranschaulichen lässt.

In der THE NEXT GENERATION-Folge „Der schüchterne Reginald" geht es um den Außenseiter, den Ingenieur REGINALD BARCLAY. Er ist nervös, unsicher, macht viele Fehler und flüchtet immer mehr aus der realen Welt auf das Holodeck, um dort Heldenrollen zu spielen und Anerkennung zu finden. Nachdem er bei der Reparatur einer Antigravitationseinheit Fehler macht, beschwert sich GEORDI LAFORGE bei Captain PICARD und sucht nach einer Lösung im Umgang mit diesem Nichtleistungsträger.

> *Picard gibt ihm darauf den Rat, der durchaus als Auftrag zu verstehen ist: „Helfen Sie ihm einen positiven Beitrag für unser Schiff zu leisten [...] Machen Sie ihn zu ihrem Freund."*[185]

LAFORGE nimmt die Führungsherausforderung an und gibt sich Mühe, einen Zugang zu seinem Mitarbeiter zu finden. Das fällt ihm schwer und fragt GUINAN um Rat.

> *LaForge zu Guinan: „Was machen Sie mit so einem Typ?"*

> *Guinan: „Ich serviere ihm warme Milch und lasse ihn in Ruhe" [...] „Wenn ich merken würde, dass mich niemand mag, würde ich auch zu spät kommen."*[186]

Diesen Rat nimmt sich LAFORGE zu Herzen und lernt, BARCLAY zu mögen, indem er bereit ist, das alte negative Bild von ihm in Frage zu stellen und auch seine positiven Seiten zu sehen und anzuerkennen. Das ist insofern schwierig, da bei einem bestehenden negativen Bild oft viele Fehler der Person selbst zugeschrieben werden, was das negative Bild weiter bestärkt. Jemand ist einmal in einer „Schublade drin" und hat keine Chance mehr, daraus zu kommen. Voraussetzung dafür, dass ihm LAFORGE eine neue Chance gibt, ist, dass er Verständnis und Mitgefühl (kein Mitleid!) für BARCLAY entwickelt. Er erinnert sich und sagt es BARCLAY, dass er sich selbst auch einmal auf dem Holodeck verliebt hat und sucht insgesamt den persönlichen Austausch mit ihm.[187]

Diese ermutigende Führung leitet bei BARCLAY eine positive Dynamik ein, die sein Selbstvertrauen steigert und schließlich dazu führt, dass er in der Lage ist, sein Wissen für die Lösung eines Problems mit dem medizinischen Probencontainer zu nutzen.

Die „Führungsinvestition" hat sich offensichtlich gelohnt, denn BARCLAY wird darauf in verschiedenen Abenteuern für die STERNENFLOTTE eine wertvolle und erfolgskritische Rolle spielen. So zum Beispiel in der THE NEXT GENERATION-Folge „Das Schiff in der Flasche" bei der Reparatur des die ENTERPRISE bedrohenden

---

[185] The Next Generation (1990): Der schüchterne Reginald, 3. Staffel, Zeit 07:45
[186] The Next Generation (1990): Der schüchterne Reginald, 3. Staffel, Zeit 17:10
[187] Vgl. The Next Generation (1990): Der schüchterne Reginald, 3. Staffel, Zeit 33:50

116

Holodeckprogramms von Professor MORIARTY.[188] Oder bei der Entwicklung des Pfadfinder-Projekts zur Kontaktaufnahme der STERNENFLOTTE mit der VOYAGER.[189] Oder als Assistent von Dr. LEWIS ZIMMERMANN bei der Entwicklung des holographischen medizinischen Notfallprogramms, des Holo-Doktors auf der VOYAGER.[190]

Auch SEVEN OF NINE nimmt auf der VOYAGER für einen längeren Zeitraum eine Außenseiterrolle ein und es fällt ihr und dem Rest der Mannschaft schwer, zusammenzufinden. **Führung bedeutet hierbei vor allem Integration und Ermutigung.** Die Führungsaufgabe betrifft damit immer zwei Ebenen: Zum einen geht es darum, der Person eine inhaltliche Rolle zu geben, damit sich der vormalige Außenseiter einbringen kann in die Gemeinschaft und für sich und die anderen sichtbar einen Mehrwert erbringt. Idealerweise wird die Integration schrittweise erfolgen und in immer größeren Teamkonstellationen. Insofern trifft CHAKOTAY die richtige Führungsentscheidung, als er HARRY KIM und SEVEN OF NINE beauftragt, an einem neuen Astronomielabor zu arbeiten. SEVEN OF NINE kann dabei ihr spezifisches und wertvolles BORG-Wissen einbringen. Beide finden nach einer skeptischen Anfangsphase zu einem produktiven Team zusammen. Allerdings überinterpretiert SEVEN OF NINE zwischenzeitig KIMS Offenheit und Interesse an ihr und spricht ihn darauf an, ob er mit ihr Sex haben wolle. Daraufhin bittet KIM CHAKOTAY, die Teamkonstellation aufzulösen, was die erfahrene Führungskraft CHAKOTAY aber ablehnt.[191] Hätte er zugestimmt hätte dies einen Rückschritt für die Integration von SEVEN OF NINE bedeutet.

Auf der anderen Ebene geht es darum, sich als Führungskraft Zeit mit dem Außenseiter zu nehmen, sich selbst zu öffnen und zu versuchen, eine Beziehung aufzubauen. Wohl auch deshalb nimmt Captain JANEWAY SEVEN OF NINE mit in ihr Holodeckprogramm zu LEONARDO DA VINCI.[192] Dieses Programm ist für JANEWAY ein sehr persönliches Programm und es zeigt die große Offenheit und Bereitschaft, sich auf SEVEN OF NINE nicht nur einzulassen, sondern ihr auch als Führungskraft zu helfen.

Ein weiterer interessanter Fall ist auch der von Kadett SYLVIA TILLY auf der DISCOVERY, die dort zunächst durchaus in einer Außenseiterrolle war, wie ihr gesamtes Leben davor. Sie hatte bislang nur eine Freundin, MAY AHEARN, wird in Anwesenheit anderer schnell aufgeregt und redet dann viel (Unsinn). Zugleich ist sie sehr ehrgeizig und will später einmal Captain werden. Sie hat zunächst ein Zimmer auf der DISCOVERY für sich alleine, da sie chronisch schnarcht. Als MICHAEL BURNHAM ihre Zimmergenossin wird, entwickelt sich eine Mentoren-

---

[188] Vgl. The Next Generation (1993): Das Schiff in der Flasche, 6. Staffel
[189] Vgl. Voyager (1999): Das Pfadfinder-Projekt, 6. Staffel
[190] Vgl. Voyager (1995): Das Holo-Syndrom, 2. Staffel
[191] Vgl. Voyager (1997): Der Isomorph, 4. Staffel
[192] Vgl. Voyager (1997): Der schwarze Vogel, 4. Staffel, Anfangsszene

Mentee-Beziehung zwischen beiden.[193] Das Besondere hierbei ist, dass sich zwei Außenseiter finden – die Meuterin und der „schräge Vogel" – und sich gegenseitig **ein Gefühl der Zugehörigkeit** geben, das sich nach und nach auf das gesamte Team ausweitet. Erst damit wird die Voraussetzung geschaffen, dass TILLY ihr Führungspotenzial ausschöpfen kann. Sie gewinnt so mehr und mehr Selbstvertrauen und die Fähigkeit, trotz Aufregung, ihre wertvollen Lösungsvorschläge auch zu kommunizieren.

Unterstützend kommt hierbei hinzu, dass Captain PIKE potenziell peinliche Situationen mit Humor nimmt oder überspielt, sodass Tilly auch von „ganz oben" das gute Gefühl bekommt, eben keine Außenseiterin zu sein.[194]

4.4.6 Herausfordernde Führungssituation 6: Wirksame Führungskräfte führen im Sinne einer 360-Grad-Führung auch lateral und nach oben

Bisher wurde Führung immer aus der Position der Führungskraft heraus betrachtet, die den eigenen oder fremden Mitarbeiter führt, die aber beide hierarchisch unterstellt waren (innerer Kreis in der Abbildung). Nicht zu vernachlässigen, wenn es darum geht eigene Gestaltungsinteressen durchzusetzen, ist aber auch die laterale Führung von gleichgestellten Kollegen und des eigenen Vorgesetzten – im Sinne einer 360-Grad-Führung (äußerer Kreis in der Abbildung). Auch wenn hier keine direkte Weisungsbefugnis besteht oder sogar, im Fall des eigenen Vorgesetzten, die Führungskraft selbst Weisungsempfänger ist, kann hier von Führung gesprochen werden im Sinne einer zielgerichteten Verhaltensbeeinflussung. Daher können und sollten auch diese Führungsbeziehungen in eigenem Interesse der Führungskraft verstanden und aktiv gemanagt werden. Wenn zum Beispiel ein Vorgesetzter immer gerne eng eingebunden werden will, der Mitarbeiter dies aber nicht tut, wird es zwangsläufig zu Konflikten kommen.

Vielfach wird von Mitarbeitern nicht gesehen, dass auch ihre Vorgesetzten Unterstützung und persönliche Nähe brauchen, unsicher sind und Bestätigung suchen. Das kann daran liegen, dass die Beziehung auch menschlich, nicht nur hierarchisch, nicht auf einer Augenhöhe gesehen wird. Den Vorgesetzten, ähnlich vielleicht wie es kleine Kinder gegenüber ihren Eltern tun, wird oft nicht zugestanden auch Schwächen zu haben. Und viele Führungskräfte arbeiten ja auch intensiv daran, dieses Außenbild von Stärke zur erhalten. Hier ist es hilfreich, Empathie aufzubauen und sich in die Situation der Führungskraft hineinzuversetzen. Wie würde es mir an seiner oder ihrer Stelle gehen?

---

[193] Vgl. Discovery (2017): Lakaien und Könige, 1. Staffel sowie Discovery (2017): Lethe, 1. Staffel
[194] Vgl. Discovery (2019: Bruder, 2. Staffel, Zeit 13:50. Damit unterscheidet er sich deutlich von Captain LORCA, der nicht direkt das Ziel hatte, ermutigend zu führen und ein Zugehörigkeitsgefühl, mit Selbst- und Fremdakzeptanz, zu fördern.

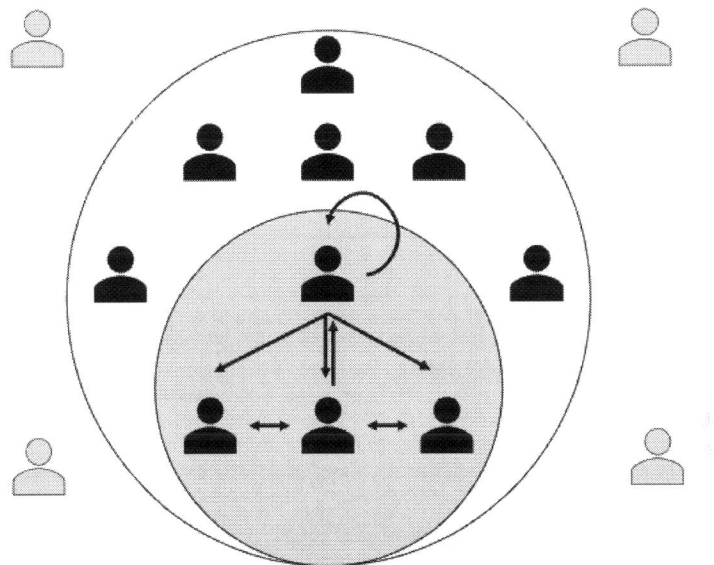

In der ENTERPRISE-Folge „Lautloser Feind" führt und unterstützt TUCKER seinen Freund ARCHER im persönlichen Gespräch, indem er mit ihm gemeinsam über seine Gewissensbisse reflektiert. ARCHER hat Gewissensbisse, da er beim Start der ENTERPRISE nicht auf den Einbau und die Fertigstellung der Waffensysteme gewartet hat. TUCKER baut ihn wieder auf, sodass ARCHER nach außen für die Mannschaft wieder den souveränen Captain nicht nur darstellt, sondern es auch ist.[195]

Gerade in Krisenzeiten benötigen auch Führungskräfte den einen oder andern Impuls, um wieder auf den richtigen Weg geführt zu werden. So muss in der Folge „Die Schockwelle – Teil 1" Captain ARCHER erst von T'POL und TUCKER aus seinem Selbstmitleid herausgeholt und ermutigt werden, weiter zu machen und sich von den VULKANIERN nichts gefallen zu lassen. Zunächst akzeptierte er den Befehl zurückzukehren und das die nächste Mission erst in zehn Jahren stattfinden dürfe.[196]

Die Bereitschaft, Führungsimpulse von Kollegen oder Untergebenen anzunehmen, wird immer stark davon abhängen, wie sehr sich die Führungskraft in ihrer Füh-

---

[195] Vgl. Enterprise (2002): Lautloser Feind, 1. Staffel, Zeit 28:10
[196] Vgl. Enterprise (2002): Die Schockwelle – Teil 1, 1. Staffel, Zeit 10:10

rungsrolle akzeptiert fühlt. Besteht ein **Konkurrenzverhältnis**, dann wird die Offenheit gegenüber Vorschlägen des Mitarbeiters sehr begrenzt sein und eher als ein aggressiver Akt gedeutet werden. Hilfreich für das Befolgen der eigenen Führungsimpulse ist es für den Mitarbeiter sicherlich auch, diese in einem kleinen Kreis bzw. sogar nur unter vier Augen zu geben, da dann die Wahrscheinlichkeit größer ist, dass die Führungskraft ihre Fassade als starke Führungskraft öffnen kann.

In der Abbildung werden noch zwei weitere Adressaten im Rahmen der 360-Grad-Führung deutlich. Zum einen betrifft das die **Stakeholder** (andere Organisationen, Konkurrenten, Familie etc.) außerhalb der unmittelbaren Führungssituation, die ebenfalls aktiv zu managen sind (siehe auch Kapitel 6.6). Zum anderen muss eine Führungskraft auch **sich selbst** „führen" und managen (siehe auch Mission 5). Auch diese beiden Adressaten haben Erwartungen und können die eigenen Handlungsspielräume vergrößern oder begrenzen.

Wie in anderen Führungsbeziehungen auch, sind die wechselseitige Klärung von Erwartungen und das Einstellen auf die Persönlichkeit der anderen wichtige Handlungsempfehlungen. Wie führen und managen Führungskräfte den eigenen Vorgesetzten? Wie erfolgreich sind sie damit? In der Regel wird der Versuch, den eigenen Vorgesetzten zu erziehen und zu verändern, nur wenig erfolgreich sein. Und da der Vorgesetzte letztlich am längeren Hebel sitzt, sollte versucht werden, seine genaue Interessens- und Motivationslage zu verstehen. Wichtig ist zu verstehen und zu berücksichtigen, dass der Andere nicht unbedingt „so tickt", wie man selbst, und dass daher die Kommunikation, die einen selbst überzeugt, nicht die ist, die auch andere überzeugt und zum gewünschten Verhalten motiviert.

4.5 Die Kernherausforderung einer Führungskraft besteht darin, bei den Geführten Gefolgschaft zu erreichen

Bei all diesen Führungssituationen stellt sich für die Führungskraft die Grundfrage, wie Gefolgschaft erreicht werden kann: Wie kann der Mitarbeiter dazu gebracht werden im Sinne der Führungskraft zu handeln, Aufträge auszuführen und Entscheidungen mitzutragen?

4.5.1 Quellen der Gefolgschaft 1: Die formale Führungsposition wird in der Regel allein nicht ausreichend sein

Der **Verweis auf die formale Position** („Ich Führungskraft, Du Mitarbeiter") wird in der Regel alleine nicht ausreichend sein. Wobei es bei Diskussionen oder Auseinandersetzungen durchaus hilfreich und wirksam sein kann, genau das herauszustellen. So beruft sich ARCHER in der ENTERPRISE-Folge „Daedalus" gegenüber TUCKER und T'POL auf seine formale Befehlsgewalt: „Sie haben Ihre Befehle"[197], da der Widerstand der beiden, mit EMORY ERICKSON zusammenzuarbeiten, nicht in einer gleichberechtigten Diskussion aus dem Weg geräumt werden kann. Auch der folgende verbale Schlagabtausch aus dem Film „Der erste Kontakt" zeigt die einerseits die Begrenztheit einer reinen Anordnung ohne inhaltliche Akzeptanz. Gleichzeitig wird gezeigt, dass es durchaus eine Führungsoption ist, um kurzfristig Gefolgschaft zu erreichen. Die Szene spielt während einer Lagebesprechung auf der ENTERPRISE. Die BORG sind an Bord der ENTERPRISE und passen sich an alle Waffen der STERNENFLOTTE an.

> *Picard: „Wir müssen einen anderen Weg finden, unsere Waffen zu modifizieren, sodass sie effektiver werden. Und bis dahin, Officer, sollen ihre Männer die Stellung halten."*
>
> *Officer: „Sir?"*
>
> *Picard: „Kampf Mann gegen Mann, wenn es sein muss."*
>
> *Officer: „Aye, Sir."*
>
> *Dann Worf: „Warten Sie. Captain, unsere Waffen sind nutzlos. Wir müssen die Selbstzerstörungssequenz aktivieren und das Schiff mit Hilfe der Rettungskapseln evakuieren."*
>
> *Picard: „Nein!"*
>
> *Beverley Crusher: „Jean-Luc, wenn wir das Schiff zerstören, zerstören wir die Borg."*
>
> *Picard: „Wir halten die Stellung und kämpfen."*
>
> *Worf: „Sir, wir haben die Enterprise verloren."*
>
> *Picard: „Wir haben die Enterprise nicht verloren, Mr. Worf, und wir werden sie nicht verlieren. Nicht an die Borg. Nicht unter meinem Kommando. Sie kennen ihre Befehle."*
>
> *Worf: „Ich muss Protest einlegen gegen diese Vorgehensweise."*
>
> *Picard: „Zur Kenntnis genommen."*
>
> *Worf: „Bei allem nötigen Respekt, Sir. Ich glaube, sie lassen sich von ihrer persönlichen Erfahrung mit den Borg in ihrem Urteilsvermögen beeinflussen."*
>
> *Picard: „Sie haben Angst. Sie wollen das Schiff zerstören und weglaufen, Sie Feigling."*
>
> *Crusher: „Jean-Luc!"*
>
> *Worf: „Wären Sie nicht der Mann, der sie sind, dann würde ich Sie auf der Stelle töten."*
>
> *Picard: „Runter von meiner Brücke."* – *Worf, dann Picard verlassen die Brücke*
>
> *Lilly zu Crusher: „Und was machen wir jetzt?"*
>
> *Crusher: „Wir führen seine Befehle aus. Dyson, Keplan, Sie beginnen mit der Modifizierung des Waffensystems." [...]*

---

[197] Enterprise (2005): Daedalus, 4. Staffel, Zeit 24:30

Kurz darauf sucht LILLY das bilaterale Gespräch mit PICARD.

Lilly: „Sie elender Mistkerl."

Picard: „Das ist wirklich nicht der richtige Zeitpunkt."

Lilly: „Okay, ich verstehe einen Dreck vom 24. Jahrhundert. Aber alle da draußen denken, hier die Stellung zu halten und gegen die Borg zu kämpfen ist Selbstmord. Sie haben nur Angst herzukommen und es zu sagen."

Picard: „Die Crew ist es gewohnt, meine Befehle zu befolgen."

Lilly: „Ihre Befehle haben vermutlich sonst auch einen Sinn."[198]

Wirksam ist der Verweis auf die formale Befehlsgewalt in jedem Fall nur, wenn er sparsam eingesetzt wird. Eine Führungskraft, die jeden Auftrag mit dem Verweis auf ihre Schulterklappen begründet verliert jede Autorität. Selbst wenn die Mitarbeiter dann eine offene Befehlsverweigerung vermeiden, werden sie nicht ihr volles Leistungspotenzial entfalten. Oder aber sie werden, da sie nicht überzeugt von der Sache sind, bei nächster Gelegenheit die Diskussion weiterführen und mehr oder weniger offen gegen den aus ihrer Sicht nicht nachvollziehbaren oder sogar unsinnigen Auftrag arbeiten. So zieht sich auch die oben beschriebene Diskussion in der Folge „Daedalus" durch die gesamte Folge.[199] Und so tut Captain PICARD auch gut daran, sich bei WORF später zu **entschuldigen**:

Picard: „Mr. Worf, ich bedaure einiges von dem, was ich vorhin gesagt habe."

Worf: „Einiges, Captain?"

Picard: „Ich glaube in der Tat, dass sie der tapferste Mann sind, den ich je gekannt habe."

Worf: „Danke, Sir."[200]

Wie wenig allein durch formale Befehlsgewalt Gefolgschaft erreicht werden kann, zeigen die vielen Situationen, in denen sich die Captains der Mannschaft gegen einen expliziten Befehl des STERNENFLOTTENKOMMANDOS stellen, da aus ihrer Sicht gute Gründe für ein anderes Verhalten bestehen, zum Beispiel:

- In „Der erste Kontakt" fliegt Captain PICARD gegen expliziten Befehl mit der ENTERPRISE zur Erde, um gegen die BORG zu kämpfen. Aus seiner Sicht verfügt er aufgrund seiner früheren Assimilation über das entscheidende Wissen.[201]

- Captain SULU bricht gegen Befehl auf, um KIRK und MCCOY zu retten in der Voyager-Folge „Tuvoks Flashback". Für ihn wiegt die Loyalität gegenüber seinen alten Kameraden schwerer als der Befehl.[202]

---

[198] Spielfilm Star Trek VIII (1996): Der erste Kontakt, Zeit 1:13:25
[199] Vgl. Enterprise (2005): Daedalus, 4. Staffel, Zeit 30:00
[200] Spielfilm Star Trek VIII (1996): Der erste Kontakt, Zeit 1:21:08
[201] Vgl. Spielfilm Star Trek VIII (1996): Der erste Kontakt, Zeit 08:21
[202] Vgl. Voyager (1996): Tuvoks Flashback, 3. Staffel, Zeit 22:00

- In der Folge „Pon Farr/Weltraumfieber" bringt KIRK SPOCK, der in der PON FARR-Phase ist, nach VULCAN und riskiert damit potenziell sogar einen Krieg mit den KLINGONEN.[203]

Der Fall von MICHAEL BURNHAM zeigt, wie man selbst ohne formalen Rang, de facto eine Führungskraft sein kann. Ihr Rang als Commander wurde ihr nach ihrer Meuterei aberkannt. Dafür verfügt sie über andere Quellen der Gefolgschaft.

4.5.2 Quellen der Gefolgschaft 2: Nachvollziehbare Befehle sind wichtige Grundlage für deren Akzeptanz

Gerade selbständige und selbstbewusste Mitarbeiter werden nur dann Gefolgschaft leisten, wenn sie die Befehle nachvollziehen können und sie als richtig und angemessen ansehen. Das können auch kurze Begründungen sein, sie müssen aber die wesentlichen Informationen transportieren: Warum besteht Handlungsbedarf? Was ist zu tun? Wer macht was? Worauf ist zu achten? Ein prägnantes Beispiel findet sich bei Captain KIRK im Spielfilm „Der Film", der, nachdem auf dem Bildschirm die Zerstörung eines Kreuzers der KLINGONEN zu sehen war, eine kurze Ansprache an die gesamte Crew richtet.

Kirk: „Unser Befehl lautet, es aufzuhalten, es zu untersuchen, jedes notwendige Manöver auszuführen was auch passiert."[204]

Die Begründungen können aber auch länger sein, wie im Film „Into Darkness". Auch hier hält KIRK eine Ansprache an die gesamte Crew. Das hat auch den wichtigen Vorteil, dass dann alle den gleichen Kenntnisstand haben und die Kernbotschaften nicht im Zuge der Weitergabe nach dem „Stille-Post-Prinzip" verfälscht werden.

Kirk: „An die Besatzung der Enterprise. Wie die meisten von Ihnen schon wissen, ist Christopher Pike, ehemaliger Captain dieses Schiffes und unser Freund, tot. Sein Mörder flüchtete aus unserem System und versteckt sich nun auf dem Heimatplaneten der Klingonen, weil er wohl meint, dass wir ihn nicht verfolgen werden. Wir sind auf dem Weg dorthin. Laut Admiral Marcus Befehl ist es zwingend erforderlich, dass wir unentdeckt bleiben. Die Beziehung zwischen der Föderation und dem Klingonischen Reich ist äußerst angespannt. Jede Provokation könnte zu einem Krieg führen. Ich führe höchstpersönlich einen Landungstrupp zu einer verlassenen Stadt auf der Oberfläche von Kronos an. Unser Ziel wird die Ergreifung des flüchtigen John Harrison sein. Wir bringen ihn zur Erde, wo er

---

[203] Vgl. Raumschiff Enterprise (1967): Pon Farr/Weltraumfieber, 2. Staffel, Zeit 12:00. In der Phase des PON FARR verlieren VULKANIER ihre geistige Kontrolle und empfinden den übermächtigen Trieb, sich zu paaren. Aufgelöst werden kann dieser Zustand nur durch Vereinigung mit einem Partner, einen speziellen rituellen Kampf oder eine spezielle Meditation.

[204] Spielfilm Star Trek I (1979): Der Film, Zeit 27:20

dann vor Gericht gestellt werden kann. Na gut, dann wollen wir uns den Mistkerl mal schnappen. Kirk Ende[205]

Untersuchungen der Sozialpsychologie belegen, dass selbst kurze Begründung und sogar Quasi-Begründungen (weil ich es gerne möchte) für die Befolgung einer Bitte oder eines Befehls eine wichtige psychologische Bedeutung haben.[206] Selbst wenn die Zeit knapp ist, sollte im Sinne der Ergebnisse und der Motivation versucht werden, den Mitarbeitern das eigene Handeln und die Befehle begreifbar zu machen und dabei auch die Möglichkeit zu geben, Fragen zu stellen, um die Sinnhaftigkeit der Befehle zu verstehen – auch wenn sich Captain ARCHER in der Folge „Brutstätte" dagegen ausspricht.

Archer zu Major Hayes: „Meine Führungsoffiziere scheinen nicht zu begreifen, was ich hier tue. Ich schätze, ich bin selber schuld. In der Vergangenheit habe ich sie ermutigt, Fragen zu stellen, aber dafür haben wir jetzt keine Zeit mehr."[207]

Was zunächst irritierend erscheint, da es nicht zum Führungsverständnis von Archer passt, lässt sich dadurch erklären, dass Captain ARCHER von einem der XINDI-Eier mit einem Schleim bespritzt wurde, in dem eine Droge war, die sein Verhalten so veränderte, dass er sich nur noch dem Wohlergehen der Eier verpflichtet fühlte.

4.5.3 Quellen der Gefolgschaft 3: Fachliche Expertise erhöht die Akzeptanz besonders bei Fachexperten

In vielen Unternehmen wird der beste Fachexperte irgendwann zur Führungskraft, da dies häufig der einzige Karriereweg ist. Über die **fachliche Expertise** und die inhaltliche Fundierung von Entscheidungen und Aufträgen erhält das Führungshandeln Glaubwürdigkeit und die Mitarbeiter folgen. Insofern sollte es im Interesse jeder Führungskraft sein, einen positiven „Track record" aufzubauen, um glaubwürdig belegen zu können, dass sie Ahnung von der Sache hat. Auf den Standardeinwand „Das haben wir noch nie so gemacht" mit „So wie ich das hier vorschlage, habe ich es schon dreimal erfolgreich gemacht" antworten zu können, ist ein starkes Argument, das die Bereitschaft zur Gefolgschaft deutlich vergrößert.

Nachdem Commander TUCKER auf eigenen Wunsch auf die COLUMBIA versetzt wurde, leitet er in der ENTERPRISE-Folge „Die Heimsuchung" eine Arbeitsbesprechung mit vier Mitarbeitern. Um seine Argumentation zu verstärken und ihnen Legitimität zu verschaffen, beruft er sich explizit (und erfolgreich) auf seine Praxiser-

---

[205] Spielfilm Star Trek XIII (2013): Into Darkness, Zeit 38:35

[206] Vgl. Langer, Ellen J./Blank, Arthur/Chanowitz, Benzion (1978): The Mindlessness of Ostensibly Thoughtful Action: The Role of "Placebic" Information in Interpersonal Interaction; in: Journal of Personality and Social Psychology, Vol 36(6), S. 635-642

[207] Enterprise (2004): Brutstätte, 3. Staffel, Zeit 28:00

fahrungen in den letzten Jahren. So verschafft er sich in der Anfangszeit eine erste Autoritätsbasis.[208]

Auch der Autorität einer anerkannten Führungskraft ist eine von den Mitarbeitern wahrgenommene Fachexpertise sehr zuträglich. Im Film „Der Aufstand" fragt PICARD auf der Brücke unvermittelt LAFORGE, wann die Drehmomentsensoren das letzte Mal ausgerichtet wurden. LAFORGE stellt daraufhin staunend fest, dass sie nicht synchron laufen und dass dies PICARD merkt.[209]

Führungsautorität zu besitzen ist daher oft einfacher, wenn die Führungskraft auch fachlich-inhaltliche Expertise hat, da diese einer Entscheidung oder einem Auftrag mehr Gewicht verleiht. Mit zunehmendem Aufstieg in der Führungshierarchie und mit Wechseln zwischen verschiedenen Unternehmensbereichen stehen Führungskräfte allerdings vielfach vor der Herausforderung **Mitarbeiter zu führen, die fachlich mehr wissen als sie selbst**. Trotzdem muss die Führungskraft – weil sie die Führungsposition innehat – auch fachliche Entscheidungen treffen, die sie nicht im Detail versteht. Sie muss sich also als ein fachlicher Laie ein eigenes Bild machen, ein Gefühl dafür entwickeln, welchen Personen und Argumenten vertraut werden kann. Hilfreich sind dabei allgemeine Problemlösungskompetenzen, analytisches Denken und ein Gesamtunternehmensverständnis über Zusammenhänge und Wechselwirkungen zwischen den Unternehmensbereichen.

Für viele Fachexperten besteht ihre Welt vor allem aus ihrem Fachgebiet, dort kennen sie jedes Detail. Unter Fachexperten hat der die größte Anerkennung, der in dem jeweiligen Fach über umfangreiches Wissen verfügt. Insofern wird sich der Fachexperte der Führungskraft (ohne Detailkenntnisse) in vielen Fällen überlegen vorkommen und will zumindest sehr wertschätzend behandelt werden. Dazu gehört in jedem Fall, ihre Meinung anzuhören und ihnen bestimmte Freiräume zuzugestehen.[210]

4.5.4 Quellen der Gefolgschaft 4: Aufgrund des evolutionären Erbes erfolgt Gefolgschaft häufig aufgrund der akzeptierten Stärke und „natürlichen" Rangordnung

Ein Mitarbeiter wird einer Führungskraft auch nur dann folgen, wenn diese die Erwartungen an Führungskräfte im Allgemeinen und an seine Führungskraft im Speziellen erfüllt. Diese Erwartungen können unterschiedlich sein, abhängig von der Persönlichkeit des Mitarbeiters, aber auch abhängig vom kulturellen Kontext. Evolutionsbiologisch tief im Menschen verankert ist die grundsätzliche **Bereitschaft, dem Stärkeren** zu folgen und sich als soziales Wesen in eine „natürliche" Rangordnung einzugliedern. Insofern versuchen Führungskräfte oft bewusst oder

---

[208] Vgl. Enterprise (2005): Die Heimsuchung, 4. Staffel, Zeit 06:28
[209] Vgl. Spielfilm Star Trek IX (1998): Der Aufstand, Zeit 14:45
[210] Vgl. exemplarisch Deep Space Nine (1995): Das Wagnis, 4. Staffel, Zeit 40:50

unbewusst, ihre Stärke und Macht zu demonstrieren und ihren **Rang als „Alpha-Tier"** festzulegen.

Dazu gehört es auch, körperlichen Auseinandersetzungen nicht aus dem Weg zu gehen, sondern die eigene Position zu behaupten. Teilweise macht es sogar den Eindruck, dass insbesondere Captain KIRK und Captain ARCHER den körperlichen Kampf bewusst suchen; aus Freude am Kampf, um sich abzureagieren oder ihre Stärke zu demonstrieren.[211]

Die Akzeptanz des Einsatzes körperlicher Gewalt ist dabei **kulturell unterschiedlich**. So gehört zum Beispiel bei den KLINGONEN die gesamte Bandbreite von Dominanzgesten über leichten körperlichen Einsatz bis hin zum Kampf zum täglichen Umgang. Um sich als Führungskraft Respekt und Gefolgschaft zu verschaffen, ist es erforderlich, dieses „Spiel" zumindest teilweise mitzumachen, wie Lieutenant DAX in der DEEP SPACE NINE Folge „Martoks Ehre" oder Commander RIKER an Bord eines KLINGONENSCHIFFES in der Folge „Der Austauschoffizier". Beide werden handgreiflich, wenn ein Befehl verweigert wird und verschaffen sich durch **körperlichen Einsatz und Dominanzgesten** Respekt.[212]

Eine weitere Facette besteht darin, auf das Dominanzverhalten anderer zu reagieren. Auch da spielt sicherlich der jeweilige kulturelle Kontext eine wichtige Rolle. In der Folge „Vereinigt" fordert der ANDORIANER SHRAN ein Duell mit dem TELLARITEN, der seine Mitarbeiterin und Partnerin TALAS getötet hat. Er droht damit, die Kooperation zwischen ANDORIANERN und TELLARITEN auszusetzen, sollte diese ANDORIANISCHE Tradition nicht respektiert werden. Captain ARCHER versucht SHRAN von dem Duell abzuhalten, aber der macht seine Beweggründe nachvollziehbar.

> *Shran: „Aber nicht allein wegen Talas. Ich habe mein Schiff verloren, fast meine ganze Crew. Wenn ich nicht versuche, diese Verluste zu rächen, was bin ich dann für ein Führer? Warum sollte mir irgendein Soldat noch einmal folgen?"*[213]

Selbst bei der besonnenen und souveränen Führungskraft PICARD im 24. Jahrhundert zeigt sich in Stresssituationen und bei persönlicher Betroffenheit dieser archaische Macht- und Racheinstinkt - auch wenn er dies erstmal abstreitet, wie der folgende Dialog aus dem Film „Der erste Kontakt" verdeutlicht. In der Situation sind die BORG an Bord der ENTERPRISE, im Kampf Mann gegen Mann.

> *Lilly: „Ich bin solch ein Idiot. Es ist so einfach. Die Borg haben sie verletzt und jetzt wollen sie es ihnen heimzahlen."*

---

[211] Prügelei ARCHER mit Sklavenhändler ZJOD. Vgl. Enterprise (2003): Rajin,3. Staffel, Zeit 13:34. KIRK im Kampf mit HARRISON. Vgl. Spielfilm Star Trek XIII (2013): Into Darkness, Zeit 53:30

[212] Vgl. Deep Space Nine (1997): Martoks Ehre, 5. Staffel, Zeit 17:15 sowie The Next Generation (1989): Der Austauschoffizier, 2. Staffel

[213] Enterprise (2005): Vereinigt, 4. Staffel, Zeit23:50

Picard: „In meinem Jahrhundert erliegen wir nicht mehr der Rache. Unsere Sensibilität ist weiterentwickelt. "

Lilly: „Blödsinn, ich hab ihren Gesichtsausdruck gesehen, als sie die Borg auf dem Holodeck erschossen haben. Sie haben es doch geradezu genossen. "

Picard: „Wie können sie es wagen?", Lilly: „Kommen Sie Captain, sie sind doch nicht der erste Mann, für den es ein Nervenkitzel ist, jemanden zu ermorden. Ich sehe so etwas andauernd. "

Picard: „Raus hier!", Lilly: „Und wenn nicht? Dann töten sie mich? Wie sie Fähnrich Lynch getötet haben?"

Picard: „Ihn zu retten war unmöglich. "

Lilly: „Sie haben es nicht mal versucht. Wo war da ihre weiter entwickelte Sensibilität?"

Picard: „Ich habe keine Zeit für so was. "

Lilly: „Ach ja, tut mir leid. Ich wollte ihre kleine Jagd nicht unterbrechen. Captain Ahab muss ja auf die Jagd nach seinem Wal. "

Picard: „Was?",

Lilly: „Sie haben doch Bücher im 24. Jahrhundert. "

Picard: „Hier geht es nicht um Rache. "

Lilly: „Lügner!"

Picard: „Hier geht es um die Rettung der Zukunft der Menschheit. "

Lilly: „Jagen Sie dieses verdammte Schiff in die Luft!"

Picard: „Neeiin!"

Captain PICARD greift das Gewehr und schlägt die Vitrine mit den ENTERPRISE-Modellschiffen ein und hält dann inne.

Picard: „Ich werde die Enterprise nicht opfern. Wir haben schon zu viele Kompromisse gemacht, zu viele Rückschläge erfahren. Sie dringen in unseren Raum ein und wir weichen zurück. Sie assimilieren ganze Welten und wir weichen zurück. Doch jetzt nicht. Hier wird der Schlussstrich gezogen. Bis hierher und nicht weiter. Und ich, ich werde sie bezahlen lassen für ihre Taten. "

Lilly geht zur Vitrine, ganz ruhig: „Sie haben ihre Schiffchen zerbrochen. Bis dann, Ahab. "

Picard zitiert: „Und er bürdete dem Buckel des weißen Wals die Summe der Wut und des Hasses der ganzen Menschheit auf. Wäre sein Leib eine Kanone, hätte sein Herz auf ihn geschossen. "

Lilly: „Was?"

Picard: „Moby Dick. "

Lilly: „Ich gestehe, ich habe es nie gelesen."

Picard lächelt, hat sich wieder gefangen: „Ahab jagte jahrelang den weißen Wal, der ihn verkrüppelt hatte. Ein Streben nach Rache, aber am Ende zerstörte er Ahab und sein Schiff."

Lilly: „Er wusste wohl nicht, wann man aufhören soll."

Picard geht auf die Brücke, gibt Befehl: „Beginnen Sie mit der Evakuierung der Enterprise."[214]

Einerseits ist Dominanzstreben der Antrieb für entschlossenes Führungshandeln, andererseits besteht das Risiko, dass vor blindem Rachetrieb unvernünftige oder sogar selbstzerstörerische Entscheidungen getroffen werden. Captain PICARD zeichnet aus, dass er in der Lage ist, sich relativ zeitnah selbst zu reflektieren und sein Verhalten zu korrigieren. Die Anstöße dazu kommen bemerkenswerterweise oft von Außenstehenden; genauer: von außenstehenden (starken) Frauen. Im obigen Beispiel von LILLY, im Film „Der Aufstand" von ANIJ und an Bord der ENTERPRISE von GUINAN.

Um die eigene Stärke zu demonstrieren ist aber nicht immer auch körperliche Gewalt erforderlich. Vielmehr kommt es darauf an in jedem Fall mentale Stärke und Entschlossenheit zu demonstrieren. In der VOYAGER-Folge „Das Ultimatum" demonstriert Captain JANEWAY vorbildlich sowohl dem Gegenspieler (dem Clown) als auch der eigenen Mannschaft (und natürlich auch sich selbst) über welche Nervenstärke und Durchsetzungskraft sie verfügt.[215]

Weiterhin können die eigene Stärke und Führungslegitimation auch dadurch unter Beweis gestellt werden, dass die Führungskraft **immer an vorderster Front** mit dabei ist und keiner schwierigen Situation oder Gefahr aus dem Weg geht. Damit agiert sie als sichtbares Vorbild und ist dann für die Mitarbeiter präsent, wenn es darauf ankommt, wie die folgenden Beispiele zeigen:

- In der Folge „Pokerspiel" probiert KIRK an Bord des Raumschiffes FESARIUS, als erster den angebotenen Trunk des Kommandeurs BALOK, der droht die ENTERPRISE zu zerstören, was ein hochriskantes Verhalten ist.[216]

- Nachdem in Folge „Miri" KIRK mit einem Team auf ein Replikat der Erde gebeamt wurde kommt es zu Auseinandersetzungen und KIRK kämpft immer an erster Stelle, er schlägt Angreifer nieder, bricht die Tür etc.[217]

[214] Spielfilm Star Trek VIII (1996): Der erste Kontakt, Zeit 1:15:20
[215] Vgl. Voyager (1996): Das Ultimatum, 2. Staffel, Zeit 38:10
[216] Vgl. Raumschiff Enterprise (1966): Pokerspiel, 1. Staffel, Zeit 42:00
[217] Vgl. Raumschiff Enterprise (1966): Miri, 1. Staffel, Anfangsszene

- Captain ARCHER übernimmt die gefährlichste und anspruchsvollste Aufgabe in der Folge „Die Ladung" und schleicht zum XINDI-Raumschiff, um dort einen Peilsender anzubringen.[218]

- Captain PIKE fliegt in der Folge „Bruder" selbst mit im gefährlichen Außeneinsatz im Pod durch das Asteroidenfeld und riskiert sein Leben und setzt damit gleich zu Beginn seiner Zeit auf der DISCOVERY ein Zeichen für Mut und Stärke.[219]

- In der Folge „Tal und Schatten" entscheidet sich PIKE gegen die Vorbehalte der anderen dafür selbst und allein in das KLINGONISCHE Kloster auf BORETH zu gehen, um einen Zeitkristall zu finden. Er bekommt und entscheidet sich für den Kristall im Gegenzug für sein Schicksal, als Vollinvalide mit entstelltem Gesicht zu enden.[220]

- Auf dem Planeten OMICRON in der Folge „Falsche Paradise" steckt sich nach und nach die gesamte Mannschaft der ENTERPRISE an Sporen einer Pflanze an, die Emotionen freisetzen und den Verstand ausschalten. Die Stärke KIRKS zeigt sich daran, dass er als letzter noch bei klarem Verstand ist und die Rettung einleitet („last man standing").[221]

4.5.5 Quellen der Gefolgschaft 5: Die Bereitschaft zu folgen ist höher, wenn sich die Führungskraft um die vitalen Interessen der Mitarbeiter kümmert

Die Erwartungen an einen Stärkeren bestehen auch darin, dass die Person einen erfolgreich durch Konflikte bringt und sich kümmert, wenn Unterstützung erforderlich ist. Im Gefolge des Stärksten ist die Wahrscheinlichkeit am höchsten, dass der Mitarbeiter teilhat an den Erfolgen, wie zum Beispiel an Unternehmensgewinnen oder Kriegsbeute. Mindestens genauso wichtig ist aber, dass die Führungskraft glaubhaft für die Sicherheit, für Leib und Leben des Mitarbeiters eintritt. Wenn dieser Aspekt im typischen Arbeitsalltag der westlichen Welt auf den ersten Blick kein relevanter Punkt zu sein scheint, dann deshalb, weil Leib und Leben nicht in Gefahr sind. Allerdings ist es auch für Mitarbeiter von ganz entscheidender Bedeutung, wenn sie wissen, dass der Vorgesetzte in Fällen von Druck von außen, Misserfolgen oder Fehlern zu ihnen steht und ein entsprechendes „Backing" gibt. Bei Auslandseinsätzen in der internationalen Zusammenarbeit, Terroranschlägen oder Umweltkatastrophen wird er aber schnell zum relevanten Prüfpunkt, ob einer Führungskraft in die nächste Gefahrensituation gefolgt werden sollte.

---

[218] Vgl. Enterprise (2003): Die Ladung, 3. Staffel, Zeit 35:50
[219] Vgl. Discovery (2019): Bruder, 2. Staffel, Zeit 31:20
[220] Vgl. Discovery (2019): Tal der Schatten, 2. Staffel
[221] Vgl. Raumschiff Enterprise (1967): Falsche Paradise, 1. Staffel, Zeit 21:20

Alle Captains der STERNENFLOTTE haben die Bedeutung des Kümmerns verstanden. JANEWAY formuliert es gegenüber NAOMI WILDMANN wie folgt, als diese sie fragt, ob sie SEVEN OF NINE aufgegeben hätte, zu der das BORG-Kollektiv wieder Verbindung aufgenommen hat.

Janeway: „Drei Dinge darf man als Sternenflottencaptain nicht vergessen: Steck dein Hemd in die Hose, geh mit dem Schiff unter und lass niemals ein Mitglied deiner Crew im Stich."[222]

Captain ARCHER führt die Missionen in der Regel nicht nur an vorderster Front, sondern stellt sich im Zweifelsfall vor seine Mannschaft und riskiert zum Beispiel in der Folge „Observer Effect" sein Leben für HOSHI SATO und TUCKER. Diese Grundhaltung zieht sich wie ein roter Faden durch die gemeinsamen Abenteuer. Schon in der ersten ENTERPRISE-Folge „Aufbruch ins Unbekannte" will er zunächst seine Mannschaft retten und sich selbst als letzten.[223] Und in der Folge „Der Kommunikator" sollen ARCHER und REED exekutiert werden und ARCHER versucht die Henker davon zu überzeugen, zumindest REED zu verschonen.[224]

Auch Captain KIRK stellt in verschiedenen Situationen das Wohl seiner Mannschaft über sein Leben, wie zum Beispiel in der Folge „Stein und Staub", in der er sich anbietet, den Platz dessen einzunehmen der gequält bzw. getötet werden soll.[225] Im Film „Der Zorn des Khan" bietet er sich, für alle hörbar, KHAN an, damit die Crew verschont wird.[226] Diese Bereitschaft, sich selbst zu opfern, wird vom Team erwidert. So geht zum Beispiel SPOCK gegen Ende des Films in den verstrahlten Raum auf der ENTERPRISE, um den Hauptantrieb wieder ans Netz zu bringen und so die ENTERPRISE zu retten. Er tut dies, obwohl es für ihn den sicheren Tod bedeutet. Kurz vor seinem Tod spricht er noch mit KIRK im Maschinenraum, beide durch eine Glaswand getrennt. Schließlich legen beide auf ihrer Seite ihre Hand auf die Glaswand zum VULKANISCHEN Gruß.

Kirk: „Spock, Spock."

Spock: „Schiff außer Gefahr?"

Kirk: „Ja."

Spock: „Seien Sie nicht traurig, Admiral. Seien Sie logisch. Bedürfnisse vieler sind wichtiger ..."

Kirk: „... als die Bedürfnisse weniger ..."

Spock: „...oder eines Einzigen. Ich habe ihn nie abgelegt, den Kobayashi-Maru-Test, bis heute. Was halten Sie von meiner Lösung?"

---

[222] Voyager (1999): Das ungewisse Dunkel , 5. Staffel, Zeit 49:49
[223] Vgl. Enterprise (2001): Aufbruch ins Unbekannte, 1. Staffel, Zeit 48:50
[224] Vgl. Enterprise (2002): Der Kommunikator, 2. Staffel, Zeit 34:35
[225] Vgl. Raumschiff Enterprise (1968): Stein und Staub, 2. Staffel
[226] Vgl. Spielfilm Star Trek II (1982): Der Zorn des Khan, Zeit 49:45

Kirk: „Spock!"

Spock: „Ich war es und werde es immer sein, ihr Freund. Leben Sie lange und in Frieden.'[227]

Vergleichbares findet sich zum Beispiel auch bei Captain PICARD und DATA. Im Film „Nemesis", als sich die ENTERPRISE und das Raumschiff von SHINZON im finalen Kampf gegenüberstehen, heftet DATA PICARD den mobilen Transponder an, der ihn auf die ENTERPRISE beamt und damit rettet. DATA selbst zerstört das gegnerische Raumschiff und wird dabei selbst getötet/zerstört.[228] Auch hier greift das **Prinzip der Reziprozität**. Zum Beispiel im Film der „Aufstand" läuft DATA Amok und soll ausgeschaltet werden. Captain PICARD verhindert dies und setzt sich für seinen Wissenschaftsoffizier und Freund ein.[229]

In der VOYAGER-Folge „Ein Jahr Hölle – Teil 1" schlägt CHAKOTAY JANEWAY vor, die halb zerstörte VOYAGER mit verschiedenen Fluchtkapseln zu verlassen. JANEWAY lehnt dies entschieden ab. Zum einen will sie sich nicht so schnell geschlagen geben, zum anderen will sie „ihre Familie" weiter zusammenhalten und sich um sie kümmern.[230]

4.5.6 Quellen der Gefolgschaft 6: Mit authentischer Wertschätzung und dem Erzeugen von Zugehörigkeitsgefühl wird die Basis für grundsätzliche Gefolgschaft gelegt

Menschen sind soziale Wesen, die in der Regel die Zugehörigkeit zu einer Gruppe suchen und denen die Achtung und die Wertschätzung der anderen wichtig sind. Sie wollen Teil einer Gemeinschaft sein und sind daher grundsätzlich bereit, sich einzugliedern und einen Beitrag zur Gruppenleistung zu erbringen.[231] Menschen, die einen selbst freundlich und wertschätzend behandeln, werden als sympathischer wahrgenommen und damit steigt auch die Bereitschaft der Person, wenn sie Führungskraft ist, zu folgen. Im Sinne des **psychologischen Mechanismus der Reziprozität** fühlt man sich eher verpflichtet, auf das zu hören, was der andere sagt, wenn dieser einem ebenfalls zuhört.[232]

Einen solchen partizipativen und integrierenden Führungsstil pflegen grundsätzlich alle Captains der STERNENFLOTTE, wobei die Ausprägungen, auch situationsbedingt, unterschiedlich sind. Am stärksten ausgeprägt ist dieser Führungsstil sicherlich zum einen an Bord der VOYAGER, zum andern an Bord der ENTERPRISE unter Captain ARCHER. In beiden Fällen ist die Notwendigkeit dazu aber auch besonders

---

[227] Vgl. Spielfilm Star Trek II (1982): Der Zorn des Khan, Zeit 1:32:32

[228] Vgl. Spielfilm Star Trek X (2002): Nemesis, Zeit 1:31:00

[229] Vgl. Spielfilm Star Trek IX (1998): Der Aufstand, Zeit 15:50

[230] Vgl. Voyager (1997): Ein Jahr Hölle – Teil 1, 4. Staffel, Zeit 18:20

[231] Vgl. Berner, Winfried (2010): Change! – 15 Fallstudien zu Sanierung, Turnaround, Prozessoptimierung, Reorganisation und Kulturveränderung, Stuttgart, S. 101 ff

[232] Vgl. Cialdini, Robert B. (1997): Die Psychologie des Überzeugens, Bern

hoch. Die Mannschaft der VOYAGER befindet sich allein im unbekannten DELTA-QUADRANTEN, 70 Jahre von der Erde entfernt. In der Fremde ist das Bedürfnis nach Zusammenhalt immer besonders groß. Captain JANEWAY ist sich dieser besonderen Herausforderung bewusst und hält bereits in der frühen Folge „Der mysteriöse Nebel" in ihrem Logbuch fest:

> *Janeway: „Im Delta-Quadranten sind wir jetzt so etwas wie eine Großfamilie. Auf der Akademie wurde den Captains Distanz beigebracht. Vielleicht kann es nur so funktionieren. Vielleicht ist diese Distanz notwendig, vielleicht muss ich aufgrund dieser Situation in ihren Augen jetzt übermenschlich sein. Ich wünschte nur, ich würde mich übermenschlich fühlen. – Computer, den letzten Satz löschen."[233]*

Offensichtlich erwartet die STERNENFLOTTE zwar Professionalität und ein respektvolles Miteinander, sie will aber zu viel Nähe vermeiden, da sonst möglicherweise das Funktionieren der hierarchischen Organisation gefährdet wäre. JANEWAY spürt aber, dass sie sich hier in einer neuen Situation befindet und sie eine engere und familiärere Bindung in der Mannschaft benötigt, um zu überleben und durchzuhalten. Sie sucht daraufhin, obwohl es eher nicht ihrer Persönlichkeit entspricht, die persönliche Nähe zur Mannschaft bzw. zu einzelnen Personen wie CHAKOTAY oder SEVEN OF NINE.

Captain PIKE, der überraschend für die Crew das Kommando über die DISCOVERY übernommen hat, steht vor der Herausforderung, Gefolgschaft zu erreichen, obwohl ihn die Crew noch nicht kennt und noch nicht weiß, inwiefern sie ihm vertrauen kann. Daher ist es von entscheidender Bedeutung, dass er **Glaubwürdigkeit und ein Zugehörigkeitsgefühl vermitteln** kann, was ihm in seiner ersten direkten Ansprache an die Crew auch gelingt. PIKE ist bereits auf der Brücke und seine DNA wird verifiziert, bevor ihm die Kommandocodes übergeben werden können. Dabei projiziert TILLY aus Versehen seine gesamte Akte für alle sichtbar auf den Hauptschirm, was für TILLY zunächst sehr peinlich ist.

> *Pike: „Schon gut, Ensign. Nehmen Sie alle Platz. Nur zu, ich möchte, dass Sie sich das alle ansehen. Ich bin Captain Christopher Pike. Auf dem Bildschirm sehen Sie meine Belobigungen, die Diagnose über mein Kinderasthma. Ah, mein großer Schandfleck, da bin ich damals durchgefallen, in Astrophysik an der Akademie. Das kommt alles sehr plötzlich für Sie. [steht vorne, Brust raus, Hände hinter dem Rücken] Sie sollten auf Vulkan Ihren neuen Captain abholen. Ich bin mit den geheimen Details über Ihren letzten vertraut. Und ich weiß, dass er Sie alle betrogen hat. Ich an Ihrer Stelle würde mir auch mit Skepsis begegnen. Aber, ich bin nicht er, ich bin nicht Lorca.*

---

[233] Voyager (1995): Der mysteriöse Nebel, 1. Staffel, Anfangsszene. Sie gesteht sich aber dabei auch ihre eigenen Zweifel und das Gefühl ein, eben nicht übermenschlich zu sein. Einerseits will und muss sie Stärke zeigen, andererseits fehlt zumindest in einigen Momenten diese Gefühl der Stärke. Der letzte Satz wird von ihr gelöscht. Möglicherweise, um dieses Gefühl der Schwäche nicht für die Nachwelt zu erhalten, möglicherweise aber auch, um sich selbst dieses Gefühl der Schwäche nicht allzu deutlich und dauerhaft zu machen.

132

Die Föderation ist alarmiert. Wie Sie alle nur zu gut wissen, hat die letzte Untersuchung einer unbekannten Energieverzerrung zum Krieg mit den Klingonen geführt. Diese mysteriösen Signale gleichen keinem uns bekannten Phänomen. Die Energie, die nötig wäre, sie zu erschaffen, liegt jenseits unserer Vorstellungskraft. Sind sie eine Grußbotschaft? Oder ein Zeichen böser Absicht? Deshalb wurde ich hierher versetzt als die Enterprise ausgefallen ist, weil keiner die Antwort abwarten wollte. Im Augenblick ist dieser kleine Punkt hier, der einzige, der uns verraten will, wo er ist. Geben Sie die Koordinaten ein, wir statten ihm einen Besuch ab. Warpfaktor fünf.“

Detmer: „Aye, Sir.“

Pike: „Mit Ihrer Erlaubnis, Commander Saru?“

Saru: „Das Schiff gehört Ihnen, Captain.“

Pike setzt sich in den Stuhl, Beine überschlagen, Hände links und rechts auf der Lehne: „Na gut, dann wollen wir mal. Los geht's.'[234]

Er schafft es in dieser kurzen Ansprache, beginnend mit dem Einstieg, gelassen mit dem Missgeschick von Ensign TILLY umzugehen, sich als Person, mit Stärken und Schwächen, vorzustellen sowie Perspektive und Vorbehalte des Teams einzunehmen. Damit schafft er eine tragfähige **Beziehungsebene**, auf der er dann nachvollziehbar den neuen Auftrag kommunizieren kann. Zugleich zeigt er authentisch **Wertschätzung und Respekt** gegenüber SARU, damit stellvertretend für das ganze Team, indem er ihn formell und ernsthaft um die Erlaubnis bittet, den Stuhl des Captains einzunehmen.

PIKE zeigt **konkrete und persönliche Wertschätzung** für das Team aus einer inneren Haltung heraus, über seine gesamte Zeit als Captain der DISCOVERY hinweg bis zum Schluss. Er macht dies in einer bewegenden Ansprache kurz vor der finalen Auseinandersetzung mit CONTROL nochmal deutlich, als er sich von der Crew der Discovery verabschiedet.

„Als Ihr Captain zu dienen, war eine der größten Ehren in meiner Karriere. Sie sind außergewöhnliche Offiziere, außergewöhnliche Persönlichkeiten. Und ich meine jeden einzelnen von Ihnen. Lieutenant Detmer und Lieutenant Owosekun, hätten Sie mich auf dem Weg zu Asteroiden nicht gerettet, wäre ich nicht hier. Lieutenant Nilsson, Sie haben auf würdige Weise Airiams Nachfolge angetreten. Lieutenant Bryce und Lieutenant Rhys bringt nichts aus der Ruhe. Und Commander Saru, ich werde Sie schmerzlich vermissen. Lieutenant Spock, ... ich finde keine Worte. Commander Nhan hat mich gebeten, an Bord der Discovery bleiben zu dürfen.“

Nhan: „Falls ich irgendwie behilflich sein kann.“

Saru: „Es wäre eine Ehre, wenn Sie uns begleiten, Commander.“

---

[234] Discovery (2019): Bruder, 2. Staffel, Zeit 15:00

Pike zu Burnham: „Und was Sie betrifft, den meisten gelingt es nie, in ihr eigenes Herz vorzudringen. Und wenn doch ist das Ergebnis oft anders als erwartet oder wir hätten uns etwas anderes für uns gewünscht. Ich bin jedenfalls sehr dankbar dafür, dass ich dabei sein durfte, wie Sie in Ihr Herz vordringen. Danke. Ich weiß, dass Sie …, ich weiß, dass Sie alle Ihrem Schicksal mit Mut und Tapferkeit entgegentreten. Auch in den Momenten, die selbst die Stärksten auf die Probe stellen."

Burnham: „Ich danke Ihnen, Sir."[235]

Bevor er die Brücke verlässt, ruft ihn BURNHAM und alle stehen, richten sich auf ihn auf ihn aus und schauen ihn an. In diesem bewegenden Moment zeigt sich die wechselseitige Verbundenheit deutlich.

Auch für das Funktionieren der Mannschaft der ENTERPRISE und Captain ARCHER ist ein starkes Zusammengehörigkeitsgefühl von entscheidender Rolle. Das Team befindet sich in einer Pionierphase, kämpft gegen einen übermächtigen Feind und muss sich eine stabile, selbstbewusste und professionelle Rolle als STERNENFLOTTENANGEHÖRIGE erst noch erarbeiten. Zurzeit von Captain KIRK und Captain PICARD haben die STERNENFLOTTENMITGLIEDER bereits eine stabile, selbstverständliche Identität und professionelle Arbeitsrolle aus sich selbst heraus und diese wird durch entsprechende Ausbildung an der Akademie und Regeln immer wieder reproduziert. Bei KIRK und PICARD beschränken sich die „familiären" Zusammenkünfte oder Urlaube in der Regel daher eher auf einzelne Personen und Offiziere. Exemplarisch dafür ist, dass PICARD erst in der letzten THE NEXT GENERATION-Folge „Gestern, heute, morgen" zum ersten Mal zum Pokertisch der Brückenoffiziere kommt, die ihn etwas überrascht ansehen. Immerhin fällt ihm auf, dass er offensichtlich in der Vergangenheit etwas verpasst hat.

Picard „Ich hätte schon früher kommen sollen."[236]

Dagegen basieren die Identität und Zugehörigkeit unter ARCHER auf anderen Quellen. In großen Teilen basieren sie auf der gemeinsamen Abneigung gegen die VULKANIER sowie in dem relativ hierarchiefreien und kumpelhaften Umgang miteinander, was ARCHER bewusst fördert. Obwohl es die STERNENFLOTTE offiziell verbietet, dass Offiziere mit Untergebenen fraternisieren[237], fordert ARCHER T'POL mehrfach auf, mit der Mannschaft zu fraternisieren, um die Moral zu heben. [238] Er geht selbst mit gutem Beispiel voran und sucht die Nähe zur Mannschaft, sowohl auf der Arbeitsebene als auch in der Freizeit wie beispielsweise beim gemeinsamen Filmabend:

---

[235] Discovery (2019): Solch süße Trauer, 2. Staffel, Zeit 40:15
[236] The Next Generation (1994): Gestern, heute, morgen, 7. Staffel, Schlussszene
[237] Vgl. Enterprise (2002): Gefallene Heldin, 1. Staffel, Zeit 00:15
[238] Vgl. Enterprise (2002): Der Laufsteg, 2. Staffel, Zeit 20:00

Archer zu T'Pol: „Wär nicht schlecht, wenn Sie auch kämen. Es wird sicher amüsant. Und ein bisschen fraternisieren könnte auch nicht schaden.'[239]

Auch Commander SARU schafft es als amtierender Captain der DISCOVERY, dass sein Team ihm folgt, indem er deutlich macht, dass er sein Team wertschätzt, er an sein Team glaubt und klar die Aufgabe vorgibt. Diese teamorientierte Ansprache ist Ausgangspunkt für eine gemeinsame Lösungserarbeitung.

Saru: „Es ist hinreichend bekannt, dass meine Spezies die Fähigkeit hat, den nahenden Tod zu nahen und ich spüre ihn nicht heute nahen. Ich mag nicht auf alles eine Antwort wissen, aber eines weiß ich genau. Ich bin von einem Team umgeben, dem ich vertraue, dem besten Team, das sich ein Captain je wünschen könnte. Lorca hat unseren Idealismus missbraucht, und damit das ganz klar ist, die Discovery ist nicht länger Lorcas Schiff. Sie ist unser Schiff. Und heute begibt sie sich auf ihre Jungfernfahrt. Wir haben eine Aufgabe zu erfüllen und ein Scheitern dürfen wir auf keinen Fall hinnehmen. Sie haben Ihre Befehle. An die Arbeit.'[240]

4.5.7 Quellen der Gefolgschaft 7: Gerade selbstständige und leistungsorientierte Mitarbeiter erwarten Inspiration und die Möglichkeit zur Selbstverwirklichung

Auch **Inspiration und Sinnstiftung durch einen Vorgesetzten** können eine Grundlage sein, dieser Person zu folgen. Das gilt insbesondere für selbstständige und leistungsorientierte Mitarbeiter. Die Erwartungshaltung besteht dann darin, der Führungskraft zu folgen, und sich dadurch persönlich weiterzuentwickeln oder spannende Abenteuer auf dem Flagschiff der STERNENFLOTTE zu erleben. Im Sinne **transformationaler Führung** verkörpert die Führungskraft hierbei eine attraktive Vision, motiviert über persönliche Beziehungen und Entfaltungsmöglichkeiten.[241]

Bei allen Captains und Commander SISKO (der erst später zum Captain wird) gibt es eine übergreifende Vision, ein klares Profil, etwas, für das sie stehen und was die Mannschaft überzeugt, ihnen zu folgen. Die Stärke im Hinblick auf die Bereitschaft, ihnen zu folgen, resultiert gerade aus der Einfachheit, Klarheit und unmittelbaren Nachvollziehbarkeit dessen, wofür die Führungskraft steht und kann wie folgt skizziert werden:

- Wir folgen Captain KIRK, weil wir dabei sein wollen auf der ersten Fünfjahresmission auf dem Flagschiff der STERNENFLOTTE, verbunden mit guter Stimmung und regelmäßigen Adrenalinkicks.

---

[239] Vgl. Enterprise (2003): Horizon, 2. Staffel, Zeit 17:03. Siehe auch Enterprise (2003): Impulsiv, 3. Staffel, Zeit 02:40

[240] Discovery (2018): Auftakt zur Vergangenheit, 1. Staffel, Zeit 23:28

[241] Vgl. Bruch, Heike/Vogel, Bernd (2009): Organisationale Energie – Wie Sie das Potenzial Ihres Unternehmens ausschöpfen, 2. Auflage, Wiesbaden, S. 125 ff

- Wir folgen Captain PIKE, weil er ein echtes Interesse an seinen Mitarbeitern hat, vorbildlich die Ideale der STERNENFLOTTE in seinem täglichen Handeln vorlebt und konsequent auch in den größten Krisen Führungsstärke zeigt.- und dabei seinen Humor nicht verliert.

- Wir folgen Captain PICARD, weil wir mit ihm auf dem Flagschiff immer die anspruchsvollsten und spannendsten Situationen gestalten können und wir von ihm vorbildlich lernen können, was eine souveräne erfahrene Führungskraft ausmacht.

- Wir folgen Captain ARCHER, weil wir ein starkes Team sind, mit ihm zusammen Pioniergeschichte schreiben und die Erde vor der Zerstörung der XINDI retten wollen.

- Wir folgen Captain JANEWAY, weil wir das Vertrauen haben, dass sie uns sicher zurück zur Erde bringt und wir auf der Reise trotz allem eine gute gemeinsame Zeit haben werden.

- Wir folgen Commander/Captain SISKO, weil er der Einzige ist, der auf DEEP SPACE NINE alle Parteien unter einen Hut bekommen kann und mit einzigartiger Ausdauer für die Sicherheit und Werte der FÖDERATION eintritt.

Die Captains stellen in ihrer hervorgehobenen Position sicherlich die sichtbarsten Vorbilder für transformationale Führung dar. Dabei sollte aber nicht vergessen werden, dass **Führungskräfte auch lateral oder nach oben inspirieren können**. Das macht das Team in der Gesamtheit noch spürbar stärker. Ein Beispiel dafür stellt Kadett TILLY dar, die ihren Vorgesetzten, Chefingenieur STAMETS inspiriert, eine Lösung zu finden, wieder in das ursprüngliche Universum zu gelangen.[242] Auch MICHAEL BURNHAM, formal ohne Rang, inspiriert ihre Vorgesetzten dazu, andere Alternativen zur Beendigung des Krieges gegen die KLINGONEN zu erwägen und ihr dabei zu folgen, statt den Heimatplaneten der KLINGONEN mit einer Wasserstoffbombe zu zerstören.[243]

4.5.8 Quellen der Gefolgschaft 8: Insgesamt betrachtet wird Gefolgschaft durch die Erfüllung individueller Bedürfnisse und Interessen erreicht

Zusammenfassend lässt sich auch formulieren, dass die Gefolgschaft für den Geführten einen subjektiven Nutzen haben muss und die jeweiligen Kernbedürfnisse befriedigen sollte. Das gilt sowohl für die direkt unterstellten Mitarbeiter als auch für Kollegen und den eigenen Vorgesetzten. Es lohnt sich im Sinne der **Anreiz-Beitrags-Theorie** von CHESTER BARNARD immer dann für einen Mitarbeiter, dabei zu bleiben und mitzumachen, wenn das, was er an materiellen und immateriellen Anreizen vom Unternehmen, hier auch insbesondere von der Führungskraft,

---

[242] Vgl. Discovery (2018): Auftakt zur Vergangenheit, 1. Staffel, Zeit 27:27
[243] Vgl. Discovery (2018): Nimm meine Hand, 1. Staffel, Zeit

bekommt, mindestens genauso viel wert ist, wie das, was er in das Unternehmen einbringt (z.B. Leistung, Arbeitszeit, Risikobereitschaft).[244]

Ein bekannter Ansatz, um die Bedürfnisse von Menschen zu kategorisieren ist die „Theorie der menschlichen Motivation" von ABRAHAM MASLOW, besser bekannt als Bedürfnispyramide. Maslow unterscheidet folgende Bedürfnistypen, die insofern hierarchisch geordnet sind, als dass typischerweise zunächst die vorherigen Bedürfnisse in ausreichender Weise erfüllt sein müssen, bevor die „höheren" Bedürfnisse relevant werden:

1. **Physiologische** Bedürfnisse, wie zum Beispiel Essen, Trinken, Schlafen, Sexualität;

2. **Sicherheits**bedürfnisse, wie zum Beispiel körperliche Unversehrtheit, Stabilität, Angstfreiheit, Grenzen;

3. Bedürfnisse nach **Zugehörigkeit und Liebe**, wie zum Beispiel nach sozialen Beziehungen, Nähe, Intimität;

4. Bedürfnisse nach **Achtung**, wie zum Beispiel Wertschätzung, Respekt, Status, Aufmerksamkeit;

5. Bedürfnisse nach **Selbstverwirklichung**, wie zum Beispiel Forschen, Erfinden, Musik, Malen.[245]

Ordnet man gedanklich das beobachtbare Führungsverhalten der STERNEN-FLOTTENOFFIZIERE diesen fünf Bedürfnistypen zu und nimmt man das Ausmaß an Motivation und Bereitschaft ihren Captains zu folgen als Maßstab, so spricht vieles dafür, dass die Führungskräfte bei ihren Mitarbeitern situativ die richtigen Führungshebel anwenden.

Der Ansatz von MASLOW ist zum einen deshalb wichtig, weil er deutlich macht, dass es für die Führungskraft darauf ankommt, situativ und personenbezogen den entsprechenden Nutzen bzw. die Bedürfnisbefriedigung für den Mitarbeiter herzustellen. Das Versprechen auf Selbstverwirklichung wird den durchschnittlichen Mitarbeiter kaum motivieren, der Führungskraft zu folgen, wenn es auf der Mission nicht genug zu essen und trinken gibt oder man der Führungskraft nicht zutraut, für die persönliche Sicherheit zu sorgen.

Der Ansatz von MASLOW ist zum anderen auch deshalb wichtig, weil er den Blick weitet auf die Ansatzpunkte für eine Führungskraft, um nicht nur reine Pflichterfüllung von den Mitarbeitern zu erreichen, sondern eine **intrinsische Motivation und Freiwilligkeit** in der Gefolgschaft.

---

[244] Vgl. Barnard, Chester I. (2002): The Functions of the Executive, 39. Auflage, Cambridge Massachusetts, S. 139 ff

[245] Vgl. Maslow, Abraham H. (2010): Motivation und Persönlichkeit, 12. Auflage, Hamburg, S. 62 ff

Da die individuellen Bedürfnisse und Interessen von entscheidender Bedeutung sind, ist es empfehlenswert bei der Kommunikation von Aufgaben, Entscheidungen oder Befehlen eine **adressatengerechte Nutzenargumentation** zu verwenden. Grundlage hierfür bildet die Analyse der jeweiligen Bedürfnisse, Ängste und Interessen derjenigen, die das gewünschte Verhalten umsetzen sollen. Das empathische Hereinversetzen in die Perspektive des anderen ist auch deshalb hilfreich, da so mögliche Einwände frühzeitig erkannt und im Sinne einer **proaktiven Einwandbehandlung** mit in die Kommunikation aufgenommen werden können. Um die eigene Glaubwürdigkeit und Authentizität nicht zu gefährden sollte die adressatengerechte Kommunikation aber nicht dazu führen, dass jedem „nach dem Mund" geredet wird und so in der Gesamtheit widersprüchliche Aussagen getätigt werden.

Abschließend soll an dieser Stelle auf eine mögliche Quelle der Gefolgschaft hingewiesen werden, die zu Beginn des 21. Jahrhunderts (noch) eine zentrale Rolle spielen, um Mitarbeiter dazu zu bringen, ihre Arbeit gut zu machen. Es handelt sich um eine Quelle der Gefolgschaft, die bemerkenswerterweise in der **Sternenflotte** keine Rolle mehr spielt. Gemeint sind **monetäre Anreizsysteme**, die, in einer Kombination aus fixen und variablen Bestandteilen, die Mitarbeiter motivieren sollen. Offensichtlich braucht es diese nicht. Im Film „Der erste Kontakt" formuliert es Captain PICARD gegenüber LILLY, die aus der Mitte des 21. Jahrhunderts stammt, wie folgt.

> *Picard: „Die Wirtschaft der Zukunft funktioniert ein bisschen anders. Sehen Sie, im 24. Jahrhundert gibt es kein Geld."*
>
> *Lilly: „Es gibt kein Geld? Wollen Sie damit sagen, Sie werden nicht bezahlt?"*
>
> *Picard: „Der Erwerb von Reichtum ist nicht mehr die treibende Kraft in unserem Leben. Wir arbeiten, um uns selbst zu verbessern und den Rest der Menschheit."*[246]

Natürlich handelt es sich hierbei um eine etwas idealisierte Darstellung. Es gibt auch in der Zukunft Zahlungsmittel, da sie den unkomplizierten Warentausch ermöglichen, wie zum Beispiel GOLDGEPRESSTES LATINUM, das die FERENGI über alles lieben. Und es gilt im besten Fall auch nur für die STERNENFLOTTE. PICARD selbst bezahlt RIOS, der nach eigenen Angaben „ziemlich teuer" ist dafür, dass er ihn als Pilot mit seinem Schiff unterstützt.[247] Es gibt also auch in der Zukunft knappe Güter, Handel und Leistung gegen Gegenleistung. Trotzdem kann der Blick in die Zukunft eine Anregung sein, weniger die materiellen Anreize in den Vordergrund zu stellen und sich **mehr auf die eigentlichen „treibenden Kräfte" im Leben der Mitarbeiter und die Arbeitsinhalte zu konzentrieren**. Voraussetzung dafür ist allerdings, dass die grundsätzlichen Bedürfnisse, die typischerweise mit Geld befriedigt werden, im Rahmen einer Grundversorgung bedient werden.

---

[246] Spielfilm Star Trek VIII (1996): Der erste Kontakt, Zeit 48:06
[247] Vgl. Picard (2020: Das Ende ist der Anfang, 1. Staffel, Zeit 38:30

5 Mission 3: Teambuilding
Größere Schlagkraft erreicht eine Führungskraft nur durch ein schlagkräftiges Team – Es reicht nicht aus, nur den einzelnen Mitarbeiter zu führen

In einem schlagkräftigen Team ergänzen sich die unterschiedlichen Fähigkeiten zu mehr als der Summe der Einzelteile. Aufgabe einer Führungskraft ist es hierbei, im Hinblick auf die anstehenden inhaltlichen Aufgaben, das „richtige" Team zusammenzustellen, neue Mitarbeiter zu integrieren, ein produktives Arbeitsklima und **Commitment** der Mitarbeiter zu schaffen. Das Management der Vielzahl der unterschiedlichen Erwartungen und persönlichen Besonderheiten der Mitarbeiter stellt dabei eine Kernherausforderung für die Führungskräfte dar. Die Captains der STERNENFLOTTE sind Meister des Teambuildings und jeder schafft, abgestimmt auf die jeweiligen Rahmenbedingungen ein schlagkräftiges Team. So integriert beispielsweise JANEWAY im DELTA-QUADRANTEN erfolgreich den bisherigen Gegner, die MAQUIS-Besatzung und SISKO schafft es, aus der STERNENFLOTTENCREW, BAJORANER und Einzelpersonen (z.B. QUARK, GARAK) ein leistungsfähiges Team zusammenzustellen und situativ weiterzuentwickeln.

Kernfragen, die auf dieser Mission beantwortet werden:

- Was macht ein schlagkräftiges Team aus? Wie wird erfolgreich in unterschiedlichen Teamphasen geführt?

- Worauf ist bei Zusammenstellung und Einsatz eines schlagkräftigen Teams zu achten? Wie können erfolgreich neue Mitarbeiter in das Team integriert werden?

- Wie erreicht eine Führungskraft dauerhaft ein produktives Arbeitsklima und Gefolgschaft für die eigene Person und die eigenen Ziele? Wie werden erfolgreich Teamkonflikte gemanagt?

5.1 Jedes Team durchläuft aufeinander aufbauende Teamphasen, die passende Führungsimpulse erfordern

Ein schlagkräftiges **Team ist mehr als die Summe der Einzelpersonen**. In einem Team, definiert als eine Gruppe mit einer gemeinsamen Aufgabe, entsteht aus dem Zusammenspiel der Persönlichkeiten, Erfahrungen und Kompetenzen eine Einheit, die größere, komplexere und dynamischere Probleme lösen kann.

Gerade aus Effektivitäts- und Effizienzüberlegungen kann es sich zum Beispiel die ENTERPRISE als Flagschiff der STERNENFLOTTE nicht leisten, auf die spezifischen Fähigkeiten, wie z.B. den überragenden logisch-analytischen Verstand des VULKANIERS SPOCK oder die empathischen und telepathischen Fähigkeiten der BETAZOIDIN Counselor DEANNA TROI, zu verzichten. Gerade in der Kombination verschiedener Fähigkeiten resultiert die besondere Stärke der STERNENFLOTTE. So kann Captain KIRK dank seiner beiden Berater und Freunde, dem logischen SPOCK auf der einen und dem menschlichen-gefühlsbetonten „PILLE" MCCOY auf der anderen Seite, die besten Entscheidungen treffen.

Aus diesem Grund werden in der Regel bei der STERNENFLOTTE Teams auf Außenmissionen geschickt und die unterschiedlichen Anforderungen an Kompetenzen finden sich in der grundsätzlichen Spezialisierung der Raumschiffbesatzung (Ingenieure, Wissenschaftsoffiziere, Mediziner) wieder.

Ein funktionierendes Team fällt nicht vom Himmel, sondern muss geformt, gepflegt und kontinuierlich weiterentwickelt werden. Sich um das Teambuilding zu kümmern ist eine wichtige und **tägliche Aufgabe** einer Führungskraft. Wenn das nicht geschieht, schwindet die Moral und damit letztlich die Leistungsfähigkeit einer Organisation.

Allen erfolgreichen Teams ist gemeinsam, dass sie bestimmte Teamphasen durchlaufen, die es aktiv zu managen gilt: 1) Forming, 2) Storming, 3) Norming, 4) Performing und 5) Adjourning.[248] Das Modell stammt von BRUCE TUCKMAN, der es für die US NAVY (einem Vorläufer der STERNENFLOTTE) entwickelt hat. Wie in der folgenden Abbildung dargestellt, hängt die Teamleistung, unter sonst gleichen Bedingungen, davon ab, in welcher Entwicklungsphase sich das Team befindet.

Abbildung 18: Teamphasen, Teamleistung und Führungsaufgaben[249]

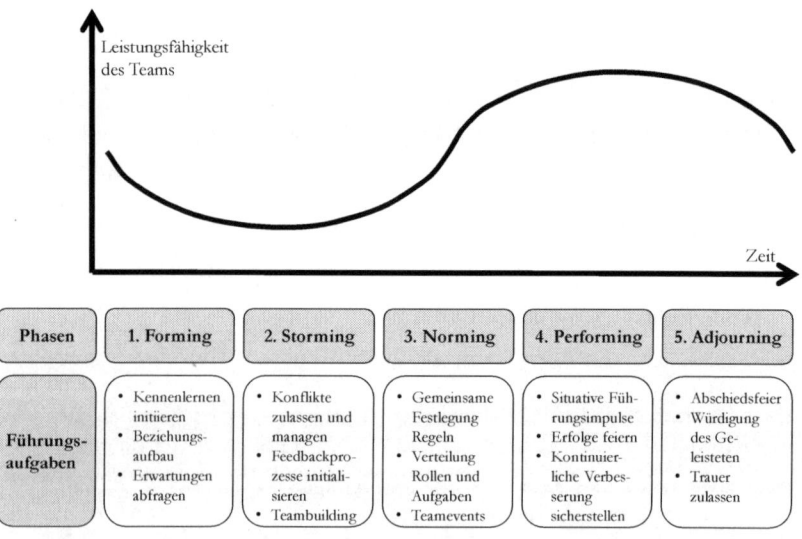

---

[248] Vgl. Tuckman, Bruce W. (2001): Developmental Sequence in Small Groups; in: Group Facilitation: A Research and Applications Journal - Number 3, S. 66-81
[249] Quelle: Eigene Erstellung

Je nach Aufgabe und Konstellation durchläuft das Team bzw. durchlaufen einzelne Teammitglieder die Phasen mehrfach und können sich durchaus in verschiedenen Phasen befinden. Dabei handelt es sich nicht um einen Automatismus, von einer Phase in die nächste zu wechseln. Wenn es der Führungskraft und dem Team beispielsweise nicht gelingt, in der Norming-Phase erfolgreich Regeln der Zusammenarbeit zu vereinbaren, dann wird nicht das volle Leistungspotenzial der Performing-Phase erreicht werden. Und nicht immer wird auch tatsächlich die Performing-Phase erreicht, z.B. dann nicht, wenn sich ein Team dauerhaft in Grabenkämpfen verstrickt. Wichtig hierbei ist auch, dass nicht einfach einzelne Phasen übersprungen werden können, also zum Beispiel ein Team von der Forming-Phase direkt in die Performing-Phase springen kann.

Die konkreten Herausforderungen und die Dauer der Phasen können dabei durchaus unterschiedlich sein, abhängig von den Teammitgliedern, den Aufgaben und der Umwelt und sie werden auch abhängig von der Persönlichkeit der Führungskraft unterschiedlich gelöst.

5.1.1 Zentrale Führungsaufgaben in der Forming-Phase bestehen in der Zusammenstellung der richtigen Teammitglieder und der Förderung des gegenseitigen Kennenlernens

Die Forming-Phase ist gekennzeichnet durch erstes Kennenlernen, wechselseitiges (vorsichtiges) Abtasten hinsichtlich der Zusammenarbeit, der Aufgabe und der jeweiligen Rollen und Positionen.

Bereits in der Zusammenstellung der Teammitglieder wird das Fundament für die spätere Schlagkraft des Teams gelegt. Den Captains der STERNENFLOTTE ist das sehr bewusst und daher ist die Teamzusammenstellung entsprechend wichtig und Chefsache. Allerdings ist auch dies nicht nur Aufgabe der obersten Chefs, auf die anderen Teammitglieder zuzugehen und aktiv das Team zu formen. Ein gutes Beispiel mit hoher Symbolkraft findet sich in der Folge „Die Xindi", in der sich HOSHI zu den MACOs setzt, die neu an Bord sind und als Gruppe allein sitzen.[250] Sie öffnet sich und damit das bestehende Team und geht auf die Neuen zu – das kann jeder tun. Ähnlich machen es BURNHAM und TILLY, die an den Tisch von TYLER gehen, der kurz zuvor an Bord gekommen ist und der dort alleine sitzt.[251] Daran lassen sich Führungsqualität und Integrationswillen erkennen. Und vielleicht noch wichtiger ist die spätere Situation, in der TYLER wieder alleine in der Kantine sitzt. TYLER, der von den KLINGONEN in einer schmerzhaften Operation mit der DNA und den Erinnerungen des KLINGONEN VOQ „verschmolzen" wurde, hatte, als VOQ sein Bewusstsein übernommen hat, Dr. CULBER getötet. Daher wird er nach seiner Rückkehr an Bord zunächst von seiner Crew gemieden und angefeindet. Bzw. niemand wusste so richtig, wie man sich ihm gegenüber verhalten sollte. Ist

---

[250] Vgl. Enterprise (2003): Die Xindi, 3. Staffel, Zeit 5:38
[251] Vgl. Discovery (2017): Lethe, 1. Staffel, Zeit 09:50

TYLER ein Mörder oder sitzt da ein Unschuldiger, der für seine Tat nicht verantwortlich war? Hier macht wieder TILLY den **mutigen ersten Schritt** und setzt sich zu ihm und gibt damit ein Signal. Kurz darauf setzen sich DETMER und andere auch zu den beiden.[252]

Noch besser und einfacher ist es allerdings, wenn sich die Teammitglieder vor Start ihrer Mission oder Aufgabe bereits kennen, gemeinsame Vorerfahrungen und wechselseitiges Vertrauen bestehen. Das ist der Fall bei Captain KIRK, dessen Führungsteam sich im Wesentlichen aus Personen zusammensetzt, die bereits gemeinsame Zeit auf der Akademie verbracht haben.[253] In diesem „Übungsraum" wurden erstes Storming und Norming schon erfolgreich bewältigt, sodass das Team beim Start der Mission zur Bekämpfung von HARRISON/KHAN von der Forming-Phase sehr schnell das Storming und Norming durchlaufen konnte und als eingespieltes und schlagkräftiges Team agieren konnte.[254] Das ist auch der Grund für die hohe Antrittsschnelligkeit des KIRK-Teams, wenn auf späteren Missionen nach längerer Pause der Zusammenarbeit das Team wieder schnell zusammenfindet. Zum Beispiel nachdem KIRK als Admiral 2,5 Jahre in der Einsatzplanung gearbeitet hat.[255] Oder im Film „Das unentdeckte Land" in dem die alte Mannschaft wieder zusammenkommt, nachdem SULU Captain der EXCELSIOR war und SPOCK als Sonderbotschafter der FÖDERATION arbeitete.[256]

Aber nicht immer ist eine Führungskraft frei in ihrer Personalauswahl. Sie muss dann versuchen, ein Team aus Personen zu formen, die **nicht ihre erste Wahl** sind und die gegebenenfalls sogar sehr kritisch gesehen werden. So benötigt zum Beispiel Captain ARCHER militärische Unterstützung und steht vor der Herausforderung, die MACOs ist sein Team auf der ENTERPRISE zu integrieren. Möglicherweise hat er aber die Bedeutung der Forming-Phase unterschätzt, da es zumindest keine Szenen gibt, in denen das erste Zusammentreffen aktiv gemanagt wird, wechselseitige Erwartungen abgefragt und geklärt werden oder erste Regeln im Umgang miteinander vereinbart werden. Umso heftiger ist die spätere Storming-Phase.

Auch Captain JANEWAY muss im DELTA-QUADRANTEN aus den feindlichen Teams der STERNENFLOTTE und des MAQUIS ein gemeinsames Team schaffen, da nur so eine Rückkehr nach Hause möglich ist. Ein wesentlicher Erfolgsfaktor ist, dass sie CHAKOTAY in der Folge „Der Fürsorger" zu ihrem ersten Offizier macht und sehr frühzeitig ein enges **Führungstandem** mit ihm bildet und ihn als (fast) gleichberechtigten Führungsoffizier akzeptiert. Damit gibt sie auch der eigenen und der Mannschaft des MAQUIS die Richtung der zukünftigen Zusammenarbeit vor.[257]

---

[252] Vgl. Discovery (2018): Flucht nach vorn, 1. Staffel, Zeit 36:14
[253] Vgl. Spielfilm Star Trek XI (2009): Star Trek
[254] Vgl. Spielfilm Star Trek XIII (2013): Into Darkness
[255] Vgl. Spielfilm Star Trek (1979): Der Film, Zeit 14:45
[256] Vgl. Spielfilm (1991): Das unentdeckte Land, Zeit 07:00
[257] Vgl. Voyager (1995): Der Fürsorger, 1. Staffel, Zeit 1:22:58

Noch schwieriger ist die Situation für Commander SISKO auf DEEP SPACE NINE, dessen Führungsteam sich nur zum geringen Teil aus Mitgliedern der STERNENFLOTTE zusammensetzt und der immer wieder auf die Mitarbeit von so umstrittenen Personen wie GARAK oder QUARK angewiesen ist. Er kann sich nicht blind auf ein offenes Spiel und volle Loyalität verlassen. Der Beziehungsaufbau erfolgt hier in vielen persönlichen und informellen Gesprächen und gemeinsamen Aktivitäten, auch neben den beruflichen Aufgaben. Der Anfang des Aufbaus seines Teams ist durchaus anspruchsvoll, wie die folgenden Beispiele zeigen.

Als SISKO in der Folge „Der Abgesandte" mit MILES O'BRIAN auf die Station kommt, nachdem die CARDASSIANER sie verlassen hatten, ist sie halb zerstört. Es liegen Trümmer umher, die Nahrungsmittelreplikatoren funktionieren nicht mehr und die verbleibenden Zivilisten und Gewerbetreibenden wollen DEEP SPACE NINE verlassen. Erst hier lernt er Major KIRA kennen, die SISKO von den BAJORANERN als Attaché und auf seinen Wunsch als erster Offizier zugewiesen wurde. Ihre Grundhaltung, mit der sie Teil des Führungsteams von SISKO wird ist, dass die Föderation nicht das Recht hat, sich „hier" einzumischen.[258]

Und der FERENGI QUARK will eigentlich die Station verlassen, aber SISKO schließt mit ihm einen Deal, nachdem er dessen Neffen NOG bei einem Einbruch erwischt hatte. NOG muss nicht für Jahre in ein BAJORANISCHES Gefängnis, dafür bleibt QUARK und betreibt seine Bar weiter und verhindert so, dass das Promenadendeck zu einer „Geisterstadt" wird.[259]

Eine besondere Forming-Situation ist es, wenn nur an der Spitze eine neue Person ins Team kommt, die übrigen Teammitglieder aber gleichbleiben, wie im Fall von Captain PIKE, der in der Folge „Bruder" überraschend an Bord beamt und das Kommando über die DISCOVERY übernimmt.

> *Pike: "Es ist mir etwas unangenehm, aber da, wo ich herkomme, sagt man, wenn das Wasser kalt ist, springe einfach hinein. Ich übernehme das Kommando über die Discovery, nach Sternenflottenvorschrift 19, Absatz C."*
>
> *Saru: „Darüber hat uns die Sternenflotte nicht informiert."*
>
> *Pike: „Weil ich darum gebeten habe. Ich wollte es selbst tun, aus Respekt, was Sie und Ihre Crew durchgemacht haben."*[260]

Es war von PIKE beabsichtigt, dass das Team sich darauf nicht vorbereiten konnte. Sicherlich, wie er sagt, aus Respekt, aber sicherlich auch, um **direkt als Führungskraft präsent** zu sein und möglichen Vorbehalten und Spekulationen direkt begegnen zu können. PIKE macht direkt mit seinen ersten Worten klar, dass er das Kommando hat. Ihm ist bewusst, dass es aufgrund seines Erscheinens mit dem

---

[258] Vgl. Deep Space Nine (1993): Der Abgesandte, 1. Staffel, Zeit 07:55

[259] Vgl. Deep Space Nine (1993): Der Abgesandte, 1. Staffel, Zeit 18:19

[260] Discovery (2019): Bruder, 2. Staffel, Zeit 01:15

Führungsteam und insbesondere mit Commander SARU, der bis zu diesem Zeitpunkt das Kommando innehatte und abgeben muss, Konflikte geben könnte. Zumal zunächst nicht klar ist, für wie lange PIKE die DISCOVERY führen soll, da die ENTERPRISE in Reparatur ist. Daher sucht er direkt das Gespräch mit SARU, wie aus folgendem Dialog mit BURNHAM hervorgeht.

> Burnham: „Weiß es Commander Saru schon?" [Anm.: Die Enterprise ist so stark beschädigt, dass sie bis auf weiteres nicht einsatzfähig ist.]
>
> Pike: „Ja. Wir gehen das ganz erwachsen, wie bei einem gemeinsamen Sorgerecht an. Er ist ein schlauer Kopf. Und da der Discovery anvertraut ist, die Quelle und Absicht dieser Signale zu untersuchen, kann ich jeden schlauen Kopf gebrauchen.[261]

Offensichtlich findet er den passenden und wertschätzenden Ton mit SARU, sodass es nicht zu einem Kompetenzgerangel zwischen beiden im weiteren Verlauf kommt.

PIKE ist wichtig, die Brückencrew schnell kennenzulernen und fragt nach ihren Namen, wobei er betont, dass die Information, welchen Rang sie innehaben nicht notwendig ist. Damit gibt ein Signal, dass es ihm **um den Menschen und nicht die Hierarchiestufe** geht.[262] Er macht so gleich zu Anfang insgesamt dem Team gegenüber sehr authentisch seinen Führungsstil und seine Erwartungen deutlich, was die Forming-Phase beschleunigt. Als PIKE das havarierte STERNEN-FLOTTENSCHIFF auf dem Asteroiden retten will, rät SARU ab wegen geringer Erfolgschancen und des Risikos, die Crew zu gefährden

> Pike: „Aber falls dort jemand ist, bleiben uns nur noch fünf Stunden, um sie zu retten."
>
> Burnham: „Auf einem schnell fliegenden Asteroiden zu landen ist bei lückenhafter Telemetrie und ohne die Möglichkeit … "
>
> Pike laut: „Ich weiß um die Gefahren, Commander. Ich habe den Krieg nicht verpasst, um jetzt den Schwanz einzuziehen. Hören Sie, ich habe nichts gegen andere Meinungen, aber Sie müssen mir schon eine Lösung anbieten. "
>
> Burnham: „Ja, ich habe auch eine, und die biete ich ihnen gerne an, aber lassen Sie mich eines klarstellen. Keine Person auf dieser Brücke würde einen Sternenflottenkameraden im Stich lassen, Sir. "
>
> Pike: „Das glaube ich Ihnen. Was haben Sie im Sinn?"[263]

Ein besonderer Fall ist auch, wenn ein **Team komplett neu** zusammenkommt und erst nach und nach immer größer wird, wie in der Serie „Picard". Die For-

[261] Discovery (2019): Bruder, 2. Staffel, Zeit 51:10
[262] Vgl. Discovery (2019): Bruder, 2. Staffel, Zeit 26:10
[263] Discovery (2019): Bruder, 2. Staffel, Zeit 29:40

ming-Phase dauert entsprechend länger. Sie kostet alle Beteiligte viel Kraft, ist aber wichtig, um sich am Ende als ein Team zu verstehen.[264]

5.1.2 Zentrale Führungsaufgaben in der Storming-Phase bestehen darin konstruktive Auseinandersetzungen zu fördern und Orientierung zu geben

Die Storming Phase ist die Teamphase, in der unterschiedliche Interessen und Konflikte bezüglich einzelner Rollen, Entscheidungsbefugnisse, Art der Zusammenarbeit etc. offen zu Tage treten. Der Fokus der Teammitglieder liegt eher darin, die eigenen Interessen durchzusetzen und weniger auf der Bearbeitung der Teamaufgabe. Die Teamleistung ist daher eher schwach.

Die Bandbreite an Storming-Verhalten zeigt sich anschaulich in der Anfangszeit der Zusammenarbeit von KIRK, SPOCK, MCCOY und SCOTT. Sie reicht von verbalen Auseinandersetzungen und Lästern über bewusstes Täuschen und Hintergehen bis zu Handgreiflichkeiten.[265]

Bei der erfolgreichen Bewältigung dieser Konflikte spielen die Präsenz und Gelassenheit der erfahrenen Führungskraft Captain PIKE (als Vorgesetzter von KIRK) eine wichtige Rolle. Er lässt die Konflikte zu, sieht sie als wichtig und zugehörig an, gibt aber begleitende Führungsimpulse. Klar und konsequent, ohne zu eskalieren, schlichtet er Auseinandersetzungen und ordnet im Zwiegespräch das gezeigte Verhalten ein.[266]

Wenn zwei Teams beim Storming gegeneinanderstehen, dann zeigt sich der Konflikt häufig in den Auseinandersetzungen von zwei Führungskräften, die diesen **stellvertretend** austragen. Exemplarisch lässt sich das beobachten an der Konstellation Lieutenant REED und Major HAYES an Bord der ENTERPRISE: Beide beanspruchen Entscheidungsgewalt und Einfluss im Bereich der Sicherheit auf der ENTERPRISE und es kommt zu Revierkämpfen und Kompetenzgerangel, zum Beispiel im Rahmen des Schießtrainings auf dem Hangardeck. Zunächst startet Reed mit Stufe zwei und er schießt auf Bälle, die schnell in der Luft hin- und herfliegen. Er trifft vier Ziele in zehn Sekunden und Major HAYES empfiehlt ihm herablassend-arrogant weiteres Schießtraining. Dann trifft Major HAYES in Stufe vier neun Mal. REEDS Gesichtsausdruck zeigt Ärger und Demütigung.[267] Der darauffolgende Dialog in der Kantine zwischen ihm und TUCKER beschreibt seine Gefühlslage und

---

[264] Vgl. Picard (2020): 1. Staffel
[265] Vgl. Spielfilm Star Trek XII (2013): Into Darkness. Vgl. Spielfilm Star Trek XI (2009): Star Trek
[266] Vgl. Spielfilm Star Trek XII (2013): Into Darkness, Zeit 14:00 sowie Spielfilm Star Trek XI (2009): Star Trek, Zeit 47:50
[267] Vgl. Enterprise (2003): Die Xindi, 3.Staffel, Zeit 22:35; Enterprise (2004): Brutstätte, 3. Staffel, Zeit 09:50 sowie Enterprise (2004): Der Vorbote, 3. Staffel, Zeit 08:30

zeigt, dass sich der Machtkampf auch bereits auf seine Wahrnehmung und Interpretation ausgewirkt hat.

Tucker: „Dieses Schießtraining war gar nicht übel. Sah leichter aus als es tatsächlich war. "

Reed: „Was Du nicht sagst. "

Tucker: „Ach, komm schon. Deine Trefferquote ist doch immer besser geworden. "

Reed: „Erst als ich mir Hayes Kopf als Ziel vorgestellt hab. "

Tucker: „Ihr beide solltet einen Waffenstillstand schließen. "

Reed: „Oh nein, das ist ein Kampf auf Leben und Tod. "

Tucker: „Ich schätze, ich wäre an Deiner Stelle genauso verärgert. "

Reed: „Er ist entschlossen, die Sicherheit auf diesem Schiff zu übernehmen. "

Tucker: „Sag mal, glaubst Du das wirklich? "

Reed: „Alles was er tut, läuft darauf hinaus. "

Tucker: „Vielleicht will er aber auch nur, dass alle so gut wie möglich vorbereitet sind. Du musst zugeben, dieses Extratraining ist keine so üble Idee. "

Reed: „Lassen wir dieses Thema. "

Tucker: „Okay. "[268]

Captain ARCHER als höchster Führungskraft an Bord ist sich den besonderen Herausforderungen bewusst und legt diesbezüglich besondere Aufmerksamkeit darauf, als Führungskraft präsent zu sein, viel zu kommunizieren und insgesamt Orientierung zu geben. Er bezieht klare Positionen, was aber nicht bedeutet, dass er die Führungsoffiziere auf beiden Seiten aus der Verantwortung lässt. So hält er vielmehr sowohl REED als auch HAYES in der Folge „Der Vorbote" einerseits eine deutliche Strafpredigt, nachdem es zu einem offenen Kampf zwischen beiden gekommen ist. Andererseits erhalten beide den Befehl, ihr Problem sofort untereinander zu regeln.[269] Das Teambuilding ist eine gemeinsame Sache von allen.

Selbst wenn die Storming-Phase bereits erfolgreich durchlaufen wurde, kann es immer wieder zu **Rückfällen** in diese Phase kommen. Genauso können sich Konflikte an einzelnen Themen neu entzünden. So flammt zum Beispiel der bereits aus der früheren gemeinsamen MAQUIS-Zeit bestehende Konflikt zwischen CHAKOTAY und PARIS immer wieder auf und es kommt zu heftigen Konfliktgesprächen und sogar Handgreiflichkeiten. In der Folge „Lebensanzeichen" sucht CHAKOTAY als verantwortliche Führungskraft das Gespräch mit PARIS in der Kantine. Anders als viele andere Führungskräfte, die die Mitarbeiter, auch im Sinne einer Machtde-

---

[268] Enterprise (2004): Der Vorbote, 3. Staffel, Zeit 23:35
[269] Vgl. Enterprise (2004): Der Vorbote, 3. Staffel, Zeit 38:20

monstration, zu sich in ihr Zimmer bestellen. Zuvor war PARIS durch unprofessionelles Verhalten, wie Unpünktlichkeit, auffällig geworden.

Chakotay: „Darf ich hier Platz nehmen?"

Er setzt sich erst, als PARIS ihn mit einer Geste dazu einlädt.

Chakotay: „Wie geht's Ihnen, Tom?"

Paris: „Wie bitte?"

Chakotay: „Wie es Ihnen geht fragte ich. Bedrückt Sie etwas?"

Paris: „Nichts für ungut, Commander, aber seit wann interessieren Sie sich für meine Gefühle?"

Chakotay: „Sie sind ziemlich launisch und vernachlässigen Ihre Pflicht. Ich habe den Eindruck, dass Sie Ihre Arbeit nicht sehr ernst zu nehmen scheinen. Wenn Sie Probleme haben, können wir doch darüber reden."

Paris: „Ja, ich habe ein Problem. Mein Problem sind Sie."

Chakotay: „Erläutern Sie das bitte."

Paris: „Sie behaupten, ich würde meinen Job nicht ernst nehmen. Aber die meiste Zeit lassen Sie mich meinen Job nicht machen.

Chakotay: „Wie soll ich denn das verstehen?"

Paris: „Dass Sie niemals meinem Urteil vertrauen. Sie unterdrücken jede Initiative. Wissen Sie noch letzte Woche. Ich schlug vor, durch diesen Emissionsnebel zu fliegen, um Zeit zu sparen. Aber was haben Sie gesagt? Oh nein, so wird das auf diesem Schiff nicht gehandhabt."

Chakotay: „Ich kann doch nicht immer mit Ihren Vorschlägen einverstanden sein. Und man muss Entscheidungen treffen als Vorgesetzter. Vielleicht werden Sie das eines Tages begreifen."

Paris: „Aber ein guter Vorgesetzter räumt seinen Leuten auch ein wenig Spielraum ein und lässt sie kreativ sein. Wir könnten das Schiff genauso gut auf Autopilot stellen, bei dem bisschen Freiheit, das ich habe."

Chakotay: „Hören Sie, Sie brauchen mir nicht zu erklären, wie ich meinen Job zu machen habe."

Paris: „Jaja, ich weiß, Sie legen nicht viel Wert auf meine Meinung. Reden Sie doch mal mit ein paar von diesen Leuten [Anm.: Er zeigt auf andere in der Kantine.]. Ich bin nämlich nicht der einzige an Bord, der ein Problem mit Ihnen hat. Also, wenn das alles ist, Sir, dann würde ich mich gerne entfernen."

Chakotay: „Sicher, Paris, entfernen Sie sich."[270]

---

[270] Voyager (1996): Lebensanzeichen, 2. Staffel, Zeit 20:15

Deutlich wird in dieser Szene, dass die beiden noch nicht als Team zusammengefunden haben. Die wechselseitigen Erwartungen sind noch nicht harmonisiert. Zugleich zeigt die Szene auch, wie sehr PARIS das Verhalten von CHAKOTAY als Zeichen fehlender Wertschätzung und fehlenden Vertrauens in seine Fähigkeiten interpretiert.

In einem gesamthaften Blick über die verschiedenen Storming-Situationen lässt sich festhalten, dass das Storming immer dann sehr intensiv ist, **wenn eine oder beide Seiten die eigene Position oder das Selbstverständnis in Frage gestellt sieht** bzw. sehen. Das ist zum Beispiel der Fall auf der VOYAGER als B'ELANNA den Posten des Chefingenieurs beansprucht und ihrem Konkurrenten Lieutenant CAREY gleich einen dreifachen Nasenbruch zufügt, worauf sie TUVOK vor Gericht stellen will. Das führt wiederum dazu, dass der Rest der MAQUIS-Mannschaft aus Unzufriedenheit und Ungerechtigkeitsgefühl heraus über eine Meuterei nachdenkt. Die angespannte Situation wird schließlich – zumindest temporär – durch CHAKOTAY aufgelöst, der dem Captain gegenüber B'ELANNA sogar als Chefingenieur vorschlägt. [271] Daran zeigt sich die **zentrale Bedeutung der übergeordneten Führungskräfte** in der Storming-Phase als Orientierungsgeber und Sparringspartner. Ohne diesen geschickten, teamorientierten Führungsschachzug, wäre die Situation wohl weiter eskaliert. [272]

Ein Negativbeispiel wie es nicht gemacht werden sollte, zeigt die THE NEXT GENERATION-Folge „Geheime Mission auf Celtris III – Teil 1". [273] Dort wird Captain PICARD vom Dienst „suspendiert" und mit einer Geheimmission betraut. Das Kommando übernimmt Captain EDWARD JELLICO, dessen stark autoritärer Führungsstil zu Spannungen mit der Mannschaft führt. Dabei ist es nicht nur die unangemessene Härte, sondern auch die fehlende Kenntnis über die Teamentwicklungsphasen bzw. die fehlende Bereitschaft, diese zu berücksichtigen und als ureigene Führungsaufgabe anzunehmen. Symptomatisch dafür ist, dass Captain JELLICO Counsellor TROI die Aufgabe überträgt, für die Moral zu sorgen, da er keine Zeit für Flitterwochen mit der Mannschaft hat. [274] Er verkennt dabei, dass ihm TROI sicherlich dabei helfen kann – die entscheidenden Handlungen müssten aber von ihm kommen.

Wenn es um die eigene Position und das Selbstverständnis geht, fallen selbst ältere und erfahrene Führungskräfte wieder ins Storming und verlieren ihre Gelassenheit, wie zum Beispiel Commander RIKER in der Folge „In den Händen der Borg", als

---

[271] Vgl. Voyager (1995): Die Parallaxe, 1. Staffel

[272] Vgl. auch das Verhalten von Admiral CORNWELL, der gemeinsamen Vorgesetzten von Captain PIKE (DISCOVERY) und Captain LELAND (SEKTION 31), bei deren Kompetenzgerangel; Discovery (2019): Alte Bekannte, 2. Staffel, Zeit 45:47

[273] Vgl. The Next Generation (1992): Geheime Mission auf Celtris III – Teil 1, 6. Staffel

[274] Vgl. The Next Generation (1992): Geheime Mission auf Celtris III – Teil 1, 6. Staffel, Zeit 13:40

ihm Lieutenant Commander SHELBY zur Seite gestellt wird, um gegen die BORG zu kämpfen. Sie erhebt Anspruch auf seine Position, für den Fall, dass RIKER das angebotene Kommando annehmen würde. Es kommt zu erheblichen Spannungen und Auseinandersetzungen.[275]

Auch bei KIRK kommt es immer dann zu Storming-Momenten, wenn er seine Rolle als Captain gefährdet sieht. Es geht ihm weniger um den Titel, denn dann müsste er als Admiral zufriedener sein. Ihm geht es um die Befehlsgewalt, die Freiheiten und den Adrenalinkick als Captain der ENTERPRISE. In vielen Szenen zeigt sich dieser dominierende Wunsch an der Fixierung auf den Stuhl des Captains. Für ihn ist das sein natürlicher Platz. Jeder, der ihn besetzt ist zu bekämpfen, selbst wenn er, wie im ersten STAR TREK-Film, 2,5 Jahre nicht mehr als Captain auf der Brücke war, sondern Admiral in der Einsatzplanung. Captain der ENTERPRISE war in der Zwischenzeit Captain DECKER.

Kirk zu Decker, nachdem er wieder auf die Enterprise gekommen ist: „Ich übernehme den Platz in der Mitte!"

Decker „Was tun Sie?"

Kirk: „Ich übernehme das Kommando der Enterprise. Sie bleiben als leitender Offizier an Bord unter vorübergehender Zurückstufung zum Commander."

Decker: „Sie übernehmen persönlich das Kommando?"

Kirk: „Ja"

Decker: „Darf ich fragen, wieso?"

*Kirk „Meine Erfahrung, ich habe schließlich fünf Jahre da draußen das Schiff befehligt."
… „Tut mir leid, Will"*

Decker: „Nein Admiral, es tut Ihnen nicht leid, nicht mal ein bisschen. Ich erinnere mich, als Sie mich für das Kommando empfohlen haben. Sie sagten mir, wie Sie mich beneiden und wie sehr Sie hoffen, irgendwann wieder Raumschiffkommandant zu werden. Nun Sir, jetzt ist es wohl soweit."[276]

Derartige Storming-Situationen ziehen sich durch die gesamte Mission. Für KIRK konkurriert DECKER mit ihm, was aus seiner Sicht unangemessen ist, da er klar der Chef ist. Eine tragfähige Beziehungsebene kann sich daraus nicht entwickeln. Auch wenn die Mission erfolgreich zu Ende gebracht wird, ist klar geworden, dass auf der ENTERPRISE kein Platz für beide, KIRK und DECKER, ist. Beide, und damit auch das gesamte Team der ENTERPRISE werden niemals eine Performing-Phase erreichen. Wenn eine Führungskraft feststellt, dass trotz ernsthaften Bemühens, kein Team entstehen kann, dann ist es besser, die Teamzusammenstellung neu zu gestalten. Im Film wird das Spannungsverhältnis dadurch aufgelöst, dass DECKER

---

[275] Vgl. The Next Generation (1990): In den Händen der Borg, 3. Staffel, Zeit 25:20
[276] Spielfilm Star Trek I (1979): Der Film, Zeit 22:50

die ENTERPRISE am Ende verlässt und vereinigt mit der ILIA-Sonde das Universum erkundet.[277]

Die Schwierigkeit für die Führungskraft besteht nun darin herauszufinden, ob es mit bestimmten Personen überhaupt (!) ein schlagkräftiges Team geben kann oder ob man niemals über die Forming- bzw. Storming-Phase hinauskommen wird. Dabei sollte nicht zu früh aufgegeben werden und eine realistische Erwartungshaltung eingenommen werden, nämlich, dass es bei jedem Team zunächst zu Storming-Situationen kommen wird und dass man sich als Führungskraft persönlich darum kümmern muss.

Zu neuen Storming-Situationen in bestehenden Teams kommt es auch immer dann, **wenn eine Person die eigene Rolle im Gesamtgefüge des Teams verändern will**. Das können sehr konfliktreiche Situationen sein, wie bei KIRK und DECKER, aber auch kleinere Situationen. Diese sollten allerdings aufmerksam von den Führungskräften beachtet werden, damit sich nicht daraus unbemerkt größere Konflikte ergeben oder wie im folgenden Fall des DOKTORS, sich Teammitglieder in intensive Tagträume flüchten und nicht mehr gedanklich voll präsent sind. So sieht sich der DOKTOR in der VOYAGER-Folge „Dame, Doktor, Ass, Spion" in seinen Tagträumen als Captain. Seine Rolle als Doktor lastet ihn offensichtlich nicht aus bzw. erfüllt ihn nicht. Er wünscht sich von Captain JANEWAY die Position des Kommandierenden Notfall-Hologramms, was sie ihm nicht gewähren kann. Dann versuchen Aliens die VOYAGER auszukundschaften und in ihre Gewalt zu bringen. Daraus ergibt sich für den DOKTOR im Rahmen eines Bluffs, tatsächlich zum Captain der VOYAGER zu werden und die Bedrohung abzuwehren. Nach erfolgreicher Mission erhält er von Captain JANEWAY eine Belobigungsmedaille der STERNENFLOTTE.[278] Sie geht also auf die Wünsche ihres Teammitglieds ein, ohne damit die Hierarchiestrukturen der VOYAGER zu verändern. Für den DOKTOR eine annehmbare Lösung. In der späteren Folge „Die Arbeiterschaft – Teil 1" erhält er erneut das Kommando als Kommandierendes Notfall-Hologramm.[279]

Durchaus nicht untypisch ist dadurch die Rollenzufriedenheit des DOKTORS nicht dauerhaft sichergestellt, sondern es kommt immer wieder zu Situationen, in denen er sich über seine Rolle als Doktor hinausentwickeln will. In der Folge „Der Virtuose" will er sogar seinen Dienst quittieren, um Opernsänger zu werden, da die QUOMAR ihn begeistert als großen Star verehren.[280] Als aber beim Abschiedskonzert auf der VOYAGER die QUOMAR eine technisch noch leistungsfähigere Holo-Matrix bejubeln, die höhere Töne als der DOKTOR trifft, stellt er fest, dass ihn seine Freunde auf der VOYAGER nicht nur als Sänger, sondern auch als Individuum wertschätzen. Er bleibt daher auf der VOYAGER. Durch den ganzheitlichen Blick auf

---

[277] Vgl. Spielfilm Star Trek I (1979): Der Film
[278] Vgl. Voyager (1999): Dame, Doktor, Ass, Spion, 6. Staffel
[279] Vgl. Voyager (2001): Die Arbeiterschaft – Teil 1, 7. Staffel
[280] Vgl. Voyager (2000): Der Virtuose, 6. Staffel, Zeit 24:30

das, was er an seinem Team und seiner Tätigkeit auf der VOYAGER hat, ergibt sich eine neue, positivere Bewertung. Man sollte sich daher nicht nur von einzelnen Argumenten, zum Beispiel einem höheren Gehalt oder einer höheren Position, einfach blenden lassen.

5.1.3 Zentrale Führungsaufgabe in der Norming-Phase ist die Festlegung akzeptierter und zielführender Regeln der Zusammenarbeit

Werden die Auseinandersetzungen in der Storming-Phase konstruktiv ausgetragen und genutzt, dann bilden sich bestimmte Regeln und Normen der Zusammenarbeit heraus. Die Positionen und Rollen klären sich und werden akzeptiert, sodass sich das Team stärker auf die Aufgabe konzentrieren kann. Die Teamleistung wird damit größer.

Wichtig ist, dass **offen über die Regeln diskutiert und reflektiert** wird.[281] Es ist nicht ausreichend, einfach zehn Regeln der Zusammenarbeit aufzuschreiben und zu verteilen. Vielmehr muss die Führungskraft mit dem Team die Diskussion suchen, sich erklären und da wo sinnvoll auch die Sichtweisen des Teams für sich übernehmen.

In der VOYAGER-Folge „Allianzen" will CHAKOTAY die Prinzipien der STERNENFLOTTE an die Situation im DELTA-QUADRANTEN anpassen und ein Abkommen mit den KAZON schließen.

> *Chakotay: „Bei allem Respekt, das mag daran liegen, dass ihre Phantasie von den Sternenflottenprotokollen eingeschränkt wird. Als Captain sind Sie dafür verantwortlich, Entscheidungen im Interesse ihrer Crew zu treffen. Ich glaube, Sie sollten sich mal fragen, ob Sie das auch tun."*[282]

Diese offene Äußerung trifft Captain JANEWAY offensichtlich und sie ist zunächst sprachlos. Sie wehrt sie aber nicht direkt ab, sondern geht zu TUVOK, ihrem zweiten Berater und Zuhörer. Eine zentrale Voraussetzung für eine solche Offenheit ist sicherlich, dass dieses Gespräch unter vier Augen im Turbolift stattgefunden hat, genauso wie die meisten anderen intensiven Diskussionen. Die Anwesenheit anderer, zum Beispiel auf der Brücke, wäre da kontraproduktiv.

Es wird darauf hin versucht, eine Allianz mit den KAZON einzuleiten, die aber letztlich nicht zustande kommt. Zum Schluss hält Captain JANEWAY die Bedeutung von Regeln in einer Ansprache fest. Für die Akzeptanz der Mannschaft macht es einen großen Unterschied, dass sie vorher den Vorschlägen CHAKOTAYS eine Chance gegeben hat.

> *Janeway: „Ich hoffe, dass dies für uns alle eine Lehre war. [...] Aber ich glaube, wir können aus den zurückliegenden Ereignissen etwas lernen. In einem Teil des Weltraums, in*

---

[281] Vgl. Voyager (1995): Die Parallaxe, 1. Staffel
[282] Voyager (1996): Allianzen, 2. Staffel, Zeit 5:40

dem es kaum Regeln gibt, ist es wichtiger als je zuvor, an unseren eigenen Regeln festzuhalten.[283]

Das erfolgreiche Norming findet seinen sichtbaren Ausdruck in der **formalen Rollenverteilung**. Jeder kennt und akzeptiert dann seinen Platz. Die Rangordnung wurde (neu) sortiert und die Revierkämpfe sind (zunächst) ausgetragen. Spannend ist insbesondere beim Zusammenkommen zweier gleichgroßer Teams, wer sich mit seinen Regeln durchsetzt und wer die größere Anpassungsleistung erbringen muss. An Bord der VOYAGER werden grundsätzlich die Föderationsregeln durchgesetzt, als das MAQUIS-Team aufgenommen wird, was immer wieder zu Spannungen geführt hat. Dabei macht auch „der Ton die Musik". Nachdem Commander TUVOK einen annehmbareren Ton und integrierenderen Ansatz findet, können sich beide Seiten auf ein Miteinander einigen.[284]

Bei Regeln und Normen geht es immer auch um das eigene Selbstverständnis und die eigene Wertigkeit. Daher ist es ein sehr richtiger Schritt von Captain JANEWAY, dass sie CHAKOTAY formal zum ersten Offizier macht, die jeweiligen Ränge der STERNENFLOTTE und der MAQUIS gleichgestellt werden sowie die Besetzung der Funktionen möglichst ausgeglichen erfolgt.[285] Würde es strukturell zu substanziellen Ungleichgewichten kommen, wären Konflikte vorprogrammiert, die eine spätere Performing-Phase verhindern würden. Neben den Konflikten würde zudem der Blick der Teams zu sehr auf die Vergangenheit gerichtet („früher war alles besser") und zu wenig auf die gemeinsame Zukunft.

In der Norming-Phase kann es auch vorkommen, dass die ursprünglichen Rangordnungen und Rollen neu geordnet werden, da sich im Praxistest gezeigt hat, dass eine andere Aufteilung sinnvoller ist. So bekommt im Spielfilm „Star Trek" zunächst SPOCK von Captain PIKE das Kommando und KIRK wird erster Offizier, was die logische Konsequenz der bisherigen Erfahrungen und Hierarchiestufen der beiden ist. Allerdings sieht sich KIRK bereits auf dem Stuhl des Captains und setzt sich sogar darauf, worauf ihm SPOCK befiehlt: „*Raus aus dem Stuhl!*"[286] In der Folge kommt es zu weiteren heftigen Diskussionen über die richtigen Entscheidungen und wer zu entscheiden hat. Letztlich setzt sich KIRK durch und wird Captain. SPOCK akzeptiert dies nicht nur, sondern er bewirbt sich sogar bei KIRK um die Position als erster Offizier, worüber sich dieser sehr freut und annimmt.[287]

Die neuen Regeln werden jetzt schrittweise immer weiter verinnerlicht und zeigen sich im Verhalten und Selbstverständnis der Teammitglieder. Zum Beispiel hat der THALAXIANER NEELIX, der neu an Bord der VOYAGER ist, die Werte der STERNENFLOTTE hinsichtlich Exploration bzw. Ignoranz gegenüber fremden Kul-

---

[283] Voyager (1996): Allianzen, 2. Staffel, Zeit 41:45
[284] Vgl. Voyager (1995): Erfahrungswerte, 1. Staffel
[285] Vgl. Voyager (1995): Der Fürsorger, 1. Staffel, Zeit 1:22:58
[286] Spielfilm Star Trek XI (2009): Star Trek, Zeit 1:06:25
[287] Vgl. Spielfilm Star Trek XI (2009): Star Trek, Zeit 1:52:20

turen schnell für sich angenommen und argumentiert SEVEN OF NINE gegenüber entsprechend. Das Norming oder anders formuliert die Sozialisation, war erfolgreich.[288] Damit wird aus Führungssicht etwas sehr Wichtiges erreicht, nämlich, dass sich die Teammitglieder eigenständig im Sinne des Teams und der gemeinsamen Ziele verhalten. Und zwar auch dann, wenn die Führungskraft nicht dabei ist.

5.1.4 Zentrale Führungsaufgaben in der Performing-Phase sind der Erhalt und der kontinuierliche Ausbau der Leistungsfähigkeit des Teams

In der Performing-Phase wird das volle Leistungspotenzial des Teams umgesetzt. Alle arbeiten auf ein gemeinsames Ziel hin, unterstützen sich wechselseitig und gehen mit neuen Herausforderungen oder potenziellen Streitpunkten konstruktiv und im Sinne der Sache um. Es herrscht ein Klima der Wertschätzung und Zugehörigkeit.

Da die Führungskräfte der STERNENFLOTTE die ersten Phasen in der Regel aktiv gemanagt haben, ist dies die am häufigsten beobachtbare Phase. In dieser Phase können sich die Führungskräfte etwas zurückziehen und die Führungsaufgaben dem erweiterten Führungsteam bzw. dem Team selbst übergeben, da das Team jetzt eigenständig funktioniert. Allerdings darf kein Führungsvakuum entstehen. Daher braucht es weiterhin klare Zielvorgaben und die Ansprechbarkeit der Führungskräfte, die zumindest so nah dranbleiben, dass sie bei Bedarf in Aktion treten können.

So schwierig die Anfangszeit der MACOS an Bord der ENTERPRISE auch war, beide Teams haben doch nach und nach zusammengefunden und bilden ein leistungsfähiges Team. Das äußert sich zum Beispiel in der Folge „Countdown" dadurch, dass, als REED nach dem Tod von Major HAYES drei Freiwillige für ein neues Team sucht, sich direkt alle MACOS melden.[289] Kurzzuvor reflektierten Lieutenant REED und Major HAYES noch gemeinsam über ihre Zusammenarbeit als sie über den Tod eines der MACO sprechen.

> *Hayes: „Als wir damals an Bord der Enterprise kamen, haben wir [Anm.: Die MACOS] uns irgendwie als Außenseiter gefühlt."*
>
> *Reed: „Ich entschuldige mich, falls ich dazu beigetragen habe.*
>
> *Hayes: „Was ich damit sagen will: Dieses Gefühl hat heute keiner mehr von uns. Wir gehören alle derselben Crew an, gleichgültig welche Uniform wir tragen."[290]*

Die Herausforderung besteht nun darin, diesen Hochleistungszustand dauerhaft zu erhalten bzw. immer wieder erneut herzustellen. Dafür braucht es eine entspre-

---

[288] Vgl. Voyager (1997): Gewalttätige Gedanken, 4. Staffel, Zeit 21:10
[289] Vgl. Enterprise (2004): Countdown, 3. Staffel, Zeit 36:15
[290] Enterprise (2004): Countdown, 3. Staffel, Zeit 22:00

chende Aufmerksamkeit für Teamprozesse und den Willen diese als Führungsaufgabe zu gestalten.

Hilfreich ist dafür weiterhin der geschlossene Auftritt als Führungsteam, um der Mannschaft regelmäßig zu zeigen, dass „oben" ein Team agiert, die Beziehungsebene stimmt, die Rollen akzeptiert sind und Einigkeit über die Ziele besteht. Beispielhaft wird das deutlich am gemeinsamen Auftreten von Captain JANEWAY und Commander CHAKOTAY in der VOYAGER-Folge „Das ungewisse Dunkel":

- **Ein Team**: Beide begutachten die zerstörte BORGKUGEL.

- **Klare Rangordnung**: CHAKOTAY geht und steht hinter JANEWAY.

- **Gute Beziehungsebene**: CHAKOTAY macht launige Kommentar, JANEWAY macht ironische Bemerkungen, rollt ihm gegenüber vertraulich mit den Augen.

- **Einigkeit über Ziele**: Entscheidung, die BORGKUGEL auszuschlachten und für die VOYAGER zu verwenden.[291]

Zur Aufrechterhaltung der Teamleistung und zur Revitalisierung gehört auch, nach besonderen Ereignissen innezuhalten und gemeinsame Erfolge zu feiern, wofür er unterschiedliche Formate gibt, wie die folgenden Beispiele zeigen:

- Auf der ganz großen Bühne: Zur Feier der Unterzeichnung der Charta der neugegründeten FÖDERATION in San Francisco.[292]

- Im kleinen Kreis: Nach erfolgreichem Abenteuer „Am Rande des Universums" sitzen KIRK, SPOCK und MCCOY zu dritt Kreis am Lagerfeuer und singen gemeinsam „Row, Row, Row Your Boat".[293]

- Zum nächsten Karriereschritt: Gemeinsame Feier der Besatzung der ENTERPRISE zur Beförderung von WORF zum Lieutenant Commander auf einem alten Navyschiff (namens ENTERPRISE) auf dem Holodeck.[294]

- Zur Feier eines privaten Lebensereignisses: Gemeinsame Feier der Besatzung der ENTERPRISE anlässlich der Hochzeit von DEANNA TROI und RIKER sowie dessen Beförderung zum Captain (der USS TITAN), mit Captain PICARD als Trauzeugen.[295]

---

[291] Vgl. Voyager (1999): Das ungewisse Dunkel, 5. Staffel, Zeit 6:30
[292] Vgl. Enterprise (2005): Dies sind die Abenteuer, 4. Staffel, Zeit 36:15
[293] Vgl. Spielfilm Star Trek V (1989): Am Rande des Universums, Zeit 1:37:00
[294] Vgl. Spielfilm Star Trek VII (1994): Treffen der Generationen, Zeit 19:00
[295] Vgl. Spielfilm Star Trek X (2002): Nemesis, Zeit 04:05

5.1.5 Zentrale Führungsaufgaben in der Adjourning-Phase sind der geordnete Rückbau des Teams und die Aufrechterhaltung der Moral des Teams

Die Adjourning-Phase ist die Phase der Auflösung des Teams oder der Verabschiedung einzelner Teammitglieder. Die Aufgabe ist erledigt bzw. eine schwierige Situation ist überstanden, das Team geht getrennte Wege. Gerade bei ausgeprägtem Zugehörigkeitsgefühl zum Team kann es da zu einem Gefühl der Leere, Nostalgie oder Trauer kommen. Da hilft es, bewusst einen Schlussstrich zu ziehen, das Vergangene loszulassen und den Blick wieder nach vorne zu richten.

Da die STERNENFLOTTENCREW immer wieder in wechselnden Teamkonstellationen (einzelne Außenmissionen oder längere Einsätze) zusammenarbeitet, ist diese Phase ein typischer Bestandteil des Teamalltags in der STERNENFLOTTE.

Dies ist auch die Phase, in der rückblickend die **Lessons Learned** analysiert werden sollten, um entsprechende Maßnahmen für künftige Zusammenarbeit abzuleiten. Ein eindrucksvolles Beispiel ist die Rede von Captain KIRK bei der abschließenden Trauerfeier im Spielfilm „Into Darkness".

> *Kirk: „Es wird immer diejenigen geben, die uns Schaden zufügen wollen. Um sie aufzuhalten, riskieren wir etwas ebenso Böses in uns selbst zu erwecken. Wir wollen instinktiv Rache üben, wenn uns ein geliebter Mensch genommen wurde. Aber so sind wir nicht. Heute feiern wir die erneute Taufe der USS Enterprise, um diejenigen zu ehren, die vor fast einem Jahr ihr Leben verloren haben. Als Captain Pike mir damals sein Schiff überließ, ließ er mich den Schwur des Captains leisten. Zu jener Zeit wusste ich die Worte nicht zu würdigen. Doch heute weiß ich, dass sie ein Aufruf an uns sind, uns zu erinnern, wer wir einst waren und wer wir wieder sein müssen."*[296]

Im Extremfall ist die Verabschiedung eines Teammitglieds (scheinbar) für immer. Der Todesfall stellt Führungskräfte vor die besondere Herausforderung, den Verstorbenen zu würdigen und zugleich die Motivation und Kampfeskraft des verbleibenden Teams zu erhalten. Wie zum Beispiel Commander CHAKOTAY bei der **Totenrede** für ein im Kampf gegen die KAZON gestorbenes Besatzungsmitglied.[297] Oder wie Captain KIRK bei der Verabschiedung von SPOCK, der tot in einer Kapsel auf den Planeten GENESIS runtergeschossen wird.

> *Kirk: „Wir sind hier alle zusammengekommen, um einem großartigen Mann die letzte Ehre zu erweisen. Und doch sollte man nicht vergessen, auch in der Tiefe unserer Trauer, dass dieser Tod im Schatten eines neuen Lebens stattfindet. Die Geburtsstunde einer neuen Welt, einer Welt, für die unser geliebter Freund sein Leben gab, um sie zu schützen. Er glaubte fest daran, dass dieses Opfer weder vergeblich, noch sinnlos war. Wir werden über die tiefe Weisheit in seinem Handeln nicht diskutieren. Von meinem Freund kann ich nur dieses*

---

[296] Spielfilm Star Trek XII (2013): Into Darkness, Zeit 1:55:45
[297] Vgl. Voyager (1996): Allianzen, 2. Staffel, Zeit 05:40

sagen: Von allen Seelen, die mir begegnet sind auf meinen Reisen, war seine die menschlichs-te. Den Sarg, bitte. "[298]

Der Sarg mit SPOCK wird in den Weltraum geschoben, SCOTT spielt auf dem Du-delsack „Amazing Grace", die Mannschaft der ENTERPRISE steht Spalier. Die Klappe der ENTERPRISE schließt sich, der Sarg gleitet durchs Weltall und landet auf dem Planeten GENESIS.[299]

In der Adjourning-Phase zeigen sich oft Emotionen wie Trauer, Schmerz oder Lee-re. Zur besseren psychischen Verarbeitung ist es hilfreich, den Emotionen den an-gemessenen Raum zu geben und sie nicht direkt zu unterdrücken. Selbst die eher harte Führungskraft Captain JANEWAY lässt das Gefühl des Abschiedsschmerzes bei der Verabschiedung von KES zu, die sich aufgrund ihres Kontaktes mit SPEZIES 8472 zu einer höheren Bewusstseinsebene entwickelt. Beide schluchzen und weinen beim Abschied.[300]

Die Herausforderung besteht für Führungskräfte in einer solchen schmerzvollen Situation darin, die Stimmung wieder zu drehen und auch positive Aspekte wieder in den Blick zu nehmen. Ein Beispiel, wie das gelingen kann, zeigt sich im Film „Nemesis", nachdem DATA zerstört wurde und die Führungscrew zu seinem An-denken mit einem Glas Rotwein (Chateau PICARD) zusammensteht.

Picard erhebt das Glas: „Auf fehlende Freunde. Auf die Familie. "

Alle trinken einen Schluck, sind betroffen. TROI weint. RIKER muss auf einmal schmunzeln und dreht die Stimmung.

Riker: „Bei meiner ersten Begegnung mit Data hat er sich auf dem Holodeck gegen einen Baum gelehnt und versuchte zu pfeifen. Das Komischste, was ich je gesehen habe. Bei aller Mühe, er kriegte die Melodie einfach nicht hin. Was war das noch für ein Leben! Ich erin-nere mich nicht mehr. "[301]

Wie gut das Teambuilding von Captain PIKE auf der DISCOVERY funktioniert hat und die einzelnen Teamphasen durchlaufen hat, zeigt sich bei der Trauerfeier für Commander AIRIAM, die bei der Bekämpfung von CONTROL gestorben ist

Pike: „Commander Airiam erinnert uns daran, dass Selbstlosigkeit eine unerschütterliche Tugend ist. Sie war leidenschaftlich loyal, gegenüber ihrer Crew und der Sternenflotte. Und während ihrer letzten Augenblicke hat sie sich für die Loyalität geopfert. So wird sie uns in Erinnerung bleiben. "[302]

Danach gibt es weitere Trauerreden von TILLY, STAMETS, DETMER, und BURNHAM, SARU singt. Mit der Fahne über dem Sarg im Hangar, wird AIRIAM an-

---

[298] Vgl. Spielfilm Star Trek II (1982): Der Zorn des Khan, Zeit 1:35:40
[299] Vgl. Spielfilm Star Trek II (1982): Der Zorn des Khan, Zeit 1:36:40
[300] Vgl. Voyager (1997): Die Gabe, 4. Staffel, Zeit 37:37
[301] Spielfilm Star Trek X (2002): Nemesis, Zeit 1:39:54
[302] Discovery (2019): Der rote Engel, 2. Staffel, Zeit 01:42

schließend in den Weltraum geschossen. Da ist ein Team zusammengewachsen, das auch durch eine solche (traurige) Situation noch weiter zusammenwächst und zu einer Gemeinschaft von Freunden und Familie wird. Bemerkenswert ist auch, dass nicht nur der Captain spricht, sondern die gesamte Führungscrew, ein Team aus starken Persönlichkeiten.

5.2 Bei der Schaffung eines schlagkräftigen Teams sind verschiedene Erfolgsfaktoren und Rahmenbedingungen zu beachten

Wie die oben in den Teamphasen dargestellten Beispiele zeigen, kann und muss der Teamingprozess aktiv von den Führungskräften situativ gemanagt werden. Darüber hinaus gibt es übergreifende Erfolgsfaktoren und Rahmenbedingungen, die sich positiv auf Teamgeist und Teamleistung auswirken.

5.2.1 Erfolgsfaktor 1: Über adressatengerechte Kommunikation die Mitarbeiter erreichen

Im Team arbeiten verschiedene Personen miteinander und koordinieren dabei ihre einzelnen Handlungen. Die Koordination erfolgt dabei im Wesentlichen über verbale und nonverbale Kommunikation zwischen den Teammitgliedern und insbesondere die Kommunikation der Führungskraft mit dem Team spielt eine entscheidende Rolle. Es gilt das bekannte Axiom von WATZLAWICK zur menschlichen Kommunikation *„Man kann nicht nicht kommunizieren."*[303] Daher sollte eine Führungskraft auch in der Zusammenarbeit mit dem Team sehr bewusst sowie ziel- und adressatengerecht kommunizieren.

Typische Ziele einer Kommunikation sind Information, Erarbeitung, Beauftragung, Klarstellung, Commitment oder Erzeugung von Wir-Gefühl, wobei häufig mehrere Ziele gemeinsam erreicht werden sollen.

Anders als bei einer Ein-zu-Eins-Kommunikation im Rahmen der direkten Führung (s.o.) geht es bei einer Teamkommunikation immer darum, das gesamte Team zu erreichen. Prinzipiell kann das durch verschiedene Kommunikationsformen erreicht werden, die situativ miteinander kombiniert werden können.

Die erste Kommunikationsform ist die **Ansprache an alle**. Dadurch kann sichergestellt werden, dass alle die gleichen Informationen bekommen und das „Stille-Post-Problem" verhindert wird. Insbesondere bei Captain KIRK finden sich viele Beispiele für derartige Durchsagen, mit denen er die Mannschaft über den gemeinsamen Auftrag informiert, auf die Kritikalität hinweist und darüber den Leistungswillen der Mannschaft aktiviert, wie beispielsweise im Film „Star Trek – Beyond":

---

[303] Die Axiome von Paul Watzlawick (2017): in: http://www.paulwatzlawick.de/axiome.html, Zugriff 07.05.2017. Die anderen vier Axiome lauten: 2) Jede Kommunikation hat einen Inhalts- und einen Beziehungsaspekt, 3) Kommunikation ist immer Ursache und Wirkung, 4) Menschliche Kommunikation bedient sich analoger und digitaler Modalitäten, 5) Kommunikation ist symmetrisch oder komplementär.

Kirk: „An die Mannschaft der Enterprise. Unser Auftrag ist klar definiert. Die Rettung einer Mannschaft von einem fremden Planeten in einem unbekannten Gebiet. Unser Kurs wird uns dabei durch einen instabilen Nebel führen, der jegliche Kommunikation mit der Sternenflotte unmöglich macht. Wir sind auf uns allein gestellt. Die Enterprise ist einzigartig in der Flotte – dank Ihnen. Und wie uns die Vergangenheit gezeigt hat, gibt es das Unbekannte nicht. Nur das bisher noch nicht Entdeckte. Kirk, Ende."[304]

Die Ansprache an das gesamte Team, im folgenden Beispiel an das Führungsteam im Film „Der erste Kontakt", ist auch eine Möglichkeit, um sich von jedem ein explizites Commitment zur Gefolgschaft bzw. zum Nichtmitmachen abzuholen. Das sind bewusst initiierte emotionale Momente, die das Team zusammenschweißen. PICARD hat eigentlich den Auftrag, die neutrale Zone zu bewachen, unter dem Vorwand, dass die ROMULANER den Angriff der BORG ausnutzen könnten. Tatsächlich aber traut die Sternenflotte PICARD nicht, der vor Jahren von den BORG assimiliert worden war. Als ein Schiff zerstört wird, und die ENTERPRISE zuhört, gibt PICARD den Befehl zur Erde zu fliegen

Picard: „Setzen sie kurz auf die Erde. Maximum Warp. Ich beabsichtige eindeutig gegen unsere Befehle zu verstoßen. Jeder von ihnen, der dagegen protestieren will, möge es jetzt tun. Es wird in meinem Logbuch vermerkt."

Data: „Captain, ich behaupte einfach, ich spreche für alle, wenn ich sage – zur Hölle mit unseren Befehlen."

RIKER, TROI, PICARD schmunzeln zustimmend und stolz.

Picard: „Alarmstufe Rot, alle Mann auf Gefechtsstation. Energie"[305]

Da eine solche Ansprache in der Regel eher selten vorkommt und die einfacheren Teammitglieder ihren obersten Chef auch eher selten direkt erleben, betont diese Form zugleich die Bedeutung der Inhalte und erlaubt es der Führungskraft bestimmte Botschaften effektiv zu senden, wie beispielsweise Dringlichkeit, Appelle, Emotionen, Entschlossenheit, Zuversicht oder Stolz.[306]

Neben den reinen Informationen sind die **emotionalen Botschaften** besonders wichtig. Daher ist eine Ansprache noch wirkungsvoller, wenn die gesamte Mannschaft zusammen in einem Raum ist und die Führungskraft „zum Anfassen" erlebt. Captain ARCHER weiß um die Wirkungskraft der direkten Kommunikation und schafft bewusst Situationen zur direkten Kommunikation, wie zum Beispiel in der Folge „Der Laufsteg", in der die Mannschaft der ENTERPRISE Schutz vor einem

---

[304] Spielfilm Star Trek XIII (2016): Star Trek – Beyond, Zeit 15:53; Weitere Beispiele: Vgl. Spielfilm Star Trek I (1979): Der Film, Zeit 27:20 sowie. Spielfilm Star Trek XII (2013): Into Darkness, Zeit 38:35

[305] Spielfilm Star Trek VIII (1996): Der erste Kontakt, Zeit 08:21

[306] Vgl. exemplarisch Enterprise (2004): Azati Prime, 3. Staffel, Zeit 20:35, in der Captain ARCHER voller Stolz eine „Abschlussansprache" an seine Mannschaft richtet, bevor er alleine auf eine Selbstmordmission zur Zerstörung der XINDI-Superwaffe aufbrechen will.

Ionensturm im Rumpf des Raumschiffes sucht. ARCHER schwört die Mannschaft auf die kommende Zeit ein.

> *Archer: „An alle, hier ist der Captain. Dieser Laufsteg wird für eine Weile unser Zuhause sein. Für eine Woche, vielleicht länger. Er mag nicht sehr bequem sein, aber wir werden überleben. Wir haben die beste Crew der Flotte und das robusteste Schiff. Ich verspreche Ihnen, wir werden das überstehen.“*[307]

Zu den emotionalen Botschaften gehören auch Ansprachen, die darauf abzielen das Wir-Gefühl zu verstärken und deutlich zu machen, dass man sich um das Team kümmert, wie zum Beispiel von Captain PIKE in der Folge „Alte Bekannte", als TILLY im SPORENNETZWERK gefangen ist.

> *Pike: „An die Besatzung, hier spricht Captain Pike. Die Sternenflotte ist ein Versprechen. Ich gebe mein Leben für Sie, Sie geben Ihr Leben für mich. Und niemand wird zurückgelassen. Ensign Sylvia Tilly ist dort draußen und hat jedes Recht auf uns zu hoffen. Wir halten unser Versprechen. Begeben Sie sich auf Ihre Stationen und die ausgewiesenen Sicherheitsbereiche in der Steuerbordsektion. Alles Gute und viel Erfolg uns allen.“*[308]

Eine weitere Möglichkeit der Ausgestaltung einer direkten Ansprache ist die **Wahl des Standortes**, von dem aus kommuniziert wird. KIRK sitzt häufig in seinem Stuhl, was den formalen Rang betont. Die Anwesenden auf der Brücke richten dann ihre Blicke auf ihn, da er im Zentrum des Raumes ist. Die Mitarbeiter, die die Durchsage über Lautsprecher hören, schauen in der Regel **nach oben**, da dort die Lautsprecher montiert sind. Die Botschaft kommt damit „von oben" an die „da unten". Eine Ansprache ans Team, die vom Chef kommt, ist wichtiger als wenn sie von einem gleichgestellten Kollegen kommt. Dadurch wird nochmal die Rangordnung bekräftigt, die Rollen bestätigt und die Teamkohärenz gestärkt. Ein anschauliches Beispiel dafür liefert die ENTERPRISE-Folge „Die Vergessenen", in der Captain ARCHER eine Ansprache an die gesamte Mannschaft richtet. Er steht oben auf der der Gangway, T'POL, TUCKER und REED neben ihm (ein Team) und die Mannschaft schaut zu ihm auf.[309] Je nachdem, ob „von oben nach unten" oder „auf Augenhöhe" kommuniziert wird, werden damit (bewusst oder unbewusst) unterschiedliche Botschaften gesendet.

Der Vorteil, dass alle zur gleichen Zeit informiert werden, kann dann ein Nachteil sein, **wenn die Betroffenheiten unterschiedlich** sind. Es empfiehlt sich, dass Mitarbeiter, die von der Kommunikation besonders betroffen sind (zum Beispiel neue Aufgabe, Tod eines Angehörigen) vor der Gesamtkommunikation separat und bilateral informiert werden. Auch die vorherige kommunikative Einbindung des Führungsteams ist insofern sinnvoll, als dass die Gesamtkommunikation des Chefs umso überzeugender ist, wenn seine Führungsmannschaft dabei wissend und

---

[307] Enterprise (2002): Der Laufsteg, 2. Staffel, Zeit 11:50
[308] Discovery (2019): Alte Bekannte, 2. Staffel, Zeit 22:07
[309] Vgl. Enterprise (2004): Die Vergessenen, 3. Staffel, Zeit 01:30

überzeugt nickt, statt für den Rest der Mannschaft sichtbar überrascht oder geschockt zuzuhören. Das gilt auch für den Fall, dass die unteren Führungskräfte im Anschluss an die Ansprache einen aktiven Part haben und sprachfähig bei Nachfragen der eigenen Mitarbeiter sein müssen. Dann sollten sie vorbereitet sein und sich gedanklich auf die Botschaften eingestellt haben.

Die zweite grundsätzliche Form der Teamkommunikation ist die **Kommunikation über die Führungskaskade.** Diese Form wird häufig von Captain PICARD und Captain JANEWAY praktiziert, die die Weitergabe der Informationen oder Aufträge an ihre ersten Offiziere delegieren.[310] Dadurch wird zum einen die Position des ersten Offiziers gestärkt, was insbesondere bei den ehemaligen MAQUIS auf der Voyager sicherlich einen positiven psychologischen Effekt hat, da sie ihre Befehle von ihrem alten Vorgesetzten erhalten. Zum anderen können im vorherigen Zweiergespräch bereits mögliche Einwände der Mannschaft gesammelt werden und die Botschaften noch treffender formuliert werden.

5.2.2 Erfolgsfaktor 2: Gemeinsame Extremsituationen erfolgreich bewältigen

Hilfreich, um das Teambuilding im Sinne des Durchlaufens der Teamphasen zusätzlich zu den beschriebenen Führungsmaßnahmen zu beschleunigen (aber: alle sind zwingend zu durchlaufen) sind gemeinsame Ziele und die erfolgreiche Bewältigung von **Extrem- und Notsituationen.**[311] Wenn die Mitarbeiter gezwungen sind, **aus ihrer Komfortzone herauszukommen** und sie wechselseitig auf die Zusammenarbeit angewiesen sind, dann sind das wichtige Voraussetzungen für erfolgreiche Teamarbeit.

Das gilt auf einer Makroebene für eine gesamte Raumschiffmannschaft oder sogar für die gesamte STERNENFLOTTE. Die Bedrohung durch den gemeinsamen übermächtigen Feind schweißt das Team zusammen, wie im Kampf gegen die BORG, die KLINGONEN, das DOMINION, die ROMULANER oder die XINDI, um nur einige zu nennen. Je stärker der Feind und je bedrohlicher die Situation, umso eher ist der Einzelne bereit, die eigenen Interessen zurückzunehmen und sich der gemeinsamen Sache unterzuordnen.[312] Dadurch verkürzen sich die Storming- und Norming-Phase. Insofern ist die akute Bedrohung durch die KAZON für das Teambuilding

---

[310] Vgl. Voyager (1998): Nacht, 5. Staffel, Zeit 06:20

[311] Vgl. Cialdini, Robert B. (1997): Die Psychologie des Überzeugens, Bern, S. 213 ff

[312] Durch die bewusste Bewertung und Konstruktion einer Situation als Bedrohung können das Gefühl von Dringlichkeit erzeugt werden und insgesamt das Ausmaß an organisationaler Energie und damit der Schlagkraft einer Organisation erhöht werden. Vgl. Bruch, Heike/Vogel, Bernd (2009): Organisationale Energie – Wie Sie das Potenzial Ihres Unternehmens ausschöpfen, 2. Auflage, Wiesbaden, S. 92 ff

auf der VOYAGER durchaus hilfreich und fördert das „Zusammenraufen" der STERNENFLOTTEN- und MAQUIS-Mannschaften.[313]

Wenn ein Team die gemeinsame Abneigung gegen eine andere Gruppe teilt, dann werden durch die Abgrenzung nach außen, durch eine starke **Trennung in In-Group und Out-Group** die Teamidentität und das Wir-Gefühl verstärkt. Das ist zu beobachten beim Team der ENTERPRISE unter Captain ARCHER, deren Teamidentität zum Teil auch auf der gemeinsamen Abneigung gegen die sie bevormundenden VULKANIER besteht: Denen will man es zeigen, von denen will man sich nichts gefallen lassen.

Kurzfristig ergeben sich daraus positive Effekte auf die Teamkohärenz. Allerdings ist dann umso schwieriger, zu einem neuen gemeinsamen Team (hier aus STERNENFLOTTE und VULKANIERN) zusammenzufinden. Daher sollte die gezielte Verwendung von **Freund-Feind-Schemata nur sehr behutsam** eingesetzt werden.

Das gilt aber auch auf einer Mikroebene, auf der einzelne Personen als Team zusammenfinden. In der ENTERPRISE-Folge „Allein" lässt sich dies idealtypisch am Beispiel des Zusammenfindens von TUCKER und REED beobachten, die alleine mit einem schwer beschädigten Shuttle in einem Asteroidenfeld unterwegs sind, ohne funktionierendes Notsignal und nur noch mit Luft für zehn Tage. Zunächst sind beide noch relativ reserviert, doch die gemeinsame Notsituation bewirkt, dass sie sich einander öffnen. Beide betrinken sich mit Bourbon und REED schwärmt TUCKER gegenüber von T'POL.

   Reed: „Ist Dir mal ihr Hintern aufgefallen?"[314]

Schließlich liegen sich beide in den Armen und duzen sich – hierarchieübergreifend. Es ist kaum vorstellbar, dass dies so schnell im normalen Arbeitsumfeld passiert wäre.

Es kann daher durchaus im Interesse einer Führungskraft sein, wenn ihre Teams in Extrem- und Notsituationen geraten. Allerdings wäre es zu riskant, deshalb möglichst viele bedrohliche Situationen zu kreieren. Eine abgemilderte Option besteht zum Beispiel darin, gemeinsam Zeit in einem Überlebenscamp im Outback zur verbringen, wie ARCHER und TUCKER.[315] Die gemeinsamen Erlebnisse verbinden, schaffen Vertrauen und schaffen eine Beziehungsebene.

Der Effekt, dass eine gemeinsame Notsituation ein (temporäres) Team schafft kann sich selbst in den Fällen zeigen, in denen zwei Feinde zur Zusammenarbeit gezwungen werden, wenn sie überleben wollen. Exemplarisch zeigt sich das in der THE NEXT GENERATION-Folge „Auf schmalem Grat". LAFORGE befindet sich mit

---

[313] Vgl. Voyager (1995): Der Fürsorger, 1. Staffel
[314] Vgl. Enterprise (2002): Allein, 1. Staffel, Zeit 27:20
[315] Vgl. Enterprise (2002): Durch die Wüste, 1. Staffel, Zeit 04:25

dem ROMULANISCHEN Centurio BOCHRA auf dem Grenzplaneten GALORNDON CORE. Aufgrund des magnetischen Feldes können sie nicht von der ENTERPRISE lokalisiert werden und bei beiden beginnt das zentrale Nervensystem zu degenerieren. Zunächst nimmt BOCHRA LAFORGE gefangen, der ihn aber überzeugen kann, dass sie nur überleben können, wenn sie zusammenarbeiten. LAFORGE kann ohne Visor nichts sehen und der ROMULANER kann nicht mehr laufen. Daher trägt BOCHRA LAFORGE, der ihn dirigiert. So kompensieren sie ihre jeweilige Schwäche und können schließlich gefunden werden.[316]

Teambuilding wird in diesen Fällen über ein **Bedrohungsszenario** erreicht. Das Team kämpft und verteidigt sich gegen einen aggressiven Dritten oder eine gefährliche Naturgewalt. Evolutionär ist das eine sehr effektive Variante, die allerdings im Kern über negative Gefühle und Angst funktioniert. **Zuviel Angst führt aber zu Stress**, der ab einem gewissen Ausmaß nicht mehr in effektive und kreative Gegenmaßnahmen umgesetzt werden kann, sondern das evolutionäre Notfallprogramm (Totstellen, Flucht, Abwehrkampf) auslöst. Wenn die Bedrohung so übermächtig erscheint, dass sie aus der subjektiven Sicht nicht zu bewältigen scheint, dann wird die Bereitschaft, sich den Herausforderungen konstruktiv zu stellen nur gering ausgeprägt und die Teamleistung insgesamt schwach sein.[317]

Eine wichtige und oft auch bessere Variante ist die gemeinsame Bewältigung von **Extremsituationen zur Erreichung eines positiven Ziels** – also „Winning-the-Princess" statt „Slaying-the-Dragon".[318] Teamgedanken und –handeln sind dann im Wesentlichen fokussiert auf das gemeinsame attraktive Ziel. Dadurch wird positive Energie generiert und negativer Stress so reduziert, dass kreatives und planvolles Handeln möglich wird. Gleichzeitig wird durch die Kritikalität der Situation der erforderliche „Sense of Urgency" hergestellt, der erforderlich ist, um die Handlungsmotivation sicherzustellen.[319] Beide Varianten können aber auch kombiniert werden.

Oft macht bereits die **Formulierung des Ziels** einen wichtigen Unterschied. So definiert Captain JANEWAY die Situation im DELTA-QUADRANTEN insgesamt als Aufgabe, um alle wieder nach Hause zu bringen. Dabei kombiniert sie in der Folge „Der Fürsorger" bei der Ansprache an die Mannschaft ein attraktives gemeinsames Ziel, nach Hause zu kommen, mit den gemeinsamen Bedrohungen und den Herausforderungen, die nur gemeinsam bewältigt werden können.

---

[316] Vgl. The Next Generation (1989): Auf schmalem Grat, 3. Staffel
[317] Vgl. Berner, Winfried (2010): Change! – 15 Fallstudien zu Sanierung, Turnaround, Prozessoptimierung, Reorganisation und Kulturveränderung, Stuttgart, S. 13 ff
[318] Vgl. Bruch, Heike/Ghoshal, Sumantra (2004): A Bias for Action: How Effective Managers Harness Their Willpower, Achieve Results, and Stop Wasting Their Time, Boston, S. 151 ff
[319] Vgl. Kotter, John P. (2014): Accelerate - Building Strategic Agility for a Faster-Moving World, Boston, S. 27 f

Janeway: „Wir sind allein. In einem unerforschten Teil der Galaxie. Wir haben schon neue Freunde gewonnen, aber uns auch Feinde geschaffen. Wir haben keine Vorstellungen von den Gefahren, denen wir begegnen werden. Aber eins ist klar: Beide Crews werden zusammenarbeiten müssen, wenn wir überleben wollen. Deshalb sind Commander Chakotay und ich übereingekommen, dass wir eine Crew bilden – eine Sternenflottencrew. Und als das einzige Raumschiff der Sternenflotte, das im Delta-Quadranten unterwegs ist, folgen wir weiterhin unserer Direktive, neue Welten zu suchen und das Weltall zu erforschen. Aber unser primäres Ziel ist klar: Selbst bei Maximalgeschwindigkeit würde es 75 Jahre dauern, die Föderation zu erreichen. Aber damit werde ich mich nicht abfinden. Irgendwo da draußen gibt es ein zweites Wesen wie den Fürsorger, das die Fähigkeit besitzt, uns viel schneller zurück nach Hause zu bringen. Wir werden es suchen. Wir werden nach Wurmlöchern Ausschau halten, nach Spalten im Raum und nach neuen Technologien, die uns weiterhelfen können. Irgendwo auf dieser Reise werden wir einen Weg zurückfinden. Mr. Paris, setzen Sie einen Kurs, nach Hause.'[320]

Eine ähnliche Strategie verfolgt Captain ARCHER in seiner Ansprache an die Crew in der Folge „Die Vergessenen", nachdem die ENTERPRISE einen schweren Kampf mit den XINDI glücklich überstanden hat.

Archer: „Wir sind in schlechter Verfassung, das kann ich nicht leugnen. Aber, wir sind noch ganz. Die Enterprise ist ein robustes Schiff. Sie hat mehr eingesteckt, als man von ihr erwarten konnte und noch viel mehr, und sie alle auch. Dafür wollte ich Ihnen danken. Ich wünschte, ich könnte auch den 18 Crewman danken, die wir verloren haben. Wie Sie alle hatten sie begriffen, wie wichtig unsere Mission ist, und das Risiko akzeptiert. Wir sind in die Ausdehnung gekommen, ohne zu wissen, was wir vorfinden würden. Und wir sind hier auf uns allein angewiesen. Aber wir werden erfolgreich sein und unsere Mission erfüllen. Für alle auf der Erde, die sich auf uns verlassen. Und für die 18.'[321]

Er schafft es mit dieser kurzen Ansprache, sowohl die Brisanz der Situation ungeschönt darzustellen, das Geleistete zu würdigen, den Toten zu gedenken, dabei das Wir-Gefühl und die Motivation der Mannschaft zu verstärken und das übergeordnete Ziel der Mission, das gemeinsame Interesse, als Anreiz und Notwendigkeit deutlich zu machen.

5.2.3 Erfolgsfaktor 3: Ein positives Teamklima schaffen

Für die Teamleistung in allen Phasen des Teambuildings spielt das Teamklima bzw. die Teamstimmung eine wichtige Rolle. Wenn Menschen (oder Personen anderer Planeten) sich wohl fühlen, dann ist die Zusammenarbeit besser, es wird intensiver kommuniziert und der Glaube daran, die schwierige Aufgabe auch zu bewältigen, ist größer.

---

[320] Vgl. Voyager (1995): Der Fürsorger, 1. Staffel, Zeit 1:25:11
[321] Enterprise (2004): Die Vergessenen, 3. Staffel, Zeit 01:15

Gerade in angespannten und emotional schwierigen Situationen kann es hilfreich sein, wenn es ausgewählte Personen gibt, die die explizite Aufgabe haben, sich um die Teamstimmung und die Moral zu kümmern.

Auf der VOYAGER übernimmt NEELIX in vorbildlicher Weise auf eigene Initiative hin die Aufgabe als „Moraloffizier".[322] Das ist der Idealfall. Nicht zielführend ist es dagegen, einer Person diese Aufgabe „aufzudrücken", die diese weder übernehmen kann oder will. NEELIX dagegen erfüllt die Aufgabe aus eigenem Antrieb und auf vielfältige Weise, wie beispielsweise:

- als Organisator eines gemeinsamen Festes;[323]

- als Seelsorger und Paartherapeut für B'ELANNA TORRES;[324]

- als Koch für frisches Essen statt Replikatornahrung.[325]

Auch im Team von Captain PICARD gibt es mit Counselor DEANNA TROI eine Person, die sich als Chef-Psychologin explizit um die Teamstimmung sowie um die Beratung der Führungsmannschaft bei emotionalen Fragestellungen kümmert. Als BETAZOIDIN verfügt sie über telepathische Fähigkeiten, die ihr helfen, die Gefühle und Stimmung anderer besser zu verstehen.

Grundsätzlich sind aber das gesamte Team und insbesondere die Führungskräfte verantwortlich für ein positives Teamklima. Für gute Stimmung zu sorgen, kann nur teilweise delegiert werden. Auch die Führungskräfte selbst müssen durch **aufmunternde Worte, wertschätzende Gespräche, Humor und insgesamt eine positive „Wir-schaffen-das-Ausstrahlung"** einen aktiven Beitrag für die Teamstimmung leisten.[326]

Eine positive Stimmung im Team hängt neben den Charakteristika der Arbeitssituation (Aufgabe, Bedrohlichkeit, Attraktivität) auch stark von der Qualität der zwischenmenschlichen Beziehungen ab. Um eine **gute Beziehungsebene** herzustellen braucht es Nähe, eine Vielzahl von Kontaktpunkten sowie einen freundlichen und wertschätzenden Umgang miteinander.

Es ist den Offizieren der STERNENFLOTTE zur Zeit von Captain ARCHER eigentlich verboten, mit ihren Untergebenen zu fraternisieren.[327] Da Archer aber um die positive Wirkung einer guten Beziehung zwischen Führungskraft und Mitarbeitern auf die Teamstimmung weiß, sucht er selbst regelmäßig den Kontakt sowohl zu seinem Führungsteam als auch zu anderen Mitarbeitern. Er stellt auch über verschiedene

---

[322] Vgl. Voyager (1995): Der mysteriöse Nebel, 1. Staffel, Zeit 34:50

[323] Vgl. Voyager (1999): Barke des Toten, 6. Staffel, Zeit 06:30

[324] Vgl. Voyager (1998): Extreme Risiken, 5. Staffel, Zeit 17:00. Vgl. Voyager (2000): Rennen, 7. Staffel, Zeit 12:00.

[325] Vgl. Voyager (1995): Der Fürsorger, 1. Staffel

[326] Voyager (1997): Rebellion Alpha, 3. Staffel, Zeit 24:33

[327] Vgl. Enterprise (2002): Gefallene Heldin, 1. Staffel, Zeit 00:15

Formate, wie gemeinsame Kinoabende, für die gesamte Mannschaft entspannende Situationen her. Außerdem fordert er zum Beispiel T'POL explizit auf, mit der Mannschaft zu fraternisieren, um die Moral zu heben.[328]

Wichtig ist auch, dass Führungskräfte eine **generelle Zuversicht ausstrahlen** im Sinne von „Natürlich schaffen wir das". Eine solche zuversichtliche und positive Grundhaltung überträgt sich auf den Rest des Teams. Insbesondere kann das den Ausschlag geben bei denen, die stimmungsmäßig zwischen positiven und negativen Stimmungen hin- und hergerissen sind. Sehr deutlich zeigen sich diese positive Ausstrahlung und der Humor bei Captain KIRK und CAPTAIN PIKE, der selbst in den schwierigsten Situationen mit guter Laune sich selbst und seinem Team alles zutraut.

Captain JANEWAY ist von der Persönlichkeit her sicherlich nicht eher introvertiert, aber auch sie fördert in ihrem Team über Standfestigkeit, Kümmern und positiver Zukunftserwartung eine gute Stimmung. Als 148 Mannschaftsmitglieder auf dem unwirtlichen Planeten HANON IV zurückgelassen werden, da die KAZON die VOYAGER übernommen haben, formuliert sie es als expliziten Auftrag an ihre Führungsoffiziere.

Janeway: „Es ist äußerst wichtig, dass die Crew die Hoffnung nicht verliert. Dazu müssen die Führungsoffiziere beitragen. "[329]

Was passiert, wenn die Führungskräfte eine negative Stimmung ausstrahlen, zeigt anschaulich die Folge „Die unsichtbare Falle", in der Captain KIRK ungewohnt gereizt, beleidigend und aggressiv gegenüber CHEKOV, SPOCK und anderen auftritt, was sich negativ auf die Gesamtstimmung der Mannschaft überträgt. Letztlich stellt sich zwar heraus, dass das Verhalten Teil einer Inszenierung für einen Geheimauftrag war, um von den ROMULANERN eine Tarnvorrichtung zu erhalten. In dem Moment selbst wirkte seine Mannschaft aber verunsichert und in ihrer Leistungsfähigkeit eingeschränkt.[330]

Hilfreich für die Entstehung eines guten Teamklimas ist es auch, wenn es zuträgliche **Räumlichkeiten gibt, die einen informellen Austausch** außerhalb des unmittelbaren Arbeitsplatzes ermöglichen. Auf der ENTERPRISE D unter Captain PICARD ist das vor allem die von GUINAN geleitete ZEHN-VORNE-BAR, in der sich die Mannschaft zum informellen Austausch trifft.

Auch auf der DISCOVERY kommt der Kantine eine wichtige Bedeutung zu. Sie ist der Ort, an dem informell zu neuen Crewmitgliedern Kontakt aufgenommen

[328] Vgl. Enterprise (2002): Der Laufsteg, 2. Staffel, Zeit 20:00 sowie Enterprise (2003): Horizon, 2. Staffel, Zeit 17:03

[329] Voyager (1996): Der Kampf ums Dasein – Teil 1, 2. Staffel, Zeit 40:05

[330] Vgl. Raumschiff Enterprise (1968): Die unsichtbare Falle, 3. Staffel

wird.[331] Sie ist auch der Ort für Partys, auf denen gefeiert und geflirtet wird und zugleich an das Erreichte und Schicksalsschläge gedacht wird, wie in der Folge „T=Mudd²" in der Ansprache von TYLER.

Tyler: „Wir können uns alle glücklich schätzen, zusammen mit unseren Waffenkameraden, hier zu sein und lachen und tanzen zu können. Aber wir wollen dabei trotzdem all die jene nicht vergessen, die im Kampf große Opfer gebracht haben [Anm.: Er zeigt auf einen Kameraden im Rollstuhl, der ihm zuprostet.] oder die ihr Leben für uns gegeben haben, damit wir weiterkämpfen können. Auf die 10.000, die uns verlassen haben, die wir aber nie vergessen werden."[332]

Daraufhin prosten sich alle bewegt zu.

Für Commander SISKO ist es bei der Übernahme der Raumstation DEEP SPACE NINE wichtig, dass die Besatzung Räumlichkeiten zur Zerstreuung und zum Gespräch hat. Obwohl das Verhältnis zu QUARK kein einfaches ist, legt er daher Wert darauf, dass QUARK seine Bar betreibt, inklusive des Casinos, der DABO-Mädchen und der Holosuiten. Das Bedürfnis der Mannschaft nach einer solchen Räumlichkeit ist offensichtlich so hoch, dass viele Teammitglieder die Bar mit eigenem Mobiliar bestückten – nachdem der FERENGI-Liquidator BRUNT in der DEEP SPACE NINE-Folge „Quarks Schicksal" das gesamte Mobiliar und Barutensilien aus der Bar entfernt hatte.[333] Aber auch die Gestaltung des Arbeitsplatzes und der Besprechungsräume haben einen positiven oder negativen Effekt auf das Wohlgefühl und Kommunikationsverhalten der Teammitglieder und sollte bewusst gestaltet werden. Deshalb will Captain unbedingt seinen Bereitschaftsraum umgestalten, den er von LORCA übernommen hat. Bei LORCA gab es keine Stühle und die Mitarbeiter, die zu ihm kamen mussten wie Schüler zum Rapport erscheinen – und haben sich auch wohl so gefühlt. PIKE will Stühle, an die man sich setzen kann und damit eine Umgebung schaffen, in jeder sich wohl und ermuntert fühlt, frei zu sprechen.[334]

5.2.4 Erfolgsfaktor 4: Handlungsspielräume ermöglichen und Empowerment fördern

Jedes Teammitglied bringt eigene Interessen und Wünsche an die Aufgabe, die Art und Weise der Zusammenarbeit und die eigene Rolle mit. Die erforderliche Bereitschaft zur vollen Einbringung der jeweiligen Leistungspotenziale erfordert von der Führungskraft ein aktives Interessensmanagement. Bei dieser anspruchsvollen Aufgabe muss versucht werden, die unterschiedlichen Interessen und Befindlichkeiten zu harmonisieren bzw. einen tragfähigen Kompromiss zu finden. Das ist ein Balanceakt, da die beiden Extreme – „jeder macht was er will" und „die Führungskraft

[331] Vgl. Discovery (2018): Flucht nach vorn, 1. Staffel, Zeit 36:14 sowie Discovery (2017): Lethe, 1. Staffel, Zeit 09:50

[332] Discovery (2017): T=Mudd² 1. Staffel, Zeit 05:00

[333] Vgl. Deep Space Nine (1996): Quarks Schicksal, 4. Staffel

[334] Vgl. Discovery (2019): Bruder, 2. Staffel, Zeit 51:10

gibt alles vor" – sich sowohl negativ auf die Teamleistung als auch auf die Motivation auswirken.

Von hervorgehobener Bedeutung ist insbesondere bei hoch qualifizierten Teammitgliedern das Interesse, eigene **Frei- und Handlungsspielräume** zu erhalten und ausgestalten zu können. Zu viele Vorgaben können dagegen dazu führen, dass wenig Verantwortung übernommen wird und eigene Lösungsansätze nicht aktiv erarbeitet werden. Ein Mindestmaß an Zielvorgabe, in der die Aufgabe und wesentliche Leitplanken beschrieben werden, ist dabei allerdings notwendig.

Captain PICARD lässt seinen Führungsoffizieren, insbesondere seiner Nummer Eins, Commander RIKER, große Handlungsspielräume. Das zeigt sich zum Beispiel, bei der Zusammenstellung des eigenen Teams, wie in der Folge „Galavorstellung", in der der Meisterstratege SIRNA KOLRAMI an Bord der ENTERPRISE ist, um ein Übungsgefecht zwischen ihm und RIKER zu beobachten.

> *Picard: „Nummer Eins, Sie können sich [für das Manöver] 40 Mann als Besatzung aussuchen. [...] Auf meinem Schiff hat der Leiter eines Außenteams volle Handlungsfreiheit. Wenn Sie Führungsqualitäten erkennen wollen, halte ich das für die beste Möglichkeit."[335]*

Commander RIKER übernimmt diese Haltung bei der Führung seines eigenen Teams und berücksichtigt deren Vorschläge. Exemplarisch zeigt sich dies in der Folge „Die letzte Mission", in der RIKER das Kommando hat und einen Müllfrachter in Schlepptau nehmen will. LAFORGE ist dagegen, worauf ihn RIKER nach einem **besseren Vorschlag** fragt und diesen dann wie selbstverständlich anordnet.[336]

Dabei nimmt er das Risiko in Kauf, dass sein Vertrauen in das richtige Handeln des Mitarbeiters enttäuscht wird, wie in der Folge „Rettungsoperation", in der ISHARA, die Schwester von TASHA YAR, sich letztlich gegen die ENTERPRISE wendet. Nach glücklichem Ende der Mission reflektiert er das Erlebte mit DATA.

> *Riker: „Wenn man jemanden vertraut, ist es auch möglich, enttäuscht zu werden."*
>
> *Data: „Dann ist es besser, nicht zu vertrauen?"*
>
> *Riker: „Ich gehe jedes Mal wieder das Risiko ein."[337]*

Handlungsspielräume zu geben fordert beide Seiten: Die eine Seite, die Entscheidungskompetenzen überträgt (Führungskraft) und die andere Seite, die diese Spielräume auch verantwortungsvoll ausfüllt (Mitarbeiter). Dazu gehört auch, nicht einfach „dagegen" zu sein, sondern zusätzlich zur Analyse immer auch einen oder mehrere Lösungsvorschläge zu haben. Erst dann kann im Dialog und Zusammenwirken tatsächlich auch die beste Lösung gefunden werden.

---

[335] The Next Generation (1989): Galavorstellung, 2. Staffel, Zeit 05:05
[336] Vgl. The Next Generation (1990): Die letzte Mission, 4. Staffel, Zeit 11:00
[337] The Next Generation (1990): Rettungsoperation, 4. Staffel, Zeit 41:30

In der Folge „Bruder" will PIKE das havarierte STERNENFLOTTENSCHIFF auf dem Asteroiden retten, SARU rät ab wegen geringer Erfolgschancen und dem Risiko, die Crew zu gefährden.

Pike: „Aber falls dort jemand ist, bleiben uns nur noch fünf Stunden, um sie zu retten."

Burnham: „Auf einem schnell fliegenden Asteroiden zu landen ist bei lückenhafter Telemetrie und ohne die Möglichkeit …"

Pike laut: „Ich weiß um die Gefahren, Commander. Ich habe den Krieg nicht verpasst, um jetzt den Schwanz einzuziehen. Hören Sie, ich habe nichts gegen andere Meinungen, aber Sie müssen mir schon eine Lösung anbieten."

Burnham: „Ja, ich habe auch eine, und die biete ich ihnen gerne an, aber lassen Sie mich eines klarstellen. Keine Person auf dieser Brücke würde einen Sternenflottenkameraden im Stich lassen, Sir."

Pike: „Das glaube ich Ihnen. Was haben Sie im Sinn?"[338]

Generell trauen die Führungskräfte der STERNENFLOTTE ihren Mitarbeitern viel zu und fördern das Empowerment durch die Übertragung anspruchsvoller Aufgaben, wie der folgende Dialog aus dem Film „Into Darkness" zeigt.[339] Captain KIRK, SPOCK und UHURA gehen als Außenteam auf den Planeten zu HARRISON, das Kommando geht daher an Mr. SULU.

Kirk: „Mr. Sulu, Sie haben die Brücke. Wenn wir auf dem Weg sind, schicken Sie einen gezielten Funkspruch an Harrisons Aufenthaltsort. Sagen Sie ihm, einige schöne dicke Torpedos sind auf seinen Schädel gerichtet. Ist er nicht brav, feuern Sie sie ab. Ist das ein Problem?"

Sulu: „Nein Sir, es ist nur das erste Mal auf diesem Posten."

Kirk „Sie kriegen das hin!"[340]

Daraufhin setzt sich SULU etwas zögerlich auf den Stuhl des Captains.

Auf den ersten Blick mag das wie eine Überforderung des Mitarbeiters SULU aussehen. Der weitere Verlauf zeigt aber, dass SULU der Aufgabe durchaus gewachsen ist. Oder anders gesagt, er wächst an ihr, er „hat Blut geleckt" und macht damit wichtige Entwicklungsschritte in der eigenen Führungskarriere.

Kirk zu Sulu, der auf dem Stuhl des Captains sitzt: „Nicht leicht den Job aufzugeben, wenn man erstmal auf den Geschmack gekommen ist, was Mr. Sulu?"

---

[338] Discovery (2019): Bruder, 2. Staffel, Zeit 29:39
[339] Eine Ausnahme stellt die Führungskonstellation CHAKOTAY-PARIS in der Anfangszeit dar. Wohl aufgrund der früheren Spannungen gibt CHAKOTAY PARIS nicht die vom ihm erwünschten Spielräume. Vgl. Voyager (1996): Lebensanzeichen, 2. Staffel, Zeit 20:15
[340] Spielfilm Star Trek XII (2013): Into Darkness, Zeit 41:50

Sulu steht auf, überlässt ihm den Sitz „Captain, klingt doch wirklich schön. Der Platz gehört wieder ganz ihnen, Sir."[341]

Ähnliches lässt sich beim Chefingenieur SCOTT beobachten, der in der Folge „Im Namen des jungen Tiru" ganz selbstverständlich das Kommando der ENTERPRISE übernimmt, da KIRK und SPOCK auf Außenmission sind. Souverän wehrt er unter anderem einen feindlichen KLINGONENANGRIFF ab.[342] Jeder der Führungsoffiziere der STERNENFLOTTE ist offensichtlich grundsätzlich in der Lage das Kommando zu übernehmen.

Neben den Interessen, die die konkrete Teamarbeit betreffen, haben Mitarbeiter in der Regel noch weitere Interessen, die sich aus den jeweiligen Rollenerwartungen ergeben. Auch diese haben die erfahrenen Führungskräfte der STERNENFLOTTE im Blick und ermöglichen bzw. fördern sogar diese Freiräume (wenn es die Teamaufgabe zulässt). Sie nehmen diese Freiräume auch für sich in Anspruch und leben die verschiedenen Interessen dann oft gemeinsam mit dem Team zusammen aus, was sich positiv auf das Teambuilding auswirkt. So verbringt das Führungsteam der ENTERPRISE unter Captain PICARD gemeinsam Zeit und besteht verschiedene Abenteuer auf dem Holodeck. Beispielsweise als sie in der Folge „Sherlock Data Holmes" gegen den von LAFORGE neu programmierten Professor MORIARTY kämpfen müssen, der jetzt über ein eigenes Bewusstsein verfügt.[343] Vergleichbares zeigt sich auch bei den anderen Führungsteams, zum Beispiel bei dem von Captain JANEWAY, die in der irischen Kleinstadt FAIR HAVEN, im 19. Jahrhundert, Zeit verbringt, um Abstand zum Alltag im DELTA-QUADRANTEN zu finden und schließlich natürlich auch ein großes Abenteuer besteht.[344]

5.2.5 Erfolgsfaktor 5: Die richtige Balance aus Distanz und Nähe finden

Insbesondere, wenn Führungskräfte und Mitarbeiter viele gemeinsame Stunden verbringen und wie an Bord der Raumschiffe und -stationen auf engem Raum zusammenleben, können die Grenzen zwischen Beruf und Freizeit verwischen. Dann entwickeln sich aus beruflichen Beziehungen schnell auch sehr freundschaftliche, zum Beispiel LAFORGE und DATA, oder sogar partnerschaftliche Beziehungen, zum Beispiel RIKER und TROI oder CHAKOTAY und SEVEN OF NINE.

Diese persönlichen Verbindungen können sich einerseits positiv auf das Teamklima und die Teamleistung auswirken. Andererseits können sie möglicherweise Führungskräfte davon abhalten, dem eigenen Freund oder Partner harte Entscheidungen oder Befehle mitzuteilen und diese auch durchzusetzen. Die Führungskräfte, aber auch die Mitarbeiter, sind daher gefordert die richtige Balance aus Distanz und Nähe zu finden und diese kontinuierlich auszutarieren.

---

[341] Spielfilm Star Trek XII (2013): Into Darkness, Zeit 1:57:14
[342] Raumschiff Enterprise (1967): Im Namen des jungen Tiru, 2. Staffel, Zeit 18:20
[343] Vgl. The Next Generation (1988): Sherlock Data Holmes, 2. Staffel
[344] Vgl. Voyager (2000): Fair Haven, 6. Staffel

In der Zeit von Captain ARCHER verbietet es die STERNENFLOTTE laut T'POL, mit den Untergebenen zu fraternisieren, was einer jahrhundertelangen Militärtradition entspricht, die zu persönliche Beziehungen zwischen Führungskraft und Mitarbeiter als ein Risiko für die Disziplin der Truppe angesehen hat. Intime bzw. sexuelle Beziehungen sind das eine Extrem einer ausgeprägten Nähe. Zwischen diesem Extrem und einer vollständigen professionell-kühlen Distanz gibt es viele Zwischenstufen. Wenn Captain ARCHER in „Der Laufsteg" T'POL auffordert, mit der Mannschaft zu fraternisieren, dann ist das nicht als eine Aufforderung zu intimen Beziehungen zu verstehen, sondern als Aufforderung, auf einer professionellen Beziehungsebene zugänglicher und menschlicher (!) zu agieren, mit dem Ziel die Moral der Mannschaft zu steigern.[345] Gerade für Captain ARCHER sind gute und nahe zwischenmenschliche Beziehungen zu seinen Mitarbeitern wichtig und er gibt häufig entsprechende Führungsimpulse. In der Folge „Horizon" überredet er erst T'POL zu einem gemeinsamen Essen (ohne sexuelle Absichten) in der Capitänsmesse und dann zur Teilnahme an einer Filmvorführung mit der gesamten Mannschaft zum Frankenstein-Kinoabend. Im weiteren Verlauf dann frühstücken ARCHER, TRIP und T'POL zusammen und sprechen unter anderem über den Frankensteinfilm. Das bewusste Herstellen von Nähe beschränkt sich bei dem Captain dabei nicht nur auf seine direkten Mitarbeiter, sondern zeigt sich auch bei anderen Mitarbeitern. So begrüßt er beispielsweise in derselben Folge auf sehr persönliche Art und Weise TRAVIS MAYWEATHER, der vom Urlaub zurückkehrt und erkundigt sich da über seinen Urlaub und wie es ihm ergangen ist.[346]

Aufgrund der besonderen Situation, auf einmal allein im DELTA-QUADRANTEN zu sein, kommt einer nahen und persönlichen Beziehung zwischen Führungskraft und Mitarbeitern sowie zwischen den Mitarbeitern insgesamt eine noch größere Bedeutung zu. Daher ist nur konsequent, dass Captain JANEWAY die gesamte Mannschaft als eine Großfamilie ansieht, um die sie sich kümmern muss. Sie reflektiert diese neue Situation in ihrem Logbuch, die auch daher eine Herausforderung darstellt, weil auf der Akademie den Captains Distanz beigebracht wurde:

> Janeway: „Vielleicht kann es nur so funktionieren. Vielleicht ist diese Distanz notwendig, vielleicht muss ich aufgrund dieser Situation in ihren Augen [Anm.: Der Mannschaft] jetzt übermenschlich sein."[347]

Daraufhin versucht sie Small Talk mit HARRY KIM und TOM PARIS, die zusammen beim Essen sind, was offensichtlich ziemlich krampfhaft und ungewohnt für beide Seiten ist. Es ist nicht möglich innerhalb von kurzer Zeit von ausgeprägter Distanz auf ausgeprägte Nähe umzuschalten, da beide Seiten ihre Erwartungen an die Füh-

---

[345] Vgl. Enterprise (2002): Der Laufsteg, 2. Staffel, Zeit 20:00
[346] Vgl. Enterprise (2003): Horizon, 2. Staffel. Vgl. auch Enterprise (2002): In sicherem Gewahrsam, 1. Staffel, in der Folge ist Captain ARCHER bewusst mit dem Fähnrich MAYWEATHER in einer Fähre unterwegs und sucht den Austausch und Beziehungsaufbau.
[347] Voyager (1995): Der mysteriöse Nebel, 1. Staffel, Anfangsszene

rungsbeziehung neu adjustieren und ihre wechselseitigen Erwartungen aufeinander abstimmen müssen. Zunächst reagiert TOM PARIS daher mit Abwehr auf diese „Annäherungsversuche" von Captain JANEWAY.

Paris: „Ein Captain erwartet nicht Höflichkeit, sondern Respekt. Darum gibt es auch keine Vertraulichkeit mit unteren Rängen. "

Darauf Kim: „[...] Mit wem soll sie denn hier draußen vertraulich werden?"[348]

Das Austarieren zwischen Distanz und Nähe und die Verschiebung zu einem neuen Gleichgewichtspunkt kann daher nur schrittweise erfolgen, was sowohl Captain JANEWAY als auch ihren Mitarbeitern schließlich insgesamt gut gelingt. Wie herausfordernd das Austarieren selbst nach langer gemeinsamer Zeit ist, zeigt sich exemplarisch in der späten VOYAGER-Folge „ Asche zu Asche", in der Ensign BALLARD zum Dinner bei Captain JANEWAY eingeladen wird und in Galauniform erscheint, während JANEWAY sie in einem lockeren Freizeitgewand empfängt.[349] Die wechselseitigen Erwartungen waren offensichtlich unterschiedlich und wurden nicht vorher aktiv abgeglichen, was zu diesem Missverständnis geführt hat, das wohl zumindest für Ensign BALLARD etwas unangenehm war.

Auch für Captain PICARD, der vom Typus her eher introvertiert und distanziert ist, ist das Finden der richtigen Balance eine dauerhafte Herausforderung. Grundsätzlich gilt für ihn die Regel der Nichteinmischung, die er einmal gegenüber WESLEY CRUSHER formuliert.

Picard: „Normalerweise mische ich mich nicht in die persönlichen Angelegenheiten der Menschen ein, die unter meinem Kommando stehen. "[350]

Dabei geht es ihm auch um die Glaubwürdigkeit und Autorität als Führungskraft, die möglicherweise leiden könnte, wenn zu viel Nähe, Offenheit und damit auch Ehrlichkeit gelebt wird.

Picard zu Data: „Data, übertriebene Ehrlichkeit kann katastrophal sein, besonders für einen Commander. "

Data: „Tatsächlich?"

Picard: „Seine eigenen Grenzen zu kennen ist gut. Aber diese Grenzen allen zu offenbaren, könnte ihre Glaubwürdigkeit als Offizier schädigen. "[351]

Captain PICARD sucht daher nur sehr selektiv die Nähe zu einzelnen Mitarbeitern. So steht er insbesondere GUINAN, BEVERLEY CRUSHER, TROI, aber auch RIKER durchaus nah. Kennzeichnend ist dabei, dass diese Nähe in der Regel zu zweit ausgelebt wird und nicht im größeren Kreis, zum Beispiel auf der Brücke. Da spielt

---

348 Voyager (1995): Der mysteriöse Nebel, 1. Staffel, Anfangsszene
349 Vgl. Voyager (2000): Asche zu Asche, 6. Staffel, Zeit 23:15
350 The Next Generation (1989): Die Thronfolgerin, 2. Staffel, Zeit 29:15
351 The Next Generation (1989): Die Macht der Paragraphen, 3. Staffel, Zeit 29:15

und ist Captain PICARD dann typischerweise die kontrollierte und eher distanzierte Führungskraft.

Bemerkenswerterweise kommt Captain PICARD in der allerletzten Szene der Serie THE NEXT GENERATION, in der Folge „Gestern, heute, morgen" zum ersten Mal zum Pokertisch der anderen Brückenoffiziere und stellt, etwas bedauernd, fest, dass er schon früher hätte dazu kommen sollen. Seiner Autorität hätte es sicherlich nicht geschadet.[352]

---

[352] Vgl. The Next Generation (1994): Gestern, heute, morgen, 7. Staffel, Schlussszene

6 Mission 4: Unternehmensführung
Eine Führungskraft kann und muss mehr machen als direkte Führung, sie verantwortet das Ganze – Personalführung ist nur ein Gestaltungshebel

Bereits bei der Auswahl und Ausbildung von Mitarbeitern und auch bei der Gestaltung der Arbeitsorganisation und Prozesse sowie der Festlegung übergreifender Strategien und Ziele werden die Weichen gestellt für die Leistungsfähigkeit und Problemlösungskompetenz der Organisation. So fördert beispielsweise auch die Architektur der Brücke der ENTERPRISE über die Bereitstellung einer Vielzahl von Datenanzeigen (visuelles Management) und der Anwesenheit zentraler Experten die schnelle Einschätzung neuer Situationen und das Treffen adäquater Entscheidungen. Eine Führungskraft sollte sich dieser verschiedenen Gestaltungshebel und Ansatzpunkte bewusst sein und sie aktiv gestalten, um die eigenen Ziele umzusetzen.

Kernfragen, die auf dieser Mission beantwortet werden

- Über welche Gestaltungshebel neben der direkten Personalführung verfügen Führungskräfte?

- Wie können diese im Sinne wirksamer ganzheitlicher Führung erfolgreich genutzt werden?

6.1 Neben der direkten Personalführung verfügt eine Führungskraft grundsätzlich über weitere fünf Führungssubstitute und Gestaltungshebel

Eine zentrale Frage für jede Führungskraft ist die, wie Verhalten und Zusammenarbeit der Mitarbeiter im Sinne der eigenen bzw. Unternehmensziele gesteuert und beeinflusst werden können. Mit der direkten Personalführung von Mitarbeitern und Teams befassten sich die vorangehenden Missionen. Daneben gibt es aber eine Reihe weiterer, hoch effektiver Gestaltungshebel, die Einstellung, Kompetenzen und Verhalten der Mitarbeiter zielgerichtet beeinflussen können. Die Gestaltungsmöglichkeiten setzen dabei weit vor der konkreten Führungssituation an und beinhalten zum Beispiel bereits die Ausbildung für einen bestimmten Beruf.

Die STERNENFLOTTE benötigt Hochleistungsteams, die selbständig komplexe und kritische Situationen in den Weiten des Universums bewältigen können. Dafür müssen die Führungskräfte alle Gestaltungshebel nutzen, die ihnen potenziell zur Verfügung stehen.

Im Folgenden geht es daher um sogenannte **Führungssubstitute und Koordinationsmechanismen.**[353] Diese dienen auch zur Entlastung der Führungskraft, die damit entsprechend mehr Zeit hat, sich auf die **nicht delegierbaren Führungsaufgaben** (vor allem Strategie, Richtungsentscheidungen, unternehmenswichtige Aufgaben) zu konzentrieren und nicht nur ein Feuer nach dem anderen löschen oder sich im operativen Alltag zu verlieren. Die nachfolgende Abbildung gibt einen Überblick über die weiteren Gestaltungshebel und Führungssubstitute, die Führungskräfte neben der direkten Personalführung nutzen und zielgerichtet gestalten sollten. In den folgenden Abschnitten werden diese ausführlicher dargestellt.

Abbildung 19: Führungssubstitute und Gestaltungshebel ganzheitlicher Führung

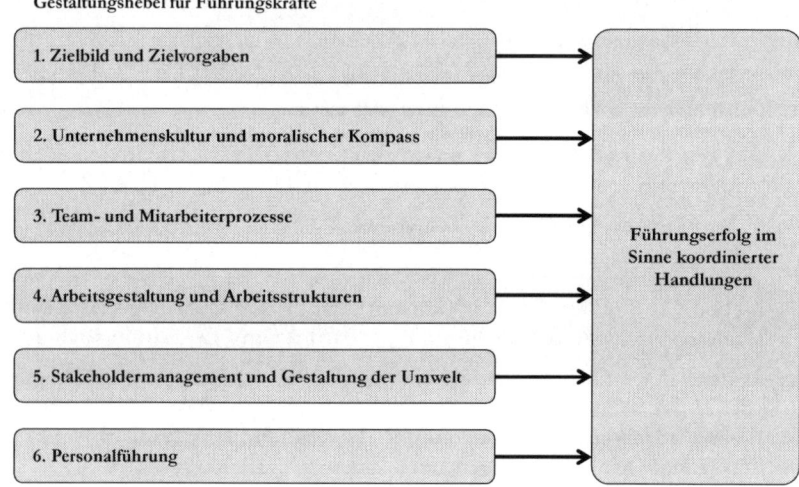

Der wesentliche Mechanismus hierbei ist **Standardisierung und Professionalisierung**. Durch die Standardisierung von Qualifikationen, Funktionen, Arbeitsabläufen etc. koordiniert sich die Organisation strukturell und kulturell gleichsam selbst, ohne dass eine Führungskraft steuernd eingreifen müsste. Die Mitarbeiter wissen selbst, was zu tun ist und sind entsprechend dazu befähigt.

Sicherlich sind nicht alle der folgenden Führungssubstitute zur Beeinflussung der Mitarbeiterqualität und des Mitarbeiterverhaltens unmittelbar oder kurzfristig für

---

[353] Ausführlicher zu Koordinationsmechanismen und Führungssubstituten vgl. Mintzberg, Henry (1993): Structure in Five – Designing Effective Organizations, Upper Saddle River, S. 4ff sowie Türk, Klaus (1981): Personalführung und soziale Kontrolle, Stuttgart, S. 46

jede Führungskraft beliebig veränderbar. Gestaltungsspielräume gibt es aber immer und die sollten genutzt und ausgebaut werden. Der erste Schritt dazu ist das Bewusstsein, dass es sich hierbei um potenzielle Gestaltungshebel handelt.

6.2 Gestaltungshebel 1: Mit einem gemeinsamen Zielbild und klaren Zielvorgaben können die Mitarbeiter ihr Denken und Handeln selbstständig ausrichten

Effektives Handeln braucht ein klares übergeordnetes Zielbild, um die Energie und Aufmerksamkeit der Führungskräfte und Mitarbeiter zu fokussieren. Es handelt sich in diesem Sinne um Leitplanken und Orientierungsmuster, die auch in neuen Situationen schnelles koordiniertes Handeln der Gesamtmannschaft ermöglichen, ohne dass zunächst Grundsatzdiskussionen und lange Selbstfindung erforderlich sind. Aus den Zielen, im Zusammenspiel mit einer gemeinsamen Wertebasis, ergibt sich die Priorisierung gleichsam automatisch. Ein Zielbild kann und sollte in unterschiedlichen Konkretisierungs- und Operationalisierungsstufen vorliegen, die konsistent zueinander sein sollten.

6.2.1 Ausgehend vom übergreifenden Unternehmenszielbild sollte sich die Führungskraft ein eigenes Bild von der Zukunft machen

Die STERNENFLOTTE als gesamte Organisation verfolgt zwei übergeordnete Ziele: 1) Erforschung der Galaxie und 2) Verteidigung der Mitgliedswelten der Vereinigten Föderation der Planeten. Prinzipiell sollten daher sowohl alle Aktivitäten der Mitglieder als auch die Strukturen der STERNENFLOTTE auf diese Ziele ausgerichtet sein. Diese beiden Ziele erfüllen die zentralen Anforderungen an die Formulierung übergreifender Ziele. Sie sind prägnant und verständlich, dabei aber prinzipiell für alle Situationen und dauerhaft gültig und operationalisierbar. Sie sind positiv formuliert und attraktiv für die STERNENFLOTTENMITGLIEDER, die sich bewusst für diese Ziele entschieden haben.

Das Motto der STERNENFLOTTENAKADEMIE, an der die zukünftigen Offiziere der Sternenflotte ausgebildet werden lautet konsequenterweise „Ex Astris, Scientia" („Von den Sternen, Wissen").[354] In den drei Worten bündelt sich der Forschungsdrang der STERNENFLOTTENMITGLIEDER, der innere Antrieb dazuzulernen. Solche klaren Formulierungen sind Teil eines professionellen Erwartungsmanagements, bei dem im Vorfeld und nach außen das versprochen wird, was nachher auch der erlebbaren Realität entspricht.

---

[354] Vgl. Okuda, Michael/Okuda, Denise (1999): The Star Trek Encyclopedia – A Reference Guide to the Future, Updated and Expanded Edition, New York, S. 467

Ein prägnantes Beispiel für ein positives und emotional aufgeladenes Ziel – der Change Management-Experte JOHN KOTTER würde es als „Big Opportunity"[355] bezeichnen – stellt das Ziel der Fünfjahresmission der ENTERPRISE dar:

> *„Der Weltraum, unendliche Weiten. Dies sind die Abenteuer des Raumschiffs Enterprise, das fünf Jahre unterwegs ist, um neue Welten zu erforschen, neues Leben und neue Zivilisationen. Um in Galaxien vorzudringen, die nie ein Mensch zuvor gesehen hat."*[356]

Eine noch größere Kraft kann ein Zielbild entfalten, wenn es nicht nur aus Worten besteht, **sondern auch die anderen Sinne anspricht**, zum Beispiel visuell durch Bilder und Filme, auditiv durch Musik oder durch Gerüche gemeinsames Erleben. Je umfassender ein Zielbild „empfangen" wird umso stärker ist die emotionale Konditionierung und Verbindung mit dem Zielbild.

Wichtig im Sinne der Authentizität und Handlungskraft einer Führungskraft ist, dass sich die Führungskraft das übergreifende Ziel der Organisation zu eigen macht und für sich ein klares Bild von der Zukunft entwirft. Dabei kann es hilfreich sein, auf die Unterstützung Dritter zurückzugreifen, zum Beispiel im Rahmen eines Coachings. Captain ARCHER wird im Rahmen des TEMPORALEN KRIEGES von DANIELS, einem Zeitagent der FÖDERATION aus dem 31. Jahrhundert, regelmäßig aufgesucht. Dieser nimmt ihn mit zu dem Zeitpunkt in der Zukunft, in der die Gründungsfeier der FÖDERATION stattfindet, mit ARCHER selbst als Unterzeichnenden.[357] Dieses Bild und klare Ziel hilft ARCHER, seine Gedanken zu sortieren sowie fokussiert und entschlossen zu handeln und die Zukunft aktiv zu gestalten. Und mehr noch, es vergrößert seine Überzeugungskraft anderen gegenüber, um im Sinne des Ziels zu handeln. So kann er zum Beispiel den ANDORIANER SHRAN dazu bringen, die historische Bedeutung einer Kooperation zwischen TELLARITEN, ANDORIANERN und Menschen zu sehen und sich, trotz aller Vorbehalte, darauf einzulassen.[358]

Ein klares Zielbild gibt Struktur und Orientierung, darf aber **nicht zu starr ausgelegt** werden und muss immer noch die Möglichkeit in sich tragen, verbunden mit der Flexibilität der handelnden Personen, sich den situativen Entwicklungen anzupassen. Da Captain KIRK um die Bedeutung von Regeln weiß, aber auch, dass sie nicht immer sklavisch eingehalten werden sollten, gibt er JAYLAH im Film „Star Trek – Beyond" zur Aufnahme in die Sternenflottenakademie einen wichtigen Rat.

---

[355] Vgl. Kotter, John P. (2014): Accelerate - Building Strategic Agility for a Faster-Moving World, Boston, S. 131 ff

[356] Vgl. Spielfilm Star Trek XIII (2016): Star Trek – Beyond, Zeit 1:48:16. Unter anderem wird das Ziel im Film „Star Trek – Beyond" zum Schluss vom Führungsteam gesprochen. Jeder spricht einen Teil voll Stolz und Energie.

[357] Vgl. Enterprise (2004): Stunde Null, 3. Staffel, Zeit 10:15

[358] Vgl. Enterprise (2005): Vereinigt, 4. Staffel, Zeit 15:20

Kirk: „Da gibt es eine Menge Regeln, befolgen Sie nicht alle."[359]

Captain ARCHER hat ebenfalls diese Gratwanderung zwischen Planbarkeit und Gestaltbarkeit verstanden, was sich exemplarisch an der Folge „Vereinigt" zeigt, in der ihn T'POL vom tödlichen Kampf mit SHRAN abhalten will.

T'Pol: „Die Vulkanier haben ein Sprichwort: Ein Mann kann die Zukunft gestalten. Wenn dieser Mann sein Leben jedoch vor seiner Zeit wegwirft, was passiert dann?"

Archer: „Ich habe in diesen Jahren auf der Enterprise etwas gelernt. Nämlich, dass die Zukunft nicht feststeht.[360]

Mit Hilfe von HOSHI SATO und TRAVIS MAYWEATHER wird ein Ausweg gefunden. Im Duell schneidet ARCHER SHRAN die linke Antenne ab. Der Kampf ist damit beendet und der Tradition wurde Genüge getan.[361] Durch die Neuinterpretation der konkreten Situation und im Hinblick auf das ferne Ziel einer FÖDERATION DER PLANETEN wurde kreativ und zielgerichtet gehandelt.

6.2.2 Die konkrete Operationalisierung in Direktiven und Richtlinien macht die Ziele greifbar

Die oben genannten Ziele und Zukunftsbilder müssen, um ihre Funktion zu erfüllen kurz und allgemeingültig formuliert sein. Dadurch ergeben sich zwangsläufig Interpretationsspielräume in konkreten Situationen. Wie genau ist bei der Erforschung neuer Zivilisationen vorzugehen? Welche Mittel dürfen dafür eingesetzt werden, welche nicht? Daher gibt es ergänzende Direktiven, Richtlinien oder Führungsgrundsätze. Diese geben, zumindest wenn sie bekannt und akzeptiert sind, die Spielregeln für die Zusammenarbeit vor. Sie begrenzen einerseits die Handlungsoptionen. Andererseits machen sie, unabhängig von einer konkreten Führungssituation, Vorgaben, wie in einem bestimmten Fall von Führungskraft und Mitarbeiter zu agieren ist.[362]

Die wohl wichtigste Führungsrichtlinie der STERNENFLOTTE ist die sogenannte **OBERSTE DIREKTIVE**, die besagt, dass sich kein Raumschiff in die natürliche Entwicklung von außerirdischem Leben oder Gesellschaften einmischen darf. Damit sind insbesondere PRÄ-WARP-ZIVILISATIONEN gemeint sind.[363] Die Entwicklung des WARPANTRIEBS wird als Voraussetzung für die Reife einer Zivilisation gesehen. Die STERNENFLOTTE hat damit dieses Kriterium von den VULKANIERN übernommen,

---

[359] Spielfilm Star Trek XIII (2016): Star Trek – Beyond, Zeit 1:47:00

[360] Enterprise (2005): Vereinigt, 4. Staffel, Zeit 27:30

[361] Vgl. Enterprise (2005): Vereinigt, 4. Staffel, Zeit 27:30

[362] In der Anfangszeit der STERNENFLOTTE gibt es noch nicht viele Direktiven und Richtlinien, was zum Beispiel Captain ARCHER in der Folge „Lieber Doktor" bedauert. Er steht vor der Entscheidung, ob er einer bedrohten Zivilisation den WARPANTRIEB überlassen soll. Und er sieht den Bedarf für eine entsprechende Direktive zur Orientierung. Vgl. Enterprise (2002): Lieber Doktor, 1. Staffel, Zeit 38:04

[363] Vgl. The Next Generation (1991): Die Auflösung, 4. Staffel

die die Menschheit schon länger beobachtet hatten, aber erst den Erstkontakt herstellten, nachdem ZEPHRAN COCHRANE den ersten erfolgreichen WARPFLUG absolvierte.[364]

Bei der OBERSTEN DIREKTIVE wird deutlich, dass es trotz einer sehr klaren Vorgabe im konkreten Fall Interpretationsbedarf und unterschiedliche Sichtweisen gibt. Verschärfend kommt hier noch dazu, dass eine Kernaufgabe der STERNENFLOTTE darin besteht, fremde Zivilisationen zu erforschen, sodass es immer wieder zu einem Zielkonflikt für die Führungskräfte kommen muss. Führungsrichtlinien können daher nur Leitplanken vorgeben, nicht aber die Bewertung und Entscheidung einer Führungskraft in einem konkreten Fall ersetzen.[365] Letztlich muss die Führungskraft die Verantwortung für die situativ angemessene Entscheidung übernehmen. Direkte Führung wird also nicht überflüssig, sondern fokussiert auf den eigentlichen Führungsbedarf.

Dementsprechend kommt es daher immer wieder zu durchaus bewussten Verstößen gegen die OBERSTE DIREKTIVE. Stellvertretend für viele andere Beispiele stehen hier der Spielfilm „Into Darkness" in dem Captain KIRK die Tarnung des Schiffes auffliegen lässt, um SPOCK zu retten, in der THE NEXT GENERATION-Folge „Brieffreunde", in der die ENTERPRISE eingreift, um die VULKANISCHE Aktivität, die den Planeten bedroht, zu stoppen oder in der ENTERPRISE-Folge „Der Kommunikator", in der ARCHER und REED einen Kommunikator auf dem Planeten einer PRÄ-WARPKULTUR vergessen hatten und nun eine Einmischung erforderlich ist, um das eigene Leben zu retten.[366]

Mitarbeiter und Führungskräfte erhalten insgesamt betrachtet über Direktiven und Richtlinien Handlungsvorgaben, die das Einholen einer Entscheidung ihres Vorgesetzten prinzipiell überflüssig machen und so schnelles, eigenständiges Handeln ermöglichen. Vorgehensweisen zum Beispiel bei Außenmissionen werden, soweit es geht, standardisiert und finden daher auch Ausdruck in generellen STERNENFLOTTENVORSCHRIFTEN.

Die folgende unvollständige Auflistung weiterer Beispiele für Direktiven und Richtlinien zeigt die Bandbreite der geregelten Themen:

---

[364] Vgl. Spielfilm Star Trek VIII (1996): Der erste Kontakt; Vgl. Enterprise (2001): Die Saat, 1. Staffel, Zeit 03:20

[365] Zu Situationen, in denen über die richtige Interpretation und Anwendung der OBERSTEN DIREKTIVE durchaus hart und kontrovers diskutiert wird vgl. stellvertretend PIKE und BURNHAM in Discovery (2019): New Eden, 2. Staffel, Zeit 20:11 und 35:50 sowie TYLER und BURNHAM in Discovery (2017): Si Vis Pacem, Para Bellum, 1. Staffel, Zeit 12:37.

[366] Vgl. Spielfilm XII (2013): Into Darkness, Zeit 07:05; Vgl. The Next Generation (1989): Brieffreunde, 2. Staffel; Vgl. Enterprise (2002): Der Kommunikator, 2. Staffel. Siehe auch Raumschiff Enterprise (1967): Landru und die Ewigkeit, 1. Staffel, Zeit 34:50 sowie Raumschiff Enterprise (1967): Krieg der Computer, 1. Staffel, Zeit 20:00

- **DIREKTIVE 010**: Bevor man sich auf einen Kampf mit einer fremden Spezies einlässt, müssen alle Versuche unternommen werden, einen ersten Kontakt herzustellen und eine nicht-militärische Lösung zu finden.[367]

- **TAKTISCHE DIREKTIVE 36**: Der Captain wird eine feindliche Macht nicht ohne Schutz durch einen Sicherheitsoffizier angreifen.[368]

- **STERNENFLOTTENVORSCHRIFT 19, Absatz C**: Das Kommando über ein anderes Raumschiff der STERNENFLOTTE kann übernommen werden, wenn akute Gefahr besteht, wenn das Leben von FÖDERATIONSMITBÜRGERN bedroht wird oder wenn kein anderer Offizier gleichen oder höheren Rangs anwesend ist, um die Gefahr zu entschärfen.[369]

- **STERNENFLOTTENVORSCHRIFT 476-9**: Alle Außenteams müssen mindestens einmal pro Tag der Brücke Bericht erstatten.[370]

- **OMEGA DIREKTive**: Diese Direktive setzt alle anderen Direktiven außer Kraft, ist nur den Führungsoffizieren bekannt und verlangt die sofortige Benachrichtigung des STERNENFLOTTENKOMMANDOS sobald das hochenergetische und damit hochzerstörerische Omegapartikel entdeckt wird.[371]

Nicht nur die STERNENFLOTTE hat generelle Richtlinien und Führungsgrundsätze, sondern auch die anderen Völker und Akteure folgen bestimmten Regeln. Anhand dessen, was und wie die Richtlinien jeweils etwas regeln, zeigen sich die Haupthandlungsfelder. Bei der STERNENFLOTTE wird insbesondere das Verhalten beim Zusammentreffen mit anderen Zivilisationen geregelt. Bei den FERENGI spielen dagegen die Erwerbsregeln, auch Regeln der Aneignung, eine zentrale Rolle, da das Geschäftemachen und die Anhäufung von Profit den zentralen Daseinszweck für die FERENGI darstellen, wie die folgenden Beispiele zeigen. Es handelt sich dabei um praktische Orientierungshilfen für konkrete Situationen, die von den FERENGI regelmäßig in ihren Gesprächen eingestreut und damit verstetigt werden.

„Geld und Gold, das lieb ich sehr. Und habe ich es erst von anderen, gebe ich es nicht mehr her."[372]

„Es dürfen niemals Verwandte einer günstigen Gelegenheit im Wege stehen."[373]

---

367 Vgl. Voyager (1998): In Fleisch und Blut, 5. Staffel, Zeit 28:35
368 Vgl. Voyager (2000): Unimatrix Zero – Teil 1, 6. Staffel
369 Vgl. Discovery (2019): Bruder, 2. Staffel, Zeit 11:15
370 Vgl. Voyager (1998): Es war einmal …, 5. Staffel
371 Vgl. Voyager (1998): Die Omega Direktive, 4. Staffel
372 Vgl. Deep Space Nine (1993): Die Nachfolge, 1. Staffel, Zeit 02:20
373 Vgl. Deep Space Nine (1993): Die Nachfolge, 1. Staffel, Zeit 12:57. Zu weiteren FERENGI-Erwerbsregeln vgl. Okuda, Michael/Okuda, Denise (1999): The Star Trek Encyclopedia – A Reference Guide to the Future, Updated and Expanded Edition, New York, S. 152 und 607.

Die nächste Stufe der Operationalisierung von übergeordneten Zielen stellt dann die Formulierung der **konkreten operativen Aufträge und Arbeitsanweisungen** dar. Auch wenn dann die Bewältigung eines einzelnen konkreten Problems im Vordergrund steht, fällt es den beteiligten Mitarbeitern einfacher den Auftrag zu erfüllen, wenn sie die Verbindung zu den übergreifenden Zielen sehen.

Die Aufträge des STERNENFLOTTENHAUPTQUARTIERS sind in der Regel relativ knappgehalten und geben den verantwortlichen Captains einerseits ein Ziel und Leitplanken vor. Andererseits bleiben auch sie noch interpretierbar hinsichtlich der genauen Zieldefinition und vor allem hinsichtlich der genauen Vorgehensweise. So lautet beispielsweise der Auftrag des STERNENFLOTTENKOMMANDOS an Captain KIRK in der Folge „Bele jagt Lokai" lediglich „Entseuchung des Planeten", oder etwas ausführlicher in der Folge „Die Wolkenstadt", in der KIRK den Befehl an die Mannschaft weitergibt:[374]

> *Kirk: „Eine Pflanzenseuche verwüstet einen Planeten in dem galaktischen Quadranten, in dem die Föderation zurzeit operiert. Die Seuche droht die Vegetation des Planeten zu zerstören und ihn unbewohnbar zu machen. Die Föderationsorder lautet, mit schnellster Warp-Geschwindigkeit zum Planeten Ardana, um dort Zenait zu holen, die einzige Substanz, die der Seuche Einhalt gebietet."*[375]

Aus dem Zusammenspiel aus übergeordneten Zielen und dem konkreten Auftrag wird den Führungskräften und Mitarbeitern ein fokussiertes Handeln ermöglicht und die gemeinsamen Handlungen werden koordiniert.

6.3 Gestaltungshebel 2: Eine starke Unternehmenskultur mit klarem Wertefundament und moralischem Kompass gibt Orientierung über die einzelne Führungssituation hinaus

Mit einem klaren inhaltlichen Zielbild wird die Richtung vorgegeben, aber es kann nicht jede Handlung konkret vorgegeben werden. Daher braucht es zusätzlich ein gemeinsames Wertefundament, das aus gemeinsamen Grundüberzeugungen, Werten und Menschenbildern besteht.

Die gemeinsamen Werte erfüllen im Zusammenspiel die Funktion eines „moralischen Kompasses", der Führungskräften und Mitarbeitern hilft zu entscheiden, was das richtige und gute Verhalten ist, aber auch, welches Verhalten unangemessen ist. Der moralische Kompass der Führungskräfte der STERNENFLOTTE setzt sich aus **fünf wesentlichen Werten zusammen: Positives Menschenbild, Sachorientierung, Teamgeist, Integrität sowie einer Balance aus Individualität und Gemeinschaft.**

---

[374] Vgl. Raumschiff Enterprise (1969): Bele jagt Lokai, 3. Staffel, Anfangsszene
[375] Raumschiff Enterprise (1969): Die Wolkenstadt, 3. Staffel, Anfangsszene

6.3.1 Komponenten des moralischen Kompasses: Ein positives Menschenbild fokussiert auf Gleichwertigkeit, Leistung und Entwicklung

Der Begriff Menschenbild bezeichnet die **Gesamtheit der Grundannahmen** zum Wesen des Durchschnittsmenschen, die sich zu einem Typ, einer Ausprägung eines Menschenbildes verdichten lassen. Das jeweilige Menschenbild ist oft unbewusst, und wird als selbstverständlich angesehen. Die große Relevanz ergibt sich daraus, dass das jeweilige Menschenbild wie eine Brille wirkt, durch die eine Person andere Personen sieht, bewertet und behandelt.

Das positive Menschenbild der Führungskräfte der STERNENFLOTTE entspricht im Wesentlichen der **Theorie Y** von MCGREGOR, demzufolge der Durchschnittsmensch:

- ein natürliches Bedürfnis nach körperlicher und geistiger Anstrengung beim Arbeiten hat;

- Selbstdisziplin, Selbstkontrolle und Kreativität zeigt, wenn er die Ziele als sinnvoll erkannt hat;

- motiviert Verantwortung bei geeigneten Bedingungen und Belohnungen übernimmt und sich weiterentwickeln will.[376]

Die Aufgaben einer Führungskraft bestehen daher darin, motivierende, ermutigende und bedürfnisgerechte Arbeitsbedingungen zu schaffen, damit die Mitarbeiter ihr Leistungspotenzial voll entfalten können. Es herrscht ein **Klima der Wertschätzung, von Respekt und Partnerschaftlichkeit**, wodurch ein stark ausgeprägtes Zusammengehörigkeitsgefühl erzeugt wird. Die Mitarbeiter werden ermutigt, auch neue Wege zu gehen, etwas auszuprobieren und ihre Potenziale zu entfalten. So zum Beispiel Captain ARCHER, der in der Folge „Freund oder Feind" HOSHI SATO ermutigt, es, statt mit dem Übersetzungscomputer, allein zu versuchen. Ihr gelingt es schließlich, erfolgreich mit den AXANAR zu kommunizieren – was sie sich zunächst nicht zugetraut hat.[377]

Die Grundüberzeugung lautet hier, dass Entwicklung möglich ist und das betrifft alle Menschen. Selbst ein so souveräner und in sich selbst ruhender Captain PICARD war in seinen jüngeren Jahren noch nicht so weit entwickelt, wie der folgende Dialog mit Dr. CRUSHER im Film „Nemesis" zeigt. Dort hält er ihr ein früheres Foto von sich in STERNENFLOTTENUNIFORM hin, das ihn optisch und vom Typ her an SHINZON erinnert, der ein genetischer Klon von ihm ist.

Picard: „Erinnern Sie sich an den?"

Crusher nimmt und betrachtet das Foto: „Er war etwas eingebildet, soweit ich weiß."

---

376 Vgl. McGregor, Douglas (1960): The Human Side of Enterprise, New York, S. 47f
377 Vgl. Enterprise (2001): Freund oder Feind, 1. Staffel, Zeit 38:00

Picard: „Er war ein verdammter Narr, egoistisch, von Ehrgeiz zerfressen, er musste unbedingt noch reifer werden."

Crusher: „Er hat sich gut entwickelt."

Picard: „Ich wollte Shinzon wirklich glauben, aber diese Talaronstrahlung kann nicht einfach abgetan werden. Was er auch erreichen will, es ist nicht Frieden."

Crusher: „Ähnelt er Ihnen, als Sie jung waren, sehr?"

Picard: „Oh ja."[378]

Im Zeitverlauft wird so eine **Positivspirale im Sinne ermutigender Führung** initiiert und immer weiter verstärkt, wie die folgende Abbildung zeigt.

Abbildung 20: Die Positivspirale ermutigender Führung[379]

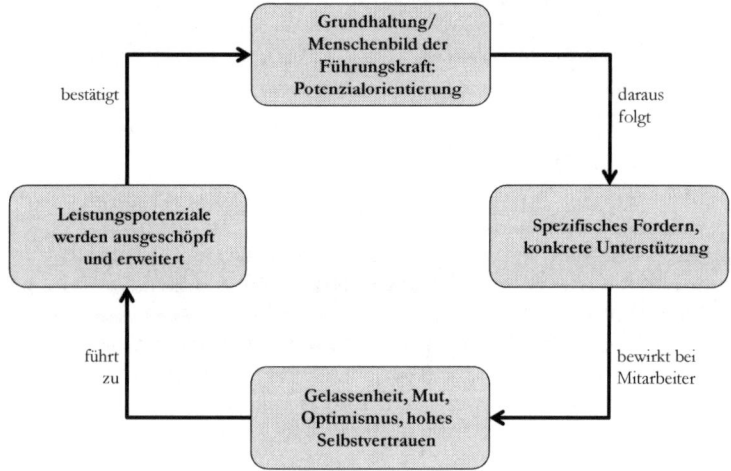

---

[378] Spielfilm Star Trek X (2002): Nemesis, Zeit 44:55

[379] Quelle: Teildarstellung aus Berner, Winfried/Hagenhoff, Regula/Vetter, Thomas/Führing, Meik (2015): Ermutigende Führung – Für eine Kultur des Wachstums, Stuttgart, S. 24. Genauso wie es eine Positivspirale gibt, gibt es auch bei einem negativen Menschenbild eine Negativspirale, im Sinne entmutigender Führung, was sich am Beispiel von QUARK und seinem Bruder ROM, der sein Mitarbeiter ist und ausgebeutet wird, veranschaulichen lässt. Die Grundhaltung ist dann eine Defizitorientierung. Daraus resultieren Nörgeln und Druck, was wiederum zu Angst und sinkendem Selbstvertrauen führt und dazu, dass die Leistungspotenziale nicht ausgeschöpft werden.

Ein solches positives Menschenbild zeigt sich auch daran, dass dem Mitarbeiter ein Vertrauensvorschuss gewährt wird, den zum Beispiel Admiral FORREST seinem Mitarbeiter Captain ARCHER gegenüber den VULKANIERN wie folgt formuliert:

> Forrest: „Was immer Archer vorhat, es gibt bestimmt gute Gründe dafür. Er weiß genau, was er macht."[380]

Ähnliches findet sich auch bei Captain KIRK, der überzeugt ist, dass sich SPOCK „sich schon etwas dabei gedacht"[381] hat, als dieser verbotenerweise nach TALOS IV fliegt, einen Planeten, auf dessen Besuch die Todesstrafe steht. Daran zeigt sich die besondere Stärke und **„Wetterfestigkeit"** ihres positiven Menschenbilds, da sie zu ihrer positiven Grundhaltung und ihren Mitarbeitern stehen.

Gleiches gilt für den Umgang mit schwierigen Mitarbeitern und in schwierigen Situationen. Dann sind Führungskräfte gefordert, an ihren Mitarbeitern dran zu bleiben, es immer wieder zu versuchen und sich auch durch Rückschläge nicht selbst entmutigen zu lassen. Ein eindrucksvolles Beispiel hierfür stellt die Führungsbeziehung von Captain JANEWAY zu SEVEN OF NINE bzw. die von Commander CHAKOTAY zu SEVEN OF NINE dar, die teilweise Befehle verweigert und sich schwer tut bei der Eingliederung ins Team.[382]

Eine weitere Facette eines positiven Menschenbilds ist der entwicklungsorientierte Umgang mit Fehlern. Es wird zugestanden, dass **Fehler grundsätzlich jedem passieren können** und kein Grund sind, deshalb das positive Menschenbild gleich aufzugeben und zum Beispiel MALCOLM REED dafür zu bestrafen, dass er einen Kommunikator auf der Planetenoberfläche einer PRÄ-WARPKULTUR vergessen hat.[383]

Ganz anders ist der Umgang mit Fehlern bei den KLINGONEN, wie die folgende Szene aus dem Film „Auf der Suche nach Mr. Spock" zeigt. Das FÖDERATIONSRAUMSCHIFF USS GRISSOM befindet sich im Orbit des Planeten GENESIS, während Dr. DAVID MARCUS und Lieutenant SAAVIK die Planetenoberfläche erkunden. Da enttarnt sich, von achtern kommend, der KLINGONISCHE BIRD OF PREY des Commanders KRUGE. Das KLINGONENSCHIFF war zum Planeten GENESIS geflogen, um die Daten und Technologie von GENESIS, also die Macht einen neuen Planeten zu schaffen, in seine Gewalt zu bringen. KRUGE befiehlt dem Bordschützen das Ziel – die GRISSOM – anzuvisieren. Als diese ausweichen will, erteilt er den Befehl zu feuern. Der Bordschütze feuert und zerstört die GRISSOM. Daraufhin ist KRUGE sehr wütend, da er nicht das Schiff zerstören wollte, sondern

---

[380] Enterprise (2002): Die Schockwelle – Teil 2, 2. Staffel, Zeit 10:00

[381] Raumschiff Enterprise (1966): Talos IV – Teil 1, 1. Staffel, Zeit 20:00

[382] Vgl. Voyager (2000): Asche zu Asche, 6. Staffel, Zeit 21:30; Voyager (1998): In Furcht und Hoffnung, 4. Staffel, Zeit 24:00; Voyager (1998): Jäger, 4. Staffel, Zeit 35:00 sowie Voyager (1997): Leben nach dem Tod, 4. Staffel, Zeit 22:40

[383] Vgl. Enterprise (2002): Der Kommunikator, 2. Staffel, Zeit 06:10

Gefangene machen wollte. Er richtet seine Strahlenpistole auf den Bordschützen und tötet und dematerialisiert ihn.[384] In dieser Kultur darf man keine Fehler machen.

6.3.2 Komponenten des moralischen Kompasses: Es geht immer um die Sache, nicht um das Ich

Während das Menschenbild die grundlegende Basis der Werte beschreibt, handelt es sich bei den jetzt folgenden **vier Werten** um besondere, einzelne Facetten des „moralischen Kompasses". Menschliches Denken und Handeln kann hinsichtlich der Ausrichtung in zwei grundsätzliche Typen unterschieden werden: Erstens kann es eher **sachbezogen** sein. Dann ist der Mensch an den Inhalten und der bearbeitenden Sache interessiert und bewertet neue Situationen oder Informationen vornehmlich daraufhin, inwiefern sie sich positiv oder negativ auf die Sache auswirken. Zweitens gibt es eher **ichhaftes Verhalten**, dann geht es dem Menschen in erster Linie um die eigene Person und den Status. Menschen mit ichhaftem Verhalten bewerten entsprechend jede neue Situation oder Information vornehmlich daraufhin, inwiefern sie sich positiv oder negativ auf das Ich auswirken.[385]

Etwas schematisch ausgedrückt, sehen sich ichorientierte Personen grundsätzlich in einem permanenten Positionierungs- und ggf. Machtkampf mit anderen, die ihnen alle potenziell gefährlich werden wollen und können. Daher kann niemandem vertraut werden und das oberste Ziel allen Handelns ist es, selbst gut dazustehen, Karriere zu machen und andere auszustechen. Jedes inhaltliche Gegenargument eines anderen ist damit immer bzw. in erster Linie ein Angriff auf die eigene Person.

Dagegen kann sich eine sachorientierte Person inhaltliche Gegenargumente entspannter anhören und auf ihre Stichhaltigkeit prüfen sowie, falls überzeugend, auch übernehmen. Damit steigt tendenziell die Qualität von Arbeitsergebnissen und Entscheidungen, da mehr Fakten und Perspektiven berücksichtigt werden.

Die Mitarbeiter der STERNENFLOTTE lassen sich zum überwiegenden Teil den sachorientierten Typen zuordnen. Am Beispiel von Commander RIKER lässt sich dies gut veranschaulichen. Er lehnt mehrfach Angebote ab, zum Captain befördert zu werden und ein eigenes Raumschiff zu befehlen.[386] Er entscheidet sich bewusst für die Enterprise und gegen einen Karriereschritt, weil er überzeugt ist, dort die Sache (spannende Aufgaben, starkes Team) am besten vorantreiben zu können. Das bemerkenswerte daran ist, dass die Ablehnung gerade kein Signal für fehlenden Leistungswillen, Angst vor neuer Verantwortung oder mangelndes Engagement ist.

---

[384] Vgl. Spielfilm Star Trek III (1984): Auf der Suche nach Mr. Spock, Zeit 48:00
[385] Vgl. Künkel, Fritz (1962): Einführung in die Charakterkunde, 13. Auflage, Stuttgart, S. 1ff
[386] Vgl. The Next Generation (1990): In den Händen der Borg – Teil 1, 3. Staffel, Zeit 05:00 sowie The Next Generation (1989): Rikers Vater, 2. Staffel

Ganz im Gegenteil ist es ein Signal für Leistung, Verantwortung und Engagement.[387]

In Anlehnung an das bekannte **Peter-Prinzip** (Mitarbeiter werden solange befördert, bis sie die Stufe ihrer Inkompetenz erreichen) kann von einem **RIKER-Prinzip** gesprochen werden, wenn hoch leistungsorientierte Personen nicht jedes Karriereangebot um der Karriere willen direkt annehmen, sondern Inhalten und der Sache den Vorrang geben.[388]

Sein Captain ist dabei für RIKER ein gutes Vorbild. Im Film „Nemesis" spricht er mit der mittlerweile zum Vice Admiral beförderten JANEWAY, die karrieretechnisch an ihm vorbeigezogen ist. Sie beauftragt ihn, die Lage auf ROMULUS zu sondieren und zum Ende des kurzen Gesprächs schimmert in ihrer ironischen Bemerkung durchaus etwas Neid durch.

Janeway: „Die Son'a, die Borg, die Romulaner, Sie bekommen wohl immer die leichten Aufgaben."

Picard zufrieden lächelnd: „Reine Glückssache, Admiral."

Janeway: „Hoffen wir, dass dieses Glück anhält. Janeway Ende."[389]

6.3.3 Komponenten des moralischen Kompasses: Kooperation geht vor Konkurrenz – Teamgeist gewinnt

Die Sachorientierung begünstigt tendenziell kooperatives Verhalten und reduziert Konkurrenzverhalten. Ein weiteres wesentliches Merkmal der STERNENFLOTTENKULTUR sind die ausgeprägte kooperative Grundhaltung und der zu beobachtende **Teamgeist**. Es gibt untereinander nur wenige „politische Spiele" und Positionierungskämpfe, es dominiert ein offenes und kooperatives Miteinander. Das gilt für Gefahrensituationen, wenn die Mannschaft Seite an Seite kämpft. Und das gilt, wenn eine technische Lösung erarbeitet wird, um die die ENTERPRISE wieder warpfähig zu machen.

Es gibt auf den Raumschiffen der STERNENFLOTTE auffällig wenige Beispiele für Konkurrenzkämpfe oder Situationen, in denen ein Mitarbeiter seine Position nicht akzeptiert oder sogar „am Stuhl des Vorgesetzten sägt".[390] Das ist immer dann der

---

[387] Dagegen ist die FERENGI-Kultur insgesamt klar durch eine profitorientierte Ichorientierung geprägt. Und auch bei den KLINGONEN, die in erster Linie eine Kriegerkultur sind, überwiegt die Ichorientierung vor der Sachorientierung. Es geht den handelnden Personen zwar auch um den Ruhm für das KLINGONISCHE Reich. Letztlich geht es aber den meisten KLINGONEN um den individuellen Ruhm und den nächsten Karriereschritt.

[388] Vgl. Peter, Laurence J./Hull, Raymond (2007): Das Peter-Prinzip: oder Die Hierarchie der Unfähigen, 8. Auflage, Reinbek

[389] Spielfilm Star Trek X (2002): Nemesis, Zeit 20:28

[390] Ganz anders sieht es übrigens im SPIEGELUNIVERSUM aus. Dort macht man Karriere, wenn man den Vorgesetzten aus dem Weg räumt und intrigiert, so wird KIRK von CHEKOV ange-

Fall, wenn das sorgfältig austarierte soziale Gefüge aus dem Gleichgewicht kommt. Dann werden auch kooperative Teamplayer zu Einzelkämpfern, die ihr Revier verteidigen bzw. erobern wollen. Folgende Beispiele der Nicht-Kooperation und Konkurrenz machen dies deutlich:

- Im ersten STAR TREK-Spielfilm „Der Film" sucht Admiral KIRK den Machtkampf mit dem aktuellen Captain der ENTERPRISE, WILLARD DECKER, was sich negativ auf die Gesamtverfassung auf der Brücke auswirkt.[391]

- Zwischen Commander RIKER, dem ein Kommando angeboten wurde und der ehrgeizigen Lieutenant Commander SHELBY, die seinen Job auf der ENTERPRISE haben will, kommt es zu größeren Spannungen, die schrittweise größer werden.[392]

- Vier befreundete junge Fähnriche der ENTERPRISE unter Captain PICARD befinden sich auf einmal in einer Konkurrenzsituation, wobei sich die Fähnriche SAM LAVELLE und SITO JAXA auf den gleichen Posten bewerben. Dieser Konkurrenzkampf hat auch Ausstrahlungseffekte auf WORF, der SITO präferiert, und auf RIKER, der LAVELLE unterstützt.[393]

Allen Beispielen ist gemeinsam, dass die Konkurrenzsituation letztlich nur dadurch gelöst wird, dass eine Konkurrenzpartei am Ende das Geschehen verlässt, z.B. vom Raumschiff geht oder stirbt. Offensichtlich ist es **nicht bzw. kaum möglich, dass zwei „Alpha-Tiere" dauerhaft nebeneinander arbeiten**, ohne dass die Stimmung und Leistungsfähigkeit leiden. Eine bemerkenswerte Ausnahme bildet die Konstellation von KIRK und SPOCK. Zu Anfang war SPOCK der Captain, was KIRK nie richtig akzeptieren konnte. Aber nach verschiedenen Machtkämpfen haben sie eine stabile Konstellation gefunden und wurden sogar sehr gute Freunde. Dies aber auch nur, weil KIRK die unumstrittene Position des Captains bekommen hat und SPOCK seine Position als erster Offizier akzeptierte.[394]

Wie sehr Teamgeist und Kooperation bei der STERNENFLOTTE grundsätzliche Werte sind, zeigt sich auch im Vergleich zur Unternehmenskultur auf KLINGONISCHEN Schiffen, auf denen man aus Sicht von Chief O'BRIAN permanent von Mördern umgeben sei, was aber eine Fehlinterpretation der Kultur ist, wie DAX feststellt:

> *Dax: „Ganz so chaotisch ist es nicht. Die soziale und militärische Hierarchie auf einem klingonischen Schiff ist sehr strengen Regeln unterworfen. Ein Untergebener kann nur einen direkten Vorgesetzten herausfordern und das nur unter bestimmten Umständen."*

---

griffen, SULU macht unangemessene Annäherungsversuche bei UHURA. Vgl. Raumschiff Enterprise (1967): Ein Paralleluniversum, 2. Staffel, Zeit 09:40
[391] Vgl. Spielfilm I (1979): Der Film, Zeit 22:15, 42:45
[392] Vgl. The Next Generation (1990): In den Händen der Borg – Teil 1, 3. Staffel, Zeit 25:20
[393] Vgl. The Next Generation (1994): Beförderungen, 7. Staffel
[394] Vgl. Spielfilm XI (2009): Star Trek

Bashir: „Und welcher Art wären diese Umstände?"

Dax: „Unehrenhaftes Verhalten, [...] Pflichtversäumnis oder Feigheit."[395]

Die ausgeprägte Kooperationsfähigkeit bei der STERNENFLOTTE ist hart erarbeitet und nicht selbstverständlich. In den Anfängen der Zusammenarbeit der Menschen mit den VULKANIERN war das Verhältnis noch stark durch wechselseitiges Misstrauen und Konkurrenzdenken bestimmt. Die Menschen wurden von den VULKANIERN „an der kurzen Leine" gehalten, da sie nicht als eine gleichwertig entwickelte Kultur akzeptiert wurden.[396] Und erst nach vielen gemeinsamen Abenteuern in den Anfangsstunden der FÖDERATION, als bekannt wird, dass das Oberkommando VULKANS aufgelöst wird, soll den Menschen „weniger über die Schulter geschaut"[397] werden.

Diese Negativbeispiele weisen auf die wesentlichen Voraussetzungen für kooperatives Verhalten hin: **Gleichwertigkeit und Vertrauen.** Zum einen ist es wichtig, dass beide Seiten sich als grundsätzlich gleichwertig und **auf Augenhöhe** anerkennen, was nicht ausschließt, dass es eine Hierarchie gibt. Folgender Dialog zwischen Commander RIKER und YUTA vom Planeten ACAMAR macht diese Grundhaltung deutlich:

Yuta: Sie sind ein guter Commander, aber sie wären ein schlechter Herrscher."

Riker: „Warum?"

Yuta: „Die Gegenwart von Dienern macht sie nervös."

Riker: „Ja, ich ziehe die Gesellschaft Gleichgestellter vor."[398]

Die zweite wesentliche Voraussetzung für kooperatives Verhalten sind wechselseitiges Vertrauen, das wie beim Teambuilding durch gemeinsame Aufgaben und Kontakte aufgebaut werden kann. Kooperatives Verhalten bedeutet ein **Geben und Nehmen** und auch, selbst in Vorleistung zu gehen, sich verletzlich zu machen, ohne Sicherheit, dass die andere Seite dies nicht ichorientiert ausnutzt. So wie Captain ARCHER, der einem gestrandeten Raumschiff ganz selbstverständlich Hilfe anbietet:

Archer: „Wir haben Möglichkeiten, die sie vielleicht nicht haben. Wir helfen gern."[399]

Kooperatives Denken und Handeln müssen über einen längeren Zeitraum Schritt für Schritt auf- und ausgebaut werden, wie zum Beispiel die längere Annäherungszeit zwischen ARCHER und SHRAN bzw. den Menschen und ANDORIANERN zeigt.

---

[395] Deep Space Nine (1997): Martoks Ehre, 5. Staffel, Zeit 09:20
[396] Vgl. Enterprise (2001): Aufbruch ins Unbekannte, 1. Staffel; Enterprise (2002): Im Schatten von P'Jem, 1. Staffel sowie Enterprise (2001): Das Eis bricht, 1. Staffel, Zeit 25:00
[397] Enterprise (2004): Kir'Shara, 4. Staffel, Zeit 39:35
[398] The Next Generation (1989): Yuta, die letzte ihres Clans, 3. Staffel, Zeit 23:00
[399] Enterprise (2002): Schiff der Geister, 1. Staffel, Zeit 11:50

Teamgeist und Kooperation äußern sich auch in einer **ausgeprägten Loyalität** gegenüber den eigenen Führungskräften und Mitarbeitern sowie gegenüber der Sternenflotte als Ganzes. Die Loyalität wird insbesondere dann relevant, wenn die Situationen kritisch sind und wenn loyales Handeln mit persönlichen Nachteilen verbunden ist. In der VOYAGER-Folge „Tuvoks Flashback" formuliert es Captain SULU wie folgt zum damaligen Fähnrich TUVOK auf der U.S.S EXCELSIOR, der dagegen protestiert, dass SULU befehlswidrig aufbricht, um Kirk und MCCOY zu retten:

> *Sulu: „Fähnrich, Sie haben vollkommen Recht, aber Sie haben auch vollkommen Unrecht. Sie werden noch lernen, dass das Geschehen auf der Brücke nicht nur aus dem Ausführen von Befehlen und dem Beachten von Bestimmungen besteht. Es entsteht eine Loyalität zu den Männern und Frauen, mit denen man dient, eine Art Familiengefühl. Die beiden Männer, die vor Gericht stehen, und ich haben sehr lange Zeit zusammen gedient. Ich verdanke ihnen mein Leben, ein Dutzend Male, wenn nicht mehr. Und momentan haben sie Probleme und ich werde ihnen helfen. Allen Befehlen und Bestimmungen zum Trotz."*[400]

Es gibt darüber hinaus eine Vielzahl von Beispielen, in denen wechselseitig Mitarbeiter und Führungskräfte ihrer Loyalität zueinander und ihrem eigenen Gewissen folgen, obwohl sie damit **bewusst gegen die Regeln der STERNENFLOTTE oder gegen ausdrücklichen Befehl handeln**:

- Captain KIRK, SCOTTY, MCCOY und CHEKOV fliegen verbotenerweise mit der ENTERPRISE los, um SPOCK zu finden, der nach seinem Tod in einer Kapsel auf den Planeten GENESIS geschossen wurde, nicht ohne vorher noch den Transwarp Computer der EXCELSIOR zu sabotieren, damit man ihnen nicht folgen kann.[401]

- In der Folge „Krieg der Computer" widerspricht SCOTTY massiv Botschafter FOX, und folgt dem früheren, untergeordneten Befehl von Captain KIRK und senkt die Schilde nicht, was letztlich zur gewünschten Aufnahme von Friedensverhandlungen führt.[402]

- Im Film „Der Aufstand" läuft DATA scheinbar Amok und soll aufgehalten werden. Captain PICARD und die Führungsmannschaft glauben dagegen an ihren Mitarbeiter und Kollegen und halten zu ihm, geben dafür sogar ihre Uniform ab.[403]

- Commander SISKO fliegt mit der DEFIANT gegen ausdrücklichen Befehl des Vice Admirals TODDMAN in den GAMMA-QUADRANTEN, um ODO aus den Händen der ROMULANER zu befreien. Auch hier melden sich die anderen Füh-

---

[400] Voyager (1996): Tuvoks Flashback, 3. Staffel, Zeit 22:00
[401] Vgl. Spielfilm III (1984): Auf der Suche nach Mr. Spock, Zeit 40:20
[402] Vgl. Raumschiff Enterprise (1967): Krieg der Computer, 1. Staffel, Zeit 27:40
[403] Vgl. Spielfilm IX (1998): Der Aufstand, Zeit 48:28

rungsoffiziere freiwillig für die Mission, obwohl sie lebensgefährlich ist und das Kriegsgericht droht.[404]

In der Folge „Si Vis Pacem, Para Bellum" gibt Captain LORCA SARU einen Tipp, wie man gegen explizite Befehle verstoßen kann, ohne dies in einer direkten Konfrontation zu tun. Zuvor hatte LORCA vom VULKANISCHEN Admiral TERRAL den Befehl erhalten, zur STERNENBASIS 46 zu springen.

> Lorca: „Bei dieser Geschwindigkeit erwartet man uns in drei Stunden bei Sternenbasis 46. Deshalb fliegen wir mit Warp und nicht mit dem Sporenantrieb. Ich habe nicht die Absicht unser Ziel zu erreichen. Wenn man vorhat, einen direkten Befehl zu missachten, hängt man das besser nicht an die große Glocke. Also, sie haben gehört, wie panisch der Admiral war. Die Sternenflotte hat es genauso satt gegen getarnte Klingonenschiffe und den Kürzeren zu ziehen wie ich. Wir haben knapp drei Stunden, um eine Lösung zu finden. Falls uns das gelingt, springen wir zurück und verteidigen Pahvo, und falls nicht ... An die Arbeit! Lieutenant Stamets, ich brauche für die Sternenflotte eine nachvollziehbare Erklärung, warum wir zurzeit den Sporenantrieb nicht benutzen können. Ist es korrekt, dass sie zuletzt einige Probleme mit ihrem Interface hatten?"

> Stamets: „Also, jetzt, wo sie es erwähnen, spüre ich da so ein Jucken."

> Lorca: „Bedauerlich, lassen sie sich auf der Krankenstation gründlich durchchecken."

> Stamets: „Ist das wirklich notwendig, Sir?"

> Lorca ernst: „Notwendig ist gar kein Ausdruck, Doktor Culber soll jeden erdenklichen Test bei ihnen durchführen. Ich brauche was Messbares."[405]

Indem LORCA eine **nachvollziehbare alternative Erklärung konstruiert**, gewinnt er Zeit und kann weitere drei Stunden versuchen, den Planeten PAHVO vor den KLINGONEN zu retten. Er macht sich so, zumindest nicht offensichtlich, einer Befehlsverweigerung schuldig.

Für eine Organisation als Ganzes ist das durchaus ein zweischneidiges Schwert. Einerseits wird dadurch die Schlagkraft des Teams gesteigert, andererseits ist es für die Leistungsfähigkeit einer Organisation als Ganzes nicht unproblematisch, wenn einzelne Einheiten den Befehlen nicht folgen. Das führt zum nächsten Wert, der **Integrität**.

Die vorangehenden Beispiele beschreiben **Loyalitätskonflikte**, die von den jeweiligen Captains und Führungsoffizieren relativ schnell zugunsten des Teams bzw. der eigenen Werte entschieden werden. Dabei können solche Loyalitätskonflikte auch über einen längeren Zeitraum virulent sein oder zu einer inneren Zerrissenheit führen. Ein Beispiel hierfür ist Lieutenant REED, der zwischen seiner Rolle als Spion für die SEKTION 31, eine Art Geheimdienst der FÖDERATION, und seiner Ver-

---

[404] Vgl. Deep Space Nine (1995): Der geheimnisvolle Garak – Teil 2, 3. Staffel, Zeit 16:20
[405] Discovery (2017): Si Vis Pacem, Para Bellum, 1. Staffel, Zeit 02:55

pflichtung ARCHER und der ENTERPRISE gegenüber hin- und hergerissen ist. In der Folge „Die Heimsuchung" verschweigt er ARCHER wichtige Informationen (Waffensignatur) und macht im Auftrag der SEKTION 31 die Black Box unlesbar. Die Lügen kommen schließlich heraus und REED wird suspendiert und die Arrestzelle gebracht. Auch wenn er letztlich im Auftrag der FÖDERATION gehandelt hat, wirkte es sich sicherlich negativ auf Teamgeist und Vertrauen auf der ENTERPRISE aus. Er hatte sich zwar loyal im Sinne der übergeordneten Befehlsstruktur der STERNENFLOTTE verhalten, aber nicht integer im Sinne eines Mitglieds des Führungsteams der ENTERPRISE.[406]

6.3.4 Komponenten des moralischen Kompasses: Integrität und Ethik sind Anspruch an jeden Mitarbeiter

Ein vierter wesentlicher Wert der STERNENFLOTTE ist die hohe Integrität der Führungskräfte und Mitarbeiter. Integrität bezeichnet das Denken und Handeln im Einklang mit den geltenden Regeln und übergeordneten ethischen Werten. Insbesondere die Führungskräfte der STERNENFLOTTE lassen sich nicht korrumpieren und bleiben sich selbst treu. Sie sind dabei auch mutig und konsequent und nehmen auch Unannehmlichkeiten bzw. sogar persönliche Nachteile für sich in Kauf.

Die Ethik und Wertebasis ist tief verankert in den Mitarbeitern und Führungskräften, genauso wie in den Subroutinen des Androiden DATA. Der im vorherigen Abschnitt beschriebene scheinbare Amoklauf resultiert daraus, dass sein ethisch-moralisches Grundprogramm die Steuerung übernommen hatte, da es mit dem offensichtlich unethischen Verhalten des Admirals konfrontiert war. Auch bei Captain PICARD ist es nicht einfach Befehlsverweigerung, sondern er hat dafür seine guten, ethischen Gründe, wie der folgende Dialog mit dem Admiral zeigt:

> *Picard: „Wir sind dabei, die Prinzipien zu verraten, auf die die Föderation gegründet wurde. Das ist ein Angriff auf ihre Grundwerte. Damit vernichten wir die Ba`ku."* [...]

> *Admiral: „Jean-Luc, wir wollen gerade mal 600 Menschen umsiedeln."*

> *Picard: „Wie viele Menschen sind nötig, Admiral, bevor aus Recht Unrecht wird? 1000? 50000? 1 Million? Wie viele Menschen sind nötig, Admiral?"*

Der Admiral antwortet darauf nicht, sondern befiehlt den Abflug und die Freilassung der Offiziere der SON'A.

> *Admiral: „Protestnoten können Sie schreiben, so viele sie wollen, Captain"*[407]

---

[406] Vgl. Enterprise (2005): Die Heimsuchung, 4. Staffel. Die Rolle der SEKTION 31 wird von ihrem Leiter SLOAN in der Folge „Inquisition" im Gespräch mit BASHIR erklärt. SLOAN: „Wir suchen und identifizieren potenzielle Gefahren für die FÖDERATION." Darauf BASHIR: „Und wenn sie identifiziert sind?", SLOAN: „Dann gehen wir damit um.", BASHIR: „Und wie?", SLOAN: „Unauffällig." Deep Space Nine (1998): Inquisition, 6. Staffel, Zeit 37:10
[407] Spielfilm IX (1998): Der Aufstand, Zeit 46:57

Daraufhin zeigt PICARD ein konsequentes Verhalten gemäß seinen ethischen Prinzipien, die er höher gewichtet als die Befehlsgewalt des Admirals. Er legt die Uniform und seine vier Capitänsknöpfe ab und will das Unrecht bekämpfen.[408]

Mit der gleichen Konsequenz tritt PICARD im Jahr 2385, mittlerweile Admiral, ganz aus der STERNENFLOTTE aus. Sie war nicht länger bereit, die Rettungsaktionen und Umsiedlungen der ROMULANER, die im Explosionsradius einer Supernova lebten, zu unterstützen. Für ihn war das unvereinbar mit seinen Werten und den Werten „seiner" STERNENFLOTTE.[409]

Wie ausgeprägt die Integrität ist, lässt sich auch daran messen, wie selten sich nicht integres Verhalten beobachten lässt. Das ist in der Regel dann der Fall, wenn es um vitale eigene Interessen geht oder die Situation unterschiedlich bewertet werden kann. Das ist zum Beispiel der Fall, als Captain ARCHER in der Folge „Anomalie" einen VENTAXIANER in einer Luftschleuse einsperrt und die Luft entweichen lässt, um ihn dazu zu bringen, wichtige Codes herauszugeben.[410] Es ist nicht ganz klar, ob ARCHERS moralischer Kompass hier bereits durch die DELPHIC-AUSDEHNUNG beeinträchtigt wird oder ob er bewusst ethische Prinzipien zugunsten von bestimmten Vorteilen über Bord wirft, da der Zweck für ihn alle Mittel rechtfertigt. Captain ARCHER ist sicherlich die Führungskraft, die am häufigsten zumindest im **Graubereich moralisch-ethischer Prinzipien** handelt, abgesehen von SEKTION 31 und dem aus dem SPIEGELUNIVERSUM stammenden Captain LORCA. In der Folge „Der Vorbote" findet sich folgender prägnanter Dialog, nachdem die ENTERPRISE ein Raumschiff mit einem sterbenden Außerirdischen entdeckt hatte:

Phlox: „Captain, dieser Mann stirbt einen qualvollen Tod. Ihn bei Bewusstsein zu halten, ist unethisch."

Archer: „Solange ich Antworten brauche, werfen wir ein paar ethische Bedenken über Bord."

Phlox: „Wie Sie meinen."[411]

Nicht ganz so eindeutig ist die Situation, in der KIRK den **KOBAYASHI-MARU-TEST** manipuliert. Mit dieser Simulation werden die angehenden Führungskräfte der STERNENFLOTTE in eine ausweglose Situation gebracht, um zu prüfen, wie sie sich verhalten und um ihnen ihre Grenzen aufzuzeigen. Der Test ist so konstruiert, dass ihn keiner erfolgreich bestehen kann. Die Kadetten befinden sich in der Simulation auf der Brücke eines Raumschiffs, das der ENTERPRISE ähnelt, und empfangen einen Notruf des Frachtschiffs KOBAYASHI MARU, der in der neutralen KLINGONISCHEN Zone auf eine gravimetrische Mine gelaufen ist. Als sie an bei den Koordinaten des Frachtschiffes ankommen, eröffnen mehrere KLINGONISCHE

---

[408] Vgl. Spielfilm IX (1998): Der Aufstand, Zeit 48:28
[409] Vgl. Picard (2020): Das Ende ist der Anfang, 1. Staffel, Zeit 03:25
[410] Vgl. Enterprise (2003): Anomalie, 3. Staffel
[411] Enterprise (2004): Der Vorbote, 3. Staffel, Zeit 26:30

Kriegsschiffe das Feuer. Nachdem KIRK beim ersten Versuch gescheitert ist, wie alle vor ihm, versucht er es als erster Teilnehmer ein zweites Mal. Er besteht den Test, weil er zuvor eine Subroutine oder einen Code eingeschleust hat, der die Simulation veränderte.[412] Es ist sicherlich nicht ganz integer die Testbedingungen zu verändern und zu mogeln. Allerdings schädigt er mit diesem Verhalten auch niemanden und zeigt eben genau den Willen zur aktiven Gestaltung einer Situation, die eine große Führungskraft ausmacht. Und wie KIRK im Film „Der Zorn des Khan" zur VULKANIERIN Lieutenant SAAVIK sagt, hat er im Nachhinein dafür sogar eine Auszeichnung für originelles Denken bekommen.[413]

Kennzeichnend ist aber auch bei grenzwertigem oder klar nicht integrem Verhalten, **dass darüber diskutiert und reflektiert wird, ob es richtig oder falsch war.**[414] Integres Verhalten im Paradies (und außerhalb der DELPHIC-AUSDEHNUNG) ist einfach. Dagegen wird die Integrität besonders dann auf die Probe gestellt, wenn es um das eigene Überleben geht. Eine einfache Antwort ist dabei selten, wie sich am Beispiel des Streitgesprächs von Captain PICARD mit Vice Admiral ALYNNA NECHAYEV zeigt, die ihm vorwirft, den vor einem Jahr gefundenen BORG HUGH nicht als Waffe gegen das KOLLEKTIV verwendet zu haben.

> Picard: „Ich hatte keine andere Wahl. Ich werde nie gegen bestimmte Prinzipien verstoßen. [...] auf mein Gewissen hören."[415]

Auch Captain JANEWAY bleibt in der Folge „Die Leere" bei ihren Werten als die VOYAGER in einer leeren Region des DELTA-QUADRANTEN gestrandet ist. Sie steht vor der Entscheidung, andere schwächere Schiffe auszubeuten um sich einen Lebensvorteil zu schaffen oder den Prinzipien der STERNENFLOTTE treu zu bleiben und den Tod der Mannschaft in Kauf zu nehmen.

> Janeway: „Wir mögen ein wenig an Gewicht verlieren, doch das was uns ausmacht nicht."[416]

Sie entscheidet sich in diesem Fall für die Prinzipien und findet schließlich einen Weg heraus. Dabei ist auch JANEWAY keine Heilige. In der Folge „Equinox – Teil 2" setzt sie Quasifolter ein, um einen Crewman zum Reden zu bringen. CHAKOTAY hält sie davon ab, wird dafür vom Dienst entbunden, später aber rehabilitiert.[417] Daran wird deutlich, wie hilfreich es sein kann, wenn man sich gegenseitig an die Einhaltung von Werten erinnert und entsprechende soziale Kontrolle ausübt.

---

[412] Vgl. Spielfilm Star Trek XI (2009): Star Trek, Zeit 29:30
[413] Vgl. Spielfilm Star Trek II (1982): Der Zorn des Khan, Zeit 1:13:37
[414] Vgl. Enterprise (2004): Beschädigungen, 3. Staffel, Zeit 20
[415] The Next Generation (1993): Angriff der Borg – Teil 1, 6. Staffel, Zeit 14:00
[416] Voyager (2001): Die Leere, 7. Staffel, Zeit 16:45
[417] Vgl. Voyager (1999): Equinox – Teil 2, 6. Staffel

6.3.5 Komponenten des moralischen Kompasses: Die Organisation schafft die Balance zwischen Individualität und Gemeinschaftsgefühl

Der fünfte Wert bezieht sich auf die bewusste Balance aus Individualität und Gemeinschaftsgefühl. Das Leben an Bord eines Raumschiffs oder einer Raumstation ist dadurch geprägt, dass die Besatzungsmitglieder für eine lange Zeit auf engem Raum miteinander auskommen müssen. Und nur, wenn sie auch gut miteinander auskommen und zusammenarbeiten, können sie die anstehenden Aufgaben erfolgreich bewältigen. Daher braucht es ein entsprechendes Gemeinschaftsgefühl und ein Korsett organisatorischer Regelungen. Da Menschen, in unterschiedlicher Ausprägung, aber auch das Bedürfnis haben, ihren individuellen Bedürfnissen und Interessen nachzugehen, brauchen sie **institutionalisierte Freiräume** für Individualität. Oder wie es treffend der BORG HUGH nach seiner Rettung aus dem Kollektiv als Wunsch formuliert, vielleicht irgendwann als Individuum zu leben, dabei aber in Gruppen zu arbeiten.[418]

Eine wichtige Rolle spielt auf den Raumschiffen und auf DEEP SPACE NINE das **Holodeck**. Hierbei handelt es sich um eine holographische Technologie, die Energie in Materie umwandeln kann und so jede gewünschte Situation, Person oder Landschaft simulieren kann. Die Besatzungsmitglieder suchen die Holodecks alleine oder in Gemeinschaft auf, um Geschichten in veränderter Form nachzuspielen (z.B. DATA in der Rolle des SHERLOCK HOLMES), um wie PICARD einfach nur zur Entspannung auf einem Araberhengst in einem englischen Wald auszureiten oder Kampfsituationen zu trainieren.[419]

In der THE NEXT GENERATION-Folge „Rikers Vater" wird mit Hilfe des Holodecks für den KLINGONEN WORF das KLINGONISCHE Ritual des zehnjährigen „Aufsteigens" arrangiert. Eigentlich wollte er die ENTERPRISE verlassen, da er als einziger KLINGONE an Bord keine Möglichkeit sah, dieses wichtige Ritual in Gemeinschaft von KLINGONEN zelebrieren zu können. Glücklicherweise erkennen WORFS Freunde das Problem und inszenieren die grausame Prozedur, bei dem er durch eine Gasse von (simulierten) KLINGONEN schreitet und von diesen mit Schmerzstöcken traktiert wird, die ihm (reale) Schmerzen zufügen. Am Ende liegt er schmerzverzehrt aber glücklich am Boden und bedankt sich bei seinen Freunden.[420]

Das Holodeck ist ein Ort, der Freiräume eröffnet, die die straffe militärische Organisationsstruktur und -kultur in der normalen Interaktion nicht erlaubt bzw. nicht erlauben kann und in dem andere Regeln, Werte und Normen gelten (können). Da es sich um einen Ort handelt, der bewusst darauf ausgerichtet ist, bestimmte Bedürfnisse unterschiedlichster Art ausleben und kanalisieren zu können (es finden

---

[418] Vgl The Next Generation (1993): Angriff der Borg – Teil 2, 7. Staffel, Zeit 40:30
[419] Vgl. The Next Generation (1988): Sherlock Data Holmes, 2. Staffel sowie The Next Generation (1989): Andere Sterne, andere Sitten, 2. Staffel, mit Captain PICARD als DIXON HILL
[420] Vgl. The Next Generation (1989): Rikers Vater, 2. Staffel

sich auch eine Reihe an zweifelhaften Bars und Spielhallen in den Holodeck-Datenbanken), können diese Freiräume als institutionalisierte Freiräume bezeichnet werden.

Je vielfältiger und konfliktärer die Bedürfnisse einer heterogenen Belegschaft und je umfassender der zeitliche und geistige Zugriff auf die Organisationsmitglieder sind, desto wichtiger wird die Möglichkeit zur Kanalisierung von nicht mit dem normalen Arbeitsablauf zu vereinbarenden Verhaltens- und Denkmustern.

Die Öffnung von Freiräumen für Diversität und Individualität ist allerdings mit dem Risiko verbunden, dass unter Umständen die ursprünglich gemeinsam geteilten Werte, Normen und Verhaltensmuster an Bedeutung verlieren und der innere Zusammenhalt gefährdet ist. Es stellt sich somit die zentrale Frage: Wie viel Heterogenität und wie viel Homogenität braucht bzw. erträgt eine Organisation? Gerade eine starke Unternehmenskultur, mit einer gemeinsamen grundlegenden Wertebasis, die eine gewisse Selbstsicherheit aufweist, ist wohl besser in der Lage, offen mit Diversität umzugehen als eine schwache Unternehmenskultur, für die zunehmende kulturelle Vielfalt bedrohlicher erscheint. Es geht also um einen permanenten Balanceakt zwischen Heterogenität(en) und Homogenität(en).[421]

Im Hinblick auf die Leistungsfähigkeit selbst einer starken Unternehmenskultur gibt es diesbezüglich Grenzen, die immer dann erreicht werden, wenn die Handlungs- und Funktionsfähigkeit substanziell gefährdet ist. Dabei spielt es eine Rolle, ob sich eine Organisation gerade im Kampfmodus befindet oder nicht. Captain JANEWAY formuliert es in der Folge „Jäger", in der die Voyager gegen die HIROGEN kämpft, wie folgt:

> Janeway: „Die Individualität ist begrenzt. Insbesondere auf einem Raumschiff, auf dem eine Kommandostruktur herrscht."[422]

Die Grenzen sind auch dann gefordert bzw. überschritten, wenn grundlegende kulturelle Werte einer Person im Widerspruch stehen, mit den Werten und Prinzipien der Organisation. In der THE NEXT GENERATION-Folge „Tödliche Nachfolge" hält Captain PICARD WORF eine Strafpredigt, da dieser in unzulässiger Weise Rache geübt hat:

> Picard: „Mr. Worf, die Mannschaft der Enterprise besteht gegenwärtig aus Repräsentanten von 13 Planeten. Sie haben individuelle Werte und Ansichten und ich respektiere sie, aber alle haben sich verpflichtet, der Sternenflotte zu dienen. Wenn es irgendjemand unmöglich ist, seine Pflicht zu erfüllen, aufgrund der Tradition seiner Gesellschaft, sollt er besser kündigen. Wollen sie kündigen?"

> Worf: „Nein, Sir!."

---

[421] Vgl. Führing, Meik (2003): Zur Hölle mit der Vielfalt, in: Wächter, Hartmut/Vedder, Günther/Führing, Meik (Hg.): Personelle Vielfalt in Organisationen, Mering München, S. 262
[422] Voyager (1998): Jäger, 4. Staffel, Zeit 39:30

Picard: „Es war meine Hoffnung, dass Sie ihre Karriere nicht aufgeben. Ich verstehe ihren Schmerz. Alle haben K'Ehlyr bewundert. In ihrer Akte wird ein Tadel vermerkt. Sie können gehen."[423]

Es ist daher auch Teil der Führungsverantwortung, diese Balance mit den Mitarbeitern auszuloten und klar Position zu beziehen.

6.4 Gestaltungshebel 3: Mit der Gestaltung der Mitarbeiterprozesse werden die Weichen für den späteren Führungsbedarf gestellt

Die dritte Ebene der Führungssubstitute und weiterer Gestaltungshebel einer Führungskraft umfasst die Mitarbeiterauswahl und -ausbildung sowie die Teamzusammenstellung.

6.4.1 Die Führung der Mitarbeiter beginnt bereits bei Mitarbeiterauswahl und -onboarding

Eine wesentliche und oft vernachlässigte Grundlage für eine spätere effektive Führung wird durch die Mitarbeiterauswahl geschaffen. Hier entscheidet es sich, welche Leistungspotenziale später zur Verfügung stehen und ob der grundsätzliche kulturelle **Teamfit** gegeben ist.

Im eigenen Interesse einer Führungskraft sollte daher die Mitarbeiterauswahl nicht vollständig an Dritte (z.b. Personalabteilung) delegiert werden, sondern als **elementare Führungsaufgabe** gelebt werden. So wählt Captain PICARD Commander RIKER für die Schlüsselposition des ersten Offiziers nach sorgfältiger Prüfung und Sichtung aller verfügbaren Informationen aus. Er prüft ihn vor Start der Mission sogar noch mit einem herausfordernden Test. PICARD lässt Commander RIKER die Ankopplung der zuvor abgetrennten Untertassensektion der ENTERPRISE manuell vornehmen. Er formuliert den Auftrag absichtlich relativ unfreundlich und wortkarg, um seinen Umgang damit auszutesten. RIKER nimmt die anspruchsvolle Aufgabe professionell an und koppelt souverän und erfolgreich an.[424]

Anschließend befragt ihn PICARD in seinem Zimmer weiter und prüft einen für ihn entscheidenden Punkt ab, der für ihn einen guten ersten Offizier ausmacht.

Picard: „Ich habe noch einige Fragen an Sie, Commander."

Riker: „Selbstverständlich, Sir."

Picard: „Ihrer Akte entnehme ich, dass Captain DeSoto eine sehr hohe Meinung von Ihnen hat. Merkwürdig finde ich allerdings, dass Sie sich geweigert haben, ihn nach Aldea 3 hinunter zu beamen."

---

[423] The Next Generation (1990): Tödliche Nachfolge, 4. Staffel, Zeit 39:10; Vgl. auch The Next Generation (1991): Fähnrich Ro, 5. Staffel, zu Auseinandersetzungen mit Fähnrich RO bei der schwierigen Integration auf der ENTERPRISE
[424] Vgl. The Next Generation (1987): Mission Farpoint, 1. Staffel, Zeit 37:10

Riker: „Ja, Sir. Meiner Meinung nach war Aldea 3 zu der Zeit zu gefährlich für den Captain."

Picard: „Der Rang des Captains bedeutet Ihnen also nichts?"

Riker: „Ganz im Gegenteil, Sir. Aber das Leben des Captains bedeutete mir wesentlich mehr."

Picard: „Es ist beinahe unmöglich Captain bei der Sternenflotte zu werden, wenn man nicht weiß, ob es sicher oder unsicher ist auf einem fremden Planeten runter zu beamen. Ich finde, es ist ziemlich anmaßend, wenn ein erster Offizier die Entscheidung seines Captains in Frage stellt."

Riker: „Darf ich ganz offen antworten, Sir?"

Picard: „Ja, natürlich."

Riker: „Sie sind selbst einmal erster Offizier gewesen. Sie wissen, dass zum Verantwortungsbereich des ersten Offiziers auch die Sicherheit des Captains zählt. Ich sehe keine Schwierigkeiten, Anweisungen, die sie geben auszuführen, wenn sie ihre Sicherheit nicht gefährden."

Picard: „Und Sie haben nicht die Absicht, diesen Standpunkt aufzugeben?"

Riker: „Nein, Sir."[425]

Captain JANEWAY fliegt extra zur Strafkolonie der FÖDERATION in Neuseeland, um den Gefangenen und ehemaligen MAQUIS TOM PARIS, mit dessen Vater sie auf der USS AL-BATANI gedient hatte, als „Beobachter" für die Suche nach dem in den BADLANDS verschwundenen MAQUISSCHIFF zu gewinnen. Sie hatte sich zuvor sehr gut über ihn informiert und kannte zum Beispiel seinen familiären Hintergrund und wusste, dass er ein Experte für die BADLANDS ist und wie seine Einstellung zu CHAKOTAY ist.[426]

Auch Captain KIRK wählt sich seine Führungsmannschaft sehr sorgfältig aus, wie im Film „Star Trek XI" zu beobachten ist. Nachdem er die Leistungsfähigkeit und den sozialen Fit in gemeinsamen ersten schwierigen Situationen geprüft hatte, hatte er schließlich seine Führungsmannschaft zusammengestellt, mit denen er dann über Jahre vertrauensvoll und erfolgreich zusammenarbeite.[427]

Bemerkenswerterweise ist auch im SPIEGELUNIVERSUM die bewusste Auswahl der Mitarbeiter, die kritische Positionen einnehmen, eine zentrale Führungsaufgabe. Neben den fachlichen Qualifikationen kommt hier der zu **erwartbaren Loyalität** und dem **Vertrauen** eine noch größere Bedeutung hinzu; in einer Unternehmenskultur, in der jeder auf seinen Vorteil bedacht ist und dafür auch über Leichen geht - auch über die seiner Vorgesetzten. Das zeigt sich exemplarisch bei Captain

---

[425] The Next Generation (1987): Mission Farpoint, 1. Staffel, Zeit 40:07
[426] Vgl. Voyager (1995): Der Fürsorger, 1. Staffel, Zeit 05:00
[427] Vgl. Spielfilm Star Trek XI (2009): Star Trek

LORCA, der gezielt und mit großem Aufwand die Meuterin BURNHAM für sein Team gewinnen will. Er macht ihr gegenüber in der Folge „Lakaien und Könige" deutlich, warum.

Lorca: „Ich habe Sie ausgewählt, aber nicht aus den Gründen, die Sie vermuten. Ihre Annahme, dass uns die Klingonen beim Doppelstern in einen Hinterhalt locken wollten war vorausschauend. Sie haben das Richtige getan. Egal, ob es gegen das Gesetz war, und ohne Rücksicht auf die Konsequenzen. Nur wer so denkt, kann Kriege gewinnen. Und Offiziere, die so denken, brauche ich neben mir. Lakaien befolgen Gesetze, Könige sehen Zusammenhänge. Sie haben die Wahl, wie sieht Ihre Zukunft aus? Was erhoffen Sie sich, Buße, Erlösung, vielleicht, dass der Captain, den Sie verloren haben, nicht umsonst gestorben ist? Sie haben geholfen, einen Krieg zu beginnen. Wollen Sie mir nicht helfen, ihn zu beenden?"[428]

Führungskräfte, die ein leistungsstarkes Team haben wollen, wissen dabei, dass sie **Mitarbeiter mit einer starken Meinung** brauchen und die, in bestimmten Bereichen, auch **besser** sind, und sein müssen, als sie selbst. In der Folge „Lethe" prüft und rekrutiert LORCA TYLER, nachdem sie beide zusammen in einer holographischen Kampfsituation erfolgreich gegen KLINGONEN gekämpft haben.

Lorca: „Ihre Mutter war Lehrerin, richtig. "

Tyler: „Ja, sie hat 'ne dritte Klasse unterrichtet. "

Lorca: „Auf der Issaquah-Grundschule. 24 Kilometer vor Seattle, was schlussendlich heißt, dass Sie nicht direkt aus Seattle sind. Ich nehm' es gern genau und hab mich informiert. Denken Sie, ich lass jeden auf mein Schiff?"

Tyler: „Nein, Sir. Hat meine Akte Sie überzeugt?"

Lorca: „Meinen Sie ich würde sonst hier mit Ihnen rumspielen? 24 getötet, und Sie?"

Tyler: „22, Sir. Sieht aus, als müsste ich mir die Augen lasern lassen." Lorca lacht leise und geht zum Gewehr von Tyler und klopft auf das Display mit 36 kills.

Tyler: „Captain, ich habe nur aus Respekt …"

Lorca: „Entschuldigen Sie sich nicht für Ihre Leistung. Ich will, dass mein Sicherheitschef besser schießt als ich. Tyler läuft hinter Lorca her: „Bieten Sie mir eine Stelle an?"

Lorca: „Naja, ich hab gesehen, wie Sie fliegen, schießen, und Sie kämpfen wie ein Klingone. "

Tyler: „Wer sieben Monate von Klingonen verprügelt wurde, guckt sich was ab. "

Lorca: „Die meisten hätten da aufgegeben. Sie haben gelernt. Mein letzter Sicherheitsoffizier hat 'ne Menge mit mir durchgemacht. Ich brauche dringend jemand, dem ich vertrauen kann. Und der weiß, wie es im Krieg läuft, wie man im Krieg überlebt und ihn gewinnt. Das trifft auf Sie zu, oder?"

---

[428] Discovery (2017): Lakaien und Könige, 1. Staffel, Zeit 42:22. Hinzu kommt hier sicherlich, dass er im SPIEGELUNIVERSUM eine Liebesbeziehung mit der dortigen BURNHAM gehabt hat.

Tyler: „Es wäre mir eine Ehre, auf der Discovery zu dienen. Ich werde Sie nicht enttäuschen, Sir.“[429]

Hier zeigt sich auch, dass gerade die besten Mitarbeiter **geworben und gewonnen** werden müssen. Es muss von individuellem Nutzen und die **eigene Entscheidung** sein, im Team dabei zu sein zu wollen.

Neben den jeweiligen Stellenanforderungen sollte immer auch die folgende Prüffrage beantwortet werden: **„Möchte ich mit dieser Person ab nächster Woche jeden Tag zusammenarbeiten?"**. Ohne ein klares „Ja" ist dringend davon abzuraten, die Person zu nehmen.

Bei der STERNENFLOTTE werden auffällig viele Mitarbeiter rekrutiert bzw. machen dort Karriere, deren Eltern ebenfalls bei der STERNENFLOTTE sind oder waren. Diese Mitarbeiter wurden bereits von klein auf im Sinne der Werte, Ziele und Leistungsansprüche der STERNENFLOTTE sozialisiert, wie zum Beispiel TOM PARIS und KATHRYN JANEWAY, beides Kinder eines STERNENFLOTTENADMIRALS oder GEORDI LAFORGE, dessen Mutter Captain war. Durch die Nutzung dieses Recruitingpools reduziert die STERNENFLOTTE das Risiko einer falschen Mitarbeiterauswahl.

Ein möglicher Nachteil besteht allerdings darin, dass eine Organisation zu einer „geschlossenen Veranstaltung" wird, wenn die Zugangswege zu sehr eingeschränkt sind. Um nicht nur reine STERNENFLOTTENFAMILIEN zu „reproduzieren", sondern auch andere geeignete Mitarbeiter zu gewinnen, steht die STERNENFLOTTE natürlich jedem Bewerber offen. Ein Beispiel hierfür stellt Captain PICARD dar, der nach eigenen Angaben der erste PICARD war, der das Sonnensystem verließ und was für Aufregung in der Familie gesorgt hat.[430] Allerdings ist für Nichtangehörige der FÖDERATION unter anderem ein Empfehlungsschreiben von einem Offizier der Führungsebene erforderlich. Nachdem NOG offiziell zum erwachsenen FERENGI geworden ist, möchte er Mitglied der STERNENFLOTTE werden und versucht zunächst sich bei SISKO den Zugang durch LATINUM zu erkaufen, was dieser ablehnt. Nachdem er dessen Motivation intensiv geprüft hat, sagt er ihm das Empfehlungsschreiben schließlich zu.[431]

Vor offiziellem Dienstantritt werden die neuen Mitglieder der STERNENFLOTTE zunächst auf der STERNENFLOTTENAKADEMIE intensiv ausgebildet und praxisnah auf die Führungssituationen vorbereitet. Zugleich können hier Netzwerke geknüpft werden, die die spätere Zusammenarbeit deutlich erleichtern. Die Akademie ist für die meisten Mitarbeiter der Eingangskanal zur Sicherung der Qualität und Einsatzfähigkeit ab dem ersten Tag.[432]

---

[429] Discovery (2017): Lethe, 1. Staffel, Zeit 04:39
[430] Vgl. Spielfilm Star Trek X (2002): Nemesis, Zeit 41:12
[431] Vgl. Deep Space Nine (1995): Herz aus Stein, 3. Staffel
[432] Vgl. Spielfilm Star Trek XI (2009): Star Trek

Gelernt wird an der Akademie dabei nicht nur von den Lehrkräften und den Studenten. Für Captain PICARD war, wie er zu WESLEY CRUSHER sagte, der Hausmeister der Akademie einer der weisesten Männer, die er je gekannt hat – und trägt ihm auf, ihn zu grüßen, wenn er an der Akademie startet.[433]

6.4.2 Mit der richtigen und ausgewogenen Teamzusammenstellung kann der Bedarf an direkter Personalführung reduziert werden

Nach der Mitarbeiterauswahl, also nach der Entscheidung, ob eine Person grundsätzlich Teil der Organisation werden soll oder nicht, geht es im nächsten Schritt um die Zusammenstellung der einzelnen Abteilungen und Teams. Die Führungsaufgabe besteht jetzt darin, aus dem Pool der verfügbaren Mitarbeiter die einzelnen Positionen so zu besetzen, dass die zu erwartenden Aufgaben, insbesondere aber auch die überraschenden und unplanbaren Situationen im Sinne der Organisation bewältigt werden.

Eine wichtige Voraussetzung dafür ist es, die relevanten Informationen, Sichtweisen und Parameter zusammenzutragen, die für die Bewertung der jeweiligen Situation erforderlich sind. Da es auch hierbei in der Regel Mehrdeutigkeit und unterschiedliche Perspektiven gibt, ist es sinnvoll, gezielt die unterschiedlichen Perspektiven abzufragen und abzugleichen.

Je heterogener also die Mitarbeitertypen sind, desto heterogener sind auch deren Sichten auf eine Entscheidungs- und Handlungssituation. Fundierte und ganzheitliche Entscheidungen und Handlungen berücksichtigen daher zwei übergreifende Dimensionen: Zum einen den **inhaltlich-fachlichen Aufgabentyp**, der abhängig ist von den jeweiligen Kernprozessen einer Organisation. Hier sind es die drei übergeordneten Funktionengruppen der STERNENFLOTTE, die die erforderlichen Kompetenzbereiche an Bord der Raumschiffe abdecken:

1. Technik, Operations, Sicherheit;

2. Kommando, Navigation;

3. Wissenschaft, Medizin.

Zum andern ist der **Persönlichkeitstyp** zu berücksichtigen, wobei grundsätzlich zwischen drei Typen unterschieden werden kann:

1. Kopftyp: Logik, Verstand;

2. Herztyp: sozial, empathisch;

3. Bauchtyp: Triebe, Instinkt.[434]

---

[433] Vgl. The Next Generation (1990): Die letzte Mission, 4. Staffel, Zeit 37:00
[434] Vgl. Rohr, Richard/Ebert, Andreas (2004): Das Enneagramm – Die neun Gesichter der Seele, München, S. 50 ff

Damit ergibt sich eine 3x3-Felder Matrix, in die die jeweiligen Teams eingeordnet werden können. Als gemeinsames Merkmal zeigt sich, dass die Führungscrews insgesamt eine große Bandbreite unterschiedlicher Typen abdecken, sodass eine Perspektivenvielfalt gewährleistet ist. So sind zum Beispiel auch in jeder Führungskonstellation Captain und erster Offizier unterschiedliche Persönlichkeitstypen. Allerdings wird die Vielfalt unterschiedlich zur Entscheidungsfindung genutzt.

Abbildung 21: Führungsteams nach inhaltlich-fachlichen Aufgabentypen und nach Persönlichkeitstypen[435]

Raumschiff Enterprise: Führungsteam Captain Kirk

	Technik, Operations, Sicherheit	Kommando, Navigation	Wissenschaft, Medizin
Kopftyp		Sulu Chekov	Spock
Herztyp		Uhura	McCoy
Bauchtyp	Scott	Kirk	

Enterprise: Führungsteam Captain Archer

	Technik, Operations, Sicherheit	Kommando, Navigation	Wissenschaft, Medizin
Kopftyp	Reed	Mayweather	T'Pol
Herztyp	Tucker	Sato	
Bauchtyp		Archer	Phlox

Raumschiff Voyager: Führungsteam Captain Janeway

	Technik, Operations, Sicherheit	Kommando, Navigation	Wissenschaft, Medizin
Kopftyp		Janeway	Seven of Nine Tuvok
Herztyp	Kim	Chakotay	Kess
Bauchtyp	Torres	Paris Neelix	Doktor

The Next Generation: Führungsteam Picard

	Technik, Operations, Sicherheit	Kommando, Navigation	Wissenschaft, Medizin
Kopftyp	Reed	Picard	Data
Herztyp	LaForge		Crusher Troi
Bauchtyp	Worf	Riker	

---

[435] Quelle: Eigene Erstellung

Deep Space Nine: Führungsteam Commander/Captain Sisko

	Technik, Operations, Sicherheit	Kommando, Navigation	Wissenschaft, Medizin
Kopftyp	Odo		Bashir
Herztyp	O'Brian	Sisko	
Bauchtyp	Worf	Nerys	Dax

Raumschiff Discovery: Führungsteam Captain Pike

	Technik, Operations, Sicherheit	Kommando, Navigation	Wissenschaft, Medizin
Kopftyp	Stamets Reno	Saru	Burnham
Herztyp	Tilly	Pike	Culber
Bauchtyp	Tyler		

Picard: Führungsteam Admiral a.D. Picard

	Technik, Operations, Sicherheit	Kommando, Navigation	Wissenschaft, Medizin
Kopftyp		Picard	Seven of Nine
Herztyp	Ian (Hologramm)	Rios Musiker	Jurati
Bauchtyp	Emmet (Holog.), Elnor	Riker	

Viele Entscheidungen werden bei **Captain KIRK** nach Beratung mit seinen beiden Vertrauten SPOCK und MCCOY getroffen, die insgesamt alle drei Persönlichkeitstypen abdecken. Selbst die anderen Führungsoffiziere spielen da nur eine untergeordnete Rolle. Da SPOCK auch hinsichtlich Technik, Operations und Sicherheit sehr beschlagen ist, werden damit im kleinstmöglichen Team sowohl die maximale Perspektivenvielfalt als auch Schnelligkeit in der Entscheidungsfindung hergestellt, da nur drei Personen miteinander reden müssen. Allerdings zeigen sich daran auch die Begrenzungen und Risiken eines zu kleinen Führungsteams, wie in der Folge „Pokerspiele" zu beobachten ist. Als ein großes kugelförmiges Raumschiff, die FESARIUS des Kommandeurs BALOK, mit Kollisionskurs auf die ENTERPRISE zusteuert, ist Captain KIRK zum Gesundheitscheck auf der Krankenstation. Die verbleibenden Offiziere SULU, MCCOY, UHURA und Lieutenant DAVE BAILEY sind alleine zunächst nicht entscheidungs- und handlungsfähig. Sie sind vielmehr wie

---

436 Quelle: Eigene Erstellung

erstarrt und zeigen Stresssymptome. Erst als Captain KIRK auf die Brücke kommt, sich mit Commander SPOCK bespricht und das Heft des Handelns übernimmt, kann die gefährliche Situation überhaupt erst bearbeitet und schließlich erfolgreich gelöst werden.[437]

KIRK ist sich dieser unterschiedlichen Stärken sehr bewusst, wie die folgende Szene zeigt, als er bei SPOCK in dessen Quartier ist und dieser über seinen Fehler meditiert, dass er VALERIS vertraut hatte. Diese hatte bei einem verdeckten Attentat den KLINGONISCHEN Kanzler GORKON getötet.

> Kirk „Sie sind ein großer Logiker. Ich bin groß, wenn es darum geht, nach vorn zu stürmen, wo Engel furchtsam weichen. Wir sind beide Extremisten. Die Realität liegt wahrscheinlich irgendwo dazwischen. "[438]

Sobald aber ein oder zwei Persönlichkeitstypen oder Aufgabentypen fehlen, zeigt sich die eingeschränkte Leistungsfähigkeit des Teams bzw. der einzelnen Führungskraft. In der Folge „Notlandung auf Galileo 7" führt SPOCK alleine eine Mission und trifft seine Entscheidungen vollständig kopflastig-logisch. Ihm gelingt es zunächst weder die Akzeptanz bei seinen Mitarbeitern zu erreichen, die ihn zu kaltblütig und herzlos finden, weil er zum Beispiel aus Zeitgründen drei getötete Besatzungsmitglieder nicht beerdigen will. Noch schafft er es aufgrund seines rein logischen Verhaltens die Bewohner des Planeten zu erreichen. Schließlich trifft er dann doch noch eine emotionale Entscheidung (was er leugnet) und stößt den Treibstoff des Shuttles aus, um mit der entstehenden Stichflamme der ENTERPRISE ein Signal zu geben.[439]

KIRK ist sich auch der jeweiligen Schwächen seines Dreierteams bewusst und gibt in seinem Testament, das in der Folge „Das Spinnennetz" vom Band abgespielt wird, seinen beiden Freunden einen entsprechenden Rat.

> Kirk an Spock: „Versuchen Sie Ihr enormes Wissen, Ihren Verstand und Ihre Begabung, logisch zu denken, einzusetzen, um das Schiff zu retten. Aber vergessen Sie dabei niemals, dass manche Dinge auch intuitiv entschieden werden müssen. Ich bin davon überzeugt, dass sich auch diese Qualitäten bei ihnen finden. Aber sollte ich mich geirrt haben, und das wäre ja möglich, müssen Sie zu McCoy gehen und ihn um Rat bitten, und diesen Rat, falls er ihnen vernünftig erscheint, auch annehmen.

> – Pille, Du hast gerade gehört, was ich zu Spock gesagt habe. Hilf ihm, wo immer du kannst, aber denke immer daran, dass er jetzt der Captain ist und seine Befehle befolgt werden müssen, auch wenn es Dir manchmal nicht passt. Vielleicht wirst Du erkennen, dass auch Spock menschliche Einsicht, aber auch menschliche Schwächen besitzt. Doch du

---

[437] Vgl. Raumschiff Enterprise (1966): Pokerspiel, 1. Staffel

[438] Spielfilm Star Trek VI (1991): Das unentdeckte Land, Zeit 1:25:35

[439] Vgl. Raumschiff Enterprise (1967): Notlandung auf Galileo 7, 1. Staffel

wirst auch feststellen, dass er die gleiche Loyalität und das gleiche Vertrauen verdient, das ihr beide mir entgegengebracht habt. Macht's gut. "[440]

Parallelen dazu finden sich bei **Captain ARCHER**, der wie KIRK auch ein Bauchtyp ist und viele Entscheidungen entweder alleine trifft oder im kleinen Kreis mit T'POL und/oder TUCKER bespricht.[441] Wichtig ist ihm aber, dass sein Team die richtige innere Haltung besitzt, um sich in seinem Sinne zu verhalten, wie die folgende Szene in der Folge „Doppeltes Spiel" zeigt: Das Außenteam der ENTERPRISE wird von ANDORIANERN als Geisel genommen und diese drohen, die Geiseln zu töten, sollte es zu Befreiungsversuchen kommen. Lieutenant REED lässt dennoch direkt eine Fähre zur Befreiung klar machen, was T'POL, die ihn noch nicht so gut kennt, nicht erwartet hatte. Captain ARCHER dagegen schon, der genau das von seinem Mitarbeiter erwartet hatte:

> *Archer: „Ich rekrutiere doch keinen taktischen Offizier, der seinen Schwanz einzieht, wenn man ihm droht."*[442]

Eine kombinierte Variante findet sich bei **Captain JANEWAY**, die sich zwar auch dem Wohl der Mannschaft verpflichtet fühlt, sie als ihre Großfamilie ansieht, aber als Kopftyp letztlich bilaterale Gespräche vorzieht.[443] So bespricht sie sich typischerweise in schwierigen Situationen zum einen mit ihrem langjährigen Freund und Berater TUVOK.[444] Zum anderen baut sie nach und nach auch eine intensive, vertrauensvolle Beziehung zu Commander CHAKOTAY auf und bildet mit ihm ein schlagkräftiges Team, das sich wechselseitig ergänzt.[445]

Durch das reflektierte Abwägen der Situation und Entscheidungsoptionen bereitet sie die Entscheidung vor – so behält sie die Kontrolle über das Thema. Zugleich finden sich aber auch viele Beispiele für eine gemeinsame Entscheidungsfindung im Team.[446] Dabei kann sich Captain JANEWAY durchaus zurückhalten und zumindest temporär eine offene und gleichberechtigte Diskussion zulassen, um eine möglichst

---

[440] Raumschiff Enterprise (1968): Das Spinnennetz, 3. Staffel, Zeit 30:20

[441] Vgl. Enterprise (2002): Lautloser Feind, 1. Staffel, Zeit 28:10 sowie Enterprise (2004): Beschädigungen, 3. Staffel, Zeit 10:50

[442] Enterprise (2002): Doppeltes Spiel, 1. Staffel, Zeit 15:00

[443] Vgl. Voyager (1995): Der mysteriöse Nebel, 1. Staffel, Anfangsszene

[444] Vgl. Voyager (1995): Das oberste Gesetz, 1. Staffel, Zeit 26:00 sowie Voyager (1996): Vor dem Ende der Zukunft – Teil 1, Zeit 03:20

[445] Vgl. Voyager (1997): Das andere Ego, 3. Staffel; Voyager (1997): Die Kooperative, 3. Staffel, Zeit 33:50; Voyager (1997): Der Wille, 3. Staffel, Zeit 10:46 sowie Voyager (1996): Allianzen, 2. Staffel, Zeit 05:40

[446] Vgl. Voyager (1997): Apropos Fliegen, 4. Staffel, Zeit 06:30; Voyager (1997): Das andere Ego, 3. Staffel, Zeit 29:50 sowie Voyager (1997): Das Wurmloch, 3. Staffel, Zeit 21:10

breite Perspektivenvielfalt und damit eine hohe Qualität der Lösungsvorschläge sicherzustellen.[447]

Der wohl systematischste und umfassendste Ansatz, möglichst viele Perspektiven und Informationen zur Entscheidungsfindung hinzuzuziehen, lässt sich bei **Captain PICARD** auf der ENTERPRISE beobachten, der auch ein Kopftyp ist. Wenn es die verfügbare Zeit irgendwie zulässt bzw. nimmt (!) er sich die Zeit, dann werden zunächst aus der Führungscrew oder des Einsatzteams konsequent und deutlich eigene Vorschläge abgefragt und diskutiert.[448] Er lässt erst die anderen ihre Meinungen und Perspektiven vorbringen, um nicht zu sehr durch seine Äußerungen die Richtung festzulegen. In der Folge „Illusion der Wirklichkeit" formuliert er es prägnant wie folgt:

> *Picard: „Führung funktioniert nur gut, wenn meine Offiziere sagen, was sie denken.* "[449]

Nach MALIK ist es guten Führungskräften geradezu „unheimlich", wenn zu schnell ein Konsens vorhanden ist und eine Lösung auf dem Tisch liegt. Gute Führungskräfte regen ihre Mitarbeiter daher dazu an, systematisch Dissens zu produzieren, um tragfähige Entscheidungen treffen zu können. [450]

Dabei ist wichtig zu verstehen, dass PICARD durchaus in der Lage ist, im Krisenfall allein oder im Dialog z.B. mit Commander RIKER fundierte Entscheidungen abzuleiten. Er entscheidet sich aber bewusst und situativ für das Hinzuziehen bestimmter Personen, die auch außerhalb der STERNENFLOTTENHIERARCHIE stehen können, wie beispielsweise GUINAN, die Betreiberin der ZEHN-VORNE-BAR auf der ENTERPRISE NCC-1701-D.

Die Teamarbeit und Entscheidungsfindung auf DEEP SPACE NINE unter **Commander SISKO** laufen typischerweise nach einem anderen Muster ab. Mögliche Entscheidungen werden hier eher im **informellen Rahmen** besprochen und bewertet, was wohl darauf zurückzuführen ist, dass die Arbeitsstrukturen auch deutlich informeller und ohne ganz klare Entscheidungsbefugnis sind. Es gibt auch eine Reihe an eher lockeren kleineren Teamkonstellationen, die im Wesentlichen auf wechselseitigem Vertrauen basieren und weniger auf der hierarchischen Position. So bildet SISKO in vielen Fällen ein Zweierteam zum Beispiel mit dem alten Freund DAX und lässt sich beraten, um die Qualität des eigenen Führungshandelns zu erhöhen.[451]

---

[447] Vgl. Voyager (1996): Das Ultimatum, 2. Staffel, Zeit 08:45 sowie Voyager (1996): Vor dem Ende der Zukunft – Teil 2, 3. Staffel, Zeit 06:30

[448] Vgl. The Next Generation (1989): Die Iconia-Sonden, 2. Staffel, Zeit 07:30; The Next Generation (1989): Die Zukunft schweigt, 2. Staffel, Zeit 19:00 sowie. The Next Generation (1989): Klingonenbegegnung, 2. Staffel, Zeit 12:50

[449] The Next Generation (1988): Illusion oder Wirklichkeit?, 2. Staffel, Zeit 09:40

[450] Vgl. Malik, Fredmund (2006): Führen, Leisten, Leben, Frankfurt, S. 210

[451] Vgl. Deep Space Nine (1996): Die Übernahme, 4. Staffel, Zeit 11:00

Das Führungsteam von SISKO besteht typischerweise aus den STERNENFLOTTEN-OFFIZIEREN DAX, O'BRIAN, WORF und BASHIR sowie aus ODO und Major NERYS vom BAJORANISCHEN Militär, aber auch aus dem Barbesitzer QUARK und zumindest punktuell auch aus dem Schneider GARAK. Damit bildet SISKO die verschiedenen Perspektiven, Interessenslagen und Kompetenzbereiche der Raumstation DEEP SPACE NINE in seinem Führungsteam nach.

Gerade am Beispiel des Schneiders GARAK lässt sich die herausragende Führungsintelligenz von Captain SISKO festmachen. In der Folge „Der Weg des Kriegers – Teil 1", in der die KLINGONEN vor BAJOR ihre Streitkräfte zusammengezogen haben findet eine Lagebesprechung von SISKO mit WORF, DAX, O'BRIAN, NERYS, BASHIR und ODO statt. Er lädt GARAK hinzu, damit er von ihm Maß für einen neuen Anzug nehmen kann, während die heikle Situation besprochen wird. Damit macht er GARAK de facto zum Teil des Führungsteams, denn dieser hört mit und warnt daraufhin GUL DUKAT.[452]

Im Vergleich zu den anderen oben beschriebenen Captains der STERNENFLOTTE lässt sich das Führungsverhalten von SISKO als stärker moderierend bezeichnen. Hier zeigt sich die **emotionale Intelligenz und empathische Fähigkeit** des sozialen Herztyps. In vielen Lagebesprechungen agiert er nur als „primus inter pares" und lässt einen offenen und gleichberechtigten Austausch zu. Das sollte allerdings nicht als Führungsschwäche missverstanden werden, da er an vielen Stellen eindrucksvoll belegt, wie führungs- und entscheidungsstark er ist. So leitet er beispielsweise in der Folge „Trekors Prophezeiung" eine Besprechung mit Wissenschaftlern, wobei er sich zunächst zurückhält und beraten lässt, die Diskussion moderiert, aber letztlich ganz selbstverständlich die Entscheidung trifft.[453]

Das Ausmaß der Schlagkraft eines Teams hängt, wie oben ausgeführt, auch davon ab, ob die Teammitglieder, die für die Bewältigung der Aufgaben erforderlichen fachlichen Kompetenzen mitbringen. Dabei können diese teilweise im Vorfeld noch unbekannt sein, da sich die konkreten Aufgabenanforderungen erst vor Ort auf der Außenmission zeigen.

In Abhängigkeit der konkreten Herausforderungen wurden diese Kategorien immer wieder angepasst, unterschiedlich gewichtet oder bedarfsweise ergänzt. So erweitert beispielsweise Captain JANEWAY ihr Team im DELTA-QUADRANTEN um NEELIX, der dort als „Reiseführer" wichtige Hinweise zum richtigen Weg und den

---

[452] Ein vergleichbares Verhalten für ein solches gezieltes Informationsmanagement ist der Fall, wenn während eines Gesprächs von Person A vertrauliche Unterlagen offen auf den Tisch gelegt werden, die Person B offiziell nicht sehen darf, dann aber Person den Raum verlässt um zum Beispiel Kaffee zu holen und Person B damit die Möglichkeit erhält, die Unterlagen zu sichten.

[453] Vgl. Deep Space Nine (1995): Trekors Prophezeiung, 3. Staffel, Zeit 29:00 sowie Deep Space Nine (1996): Die Söhne des Mogh, 4. Staffel, Zeit 28:20

Kulturen geben kann.[454] Ein anderes Beispiel ist die Erweiterung des Teams der ENTERPRISE unter Captain ARCHER um die militärische Kampfeinheit der MACOS, da das bisherige Team nicht die erforderlichen militärischen Kompetenzen hatte.[455]

Insbesondere für die Bewältigung neuer und noch nicht klar definierter Aufgaben bietet es sich zum einen an, die Teams aus Personen mit unterschiedlichsten Kompetenzen zusammenzustellen (**Kompetenzbreite auf Vorrat**). Ein vielfältiges und heterogenes Team (z.b. hinsichtlich Kultur, Ausbildung, Persönlichkeit) gewährleistet deutlich besser als ein homogenes Team die Berücksichtigung verschiedener Sichtweisen und generiert vielfältigere und innovativere Lösungsansätze.

Zum anderen sollten kleinere Teams flexibel und situativ wechselnd zusammengestellt werden, sodass über die Zeit jeder mit jedem zusammengearbeitet hat und das gebildete Team möglichst schnell in die Teamphase Performing wechseln kann. Durch diese **Training-on-the-job** baut auch jeder Mitarbeiter neben der jeweiligen Spezialisierung ein generalistisches Gesamtverständnis auf und ist vielfältiger einsetzbar.

Kontraproduktiv ist dagegen, wenn einzelne Schlüsselpersonen wertvolles und einzigartiges Wissen auf sich konzentrieren. Grundsätzlich sorgen die Führungskräfte der Sternenflotte für eine breite Wissensbasis, sodass jeder den anderen vertreten kann. Das Beispiel von Chief O'BRIAN auf DEEP SPACE NINE zeigt aber, dass es auch hier zu Abhängigkeiten von einzelnen Personen kommen kann. In der Folge „Ehre unter Dieben" treten in der Abwesenheit von O'BRIAN, der auf einer Spionagemission in das ORIONSYNDIKAT eindringt, viele technische Fehler und Pannen auf.

Major Kira: „Das passiert jedes Mal, wenn Chief O'Brian fort ist. "

Worf: „Ich verstehe nicht, warum es seiner Mannschaft nicht gelingt, die Station während seiner Abwesenheit richtig zu warten. " [...]

Dax: „Das Problem ist, dass keiner weiß, wie der Chief es macht, dass die Technologie der Föderation und der Cardassianer zusammen funktionieren. "[456]

Zu empfehlen ist in solchen Konstellationen, die Abhängigkeit von einer Person zu reduzieren. Das erfordert aktives Management der beteiligten Führungskräfte und die Bereitschaft, das eigene Herrschaftswissen abzugeben und sich ersetzlicher zu machen. Damit nimmt tendenziell auch der hohe Status einer Schlüsselperson ab. Aber selbst, wenn die Bereitschaft dazu gegeben ist, ist es teilweise sehr schwierig

---

[454] Vgl. Voyager (1995): Der Fürsorger, 1. Staffel
[455] Vgl. Enterprise (2003): Die Xindi, 3. Staffel
[456] Deep Space Nine (1998): Ehre unter Dieben, 6. Staffel, Zeit 08:30

das implizite Erfahrungswissen explizit zu machen, sodass es von anderen genutzt werden kann.[457]

Captain PIKE auf der DISCOVERY ist wohl die Person, bei der die drei Typenausprägungen am gleichmäßigsten verteilt sind. Er wurde hier dem Herztypen zugeordnet, da der empathische, teamorientierte Führungsstil eine seiner besonderen Führungskompetenzen darstellt. Auch hier findet sich insgesamt eine ausgeglichene Zusammenstellung des Teams mit allen Persönlichkeitstypen, was sich immer wieder bei der gemeinsamen konstruktiven und kreativen Problemlösung zeigt.

Am schwierigsten ist die Zuordnung des Teams von **PICARD auf der LA SIRENA**, die formal von Captain RIOS befehligt wird, der aber den Aufträgen von PICARD folgt, da es hier keine klaren Aufgabentypen gibt. Auffällig ist, dass relativ wenige Kopftypen vertreten sind und dass einige Funktionen von Hologrammen ausgefüllt werden, die bewusst so programmiert wurden, dass sie unterschiedliche Persönlichkeitstypen widerspiegeln.

6.5 Gestaltungshebel 4: Auch durch die zielgerichtete Gestaltung der Arbeitsabläufe und -strukturen werden Mitarbeiter geführt

Ein weiterer Gestaltungshebel für Führungskräfte besteht in der Gestaltung der Arbeitsabläufe und -strukturen. Diese sind in der Regel nicht beliebig für jede Führungskraft veränderbar, da eine gewisse Einheitlichkeit für die Gesamtorganisation sicherzustellen ist. Allerdings sollte sich eine Führungskraft der Relevanz bewusst sein und fokussiert auch eigene Impulse geben.

6.5.1 Die Raumgestaltung und Architektur der Raumschiffe erleichtern die Orientierung und unterstützen die Führungsimpulse

Der Bedarf an direkter und operativer Führung wird immer dann reduziert, wenn die Mitarbeiter „automatisch", also ohne Eingreifen der Führungskraft, wissen, was und wie etwas getan werden muss. So wird beispielsweise über die Standardisierung von Arbeitsabläufen, die Verwendung von Uniformen oder die Kennzeichnungen von Schiffstypen die selbstgesteuerte „Eigenführung" deutlich verbessert. Es ist sofort klar, wer welche Funktion und welchen Rang hat und welche Entscheidungskompetenz damit verbunden ist. Gleichzeitig ist das Tragen der Uniform für die Mitarbeiter auch so etwas wie eine permanente Erinnerung, dass sie im Auftrag der STERNENFLOTTE unterwegs sind und in deren Sinne agieren sollten. Welche Bedeutung das hat, zeigt sich auch daran, dass immer dann, wenn explizit gegen einen Befehl der STERNENFLOTTE oder auf eigene Faust gehandelt wird, die Uniform abgelegt wird.[458]

---

[457] Vgl. Führing, Meik (2006): Risikomanagement und Personal – Management des Fluktuationsrisikos von Schlüsselpersonen aus ressourcenorientierter Perspektive, Wiesbaden, S. 289ff

[458] Vgl. Spielfilm Star Trek III (1984): Auf der Suche nach Mr. Spock, Zeit 35:30 sowie Spielfilm Star Trek IX (1998): Der Aufstand, Zeit 49:50

Die Wirksamkeit einer Führungskraft ist auch abhängig von der **Raumgestaltung und Architektur des Arbeitsplatzes**. Eine Führungskraft, die isoliert in einem Raum sitzt, ohne Kontakt zu den nächsten Mitarbeitern und weit weg von den Kernaufgaben des Unternehmens wird nicht erfolgreich sein können. Bei der STERNENFLOTTE spielt daher die Architektur der Raumschiffe eine zentrale Rolle, damit zum Beispiel durch die Ausgestaltung der Brücke oder des Maschinenraums effektive und effiziente Problemlösungen ermöglicht werden. Auf der Brücke sind die zentralen Personen versammelt und so ringförmig gruppiert, dass sie effektiv kommunizieren können. Ausnahmen davon sind zum Beispiel Chefingenieur oder der leitende Arzt, die im Maschinenraum bzw. auf der Krankenstation sind.

Zugleich sind über die verschiedenen Stationen die relevanten Informationen sofort verfügbar. Bei Bedarf können weitere Beteiligte über den „Screen" dazu geschaltet werden. Wenn der Captain auf der Brücke spricht, hören und sehen das direkt alle Beteiligten, können ihre Meinung einbringen und Nachfragen stellen. So wird sichergestellt, dass alle Beteiligten ein gemeinsames Verständnis über Ziele, Vorgehen und Verantwortlichkeiten bei der Bearbeitung eines Auftrags haben.

Die runde Brücke ist immer auf den Hauptschirm ausgerichtet, der allen Personen auf der Brücke einen Echtzeiteindruck vom Raum und den Herausforderungen vor dem Raumschiff ermöglicht.

Trotz dieser Gemeinsamkeiten gibt es bemerkenswerte Unterschiede im Vergleich der Brücken der verschiedenen Raumschiffe, die einerseits auf die jeweilige originäre Funktion des Raumschiffs zurückzuführen ist. Andererseits reflektiert die Anordnung der Brücke immer auch das Führungsverhalten und -selbstverständnis des jeweiligen Captains.

Auf der **ENTERPRISE NX-01** unter dem Kommando von Captain ARCHER befindet sich der **Stuhl des Captains zentral alleinstehend in der Mitte**. Kreisförmig darum sind die Kommandostationen für Sicherheit, Maschinen, Wissenschaft und Kommunikation angeordnet, davor die Navigationskontrolle. Betont wird dadurch die hervorgehobene Stellung von Captain ARCHER, alles läuft auf ihn zu, er ist letztlich der alleinige Entscheider. Zugleich vermittelt die Brücke noch einen relativ harten und metallisch-technischen Eindruck und erinnert damit zu jedem Zeitpunkt auch an das harte Pionierleben und den Auftrag der Mannschaft.[459]

Die Raumanordnung an Bord der der **USS ENTERPRISE NCC-1701** unter Captain KIRK ist zu weiten Teilen sehr ähnlich. Allerdings ist der Kommandosessel von KIRK sichtbar erhöht und steht noch isolierter als der von Captain ARCHER. Das entspricht dem Auftreten von KIRK als Alphatier und Führungskraft mit absolutem Gestaltungswillen. Es ist architektonisch sofort klar, wer der Chef ist. Etwas aufgelockert wird diese Struktur, wenn MCCOY oder SPOCK neben dem Stuhl des Captains stehen und mit ihm sprechen. Dadurch, dass sie stehen, wird aber zugleich die

---

[459] Vgl. Ruditis, Paul (2013): Star Trek – Die visuelle Enzyklopädie, München, S. 18

Rangordnung noch einmal deutlicher, wie in früheren Zeiten am Königshof, wenn der König auf seinem Thron sitzt und sich alle nach ihm ausrichten, ihm nahe sein wollen.[460]

Ähnlich gestaltet ist die Brücke der **USS DISCOVERY NCC-1031**, einem Wissenschaftsschiff der CROSSFIELD-Klasse. Insgesamt fällt hier auf, dass die Brücke deutlich größer, fast kathedralenartig mit viel Freiraum gestaltet ist. Der Stuhl des Captains, LORCAS bzw. PIKES, ist zentral etwas erhöht in der Mitte. Links und rechts davon befinden sich einzelne Steuerpulte, in Blickrichtung links der von TILLY bzw. AIRIAM, verantwortlich für den Sporenantrieb, rechts der von Burnham als Wissenschaftsoffizierin bzw. Science Specialist. Direkt vor dem Hauptschirm sind die Arbeitsplätze der Steuerfrau DETMER und vom Operations Officer OWOSEKUN. An den Außenwänden sind die Arbeitsplätze von Lieutenant RHYS, dem taktischen Offizier, und von Lieutenant junior grade BRYCE, dem Kommunikationsoffizier. Die einzelnen Arbeitsplätze sind alle einzeln und relativ weit weg von den anderen auf der Brücke platziert. So wird auch architektonisch deutlich, dass hier zumindest am Anfang, noch kein geschlossenes Team agiert und der Captain „unnahbar" seine Rolle versteht.

Die Brücke der **USS VOYAGER NCC-74656** weicht von der bisherigen Architektur in einem wesentlichen Punkt ab. In der Mitte sind **nebeneinander zentral zwei Sitze** angeordnet, rechts der von Captain JANEWAY und direkt rechts daneben der von Commander CHAKOTAY. Damit geben beide, für die beiden Mannschaften aber auch für andere Schiffe, ein klares Statement darüber ab, dass es sich um ein Führungsteam handelt, das als Einheit handelt. Den früheren Mitgliedern des MAQUIS-Raumschiffs wird damit auch glaubhaft das Gefühl der Gleichwertigkeit vermittelt, was sicherlich einer der Erfolgsfaktoren der relativ schnellen Integration beider Teams war.[461]

Die Architektur der Brücke der **ENTERPRISE USS NCC-1701-D** geht da einerseits noch einen Schritt weiter. **Zentral in der Mitte und auf einer Ebene angeordnet sind nun drei Sitze**, in der Mitte der von Captain PICARD, rechts davon der von Commander RIKER und links der von Counselor TROI. Das entspricht dem Führungsverständnis von Captain PICARD, möglichst viele Perspektiven zu hören und in seine Führungsentscheidung mit einzubeziehen. Andererseits ist hier, anders als bei der VOYAGER, wieder nur ein Platz in der Mitte. Von der Raumgestaltung her ist Captain PICARD für alle sichtbar die letzte Führungs- und Entscheidungsinstanz, bei ihm laufen alle Fäden zusammen.[462]

---

[460] Vgl. Ruditis, Paul (2013): Star Trek – Die visuelle Enzyklopädie, München, S. 24
[461] Vgl. Ruditis, Paul (2013): Star Trek – Die visuelle Enzyklopädie, München, S. 81. Die beiden Sessel waren allerdings schon vor der Integration der MAQUISCREW genauso auf der Brücke, was als ein grundlegendes Zeichen für das Verständnis als Führungsteam von Captain JANEWAY angesehen werden kann. Vgl. Voyager (1995): Der Fürsorger, 1. Staffel, Zeit 17:39
[462] Vgl. Ruditis, Paul (2013): Star Trek – Die visuelle Enzyklopädie, München, S. 30

Während die anderen Raumschiffe eher funktional gestaltet sind, vermittelt die ENTERPRISE D durchaus eine wohnliche Atmosphäre. Die Farben sind freundlich hell, die Sessel sind bequem und einladend gestaltet. Das ist insofern konsequent, als dass das Raumschiff bewusst als Wohneinheit gebaut wurde, mit Familien und Klassenzimmern an Bord.

Eine architektonische Besonderheit stellt die Raumstation **DEEP SPACE NINE** dar, da sie ursprünglich von den CARDASSIANERN gebaut wurde und dann von der FÖDERATION übernommen und nur punktuell architektonisch verändert wurde. Vergleichbar mit der Brücke der Raumschiffe ist hier das Operationszentrum, die sogenannte „Ops", von dem das Führungsteam die Raumstation überwachen kann. In diesem kreisförmigen Raum befindet sich unten in der Mitte ein runder Tisch mit einer Bildschirmkonsole, auf der die Raumstation abgebildet ist. Es gibt hier keinen expliziten Platz für den Captain. In der Regel arbeiten und stehen alle nebeneinander als Team. Es gibt hier nicht den einen, unbestrittenen Platz des Captains, von dem aus Entscheidungen getroffen werden können.[463]

Dieses „Defizit" wird in gewisser Weise durch die **USS DEFIANT NX-74205** kompensiert, das Raumschiff, das der Station und SISKO zur Verfügung steht. Der Aufbau der Brücke ist konsequent nach dem Prinzip „Form-folgt-Funktion" gestaltet. Es wurde als waffenstarkes Begleitschiff konstruiert und verfügt über eine kleine kompakte Brücke, mit einem zentralen Kommandosessel.[464]

Einen Sonderfall stellt auch die Brücke der **LA SIRENA** von Captain RIOS dar, da es kein Sternenflottenschiff ist, sondern ein unregistrierter KAPLAN F17 FRACHTER. Hier geht die Brücke direkt ohne Wand in eine Art Lagerhalle über und ist im Vergleich zu den anderen Raumschiffen sehr klein und funktional gestaltet, sodass sie auch von einer kleinen Crew bzw. von einer Person allein geflogen werden kann. Zur Unterstützung aktiviert RIOS bei Bedarf das Taktische Hologramm EMMET, das ihm bei der Steuerung oder bei Gefahrensituationen hilft. Es finden sich dort im Wesentlich drei Arbeitsplätze, in der Mitte zentral, etwas zurückgesetzt der Stuhl des Captains und davor jeweils einer für den Steuermann und den taktischen Offizier.

6.5.2 Durch visuelles Management und modulare Technologien wird die Selbstorganisation und -führung der Mitarbeiter erleichtert

Gesteuert wird auch stark über **visuelles Management**. Damit ist gemeint, dass der Gegenstand der Problemlösung, das diskutierte Thema visuell aufbereitet wird, sodass koordinierte Handlungen der Teams vereinfacht werden. So wird beispielsweise auf einem Seitendisplay der VOYAGER und der ENTERPRISE das Raumschiff

---

[463] Vgl. Ruditis, Paul (2013): Star Trek – Die visuelle Enzyklopädie, München, S. 65
[464] Vgl. Ruditis, Paul (2013): Star Trek – Die visuelle Enzyklopädie, München, S. 64

als kleines Modell dargestellt und mögliche Fehlfunktionen werden dann durch Leuchtpunkte dargestellt.[465]

Und an mehreren Stellen auf den Raumschiffen, zum Beispiel im Maschinenraum oder in den Besprechungsräumen, befinden sich Steuerungs- und Kontrollkonsolen mit Touch Screens oder Projektionsinterfaces, die über eine Visualisierung eines Problems oder einer Situation dabei helfen, bessere Führungsentscheidungen zu treffen.[466]

Exemplarisch zeigt sich dies am Maschinenraum der ENTERPRISE D, der vom Chefingenieur LAFORGE geführt wird. In der Mitte befindet sich ein Multimediaarbeitstisch, um den sich das Team gruppieren kann, Analysen vornehmen und Lösungsszenarien durchspielen kann. Auch hier befinden sich an den umgebenden Wänden Informations- und Kontrollkonsolen, die eine wichtige Unterstützung für die Führungskräfte und Mitarbeiter darstellen.

Durch die Visualisierung wird eine **gemeinsame kommunikative Ebene** geschaffen, die eine wichtige Basis für strukturierte Führungsbesprechungen darstellt. Mit einem Blick kann eine Vielzahl an Themen und Personen gemanagt werden, sowohl von der Führungskraft als auch vom Team selbst.

Ein weiterer Aspekt, der den Bedarf an direkter Führung verringert, ist die verwendete **modulare Technologie** an Bord der Raumschiffe und -stationen. Schiffsbaupläne, Werkzeuge oder Displays sind genormt und ermöglichen eine schnelle Orientierung für Mitarbeiter auch auf neuen Schiffen. Neue Bauteile der STERNENFLOTTE, aber auch neue Technologien fremder Kulturen können durch **standardisierte Schnittstellen** schnell integriert und genutzt werden. Die Mitarbeiter sind dadurch handlungsfähiger und können selbstgesteuert geeignete Problemlösungen finden, ohne dass eine Führungskraft direkt steuern müsste.

6.6 Gestaltungshebel 5: Wirksame Führungskräfte betreiben ein systematisches Stakeholdermanagement und gestalten die Umweltbeziehungen

Unternehmen agieren nicht alleine im „luftleeren" Raum. Vielmehr machen es konkurrierende Unternehmen, Zulieferer, Kunden und das Aufeinandertreffen mit anderen Kulturen erforderlich, diese Beziehungen mit der Umwelt aktiv zu managen. Kernaufgaben der STERNENFLOTTE sind die Erforschung neuer Zivilisationen sowie die Auseinandersetzung mit den unterschiedlichsten Gegnern, mit KLINGONEN, BORG, XINDI, ROMULANER und vielen anderen. Eine zentrale Führungsaufgabe besteht daher darin, die unterschiedlichsten Interessen und Stakeholder im Sinne der eigenen Ziele zu managen. Voraussetzung für das erfolgreiche

---

[465] Vgl. Spielfilm Star Trek VIII (1996): Der erste Kontakt, Zeit 23:25. Vgl. Ruditis, Paul (2013): Star Trek – Die visuelle Enzyklopädie, München, S. 81
[466] Vgl. Ruditis, Paul (2013): Star Trek – Die visuelle Enzyklopädie, München, S. 18, 31, 65

Stakeholdermanagement ist es, die relevanten Stakeholder zu kennen und deren Interessen und Einflussmöglichkeiten zu verstehen.

6.6.1 Die relevanten Stakeholder kennen und verstehen ist die Basis erfolgreichen Stakeholdermanagements

Bei den bisherigen Missionen lag der Fokus auf der Führung der eigenen Organisation. Letztlich sind die Unternehmensziele aber nur in Kontakt und in der Kooperation oder Konkurrenz mit anderen Organisationen oder Personen umzusetzen. Für die Captains ergibt sich das zwangsläufig aus dem Daseinszweck der STERNENFLOTTE (neue Zivilisationen zu entdecken ...). Das gilt aber auch für Führungskräfte, deren Unternehmen in einem Geflecht aus Zulieferern, Kunden, Konkurrenten, staatlichen Institutionen, Verbänden etc. agiert und entsprechend viele Grenzen zu anderen aufweist. Diese Grenzen der Organisation bzw. deren Nahtstellen (der Begriff betont die Verbindung besser als Schnittstellen), sind aktiv zu managen und die wichtigen Stakeholder sind zufriedenzustellen bzw. einzubinden.

Es ist also wichtig zu verstehen, welche anderen Organisationen oder Stakeholder für die Erreichung der eigenen Ziele relevant sind. Relevant sind sie zum Beispiel dann, wenn sie über wichtige Ressourcen (z.b. DILITHIUM[467]) oder einzigartige Technologien (z.B. Zeitfalttechnologie[468]) verfügen, wenn sie potenziell bedrohlich sind, wie die BORG, KLINGONEN oder ROMULANER) oder wenn sie mögliche Kooperationspartner für ein gemeinsames Vorhaben sind.

Zudem sprechen auch übergreifende politisch-strategische Aspekte und Wirtschaftlichkeitsüberlegungen eine entscheidende Rolle. Bei der VEREINIGTEN FÖDERATION DER PLANETEN handelt es sich um einen Zusammenschluss verschiedener Völker, um eine politisch, wirtschaftlich und gesellschaftlich eng verzahnte Staatengemeinschaft. Insofern ist der demokratische und ethisch-moralische Akt der Einbeziehung der verschiedenen Völker und Kulturen auch als aktive Maßnahme der Friedenssicherung über Einbindung aller relevanten Gruppen zu verstehen. Die Einbindung erhöht zum einen die Akzeptanz der Völker gegenüber der Föderation und ihrem militärischen Organ, der STERNENFLOTTE. Zum anderen wird gewährleistet, dass die jeweiligen Interessen durch die Funktionsträger als Repräsentanten gewährleistet werden.

Da Führungskräfte in arbeitsteiligen und komplexen sozialen Situationen agieren, sind sie auf die Kooperation und Unterstützung anderer angewiesen. Das können Vorgesetzte sein, die bestimmte Ressourcen genehmigen oder Ihre Karriere fördern, das können aber auch Kollegen oder wichtige Mitarbeiter von Ihnen sein. Insbesondere die Beziehungen zu den Personen, die wichtig für Ihre individuellen

---

[467] Vgl. Raumschiff Enterprise (1966): Die Frauen des Mister Mudd, 1. Staffel
[468] Vgl. Voyager (1995): Das oberste Gesetz, 1. Staffel, Zeit 19:10

Ziele sind, sollten Sie sich bewusst machen und gezielt pflegen, da neben der eigenen Leistung auch immer die Unterstützung Dritter erforderlich ist.

In den folgenden Abschnitten werden typische Situationen mit ihren Herausforderungen und Lösungsmöglichkeiten dargestellt, die sich an einem „Lebenszyklus" von Berührungspunkten und Interaktionen mit Stakeholdern orientieren.

6.6.2 Stakeholdermanagement 1: Den Erstkontakt vorbereiten und gestalten

Beim Erstkontakt mit einer fremden Spezies oder wichtigen neuen Personen, geht es zunächst darum, bereits im Vorfeld möglichst viele Informationen zu sammeln und zu bewerten sowie sich entsprechend vorzubereiten. Oft gibt es nur Teilinformationen und es müssen Hypothesen über die Interessen und die feindliche bzw. freundliche Einstellung getroffen werden. Ziel ist es hier, sich kennenzulernen und zum Beispiel die Grundlage für die weitere Zusammenarbeit zu legen. Da es ein Kernauftrag der STERNENFLOTTE ist, neue Spezies und Kulturen zu erforschen, gibt es viele Beispiele, wie das erfolgreich zu erreichen ist, aber auch, wo mögliche Schwierigkeiten und kulturelle Fallstricke liegen. Der erste Eindruck zählt und strahlt auf weitere Wahrnehmungen und Interaktionen aus, oder anders formuliert: **Es gibt keine zweite Chance für den ersten Eindruck.** Daher ist der Erstkontakt dementsprechend mit großer Sorgfalt und Professionalität aktiv zu gestalten. Je besser das gelingt, umso weniger sind später direkte Führungsinterventionen erforderlich.

Für die Führungskräfte der STERNENFLOTTE bedeutet das harte Arbeit, denn von ihrer Grundhaltung her sind sie alle auf das Handeln und die Tat ausgerichtet. Oder wie es Captain KIRK in der Folge „Kampf um Organia" formuliert:

> Kirk: „Ich bin ein Soldat, kein Diplomat."[469]

Ihnen ist aber bewusst, wie wichtig für sie und die STERNENFLOTTE auch Small Talk und diplomatische Empfänge sind, sodass sie auch solche Situationen sehr professionell annehmen und gestalten. Auch Captain KIRK nimmt daher zum Beispiel die diplomatische Rolle in der Folge „Reise nach Babel" mit einer entsprechenden inneren Haltung für sich an. Auf der FÖDERATIONSKONFERENZ auf dem Planeten BABEL bewegen sich KIRK, SPOCK und MCCOY in Ausgehuniform ganz selbstverständlich und souverän zwischen den verschiedenen Teilnehmern. Sie plaudern hier und dort, bauen Beziehungen auf und haben allem Anschein nach sogar Spaß dabei.[470]

Exemplarisch zeigt sich dies auch im Spielfilm „Der Aufstand", in dem Captain PICARD in Galauniform von Counselor TROI auf einen diplomatischen Auftritt vorbereitet wird (z.B. Wie heißt die Grußformel?). Ihm ist im kleinen Kreis deutlich

---

[469] Raumschiff Enterprise (1967): Kampf um Organia, 1. Staffel, Zeit 09:00
[470] Vgl. Raumschiff Enterprise (1967): Reise nach Babel, 2. Staffel, Zeit Anfangsszene

anzusehen, wie wenig Lust er darauf hat. Dann aber geht die Tür des Aufzugs auf und er betritt souverän lächelnd das diplomatische Parket und erfüllt seinen Job.[471]

Gerade das erste Zusammentreffen mit anderen Kulturen bringt die Führungskräfte oft in Situationen, in denen sie nicht die souveränen Führungskräfte sind, sondern aufgrund der Unkenntnis der Sitten und Sprache auch Fehler machen. In der VOYAGER-Folge „Unschuld" erzählt CHAKOTAY JANEWAY von seinem ersten diplomatischen Erlebnis, bei dem er versehentlich einer Frau einen unsittlichen Antrag machte. Im Rückblick stellt sich dies als lustige Anekdote dar. In dem Moment selbst aber war es wohl in erster Linie sehr peinlich.[472]

Hilfreich kann es daher sein, sich von jemandem helfen zu lassen, der die jeweiligen Regeln besser beherrscht. Das verlangt vom Captain zum einen die Fähigkeit, die eigenen Fähigkeiten realistisch einschätzen zu können. Zum andern verlangt es auch eine gewisse Größe, zur Seite zu treten und einem Untergebenen die Bühne zu überlassen. Captain JANEWAY verfügt über beides, als sie in der Folge „Makrokosmos" NEELIX auf einer Handelsmission die Kommunikation mit den TAK TAK überlässt, ohne dabei aber ihre Position als Captain aufzugeben. Es funktioniert so gut, dass sie danach zu NEELIX Folgendes sagt.

Janeway: „Ich werde Sie vielleicht befördern müssen, vom Moraloffizier zum Botschafter."[473]

Gemeinsam ist allen Führungskräften, dass sie bereit sind, **von sich aus den ersten Schritt** zur Kontaktaufnahme zu machen und dass sie offen für die andere Person und Kultur sind. Dieses aufrichtige Interesse an der anderen Person ist eine wesentliche Grundlage für den weiteren Beziehungsaufbau.

6.6.3 Stakeholdermanagement 2: Gute Beziehungen und Vertrauen aufbauen

Nach dem Erstkontakt wird es in vielen Fällen zu weiteren Kontakten kommen und es muss im Interesse der verantwortlichen Führungskräfte sein, gerade zu den relevanten und mächtigen Stakeholdern eine gute Beziehung aufzubauen. Auch wenn es große Interessensunterschiede gibt, ist es grundsätzlich möglich, eine gute Beziehung in dem Sinne aufzubauen, als dass eine persönliche Ebene geschaffen wird, auf der kommuniziert und der andere respektiert werden kann. Dazu gehört es gegebenenfalls auch, sich gemeinsam im persönlichen Gespräch zu betrinken, wie Captain ARCHER mit dem ANDORIANISCHEN Commander der IMPERIALEN GARDE SHRAN. [474]

Es geht darum, eine Vertrauensbasis zu schaffen und im Gespräch zu bleiben. Eine gute professionelle Ebene erfordert nicht zwingend auch eine freundschaftliche

---

[471] Spielfilm Star Trek IX (1998): Der Aufstand, Zeit 06:35
[472] Vgl. Voyager (1996): Unschuld, 2. Staffel, Zeit 06:00
[473] Voyager (1996): Makrokosmos, 3. Staffel, Zeit 01:46
[474] Vgl. Enterprise (2005): Babel, 4. Staffel, Zeit 14:00

Verbindung, obwohl dies natürlich die Zusammenarbeit noch zusätzlich erleichtert, da beide Seiten eher bereit sind, der anderen Seite zu vertrauen und in Vorleistung zu gehen. In der DEEP SPACE NINE-Folge „Das Gesicht im Sand" bilden die STERNENFLOTTE und die ROMULANER eine strategische Allianz zur Zerstörung des DOMINION. Der anfangs skeptischen KIRA fällt dabei die Zusammenarbeit mit den ROMULANERN einfacher, weil die ROMULANISCHE Kommandantin ihr sympathisch ist und sie beide auf einer Wellenlänge sind.[475]

Exemplarisch zeigt sich das auch in der längeren Phase des Beziehungsaufbaus zwischen der STERNENFLOTTE und den VULKANIERN zurzeit von Captain ARCHER. Vertrauen muss verdient werden und kann nicht einfach eingefordert werden, was T'POL, anders als viele andere VULKANIER zu der Zeit, verstanden hat, als sie mit der VULKANISCHEN Botschafterin V'LAR spricht.

> T'Pol: „Wenn wir unsere Beziehungen mit den Menschen weiter ausbauen wollen, müssen wir uns ihr Vertrauen verdienen."[476]

Vertrauensaufbau braucht Zeit und die beiderseitige Bereitschaft, in die Beziehung zu investieren. Dabei wird deutlich, dass es weder darum gehen sollte, ein blindes Vertrauen zu zeigen, noch zu misstrauisch zu sein. Vielmehr ist geht es um das, was STEPHEN M.R. COVEY als „kluges Vertrauen" (smart trust) bezeichnet.[477] Die Handlungsempfehlung lautet daher TIT FOR TAT, also Zug um Zug. Das ist das Verhalten, das sich in der Kooperationsforschung bei Computer-Turnieren klar als das erfolgreichste herauskristallisiert hat. Ein Spieler, der sich für die Strategie TIT FOR TAT entscheidet **beginnt stets mit kooperativem Verhalten und dem Angebot zu unterstützen.**[478] Danach tut er immer das, was der andere Spieler getan hat. Sobald dieser defektiert, also nicht kooperiert, dann wird ein solches Verhalten ebenfalls mit Defektion beantwortet. Auf kooperatives Verhalten wird mit kooperativem Verhalten geantwortet.[479] Das schützt davor, die eigene Organisation und sich selbst zu sehr ins Risiko zu bringen. Allerdings ist es ein ganz wichtiges Vertrauenssignal, sich gegenüber dem anderen verletzlich und sich von ihm abhängig zu machen.

Langfristig zahlt sich kooperatives Verhalten aus, auch weil das sozialpsychologische **Prinzip der Reziprozität** wirkt. Damit ist gemeint, dass man sich verpflichtet

---

[475] Vgl. Deep Space Nine (1998): Das Gesicht im Sand, 7. Staffel, Zeit 17:20

[476] Enterprise (2002): Gefallene Heldin, 1. Staffel, Zeit 21:18

[477] Covey, Stephen M.R. (2009): Schnelligkeit durch Vertrauen – Die unterschätzte ökonomische Macht, Offenbach, S. 297ff

[478] Vgl. Enterprise (2002): Durch die Wüste, 1. Staffel, Zeit 02:50. Exemplarisch für die Grundhaltung von Captain ARCHER: „Wir helfen gern."

[479] Ausführlicher zur spieltheoretischen Modellierung und vier Vorschlägen für erfolgreiches Verhalten vgl. Axelrod, Robert (2005): Die Evolution der Kooperation, 6. Auflage, München, S. 99 ff: 1. Sei nicht neidisch, 2. Defektiere nicht als erster, 3. Erwidere sowohl Kooperation als auch Defektion, 4. Sei nicht zu raffiniert.

fühlt, sich für Gefälligkeiten, Geschenke, Hilfeleistung etc. zu revanchieren, um wieder ein Gleichgewicht zwischen Geben und Nehmen herzustellen.[480] In der ENTERPRISE-Folge „The Forge" wurde der VULKANIER SOVAL von Admiral FORREST gerettet. Daraufhin unterstützt dieser, wohl auch aus dem Gefühl, dem anderen etwas schuldig zu sein, Captain ARCHER gegen das VULKANISCHE Oberkommando[481]

Der Vertrauensaufbau beginnt in der Regel zwischen einzelnen Personen. Ist zwischen diesen eine belastbare Beziehung aufgebaut, kann das Vertrauen dann Schritt für Schritt auf die gesamte Organisation übertragen werden, wie das Beispiel der Friedensverhandlungen zwischen ANDORIANERN und TELLARITEN auf BABEL ONE zeigt.[482]

Neben dem möglichst großen Ausmaß an direkter und persönlicher Kommunikation schafft, wie beim Teambuilding, gerade auch die erfolgreiche Bewältigung gemeinsamer Aufgaben die Basis für eine gute und belastbare Beziehung.

Rückschläge gehören dazu und sollten nicht dazu führen, die Kommunikation komplett abzubrechen, da sonst die möglichen Vorteile einer Kooperation nicht mehr genutzt werden können und die Handlungsoptionen verringert werden. So stellt sich im weiteren Verlauf der oben genannten Folge „Das Gesicht im Sand" heraus, dass die ROMULANER doch nicht ganz vertrauenswürdig sind, da sie heimlich auf dem vierten Mond vor BAJOR 7.000 Plasmatorpedos stationiert hatten, ohne dies mit ihrem strategischen Partner, der STERNENFLOTTE, abzustimmen.[483]

Es ist hilfreich, sich beim Aufbau von Vertrauen und Beziehungen als Person oder Organisation eine **starke Marke** aufzubauen, die schon wirkt, bevor die handelnden Personen in der Situation sind.

Die Captains der STERNENFLOTTE haben eine solche Marke, einen Ruf, der sie dann im Zusammentreffen mit anderen mächtiger macht. Über ihr gezeigtes Verhalten und erfolgreich bewältigte Krisensituationen geben sie Signale dafür ab, was von ihnen in künftigen Situationen zu erwarten ist: Sind sie mutig, stellen sie sich der Auseinandersetzung, sodass ein möglicher Kampf immer bis zum bitteren Ende geführt werden muss? Wie gehen sie mit besiegten Gegnern um? Halten sie sich an Vereinbarungen und sind sie verlässliche Partner?

Insgesamt gilt für alle Captains und für Commander SISKO, dass sie es schaffen, sich als ein vertrauenswürdiger Partner zu positionieren, mit dem man zwar nicht unbedingt alle Sichtweisen teilt, den man aber respektiert und ernst nimmt. Eine solche Positionierung erlaubt es, die Rolle als „ehrlicher Makler" und Mediator ein-

---

[480] Vgl. Cialdini, Robert B. (1997): Die Psychologie des Überzeugens, Bern, S. 38 ff
[481] Vgl. Enterprise (2004): Der Anschlag, 4. Staffel, Zeit 11:50
[482] Vgl. Enterprise (2005): Babel, 4. Staffel
[483] Vgl. Deep Space Nine (1998): Das Gesicht im Sand, 7. Staffel, Zeit 39:35

zunehmen und zwischen zwei Konfliktparteien zu vermitteln und so die eigene Marke weiter auszubauen.[484]

Beispielsweise vermittelt Captain PICARD als akzeptierter Schlichter zwischen zwei verfeindeten Häusern des KLINGONISCHEN Imperiums in der Folge „Tödliche Nachfolge" und regelt erfolgreich die strittige Nachfolge.[485] Auch Captain ARCHER wird bewusst als Vermittler eingesetzt, um die beiden Delegationen der ANDORIANER und TELLARITEN zu den Friedensverhandlungen zu bringen.[486]

6.6.4 Stakeholdermanagement 3: Interkulturelles Management als Kompetenz ausbauen

In der Kommunikation und Interaktion mit anderen Kulturen hilft interkulturelle Kompetenz dabei, die andere Seite besser zu verstehen, Missverständnisse und unbeabsichtigte Beleidigungen zu vermeiden und durch die entsprechende Vorbereitung für die Sitten und Gebräuche ein Zeichen des Respekts zu setzen. Oder sich selbst Respekt zu verschaffen, wie das interkulturell kompetente Verhalten von DAX gegenüber von KLINGONEN auf DEEP SPACE NINE in der Folge „Martoks Ehre" zeigt: Mit einer Strategie aus „Zuckerbrot und Peitsche" verschafft sie sich zum einen Respekt durch die körperliche Zurechtweisung eines KLINGONEN, der auf ihrem Platz sitzt. Zum anderen offeriert sie sehr adressatengerecht drei Fässer BLUTWEIN.[487]

Auch langjährige STERNENFLOTTENOFFIZIERE können sich nicht immer von ihren Vorurteilen oder ihren Wertungen frei machen. Das ist deshalb so schwierig, da es hier um die oft unbewussten, tiefsitzenden Wertvorstellungen und um das grundsätzliche Menschen- und Weltbild geht. Und selbst wenn sich jemand diese Mechanismen bewusst macht und sie verstandesmäßig als nicht angemessen einordnet, fällt es gefühlsmäßig oft weiterhin schwer, für die Ausprägungen anderer Kulturen komplett offen zu bleiben. Eine Reihe an Beispielen belegt dies:

In der ersten ENTERPRISE-Folge „Aufbruch ins Unbekannte" verurteilt Commander TUCKER ohne tiefere Kenntnis das Verhalten einer Frau, die ihr Kind von einer Gasinhalation entwöhnt, was in ihrer Kultur das normale Verhalten ist. Woraufhin T'POL ihm einen deutlichen Rat gibt.

T'Pol: „Menschen [sollten] endlich lernen, andere Kulturen objektiv zu betrachten, damit sie wissen, wann sie sich einmischen sollten und wann nicht."[488]

---

[484] Eine Ausnahme stellt natürlich Captain LORCA dar, der aus dem SPIEGELUNIVERSUM kommt, und sich den dort herrschenden Gepflogenheiten entsprechend manipulativ, opportunistisch und nicht vertrauenswürdig verhält.

[485] Vgl. The Next Generation (1990): Tödliche Nachfolge, 4. Staffel

[486] Enterprise (2005): Babel, 4. Staffel

[487] Vgl. Deep Space Nine (1997): Martoks Ehre, 5. Staffel, Zeit 17:15

[488] Enterprise (2001): Aufbruch ins Unbekannte, 1. Staffel, Zeit 40:00

TUCKER nimmt sich diesen Hinweis zu Herzen und geht im Laufe seiner Zeit auf der Enterprise immer offener und objektiver mit anderen kulturellen Gepflogenheiten um, wie zum Beispiel in der Folge „In guter Hoffnung" in der er drei Tage auf einem XYRILLIANISCHEN Raumschiff bei den Reparaturen hilft und sich bewusst mit der anderen Kultur auseinandersetzt.[489]

Gerade im zwischenmenschlichen Bereich kann es schnell zu Fehlinterpretationen kommen. In der Folge „Trekors Prophezeiung" arbeitet O'BRIAN mit der CARDASSIANERIN GILORA zusammen, um ein Subraum Relais in den GAMMA-QUADRANTEN zu installieren. Dabei fehlinterpretiert sie sein „normales" Verhalten als Flirtverhalten.[490]

Aber auch T'POL tut sich teilweise schwer, andere Gewohnheiten zu probieren und anzunehmen. Während zum Beispiel Doktor PHLOX mit großer Offenheit das menschliche Essen probiert (Blaubeerpfannkuchen, „hervorragend"), bleibt T'POL bei ihrer traditionellen VULKANISCHEN Morgensuppe, weil sie es angeblich nicht verträgt. Das allerdings ist wohl nur vorgeschoben, da der VULKANISCHE Magen grundsätzlich sehr anpassungsfähig ist, wie von PHLOX zu erfahren ist.[491]

Besonders dann, wenn es um tiefsitzende Abneigung und negative Vorerfahrungen geht, fällt es schwer, das Verhalten von anderen nicht negativ zu bewerten. Das zeigt sich zum Beispiel im Film „Das unentdeckte Land", in der die interkulturell durchaus erfahrene Führungsmannschaft der ENTERPRISE auf dem KLINGONENSCHIFF KRONOS 1 zum Dinner bei Kanzler GORKON ist. UHURA und CHEKOV beklagen sich nachher abfällig über die Tischmanieren der KLINGONEN, dabei zeigten alle selbst kein professionelles Verhalten, sondern sind voller Vorurteile, wie SPOCK dazu feststellte.

> Spock: „Ich bezweifle, dass unser eigenes Benehmen uns eingehen lässt in die Annalen der Diplomatie."

> Darauf der sonst so souveräne Kirk: „Ich muss das erstmal verdauen. Falls wir heute noch etwas vermasseln können, sagt mir Bescheid."[492]

Voraussetzung für ein entsprechendes interkulturelles Management ist die Offenheit einer Person, sich auf andere Sicht- und Verhaltensweisen unvoreingenommen einzulassen. Neues und Ungewohntes, nach den eigenen kulturellen Maßstäben auch vielleicht nicht angemessenes Verhalten einer anderen Kultur wird dann im Idealfall zunächst neutral und interessiert wahrgenommen und nicht direkt bewertet. In der Folge „Der kalte Krieg" unterhält sich Captain ARCHER mit einem der

---

[489] Vgl. Enterprise (2001): In guter Hoffnung, 1. Staffel, Zeit 13:03. Seine neu entdeckte interkulturelle Offenheit lässt sich TUCKER auch nicht nachhaltig dadurch verderben, als er ohne sexuellen Kontakt bei diesem Einsatz geschwängert wurde.
[490] Vgl. Deep Space Nine (1995): Trekors Prophezeiung, 3. Staffel, Zeit 31:55
[491] Vgl. Enterprise (2001): In guter Hoffnung, 1. Staffel, Zeit 02:30
[492] Vgl. Spielfilm Star Trek VI (1991): Das unentdeckte Land, Zeit 25:09

Pilger über Religion, die an Bord der ENTERPRISE sind und ein stellares Ereignis beobachten wollen, und gibt eine klare Antwort auf die Frage, welchen Glaubenssätzen er folgt.

Archer: „Ich würde sagen, ich versuch, allem offen gegenüber zu stehen." [493]

Es zeichnet die STERNENFLOTTENOFFIZIERE dabei aus, **immer wieder den ersten Schritt** gegenüber anderen Kulturen zu machen und sich selbst der Konfrontation mit anderen Werten und Verhaltensweisen auszusetzen. Sie wissen, dass es erforderlich ist, um die Ziele der STERNENFLOTTE zu erreichen und auch, um ihre eigene Persönlichkeit weiterzuentwickeln. Wichtig ist dabei, sich vorzubereiten und den Mut zu haben, auch ungewohnte und irritierende Verhaltensweisen auszuprobieren, wie folgender Dialog zwischen ARCHER und dem TELLARITISCHEN Botschafter GRAL auf der ENTERPRISE zeigt.

Archer begrüßt Gral mit ernstem Gesicht: „So hässlich habe ich Sie gar nicht in Erinnerung gehabt. Captain Archer, willkommen an Bord."

Gral, sichtlich überrascht reicht Archer die Hand: „Botschafter Gral. Ich habe gehört, dieses Schiff wäre der Stolz der Sternenflotte. Ich finde es klein und wenig beeindruckend."

Archer: „Komisch, ich wollte gerade das Gleiche über Sie sagen."

Gral lacht zufrieden: „Sie dürfen uns zu unserem Quartier führen." [494]

Offensichtlich hatte ARCHER sich richtig auf seinen Gast vorbereitet. Auch wenn ihm die Situation nach menschlichen Maßstäben absurd vorkommen musste, schaffte er es, einen kühlen Kopf zu bewahren. Die Nachfolgeszene zwischen Captain ARCHER und Commander TUCKER zeigt, wie schnell in der Kommunikation Irritation und Missverständnisse entstehen können, selbst zwischen alten Freunden.

Tucker: „Weißt Du, ich kann die Leute besser leiden als ich dachte. Sie halten mit nichts hinterm Berg. Wirklich erfrischend zur Abwechslung mal zu sagen, was man denkt."

Archer: „Du fühlst Dich hier bei uns nicht frei zu sagen, was Du denkst?"

Tucker: „Du weißt, was ich meine."

Archer: „Nein, vielleicht möchtest Du es mir erklären."

Daraufhin ist TUCKER ernsthaft irritiert.

Archer weiter: „Wechsle lieber die Uniform, bevor Du den ganzen Raum verpestest."

Tucker: „Ah, Du übst tellaritisch, ich verstehe."

ARCHER guckt ihn ernst an, löst die Irritation nicht auf. TUCKER ist verunsichert und verlässt den Raum.

Archer lacht zufrieden: „Andere Länder, andere Sitten." [495]

---

[493] Enterprise (2001): Der kalte Krieg, 1. Staffel, Zeit 08:10
[494] Enterprise (2005): Babel, 4. Staffel, Zeit 05:25

Echte interkulturelle Kompetenz wird nicht nur theoretisch aufgebaut, sondern durch das tiefe Eintauchen in andere Kulturen, mit dem inneren Anliegen, zu verstehen. Jeder, der sich in das Umfeld einer anderen Kultur begibt, steht vor der Herausforderung, wie er sich dort verhalten soll. Welche der eigenen Verhaltensweisen und dahinterliegenden Werte müssen in jedem Fall beibehalten werden? Welche Verhaltensweisen und Umgangsformen sollten übernommen werden? Welche Anpassung darf erwartet werden?

Grundsätzlich ist es sicherlich eine gute Handlungsempfehlung, sich zumindest rein äußerlich auf die andere Kultur einzustellen.

> *Kirk: „Meine Tante hat immer gesagt: Wenn Du in Rom bist, benimm Dich wie ein Römer, mein Junge.“*[496]

Von einer unreflektierten Übernahme anderer kultureller Verhaltensweisen ist dagegen abzuraten. Vielmehr erfordert erfolgreiches interkulturelles Management einen realistischen und ausgeglichenen Blick auf die andere, aber auch auf die eigene Kultur und auf das, was im jeweiligen Kontext akzeptabel ist: weder zu positiv (alles Fremde ist liebenswert) noch zu negativ (alles Fremde ist minderwertig). Zumindest für die STERNENFLOTTE geht es zu weit, dass WORF in der DEEP SPACE NINE-Folge „Die Söhne des Mogh" seinem Bruder KURN auf dessen Wunsch und einem KLINGONISCHEN Ritual folgend ein Messer ins Herz stößt. Entsprechend deutlich macht SISKO anschließend WORF klar, dass ein solches Verhalten nicht zu akzeptieren ist.[497]

Für die Konfrontation und lernbereite Auseinandersetzung mit dem Neuen und Andersartigen braucht es ein gewisses Selbstbewusstsein und eine innere Stabilität. Diese Persönlichkeitsmerkmale sind zu einem Teil angeboren, zu einem anderen Teil aber durchaus entwickelbar. Gestaltbar ist für eine Führungskraft aber auch der angeborene Teil in dem Sinne, als dass bereits bei der Personalauswahl und Teamzusammensetzung darauf geachtet werden kann, welche interkulturellen Kompetenzen eine Person mitbringt, wie sie auf Andersartigkeit und Neues reagiert und dass durch ein bewusstes **Diversity Management** möglichst viele kulturelle Typen zusammengebracht werden. So wird Fremdes vertrauter und normaler und es fällt einfacher, auch mit ganz neuen Personen und Kulturen eine gemeinsame gute Beziehung zu entwickeln.

In den meisten Fällen aber wird es Überwindung kosten, auf das Fremde und Unbekannte zuzugehen, wie ELIAS CANETTI in „Masse und Macht" prägnant formuliert:

[495] Enterprise (2005): Babel, 4. Staffel, Zeit 06:50
[496] Raumschiff Enterprise (1969): Seit es Menschen gibt, 3. Staffel, Zeit 06:40
[497] Vgl. Deep Space Nine (1996): Die Söhne des Mogh, 4. Staffel, Zeit 14:00

„Nichts fürchtet der Mensch mehr als die Berührung durch Unbekanntes. Man will sehen, was nach einem greift, man will es erkennen oder zumindest einreihen können. Überall weicht der Mensch der Berührung durch Fremdes aus. "[498]

Ein Teil der Faszination für die STERNENFLOTTE erklärt sich wohl auch aus diesem Gegensatz, dass die handelnden Personen dem Impuls widerstehen, das Fremde zu meiden und in die andere Richtung zu laufen bzw. zu fliegen. Vielmehr gehen sie bewusst in die „Höhle des Löwen" und suchen die Berührung mit dem Unbekannten.[499] So wie Commander RIKER, der sich freiwillig für einen Offiziersaustausch mit den KLINGONEN meldet und von Captain PICARD darum beneidet wird.[500] Oder der sich in der Folge „Odan, der Sonderbotschafter" freiwillig als Wirt für einen TRILL-Symbionten meldet – einerseits, um einen Krieg zu vermeiden, andererseits aber wohl auch wegen der einzigartigen Erfahrung.[501]

6.6.5 Stakeholdermanagement 4: Die gegnerische Front aufbrechen und zu Einzelnen Beziehungen aufbauen

Vielfach stehen sich ganze Organisationen oder Völker als anonyme Blöcke feindlich gegenüber. Es finden keine direkte oder persönliche Kommunikation statt. Aufgabe des Stakeholdermanagements ist es da im ersten Schritt, die anonyme gegnerische Front differenziert zu betrachten. Denn bei genauem Hinsehen sind die **Blöcke in der Regel nicht so homogen,** wie sie von weitem erscheinen. Auch hier gibt es einzelne Personen, mit eigenen Interessen, auch hier gibt es Machtkämpfe und politisches Handeln. Um jetzt die gegnerische, scheinbar monolithische Front aufzubrechen, sollte versucht werden, einzelne Personen oder Gruppen herauszulösen. Das kann dann gelingen, wenn die jeweiligen Interessen genau verstanden werden, man auf den anderen zugeht und die Kommunikation sucht. Voraussetzung hierfür ist, dass eine Führungskraft die Bereitschaft hat, sich empathisch in die Situation seines Gegners hineinzuversetzen und sich seine Interessen, Ängste und Wünsche bewusst zu machen und sie anzuerkennen. Dagegen sind Pauschalurteile wie „das sind alles Verbrecher, mit denen kann man nicht verhandeln" weder in der Allgemeinheit zutreffend noch sind sie, - und das ist das Entscheidende – hilfreich, um die eigenen Interessen durchzusetzen.

Ein Beispiel dafür findet sich in der Folge „Ein Jahr Hölle – Teil 2", in der die VOYAGER mit einem tödlichen Waffenschiff der KRENIM konfrontiert ist, deren abtrünniger Anführer ANNORAX die Zeitlinie so manipulieren will, dass seine Frau und Familie wieder lebendig sind. CHAKOTAY und PARIS werden auf dem Schiff der KRENIM festgehalten. Es gelingt beiden trotzdem zum einen die genauen Be-

---

[498] Canetti, Elias (2006): Masse und Macht, 30. Auflage, Frankfurt, S. 13

[499] Vgl. Kotter, John P. (2010): Buy in – Saving Your Idea from Getting Shot down, Boston, S. 17 ff

[500] Vgl. The Next Generation (1989): Der Austauschoffizier, 2. Staffel

[501] Vgl. The Next Generation (1991): Odan, der Sonderbotschafter, 4. Staffel, Zeit 18:20

weggründe für das Verhalten ANNORAX zu verstehen; er hatte nämlich den Tod seiner Familie bei einer früheren Manipulation der Zeitlinie selbst verursacht. Zum anderen schaffen sie es, mit Hilfe von OBRIST, dem Stellvertreter ANNORAX, eine temporäre Kooperation gegen ANNORAX aufzubauen und den temporalen Kern des Schiffs zu deaktivieren. Daraufhin kann das Schiff auch von konventionellen Waffen angegriffen werden und schließlich wird es zerstört und die ursprüngliche Zeitlinie wird wiederhergestellt.[502]

Im Film „Der Aufstand" wird Captain PICARD von den SON'A gefangen genommen, die versuchen, das Volk der BA'KU von ihrem Heimatplaneten zu entfernen. Er behält aber einen kühlen Kopf und spürt bei einem der SON'A, bei GALLATIN, Skrupel hinsichtlich des gewalttätigen Vorgehens. Er spricht ihn im Aufzug unter vier Augen persönlich an und überzeugt ihn, ihm zu helfen, was dieser dann auch tut.[503]

Dabei ist es nicht zwingend erforderlich, dass alle Interessen und Werthaltungen völlig übereinstimmen. **Es ist erstmal ausreichend, wenn es überhaupt eine gemeinsame Interessensbasis gibt und über Kommunikation eine Kontaktaufnahme stattfindet.** Das kann dann der Ausgangspunkt sein, um auch weiterreichende gute Beziehungen und Vertrauen aufzubauen.

Exemplarisch zeigt sich das auf DEEP SPACE NINE, wo SISKO versuchen muss, auch mit eher fragwürdigen Personen Allianzen zu bilden, um seine Ziele zu erreichen. Er ist ein Meister darin, gemeinsame Interessen zu identifizieren und zu nutzen. Das gilt für den Schneider GARAK, einer geheimnisvollen Person, die beim CARDASSIANISCHEN Geheimdienst, dem OBSIDIANISCHEN Orden, war bzw. noch ist. SISKO schafft es trotzdem, eine Art Vertrauensbeziehung mit GARAK aufzubauen, die zumindest so stabil ist, dass sie punktuell kooperieren.[504] Das gilt auch für den Barbesitzer QUARK, der sich zunächst nur sich und seinem Profit verpflichtet sieht, dann aber nach und nach zu einem durchaus verlässlichen Teammitglied wird. SISKO ist sich über diese Besonderheiten und Gratwanderungen auf DEEP SPACE NINE sehr bewusst, wie der folgende Dialog mit WORF aus der Folge „Indiskretionen" zeigt, bevor SISKO WORF einen Drink reicht.

Sisko: „Offiziere der Sternenflotte tun sich oft schwer, die inoffiziellen Regeln der Station zu erlernen. Man kann sich nicht an den Richtlinien orientieren. Sie erlernen das nach und nach. Es geht hier etwas anders zu als auf einem Raumschiff."

Worf: „Als ich an Bord der Enterprise diente, wusste ich immer, wer meine Verbündeten und wer meine Feinde waren."

---

[502] Vgl. Voyager (1997): Ein Jahr Hölle – Teil 2, 4. Staffel
[503] Vgl. Spielfilm IX (1998): Der Aufstand, Zeit 1:19:40
[504] Vgl. Deep Space Nine (1995): Der Weg des Kriegers, 4. Staffel, Zeit 42:00 sowie Deep Space Nine (1998): In fahlem Mondlicht, 6. Staffel, Zeit 40:00

Sisko: „Sagen wir einfach, Deep Space Nine verfügt über mehrere Schattierungen. Und Quark ist definitiv eine dieser Schattierungen. Er hat seine eigenen Gesetze und er befolgt sie gewissenhaft. Wenn man sie mal verstanden hat, versteht man Quark. Und ich würde sagen, das trifft hier auf jeden zu. Sie werden sich schon einfügen, gehen Sie es ruhig an. "[505]

Eine andere Variante besteht darin, die gegnerische Einheit aufzubrechen, indem einzelne Personen gegeneinander aufgewiegelt werden. Anschaulich ist das in der Folge „Raumpiraten" zu beobachten, in der die ENTERPRISE steuerlos im Weltraum treibt und von vier FERENGI übernommen wird. ARCHER, T'POL und TUCKER nutzen nun die individuelle Gier und das natürliche Misstrauen der FERENGI untereinander, um sie gegeneinander auszuspielen. Voraussetzung für das Gelingen ist, genau zu verstehen, was die Trigger der jeweiligen Personen sind, um zielgerichtet die richtigen Hebel zu bedienen.[506]

Auch in der Folge „Das auserwählte Reich" treibt Captain ARCHER über gezielte Kommunikation einen Keil zwischen die TRIANNONS, eine religiöse Pilgergruppe, die mit Selbstmordattentätern die ENTERPRISE übernommen hatten.[507] Wieder bestätigt sich die Erkenntnis, dass **es immer ein schwaches Glied in der Kette der Gegner gibt.** Diese bilden nie eine so geschlossene und starke Front, wie es zunächst scheint.

6.6.6 Stakeholdermanagement 5: Alte Feindschaften beenden und einen Neuanfang wagen

Eine noch größere Herausforderung für Führungskräfte und Mitarbeiter ist es, alte Feindschaften oder einen „kalten Krieg" zu beenden. Mit kaltem Krieg ist gemeint, dass sich über lange Zeit Fronten aufgebaut haben, Kommunikation und Interaktion auf ein Mindestmaß reduziert sind, wechselseitiges Misstrauen herrscht und die andere Seite als schlecht und minderwertig angesehen wird. Beide Seiten haben sich in diesem Weltbild „eingerichtet", wie es PICARD treffend in der Folge „Der Rachefeldzug" gegenüber O'BRIAN formuliert:

Picard: „Hass ist eine alte Lederjacke, man gewöhnt sich daran und fühlt sich darin wohl. "[508]

O'BRIAN unterhält sich auf der ENTERPRISE in der ZEHN-VORNE-BAR mit dem CARDASSIANER DARO, dessen Schiff von dem rebellischen Captain MAXWELL der STERNENFLOTTE zerstört wurde, was den gerade geschlossenen Frieden zwischen der FÖDERATION und CARDASSIA gefährdet.

O'Brian: „Ich hasse nicht Sie, Cardassianer. Ich hasse das, was aus mir wurde, wegen Euch. "[509]

---

[505] Deep Space Nine (1995): Indiskretionen, 4. Staffel, Zeit 12:40
[506] Vgl. Enterprise (2002): Raumpiraten, 1. Staffel, Zeit 16:00
[507] Vgl. Enterprise (2004): Das auserwählte Reich, 3. Staffel, Zeit 18:20
[508] The Next Generation (1991): Der Rachefeldzug, 4. Staffel, Zeit 20:00

Eine CARDASSIANISCHE Wache, so ist zu erfahren, brachte vor Jahren den jungen MILES O'BRIAN dazu, zu töten. An diesem Beispiel wird die Komplexität einer solchen langen feindlichen Beziehung deutlich. Die **Abneigung wird auf die gesamte andere Gruppe übertragen**, deren Individuen im Zweifelsfall nichts mit der auslösenden Situation zu tun hatten. Die Lösung liegt daher wohl auch eher bei O'BRIAN selbst, der lernen muss, das, was aus ihm wurde, anzunehmen und der anderen Seite eine Chance zu geben.

Nun ist kalter Krieg oder das Einfrieren eines Konflikts durchaus eine Option die Umwelt zu managen, da möglicherweise die Alternative dazu, der offene Krieg, beide Seiten noch schlechter stellen würde. Die Frage ist aber, ob es nicht für eine oder beide Seiten im Sinne eines **Pareto-Optimums** (dann erreicht, wenn keiner bessergestellt werden kann, ohne dass der andere schlechter gestellt wird) eine bessere Alternative möglich ist.

Ein beeindruckendes Beispiel dafür ist die Beendigung des kalten Krieges mit den KLINGONEN im Film „Das unentdeckte Land", bei dem Captain KIRK eine Schlüsselrolle hat. Er ist sein Leben lang darin sozialisiert worden, keinem KLINGONEN zu trauen und hat sogar seinen einzigen Sohn durch die KLINGONEN verloren.[510] Nun bekommt gerade er als erklärter Feind der KLINGONEN die Aufgabe, Kanzler GORKON sicher zur Erde zu den Friedensverhandlungen zu geleiten. Zunächst lehnt er ab, erklärt sich dann aber doch dazu bereit, da er die größeren Dimensionen zumindest erahnt. In einem Logbucheintrag hält er seine Gedanken dazu fest.

Kirk: „Ich habe den Klingonen nie getraut, und werde ihnen nie trauen. Ich kann und will ihnen den Tod meines Jungen nie vergeben. Ich glaube, den Kanzler des klingonischen Hohen Rates sicher zu diesem Friedensgipfel zu eskortieren ist bestenfalls problematisch und riskant. Spock hält das für eine einmalige Gelegenheit. Ich wünschte, ich könnte ihm Recht geben. Aber andererseits kann die Geschichte an Leuten wie mir kaum vorbeigehen."[511]

Trotz aller Vorbehalte und Zweifel gibt er dem Unternehmen eine echte Chance, nimmt eine aktive gestaltende Führungsrolle ein und springt über den eigenen Schatten. Es zeichnet ihn als herausragende Führungskraft aus, dass er immer auch die langfristige strategische Bedeutung im Blick hat und bereit ist, dafür neue Wege zu gehen, Verantwortung zu übernehmen und hohe persönliche Risiken in Kauf zu nehmen. Nachdem Kanzler GORKON getötet wurde, ergibt er sich und will auf das KLINGONENSCHIFF, um die Friedensverhandlungen nicht zu gefährden.

Kirk zu Spock: „Nein, ich gehe. Sie sind dafür verantwortlich, dass ich heil wieder rauskomme. Wir werden nicht am Vorabend des galaktischen Friedens den Grund für einen Krieg liefern."[512]

---

[509] The Next Generation (1991): Der Rachefeldzug, 4. Staffel, Zeit 22:10
[510] Vgl. Spielfilm Star Trek III (1984): Auf der Suche nach Mr. Spock, Zeit 1:06:28
[511] Spielfilm Star Trek VI (1991): Das unentdeckte Land, Zeit 13:32
[512] Spielfilm Star Trek VI (1991): Das unentdeckte Land, Zeit 31:13

Captain KIRK wird gefangen genommen und von einem KLINGONISCHEN Tribunal zur Verbannung nach RURA PENTE zur Arbeit in den DILITHIUMMINEN verurteilt. Nachts auf den Gefängnispritschen reflektiert er mit MCCOY seine Gefühle.

Kirk: „Manche Menschen haben immer Angst vor dem was passieren könnte. Diesmal hatte ich Angst."

McCoy: „Was hat dir denn plötzlich solche Angst gemacht?"

Kirk: „Das es keine neutrale Zone mehr gibt. Ich war daran gewöhnt, die Klingonen zu hassen. Ach, Gorkon zu vertrauen wäre mir nie eingefallen. Spock hatte Recht."

McCoy: „Hör auf, so streng mit dir zu sein. Wir alle haben ganz genau dasselbe gefühlt."[513]

Trotz der Angst vor der Veränderung bleibt er handlungsfähig, er gibt nicht auf, weil er an die erfolgreiche Bewältigung auch dieser Situation glaubt – es gibt eben keine ausweglosen Situationen. Aufgrund dieser tiefen Überzeugung seiner Selbstwirksamkeit verfällt er auch nicht in Panik, sondern kann sich auf die große Veränderung seines Weltbildes einlassen. Und nicht nur das: Er ist nicht nur passiver Zuschauer, der die Umwälzungen geschehen lässt, sondern er treibt sie selbst aktiv voran und trägt so dazu bei, dass die Friedensverhandlungen erfolgreich abgeschlossen werden können. Das Einnehmen einer aktiven Rolle, das Platznehmen auf dem Stuhl des Captains, ist einer der Schlüssel für Führungskräfte, um erfolgreich durch Veränderungsprozessen zu kommen und nachher sogar gestärkt daraus hervorzugehen.

6.6.7 Stakeholdermanagement 6: Mit einem Gegner gegen einen gemeinsamen Feind verbünden

Aus einer realpolitischen Betrachtung heraus kann es Situationen geben, in denen der Feind meines Feindes mein Freund ist, mit dem kooperiert werden sollte – auch wenn dieser Freund eigentlich ein potenzieller Feind ist. Wenn dies kompliziert klingt, dann ist es das auch, da es von den handelnden Personen verlangt, rein nach situativen Interessen zu entscheiden und andere Vorbehalte oder Vorurteile zumindest zeitweise zur Seite zu stellen. Eine potenziell sinnvolle Handlungsoption ist das immer dann, wenn der akute Feind so existenziell bedrohlich und mächtig ist, dass alleine keine Lösung möglich ist.

Das Ausmaß an Kooperation mit früheren Feinden kann unterschiedlich stark ausgeprägt sein. Ein **Nichtangriffspakt** beschreibt das geringste Ausmaß einer solchen Kooperation und erfüllt den Zweck, temporär eine Front zu befrieden, sodass die militärischen Kräfte vollständig auf die neue Front gebündelt werden können. Ein Beispiel dafür stellt der Nichtangriffspakt zwischen BAJOR und dem DOMINION dar, der in der Folge „Zu den Waffen" auf Anraten von Captain SISKO

---

[513] Spielfilm Star Trek VI (1991): Das unentdeckte Land, Zeit 1:00:05

geschlossen wird, um BAJOR möglichst aus der Konfrontation mit dem DOMINION herauszuhalten.[514]

Weitere **Ausbaustufen** bestehen darin, gemeinsame abgestimmte Aktionen durchzuführen, Informationen und Ressourcen zusammenzulegen oder sogar gemeinsam mit den bisherigen Feinden in eine Schlacht zu ziehen. In der Folge „Die Abtrünnigen" verbündet sich Captain SISKO mit den VORTA, die eigentlich die Feinde sind. Sie bekämpfen gemeinsam eine Gruppe abtrünniger JEM'HADAR, da sie situativ ein gemeinsames Interesse haben. An der übergeordneten feindlichen Konstellation ändert das nichts.[515] Auch mit den ROMULANERN schließt die STERNENFLOTTE eine **strategische Allianz**, mit dem Ziel, das DOMINION zu zerstören, was letztlich erfolgreich ist.[516] Bereits zu Beginn der Verhandlungen werden, als erste Formen der Kooperation, Geheimdienstberichte über das DOMINION zwischen den ROMULANERN und der STERNENFLOTTE ausgetauscht.[517]

Auch Captain ARCHER beherrscht die Fähigkeit, situativ mit eigentlichen Gegnern zusammenzuarbeiten, selbst wenn er die Personen unsympathisch findet. So kooperiert er beispielsweise in der Folge „Sturmfront" mit dem SULIBAN SILIK, um VOSK zu stoppen, einen NA'KUHL, der die Zeitlinie so manipuliert hat, dass die Nazis 1944 die Ostküste der USA erobern und unter ihre Herrschaft stellen konnten.

Auch Captain JANEWAY wägt ihre Handlungsoptionen aus einer **realpolitischen Perspektive** ab, als sie in der Doppelfolge „Skorpion" mit den BORG kooperiert, um die Bioschiffe SPEZIES 8742 zu bekämpfen. Diese haben die „Nordwest-Passage" übernommen, planen eine Invasion des ALPHA-QUADRANTEN und verhindern die Weiterreise der VOYAGER. JANEWAY hilft den BORG mit einer Nanosondenwaffe und bekommt dafür freies Geleit durch das Gebiet der BORG.[518]

Solche Kooperationen, so sinnvoll sie auch in der jeweiligen Situation sein mögen, sind **langfristig ambivalent** zu beurteilen. Sie können langfristig risikoreich sein, da es dem Gegner durch eine enge Kooperation leichter fällt, die Situation zu seinen Gunsten auszunutzen. So wurden beispielsweise die Informationen über das DOMINION, die die STERNENFLOTTE an die ROMULANER gegeben hatte, an den CARDASSIANISCHEN Geheimdienst weitergeleitet.[519] Es bleibt unklar, inwiefern diese dann gegen die FÖDERATION genutzt wurden. Auch hätte das DOMINION den Waffenstillstand und das Abziehen der militärischen Kräfte von BAJOR durchaus für einen Gegenangriff nutzen können. Außerdem ist jeweils kritisch zu prüfen,

---

[514] Vgl. Deep Space Nine (1997): Zu den Waffen, 5. Staffel, Zeit 20:20
[515] Vgl. Deep Space Nine (1996): Die Abtrünnigen, 4. Staffel, Zeit 40:10
[516] Vgl. Deep Space Nine (1998): Das Gesicht im Sand, 7. Staffel
[517] Vgl. Deep Space Nine (1995): Der Visionär, 3. Staffel, Zeit 02:28
[518] Vgl. Voyager (1997): Skorpion – Teil 1, 3. Staffel sowie Voyager (1997): Skorpion – Teil 2, 4. Staffel
[519] Vgl. Deep Space Nine (1995): Der geheimnisvolle Garak – Teil 1, 3. Staffel, Zeit 39:11

inwiefern nicht durch einen „Pakt mit dem Teufel" die eigenen Werte ausgehöhlt werden und aus der Not der Situation heraus jedes Verhalten gerechtfertigt wird. Sie bergen aber auch die Chance in sich, dass aus dieser ersten Kooperation weitere Annäherung entsteht und so eine übergreifende gute Beziehung zum Nutzen aller wird.

6.6.8 Stakeholdermanagement 7: Dauerhafte organisatorische Kooperationen aufbauen

Neben temporärer und situationsbezogener Kooperation besteht die Möglichkeit die Umwelt über dauerhafte organisatorische Kooperation zu stabilisieren und zu gestalten. Das wohl umfassendste Beispiel bei STARK TREK ist wohl die FÖDERATION DER VEREINIGTEN PLANETEN bzw. die STERNENFLOTTE als ihr zentrales operatives Ausführungsorgan. In ihr hat sich eine Vielzahl an Völkern und Planeten zusammengeschlossen, um untereinander systematisch und dauerhaft zu kooperieren sowie andererseits nach außen als geschlossene Einheit aufzutreten.

Die folgende zeitliche Darstellung zeigt wesentliche Zeitpunkte des Entstehungsverlaufs und der schrittweisen Erweiterung der FÖDERATION, auch um strategische Partnerschaften:

2063: Erstkontakt zwischen VULKANIERN und der Erde, nach Warperstflug von ZEFRAM COCHRANE[520]

2154: Erste Allianz von VULKANIERN, TELLARITEN, ANDORIANERN und Menschen, mit der ENTERPRISE als Kommandoschiff[521]

2161: Gründung der VEREINIGTEN FÖDERATION DER PLANETEN in San Francisco durch vier Völker: ANDORIANER, TELLARITEN, VULKANIER und Menschen[522]

2293: Mit dem KHITOMER-Abkommen wird ein erster Friedensvertrag zwischen der FÖDERATION und dem KLINGONISCHEN Reich geschlossen[523]

2372: Einseitige Aufkündigung des KHITOMER-Abkommens durch Kanzler GOWRON aufgrund der Missbilligung der KLINGONISCHEN Invasion auf CARDASSIA durch den FÖDERATIONSRAT[524]

2373: KLINGONEN treten dem KHITOMER-Abkommen erneut bei, da nach Beitritt von CARDASSIA zum DOMINION der ALPHA-QUADRANT bedroht ist[525]

Verbunden mit der Gründung der FÖDERATION ist die schrittweise Schaffung von weiteren Organisationseinheiten und -strukturen, die die Ziele der Föderation un-

---

520 Vgl. Spielfilm Star Trek VIII (1996): Der erste Kontakt
521 Vgl. Enterprise (2005): Vereinigt, 4. Staffel, Zeit 10:20
522 Vgl. Enterprise (2005): Dies sind die Abenteuer, 4. Staffel, Zeit 36:15
523 Vgl. Spielfilm Star Trek VI (1991): Das unentdeckte Land
524 Vgl. Deep Space Nine (1995): Der Weg des Kriegers, 4. Staffel, Zeit 45:50
525 Vgl. Deep Space Nine (1997): Im Lichte des Infernos, 5. Staffel, Zeit 07:30

terstützen, wie beispielsweise der FÖDERATIONSRAT als zentrales Regierungsorgan[526] oder die STERNENFLOTTENAKADEMIE zur Ausbildung der Offiziere[527]. Auch eine solche Schaffung übergeordneter Strukturen ist eine Aufgabe für Führungskräfte, für die sie mit einer Vielzahl an anderen Führungskräften kooperieren müssen und deren Tragweite oft über die eigene Arbeits- und Lebenszeit hinausgeht. Sobald diese Strukturen etabliert sind, verringern sie den Bedarf an unmittelbarem Führungshandeln, da die Regeln und Prozesse das Verhalten steuern.

---

[526] Vgl. Spielfilm Star Trek IV (1986): Zurück in die Gegenwart, Zeit 06:20
[527] Vgl. Spielfilm Star Trek XI (2009): Star Trek, Zeit 29:30

7 Mission 5: Selbstmanagement
Nur wer sich selbst gut führt kann auch andere führen – Auch Selbstmanagement und Persönlichkeitsentwicklung sind Aufgaben für Führungskräfte

Die Vielzahl herausfordernder Führungsaufgaben ist nur zu bewältigen, wenn Führungskräfte den Erhalt und den Ausbau der eigenen Leistungsfähigkeit im Blick haben. Erfolgreiches Führungshandeln setzt konsequentes Selbstmanagement der Führungskräfte voraus. Mentale Stärke ist erforderlich, um in schwierigen Situationen die richtigen Entscheidungen zu treffen und es braucht Mut, um diese konsequent umzusetzen. Über regelmäßige Selbstreflektion können die eigenen Stärken gestärkt und Schwächen geschwächt werden. Eine gute Work-Life-Balance trägt dazu bei, dass die notwendige Energie vorhanden ist, um auch Krisen- und Stresssituationen erfolgreich zu bestehen. Die Führungskräfte der STERNENFLOTTE pflegen ihre eigenen Rituale und Methoden, um die eigene Leistungsfähigkeit sicherzustellen, zum Beispiel über Meditation, Selbstreflektion, Work-Life-Balance oder die Nutzung des Holodecks zum Stressabbau oder zur Persönlichkeitsentwicklung.

Kernfragen, die auf dieser Mission beantwortet werden

- Warum ist Selbstmanagement so wichtig für Führungskräfte? Welche Rolle spielen die persönlichen Lebensziele und der eigene Purpose?

- Wie kann über Feedback und Reflektion die Voraussetzung für ein effektives Selbstmanagement geschaffen werden?

- Welche Rolle spielen ein starker Geist und ein gesunder Körper? Wie beinflussen sich beide wechselseitig?

- Wie können erfolgreich Körper, Geist und persönliche Lebensziele in Einklang gebracht werden?

7.1 Die persönlichen Lebensziele sind mit dem täglichen Handeln im Unternehmen in Einklang zu bringen

Alle Ansatzpunkte und Maßnahmen des Selbstmanagements brauchen Ziel und Richtung und diese Ziele sind zunächst ganz individuell. Menschen sind Wesen, für die die **Sinnhaftigkeit ihres Denkens und Handelns** wichtig ist. Sinnhaft ist ganz subjektiv immer das, was im Hinblick auf die eigenen Ziele relevant ist. Wer davon überzeugt ist, das (für sich) Richtige zu tun, der wird sein Potenzial bestmöglich nutzen können. Dagegen wird der, der zaudert und Störgefühle hat, ob er am richtigen Platz ist, seine Kraft nicht voll abrufen können. Damit ist allerdings nicht gemeint, dass selbstkritisches Hinterfragen der eigenen Ziele und des Handelns grundsätzlich zu vermeiden sind. Vielmehr ist Selbstreflektion ein wesentliches Instrument des Selbstmanagements, das aber eben bewusst und zur richtigen Zeit eingesetzt wird, ohne die Handlungsfähigkeit zu beeinträchtigen.

Klar formulierte Ziele sind deshalb wichtig, weil sie sowohl als Prüfpunkte dienen, um die Sinnhaftigkeit des aktuellen Handelns zu bewerten als auch Orientierung im Sinne eines Wegweisers für das zukünftige richtige Handeln geben.

Daher stellen sich für jede Führungskraft folgende grundlegenden Fragen:

- Welches Leben will ich persönlich? Was ist mein Weg?

- Wer will ich sein? Was will ich nicht sein? Was ist mir wichtig?

- Trägt das, was ich heute tue, dazu bei, dieses gewünschte Leben zu leben? Woran merke ich, dass dieser Tag, diese Woche, dieser Monat, dieses Jahr einen Beitrag zur Erfüllung meiner Lebensziele gebracht haben?

Diesen Fragen sollte nachgegangen werden, ohne sich direkt selbst zu beschränken und Denkverbote aufzuerlegen aufgrund von möglichen und vermeintlichen Zwängen im Sinne von: Man kann doch nicht einfach machen, was man will! Das Leben ist kein Wunschkonzert! Ich muss doch meine Familie ernähren! Ich weiß doch gar nicht, ob es woanders besser ist! Dafür habe ich jetzt wirklich keine Zeit! Es gilt grundsätzlich das **Prinzip Selbstverantwortung**, das heißt, Menschen sind frei in ihren Entscheidungen und wenn sie wirklich wollen, dann können sie auch ein anderes und selbstbestimmtes Leben führen. Sie müssen dann allerdings auch die Konsequenzen ihrer Entscheidung tragen.[528]

SPOCK bekommt diese Grundhaltung, die zugleich Freiheit und Verpflichtung bedeutet, bereits als Jugendlicher früh von seinem Vater mit auf den Weg.

Sarek: „Spock, Du bist vollständig befähigt, über dein eigenes Schicksal zu entscheiden. Die Frage vor der du stehst ist, welchen Weg du einschlagen wirst. Diese Entscheidung kannst nur du selbst treffen"[529]

Die Herausforderung besteht darin, herauszufinden, was der **eigene Weg** ist oder was eher die Erwartungen anderer sind. Wie so oft ist es da hilfreich, von einem guten Freund ein klares Feedback zu bekommen, wie KIRK von MCCOY im Film „Star Trek – Beyond" am Vorabend von KIRKS Geburtstag. KIRK ist melancholisch, in einer Sinnkrise. MCCOY kam zu ihm, mit einer Flasche Whiskey, die er aus CHEKOVS Spint geklaut hatte.

McCoy: „Du wolltest sehen, ob du von gleichem Kaliber bist [wie der Vater]. Du hast die ganze Zeit versucht, George Kirk zu sein. Und jetzt fragst du dich, was es bedeutet, Jim Kirk zu sein. Warum du hier draußen bist. Auf perfekte Sehkraft und eine volle Haarpracht!"[530]

[528] Vgl. Sprenger, Reinhard K. (1999): Die Entscheidung liegt bei dir! Wege aus der alltäglichen Unzufriedenheit, 6. Auflage, Frankfurt

[529] Spielfilm Star Trek XI (2009): Star Trek, Zeit 16:28

[530] Spielfilm Star Trek XIII (2016): Star Trek – Beyond, Zeit 07:28

Die Frage nach den eigenen Lebenszielen ist auch die Frage nach dem **Sinn und Antrieb des Lebens**, nach dem **Purpose** in der modernen Mangementterminologie.[531] Captain PICARD formuliert das im Film „Der erste Kontakt" sehr prägnant als Antrieb für die STERNENFLOTTE.

> *Picard: „Der Erwerb von Reichtum ist nicht mehr die treibende Kraft in unserem Leben. Wir arbeiten, um uns selbst zu verbessern und den Rest der Menschheit."*[532]

Der passende Leitspruch dazu, der zeigt, wie ambitioniert dieses Ziel ist und dass es Schritt für Schritt zu erarbeiten ist, lautet wie folgt.

> *Picard: „Immer ein Ding der Unmöglichkeit nach dem anderen."*[533]

Seinen Anspruch im Hinblick auf sein Verhalten als Führungskraft beschreibt er in der Folge „Bruchstücke", als SOJI PICARD fragt, auf welche Weise sich DATA an ihn erinnern solle. So zu leben und zu handeln ist ein zentraler Antrieb für ihn.

> *Picard: „Sie meinen, wenn er mich überlebt hätte, statt andersherum. Dann hoffe ich, dass er sich an Jean-Luc Picard als jemanden erinnern würde, der immer an ihn geglaubt hat. Der an sein Potenzial geglaubt hat. Der sich an seinen Erfolgen erfreut hat. Ihn beraten hat, wenn er gescheitert ist. Für ihn da war, wenn er Hilfe gebraucht und, wenn er sie nicht gebraucht hat, ihm nicht im Wege stand. Sinngemäß ausgedrückt."*[534]

Da ein großer oder sogar der größte Teil der Lebenszeit Arbeitszeit ist, ist es wichtig, persönliche Ziele und Unternehmensziele in Einklang zu bringen, um in der langen Zeit der Arbeit auch sein Leben zu leben. Der ideale Job liegt demnach in der Schnittmenge beider Kreise, wie in der folgenden Abbildung dargestellt.

Beispiele für **Punkt A** stellen Captain PICARD und Commander RIKER dar. Captain PICARD ist an dem Platz, an dem er sein will. Er führt das Flagschiff der STERNENFLOTTE und sein Handeln unterstützt zu jeder Zeit die übergeordneten Ziele und Werte der STERNENFLOTTE. Zugleich kann er in dieser Tätigkeit seine persönlichen Interessen verwirklichen, wie beispielsweise Archäologie.[535] Auch Commander RIKER hat zumindest aus seiner Sicht den idealen Job als erster Offizier. Konsequenterweise lehnt er daher mindestens dreimal das Angebot ab, selbst Captain eines eigenen Schiffes zu werden.[536] Hätte er diese Angebote gegen seine persönlichen Ziele angenommen, wäre er ein Beispiel für Punkt B.

---

[531] Ausführlicher zur Bedeutung des "Warum" im Leben und wie es konkret in das „Was" und „Wie" umgesetzt werden kann vgl. Sinek, Simon (2009): Start with Why – How Great Leaders Inspire Everyone to Take Action, New York

[532] Spielfilm Star Trek VIII (1996): Der erste Kontakt, Zeit 48:06

[533] Picard (2020): Unbedingte Offenheit, 1. Staffel, Zeit 14:45

[534] Picard (2020): Bruchstücke, 1. Staffel, Zeit 21:20

[535] Vgl. The Next Generation (1991): Gefangen in der Vergangenheit, 4. Staffel sowie The Next Generation (1993): Das fehlende Fragment, 6. Staffel

[536] Vgl. The Next Generation (1990): In den Händen der Borg, 3. Staffel, Zeit 05:00

Abbildung 22: Idealer Job in der Schnittmenge von persönlichen Zielen und Unternehmenszielen[537]

Persönliche Ziele und
Interessen der Führungskraft

Ziele und Interessen
des Unternehmens

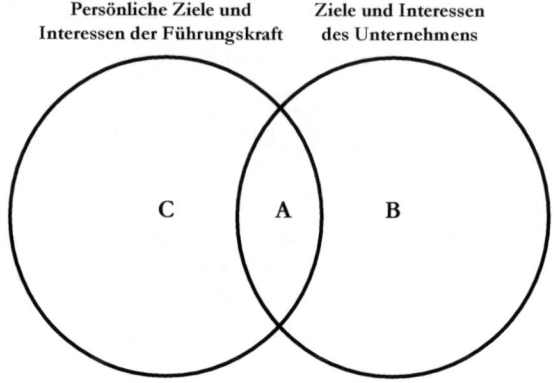

Punkt A: Idealer Job, Schnittmenge persönlicher Ziele und der Ziele des Unternehmens
Punkt B: Unternehmensziele werden realisiert, aber nicht die persönlichen Ziele
Punkt C: Persönliche Ziele werden realisiert, aber nicht die Unternehmensziele

Ein Beispiel für **Punkt B** ist KIRK zu dem Zeitpunkt, zu dem er den Platz des Captains auf der ENTERPRISE aufgegeben hat und Admiral im STERNEN-FLOTTENHAUPTQUARTIER in der Einsatzplanung wurde. Wie anschaulich im ersten STAR TREK-Film zu sehen ist, ist er unzufrieden mit dem Leben als ADMIRAL und ist erst wieder in seinem Element, als er erneut das Kommando der ENTERPRISE übernommen hat. [538] Anders formuliert: Damit lebt er wieder sein Leben. Das ist durchaus auch im Sinne der Ziele der STERNENFLOTTE, da er zum Beispiel als neuer alter Captain die Erde vor der riesigen, zerstörerischen Wolke mit der Sonde V'GER rettet oder eine entscheidende Rolle im Friedensprozess mit den KLINGONEN in „Das unentdeckte Land" spielt.[539] Insofern ist die Übernahme des Kommandos von DECKER als eine aktive Maßnahme des Selbstmanagements seitens KIRK zu sehen, um sich wieder in den Punkt A zu bringen. Bemerkenswert daran ist wohl vor allem, dass KIRK, sonst das idealtypische Beispiel für entschlossenes Handeln, 2,5 Jahre brauchte, um sich wieder an seinen richtigen Platz zu bringen.[540] Aber besser spät, als nie.

---

[537] Quelle: Eigene Erstellung
[538] Vgl. Spielfilm Star Trek I (1979): Der Film, Zeit 22:50
[539] Vgl. Spielfilm Star Trek I (1979): Der Film. Vgl. Spielfilm Star Trek VI (1991): Das unentdeckte Land
[540] Vgl. Spielfilm Star Trek I (1979): Der Film, Zeit 14:45

Der junge WESLEY CRUSHER stellt ein Beispiel für **Punkt C** dar. Er ist zusammen mit seiner Mutter, der Ärztin BEVERLEY CRUSHER an Bord der ENTERPRISE unter dem Kommando von Captain PICARD. Er hat sehr großes Interesse an Wissenschaft und Technologien und einen stark ausgeprägten Forschergeist, wie das folgende Zitat aus der Folge „Die Thronfolgerin" zeigt.

Wesley Crusher: „Wir leben in einem wunderbaren Zeitalter, wir haben erst 19% unserer Galaxie erforscht."[541]

Zunächst deutet sich eine Karriere in der STERNENFLOTTE an, er bereitet sich auf die STERNENFLOTTENAKADEMIE mit Hilfe von Commander RIKER vor und beginnt dort seine Ausbildung, die allerdings nicht ohne Schwierigkeiten und Anecken verläuft. Offensichtlich sind seine Fähigkeiten und Interessen nur bedingt deckungsgleich mit den Anforderungen auf der ENTERPRIESE.[542] Zu diesem Zeitpunkt befindet er sich wohl in Punkt B. Es ergibt sich dann aber aus dem erneuten Zusammentreffen mit dem REISENDEN eine Möglichkeit, seine persönlichen Interessen und Ziele deutlich besser zu erreichen. Der REISENDE ist eine außerirdische Lebensform, die die Fähigkeit hat, Gedanken so zu bündeln, dass sie Realität werden. Damit können Zeit und Raum kontrolliert und gestaltet werden und zum Beispiel kann damit an jeden Ort zu jedem Zeitpunkt gereist werden, um dort zu forschen. WESLEY CRUSHER verlässt mit dem Reisenden die ENTERPRISE und realisiert seine persönlichen Ziele in Punkt C, außerhalb der STERNENFLOTTE.[543]

Auch Admiral PICARD befindet sich 2385 in Punkt D. Er im tiefsten Inneren davon überzeugt, dass die Umsiedlung der ROMULANER unbedingt weitergeführt werden sollte. Die STERNENFLOTTE entscheidet sich dagegen und er reicht konsequenterweise seinen Rücktritt ein. Seine Ziele und Interessen sind nicht mehr kompatibel mit den Zielen und Interessen der STERNENFLOTTE. Der gemeinsame Weg ist beendet.

7.2 Ein gesunder Geist und mentale Stärke sind Basis und Motor des erfolgreichen Selbstmanagements

Ein gesunder Geist ist ein starker Geist. Geistige, oder anders formuliert, mentale Stärke ist gekennzeichnet durch Aspekte wie Fokussierung, Resilienz, Selbstermuti-

---

[541] The Next Generation (1989): Die Thronfolgerin, 2. Staffel, Zeit 21:58

[542] Vgl. The Next Generation (1989): Brieffreunde, 2. Staffel, Zeit 05:50 sowie. The Next Generation (1992): Ein missglücktes Manöver, 5. Staffel

[543] Vgl. The Next Generation (1994): Am Ende der Reise, 7. Staffel. In der Folge „Der Reisende" kommt der REISENDE als Assistent des Sternenflottenberater KOSINSKI an Bord der ENTERPRISE. WESLEY CRUSHER und er freunden sich an und durch diese Freundschaft wird der geschwächte REISENDE, der die ENTERPRISE mit seiner Kraft in eine Nachbargalaxie versetzt hatte, wieder geheilt. Vgl. The Next Generation (1987): Der Reisende, 1. Staffel. Im Film „Nemesis" ist WESLEY später in STERNENFLOTTENUNIFORM auf der Hochzeit von RIKER und TROI zu sehen, wobei unklar ist, was seine Motivation dafür war. Vgl. Spielfilm Star Trek X (2002): Nemesis, Zeit 04:05

gung, Frustrationstoleranz, souveräner Umgang mit komplexen Situationen, Unsicherheitstoleranz und Willensstärke.

In den folgenden Abschnitten werden Ansatzpunkte dargestellt, wie die Führungskräfte der STERNENFLOTTE diesen Bereich selbst managen, und dadurch ihre Leistungsfähigkeit und Gesundheit steigern können.

7.2.1 Die Führungskräfte der STERNENFLOTTE verfügen über ein hohes Ausmaß mentaler Stärke

Insbesondere die höheren Führungskräfte der STERNENFLOTTE sind in der Regel mit einem hohen Ausmaß mentaler Stärke ausgestattet, wie viele Situationen belegen. So behält Captain JANEWAY in der Folge „Ein Jahr Hölle – Teil 1" auch im größten Chaos einen kühlen Kopf. Sie bleibt mustergültig souverän und entscheidungsfähig als es darum geht, die tödliche Bedrohung der KRENIM zielgerichtet zu bekämpfen.[544]

Ein herausragendes Beispiel für mentale Stärke ist auch Captain PIKE, was in der in der Folge „Tal der Schatten" eindrucksvoll deutlich wird. Er besucht das KLINGONISCHE Kloster in BORETH, um dort einen Zeitkristall für den Anzug des ROTEN ENGELS zu suchen. Er bekommt den Zeitkristall, aber dafür entscheidet er sich zugleich für eine bestimmte Zukunft, für sein persönliches Schicksal als Komplettinvalide. Er steht vor der Abwägung seines eigenen Lebens gegen (erhoffter) Rettung allen Lebens in der Galaxie. Es ist keine einfache Entscheidung, aber er entscheidet sich bewusst.

Pike: „Es ist so, wenn man Captain der Sternenflotte ist, glaubt man an Verpflichtungen, an Opfer, Mitgefühl und Liebe. Nein." Er greift den Kristall. „Das macht mich zu dem, der ich bin und all das werde ich nicht aufgeben, wegen einer Zukunft, die ein Ende enthält, das anders ist, als ich es mir wünschen würde. Nein, geben Sie ihn mir."[545]

Er bezieht seine **mentale Stärke** aus seiner Identität und seinem Purpose als STERNENFLOTTENOFFIZIER. Offensichtlich ist mentale Stärke einerseits ein Auswahlkriterium der STERNENFLOTTE, um höhere Führungspositionen zu erreichen, was durch die Unterschiede zwischen den Hierarchiestufen deutlich wird. Andererseits erhöht die Rolle selbst auch die mentale Stärke. In der Folge „Fast unsterblich" zeigt sich dies exemplarisch am Verhalten des Chefingenieurs SCOTT, der immer wieder unkontrolliert ausrastet, als sein Transporter beleidigt wird.[546] Ähnliche Situationen lassen sich bei Captain KIRK nicht beobachten, er bleibt auch in den größten Gefahrensituationen cool und gelassen. Wenn KIRK „ausrastet", dann sind das in der Regel kalkulierte Droh- oder Machtgebärden. In der Folge „Falsche Paradiese" ist die Besatzung der ENTERPRISE auf dem Planeten OMICRON CETI III,

---

[544] Vgl. Voyager (1997): Ein Jahr Hölle – Teil 1, 4. Staffel, Zeit 41:00
[545] Discovery (2019): Tal und Schatten, 2. Staffel, Zeit 28:03
[546] Vgl. Raumschiff Enterprise (1969): Fast unsterblich, 3. Staffel, Zeit 15:40

auf dem eine bestimmte Pflanze Sporen versprüht, die dazu führen, dass die Emotionen die Überhand gewinnen und die Wahrnehmung und das Verhalten der Betroffenen bestimmen. Als bereits die gesamte Mannschaft, inklusive SPOCK (!), von den „Emotionssporen" infiziert und quasi willenlos ist, bleibt einzig Captain KIRK noch bei klarem Verstand und widersteht den Sporen.[547] Ähnlich in der Folge „Gefährliche Planetengirls", in der KIRK gelassen und fokussiert bleibt, während SULU deutlich gestresst und nervös ist.[548]

In der Folge „Azati Prime" wird Captain ARCHER von den XINDI verhört und geschlagen, behält aber seine „große Klappe" und lässt sich nicht einschüchtern. Er hat, so hat es den Eindruck, seinen **Tod schon akzeptiert**. Das macht ihn innerlich frei, es gibt also nichts mehr, von dem er Angst haben müsste.[549] Hier liegt wohl ein Schlüssel für einen starken Geist. Immer dann, wenn eine Führungskraft nicht angstfrei agieren und entscheiden kann, besteht das Risiko, dass Emotionen die Handlungen bestimmen und sich negativ auf die Qualität des Führungshandelns auswirken. Damit ist nicht gemeint, dass Emotionen grundsätzlich zu unterdrücken sind, sondern nur, dass sie nicht völlig die Kontrolle über das Denken und Handeln übernehmen sollten (siehe auch Mission 6).

Auch Captain PICARD zeigt in fast allen Situationen einen beeindruckend starken und fokussierten Geist. Er behält die Ruhe, hat ein klares Ziel- und Wertesystem und bleibt auch in höchst gefährlichen Situationen eine souveräne Führungskraft. Umso bemerkenswert ist, dass Captain PICARD, der sich bei einem Heimatbesuch auf der Erde mit seinem Bruder ROBERT trifft, genau diese mentale Stärke nicht hat. Das Leben von ROBERT ist ein Gegenpol zu dem seines Bruders JEAN-LUC, heimat- und erdverbunden, möglichst ohne Technik. In dieser Situation ist Captain PICARD in der Defensive und wenig souverän. Bei der Aussprache mit seinem Bruder beginnt er sogar eine Prügelei mit ihm und weint. Er erzählt von der Assimilierung durch die BORG, und dass er in ihrem Auftrag getötet hat.[550] Schließlich betrinken sich beide versöhnt.[551] Mentale Stärke ist offensichtlich auch **kontextabhängig** und kann Teil einer bestimmten Rolle, zum Beispiel als Führungskraft sein. Gerade persönliche und emotionale Betroffenheiten können sich dabei negativ auf die mentale Stärke auswirken.

Die individuelle Veranlagung und genetische Prädisposition sind sicherlich nicht zu vernachlässigende Voraussetzungen für die in der konkreten Führungssituation rea-

---

[547] Vgl. Raumschiff Enterprise (1967): Falsche Paradiese, 1. Staffel, Zeit 30:15

[548] Vgl. Raumschiff Enterprise (1969): Gefährliche Planetengirls, 3. Staffel, Zeit 05:30

[549] Vgl. Enterprise (2004): Azati Prime, 3. Staffel, Zeit 25:30

[550] Wie sehr und wie tief ihn die Assimilierung durch die BORG innerlich getroffen hat und zumindest temporär auch seinen klaren Geist schwächt, zeigt sich auch im Film „Der erste Kontakt" im heftigen Streitgespräch mit LILLY, die erkennt, dass PICARD Rache sucht, für die Verletzungen, die ihm die BORG angetan haben. Vgl. Spielfilm Star Trek VIII: (1996): Der erste Kontakt, Zeit 1:15:00

[551] Vgl. The Next Generation (1990): Familienbegegnung, 4. Staffel, Zeit 30:38

lisierte mentale Stärke. Sie sind jedoch nicht die einzigen. Festgelegt ist damit zunächst nur ein Potenzialraum und es gibt eine Reihe zentraler Einflussfaktoren, die darüber hinaus sehr wohl von der Organisation oder Personen beeinflussbar sind. Mit anderen Worten: **Mentale Stärke ist zu großen Teilen erlernbar und kann entwickelt werden**. Dabei gibt es verschiedene Instrumente und Techniken, aus denen Führungskräfte letztlich selbstverantwortlich die für sie passenden finden und sie aktiv gestalten müssen.

Voraussetzung für die Entwicklung eines immer leistungsfähigen und gesunden Geistes ist die Bereitschaft, an sich zu arbeiten. Die Entwicklungsmöglichkeiten lassen sich exemplarisch und kompakt bei Captain KIRK und Commander SPOCK in den drei Spielfilmen „Star Trek", „Star Trek – Into Darkness" und „Star Trek – Beyond" beobachten. Beide sind zur Anfangszeit ihrer Führungslaufbahn deutlich weniger souverän, haben sich weniger unter Kontrolle und erst durch das permanente Üben in schwierigen Situationen entwickeln sie ihre außergewöhnliche mentale Stärke.[552]

Entwicklung ist möglich! Das zeigt sich auch bei Commander TUCKER, der bei seinen ersten Führungssituationen eine eher schwache Figur abgibt, dann aber zum Beispiel in der Folge „Kir'Shara" als mental starker Führungsoffizier die ENTERPRISE befehligt und Verantwortung übernimmt.[553]

Oder bei SULU, der später als Captain der EXCELSIOR eine souveräne Führungskraft mit großer mentaler Stärke ist und sofort mit großer Fokussierung die richtigen Entscheidungen trifft, als Captain KIRK seine Hilfe braucht.[554]

SPOCK, mit seiner VULKANISCHEN Logik und fast grenzenlosen Kontrolle, bzw. Unterdrückung von Emotionen, kann als Personifizierung mentaler Stärke angesehen werden. Er gestattet sich, zumindest nach seiner Anfangszeit als Führungsoffizier, grundsätzlich nicht den Hauch von Panik oder Orientierungs- und Hilflosigkeit. Er analysiert kühl und logisch selbst die gefährlichsten und chaotischsten Situationen und opfert ohne Zögern, nach nüchterner Abwägung, sein eigenes Leben, um die ENTERPRISE und den Rest der Crew zu retten, da das Leben der vielen schwerer wiegt als das Leben der wenigen.[555]

Seine mentale Stärke resultiert aus der Logik, die ihm Orientierung verschafft und einen eindeutigen Bewertungsmaßstab, um Situationen einzuschätzen und die erforderlichen Handlungen abzuleiten. Gefühlswallungen oder subjektive Empfindungen wären dabei nur störend und würden zu Verunsicherung und gegebenen-

---

[552] Vgl. Spielfilm Star Trek XI (2009): Star Trek; Spielfilm Star Trek XII (2013): Star Trek – Into Darkness sowie Spielfilm Star Trek XIII (2016): Star Trek - Beyond

[553] Vgl. Enterprise (2002): Im Schatten von P'Jem, 1. Staffel sowie Enterprise (2004): Kir'Shara, 4. Staffel, Zeit 04:00

[554] Vgl. Spielfilm Star Trek VI (1991): Das unentdeckte Land, Zeit 1:02:25, 1:24:00 sowie Voyager (1996): Tuvoks Flashback, 3. Staffel, Zeit 22:00

[555] Vgl. Spielfilm Star Trek II (1982): Der Zorn des Khan, Zeit 1:32:32

falls Handlungsunfähigkeit führen. Diese mentale Stärke hat sich SPOCK gezielt erarbeitet, auch wenn ihm sicherlich seine VULKANISCHEN Gene dabei geholfen haben. In seinen Kindertagen und noch in den Anfängen als junge Führungskraft brechen immer wieder Gefühle und Aggressionen aus ihm heraus, die er nicht kontrollieren kann und die andere bzw. ihn selbst in Gefahr bringen.[556]

Die Emotionen und Triebe sind weiterhin vorhanden, sie werden aber in Schach gehalten, oder anders formuliert, sie werden gemanagt. Welche starke und kaum zu kontrollierende Kraft in SPOCK weiterhin besteht, zeigt sich beispielsweise in der Zeit des PON FARR, des VULKANISCHEN Paarungszyklus.[557]

7.2.2 Reflektion und Feedback sind Voraussetzungen für effektives Selbstmanagement

Um sich gezielt selbst zu managen und Veränderungsimpulse ableiten zu können, ist es für Führungskräfte erforderlich, sich selbst zu analysieren und zu verstehen, wo besondere Stärken und Schwächen sind. Ein starker Geist ist daher immer auch ein klarer Geist. Eine wichtige Methode der Verarbeitung und Selbstreflektion ist die innere Einkehr, die selbstkritische Auseinandersetzung mit dem eigenen Verhalten und Empfindungen. Das bedeutet, dass Führungskräfte regelmäßig so etwas wie einen inneren dialektischen Prozess (These-Antithese-Synthese) durcharbeiten. Über die Reflektion wird ein besseres Verständnis der Situation und der eigenen emotionalen Verfassung erreicht, was dann die Fähigkeit zu fokussiertem und effektivem Führungshandeln in späteren Situationen verbessert.

Dazu gehört auch, sich seiner **negativen Seiten und Fehler** bewusst zu sein und diese als Teil der Persönlichkeit anzunehmen, denn auch diese haben ihre Funktion. Sehr anschaulich wird das in der Folge „Kirk : 2 = ?" dargestellt, in der sich nach einer Transporterfehlfunktion aufgrund eines magnetischen Erzes zwei Captain KIRK materialisieren. KIRK und seine Persönlichkeitseigenschaften sind in zwei Personen gespalten, in einen „guten" KIRK und in einen „bösen" KIRK. Der gute KIRK ist mitfühlend, moralisch und besonnen, während der böse KIRK aggressiv, unmoralisch und unbeherrscht ist. Jetzt, da dem guten KIRK die vermeintlich bösen Eigenschaften fehlen, stellt er fest, dass ihm etwas fehlt.

Kirk: „Ich fühle mich zweigeteilt, beraubt des Willens, der Entscheidungsstärke."[558]

Commander SPOCK analysiert etwas später die Folgen der Zweiteilung für KIRKS Fähigkeiten und Eignung als Captain.

---

[556] Vgl. Spielfilm Star Trek XI (2009): Star Trek sowie 2. Staffel Star Trek Discovery
[557] Vgl. Raumschiff Enterprise (1967): Weltraumfieber, 2. Staffel sowie Star Trek III (1984): Auf der Suche nach Mr. Spock
[558] Raumschiff Enterprise (1966): Kirk : 2 = ?, 1. Staffel, Zeit 17:36

Spock: „Er muss lernen, seine negativen Seiten zu bejahen. Sie machen ihn zu dem, was er ist. Ohne Ehrgeiz und Härte wäre er gar nicht in der Lage ein Raumschiff zu führen. Das muss ihm klar werden."

Dann zu Kirk: „Wenn Sie diese Eigenschaften nicht mehr besitzen, haben sie auch nicht mehr die Kraft, zu befehlen."[559]

Das Thema wird später mit MCCOY weitergeführt.

McCoy: „Ohne Deine negative Eigenschaften würdest Du gar nicht der Captain sein, Du könntest es gar nicht. Für unsere Aufgaben brauchst Du, was der da [Anm.: Der böse Kirk] hat: Kälte, Härte, Willenskraft."

Kirk:: „Und was habe ich?"

McCoy: „Nur positive Eigenschaften, das reicht nicht."[560]

Der gute KIRK ist offensichtlich „zu gut" für die Position des Captains, er kann sich überhaupt nicht mehr entscheiden und damit eine seiner Kernaufgaben als Führungskraft nicht mehr wahrnehmen. Schließlich aber erinnert er sich daran, dass er der Captain ist. Ein Ruck geht durch ihn und die Verantwortung der Position bewirkt einen Energie- und Willensschub bei ihm, sich für die riskante Wiederzusammenführung im Transporter zu entscheiden. Er nimmt seine negativen Seiten bewusst an und integriert sie in seine Persönlichkeit.

Kirk: „Er ist wie ein wildes Tier, aber er gehört zu mir."[561]

Captain KIRK ist **mit sich selbst im Reinen**, das macht ihn zu einer solchen starken Führungspersönlichkeit. Der eigene Blick auf die eigenen dunklen Seiten hilft ihm, sich seiner selbst zu vergewissern, was auch am folgenden Dialog zwischen KIRK und MCCOY aus dem Spielfilm „Am Rande des Universums" deutlich wird. Die ENTERPRISE wurde von dem VULKANIER SYBOK unter seine Gewalt gebracht, der sich als Halbruder von SPOCK entpuppt. SYBOK will mit der ENTERPRISE nach SHA KA REE fliegen, dem VULKANISCHEN Begriff für den von den Menschen Eden genannten Ort, wo er Gott vermutet. Auf der ENTERPRISE zieht SYBOK nach und nach die Führungsoffiziere in seinen Bann, indem er ihnen mit hypnotischer Kraft die jeweiligen eigenen Schmerzen und Traumata zeigt. Nur KIRK widersteht und will nicht mit SYBOK über seinen Schmerz und seine Schwächen reden, obwohl ihn MCCOY zu überreden versucht.

Kirk: „Worüber [reden]? Dass ich mich oft falsch entschieden habe? Dass ich nach links ging anstatt nach rechts? Ich kenne meine Schwächen, ich brauche keinen Sybok, der sie mir vor Augen führt."

McCoy: „Sei nicht so stur, gib doch einmal …"

---

[559] Raumschiff Enterprise (1966): Kirk : 2 = ?, 1. Staffel, Zeit 25:00
[560] Raumschiff Enterprise (1966): Kirk : 2 = ?, 1. Staffel, Zeit 31:20
[561] Raumschiff Enterprise (1966): Kirk : 2 = ?, 1. Staffel, Zeit 31:00

Kirk: „… damit der Scharlatan mein Gehirn wäscht."

McCoy: „Ich hab mich getäuscht. Dieser Scharlatan hat mich von meinem Schmerz befreit."

Kirk: „Pille, ich denke du bist Arzt. Gegen Schmerz und Schuldgefühle helfen keine billigen Tricks. Sie machen uns erst zu dem, was wir geworden sind. Verlieren wir sie, verlieren wir uns. Ich brauche meinen Schmerz, um zu wissen wer ich bin."[562]

Ein Beispiel dafür, wie sich fehlende Reflektionsfähigkeit und -bereitschaft negativ auf die Leistung auswirken und sogar tödliche Folgen für die Brückenoffiziere haben können, zeigt die DEEP SPACE NINE-Folge „Valiant". Die USS VALIANT ist ein Raumschiff der STERNENFLOTTE, das von der Kadetten-Elitetruppe RED SQUAD geführt wird, nachdem bei einem Training die vormaligen regulären Sternenflottenoffizieren getötet wurden. Die VALIANT nimmt JAKE SISKO und seinen Freund, den FERENGI NOG, hinter feindlichen Linien auf. Die RED SQUADS sind sehr von sich überzeugt, sie sind überheblich und ihnen fehlt in beeindruckender Weise die Fähigkeit zur Selbstreflektion hinsichtlich ihrer eigenen Stärken und Schwächen. Selbst der wenig erfolgreiche und tödliche Kampf mit einem Schiff der JEM'HADAR ändert daran nichts, sie bleiben gefangen in ihrer Ignoranz und begrenzen sich damit selbst in ihren Handlungsmöglichkeiten. In der Schlussszene überreicht NOG der einzig Überlebenden sein RED SQUAD-Abzeichen mit einer treffenden Einschätzung zur Führungseignung des RED SQUAD-Captains.

Nog: „Wer weiß, vielleicht war er ein Held und wer weiß, vielleicht war er sogar ein großer Mann. Am Ende, Doreen, war er aber ein schlechter Captain."[563]

Wie gelingen nun den Captains erfolgreiche Selbstreflektionen? Die regelmäßigen Einträge im Logbuch spielen dabei eine wichtige Rolle. Der regelmäßige Logbucheintrag dient auch der Informationsversorgung der STERNENFLOTTE (und informiert den Zuschauer zu Beginn vieler Folgen über die jeweilige Situation). Dies ist wohl ihre originäre Funktion. Für das Selbstmanagement ist aber eine zweite Funktion die relevantere: Der **regelmäßige Logbucheintrag**, vergleichbar mit Tagebuchschreiben, ist ein effizientes und effektives Instrument, um die Selbstreflektion zu trainieren. Da es sich um ein offizielles Dokument handelt (das ist der wesentliche Unterschied zum eigenen Tagebuch), besteht die Verpflichtung, es zu pflegen im Hinblick auf spätere Nachvollziehbarkeit gegenüber Vorgesetzten oder möglichen Untersuchungskommissionen. Dies stellt sicher oder begünstigt zumindest, dass hinter den Logbucheinträgen ein ernsthaftes Bemühen um möglichst präzise, klare und differenzierte Analysen steht.

Die beobachtbare hohe Qualität der Logbucheinträge hinsichtlich des Ausmaßes an **Reflektion und Selbstaufrichtigkeit** zeigt, dass die Captains diese nicht nur als

---

[562] Spielfilm Star Trek V (1989): Am Rande des Universums, Zeit 1:10:57
[563] Deep Space Nine (1998): Valiant, 6. Staffel, Zeit 41:00

reine Pflichtübung ansehen, sondern sie als wichtiges und hilfreiches Instrument zur Entwicklung und zum Selbstmanagement ansehen. Dass es den Captains möglich ist, mit großer Klarheit und hoch reflektiert ihre Logbucheinträge zu formulieren, ist das Ergebnis langer und intensiver Arbeit.

Der ehrliche und selbstkritische Blick auf das eigene Verhalten erfordert Mut und die Bereitschaft, sich auch mit den eigenen Schattenseiten auseinanderzusetzen, wie der folgende Logbucheintrag von Captain SISKO in der Folge „In fahlem Mondlicht" exemplarisch zeigt.

> *Sisko: „Ich log und ich betrog. Ich habe Männer bestochen, damit sie die Verbrechen von anderen Männern decken. Ich leistete Beihilfe zum Mord. Aber das Verdammenswürdigste von allem ist, dass ich denke, dass ich damit leben kann. Und wenn ich vor die Wahl gestellt würde, es wieder zu tun, ich würde es. Garak hat in einer Sache völlig Recht: Ein schlechtes Gewissen ist ein geringer Preis für die absolute Sicherheit des Alpha-Quadranten. So werde ich lernen, damit zu leben. Denn ich kann leben damit, ich kann leben damit. "[564]*

Wie sehr SISKO damit an seine eigene Schmerzgrenze geht, zeigt sich auch daran, dass er, was sehr selten vorkommt, anschließend dem Computer den Befehl gibt, das Logbuch zu löschen. Indem er aber bis an seine Schmerzgrenze geht, sich seine Verfehlungen eingesteht, kann er das eigene Verhalten und sich selbst annehmen. Seine Gedanken und Gefühle werden so sortiert und letztlich geht er daher bestärkt aus der Situation heraus. Ähnliche Situationen finden sich auch zum Beispiel bei Captain JANEWAY oder bei Captain ARCHER.[565]

Durch die Selbstreflektion wird das jeweilige Problem nicht unbedingt (sofort) gelöst und kann oft aus vielen unbeantworteten Fragen bestehen. Sie hilft aber dabei, die eigene Mitte zu finden, sich seiner Werte zu versichern und die Situation besser zu verstehen. Damit verschafft die Selbstreflektion eine psychische Entlastung und schafft die Voraussetzung, die jeweilige Situation. In der Folge „Der Wolf im Inneren" ist BURNHAM im SPIEGELUNIVERSUM und muss dort die Rolle der dortigen BURNHAM spielen, was ihr sichtlich schwerfällt.

> *Burnham: „Der Kosmos hat seine Leuchtkraft verloren. Und wohin ich mich auch wende, spüre ich Angst." Saru kommt als Sklave rein für die täglichen Waschungen, der als Sklave keinen Namen hat. [...] „Ich bin seit zwei Tagen hier und es macht mich jetzt schon wahnsinnig. Jeder Moment ist eine Prüfung. Kann man sein Herz verleugnen? Kann man seinen Anstand verbergen? Kann man weiter so tun, als wäre man einer der ihren? Während dabei Stück um Stück die Person stirbt, die man eigentlich ist. "[566]*

Neben der Selbstreflektion ist es hilfreich, sich **Feedback von anderen Personen** einzuholen, um ein besseres Verständnis der Situation und der eigenen Person zu

---

[564] Deep Space Nine (1998): In fahlem Mondlicht, 6. Staffel, Zeit 41:12
[565] Vgl. Voyager (1995): Der mysteriöse Nebel, 1. Staffel, Zeit 00:10; Enterprise (2002): Lieber Doktor, 1. Staffel, Zeit 38:04 sowie Enterprise (2004): Zuhause, 4. Staffel, Zeit 29:20
[566] Discovery (2018): Der Wolf im Inneren, 1. Staffel, Zeit 03:20

bekommen. Freunde, Familienmitglieder und Kollegen dienen vielfach als Dialog- und Reflektionspartner. Mit ihnen kann unter vier Augen oder im kleinen Kreis ein vertrauensvolles Gespräch geführt werden. Es können (Selbst-)Zweifel offenbart und diskutiert werden, ohne dass die Führungsautorität vor der gesamten Mannschaft in Frage gestellt werden würde. Der dialektische Prozess, der im Rahmen der Selbstreflektion in der Person selbst dadurch ausgetragen wird, dass verschiedene Positionen eingenommen werden, wird hier nun auf verschiedene Schultern verteilt.

Ein eindrucksvolles Beispiel dafür stellt die Dreierkonstellation KIRK-MCCOY-SPOCK dar. Trotz beständiger Kabbeleien zwischen MCCOY und SPOCK („grünblütiger VULKANIER") sind sie in langen gemeinsamen Jahren doch sehr gute Freunde geworden. Sie fahren gemeinsam in den Urlaub und riskieren für die wechselseitige Loyalität ihre Karriere und das eigene Leben.

Während Captain KIRK auf seine Crew sonst relativ wenig hört und deren Einschätzungen einbezieht, sieht es in diesem „Dreier-Herrenclub" anders aus. Offen und frei werden Kritik und Meinungen geäußert, oft auch in einer Zweierkonstellation.[567] KIRK bekommt von SPOCK die logisch-rationale Bewertung der Situation, von MCCOY die menschlich-emotionale und bildet daraus seine Synthese – die Entscheidung, die umzusetzen ist und die letztlich er verantwortet. Dadurch, dass er sich mit Pro- und Contraargumenten und verschiedenen Perspektiven auseinandersetzt, wird er sich klarer über seine eigene Position und trifft dann belastbarere Entscheidungen.

Bemerkenswerterweise ist es gerade die starke Führungspersönlichkeit Captain KIRK, die so sehr auf den Stuhl des Captains fixiert ist, die aus eigener Entscheidung heraus sich zum Admiral befördern lässt. Im Film „Der Zorn des Khan" gibt SPOCK seinem Freund ein sehr klares Feedback, was diesen schließlich dazu bringt, wieder die Führungsrolle als Captain der ENTERPRISE einzunehmen, wie der folgende Dialog zeigt. Und SPOCK zeigt damit zugleich ein hohes Ausmaß an Selbstreflektion, da er erkennt, dass er hier nicht der Richtige auf dem Platz des Captains ist.

Spock: „Natürlich gehört das Schiff Ihnen."

Kirk: „Nein, das wird nicht nötig sein. Bringen Sie mich nur zu Regula 1.":

Spock: „Als Lehrer auf einem Ausbildungsflug, da bin ich gern Kommandant auf der Enterprise. Wenn wir jedoch tatsächlich im Einsatz sind, steht es fest, dass der dienstälteste Offizier an Bord das Kommando übernehmen muss."

Kirk: „Das ist eine Sache der Auslegung. Muss das Kommando ja nicht erfahren. Sie führen das Schiff.";

---

567 Vgl. Enterprise (1967): Tödliche Wolken, 2. Staffel, Zeit 22:00 sowie Enterprise (1967): Auf Messers Schneide, 1. Staffel, Zeit 08:30

Spock: „Aber Jim, Sie verkennen völlig die Ausgangsposition. Ich bin Vulkanier, ich habe kein Ego, das man kränken kann.";

Kirk: „Wollen Sie mir jetzt erklären, dass allein die Logik ihre Handlung diktiert.";

Spock: „Ich muss es wohl, weil Sie es offensichtlich vergessen haben. Wenn ich so anmaßend sein darf, es war ein Fehler von Ihnen, die Beförderung zu akzeptieren. Das Kommando über ein Raumschiff ist Ihre eigentliche Bestimmung. Alles andere ist eine Verschwendung von Material."

Kirk: „Ich wage es nicht, Ihnen zu widersprechen."[568]

Andere Beispiele für Reflektionen und Dialoge mit Vertrauenspersonen finden sich auf allen Raumschiffen und auf DEEP SPACE NINE.[569] **Selbstreflektion und gemeinsame Reflektion mit anderen gehen dabei Hand in Hand** und ergänzen sich. In der Folge „Das Gefecht" wird WORF, der zuvor vom KLINGONISCHEN Reich entehrt wurde, vor ein KLINGONISCHES Gericht gestellt. Ihm wird vorgeworfen, mit der DEFIANT ein Klingonenschiff vernichtet und unschuldige KLINGONEN getötet zu haben. WORF reflektiert zunächst selbst über das Geschehene und seine Fehler, dann spricht er darüber mit SISKO, der ihn darin bestärkt, aus seinen Fehlern zu lernen.

Sisko: „Auch deshalb werden Sie später einen guten Captain abgeben." [...]

Worf: „Das Leben ist sehr viel komplizierter in dieser roten Uniform."

Sisko: „Warten Sie nur, bis Sie ihre vier Sterne am Kragen tragen. Sie würden sich wirklich wünschen, Sie wären in die Botanik gegangen."[570]

Diese gemeinsame Reflektion kann auch in der **umgekehrten hierarchischen Richtung** stattfinden. So sucht beispielsweise SISKO in der Folge „Die Übernahme" Rat und Feedback von DAX und legt dabei seine Gedanken- und Gefühlslage offen.[571]

Ob Feedback als hilfreich angenommen oder als unzulässige Kritik wahrgenommen wird, hängt zum einen davon ab, ob bei der Formulierung der Botschaften „der richtige Ton" getroffen wird. Zum anderen hängt es wesentlich davon ab, wer das Feedback gibt und ob die Person als „gleichwertig" angesehen wird, wie folgender Dialog aus der Folge „Das Generationsschiff" zeigt. Nachdem Fähnrich HARRY KIM gegen die STERNENFLOTTENVORSCHRIFTEN mit einer VARRO sexuell intim war und seine Haut zu leuchten beginnt und sich weitere Komplikationen ergeben, will Captain JANEWAY KIM bestrafen. CHAKOTAY hält die Bestrafung für zu hart und bittet sie, den Verweis in seiner sonst makellosen Akte zu überdenken.

---

[568] Spielfilm Star Trek II (1982): Der Zorn des Khan, Zeit 36:23
[569] Vgl. Deep Space Nine (1995): Das Wagnis, 4. Staffel, Zeit 28:45 sowie Voyager (1998): Im Rückblick, 4. Staffel
[570] Deep Space Nine (1996): Das Gefecht, 4. Staffel, Zeit 39:00
[571] Vgl. Deep Space Nine (1996): Die Übernahme , 4. Staffel, Zeit 11:00

Chakotay: „Sage ich etwas gegen ihre Entscheidungen, hören Sie mir zu. Ich muss kein Blatt vor den Mund nehmen."

Janeway: „Sie sind mein erster Offizier, er ist Fähnrich und er hat sich das Recht, einen meiner Befehle in Frage zu stellen, noch nicht verdient."

Chakotay: „Verstehe."[572]

Zunächst lässt sich auch JANEWAY nicht von CHAKOTAY überzeugen, allerdings **wirkt sein Feedback an sie zeitversetzt.** Es bringt JANEWAY dazu, über sich selbst nachzudenken und darüber offen mit HARRY KIM zu sprechen. Sie stellt beim Nachdenken fest, dass ihre Reaktion auch deshalb so (unverhältnismäßig) heftig war, weil sie für KIM ein besonders fürsorgliches Gefühl empfindet und von dem ihr so Nahestehenden umso mehr enttäuscht ist.[573]

Eine besondere Form stellt der institutionalisierte Reflektionsprozess dar, der sich exemplarisch an Bord der ENTERPRISE D unter Captain PICARD zeigen lässt. Hier gibt es mit **Counselor DEANNA TROI** eine Person, deren originäre Aufgabe es ist, die mentale Stabilität der Crew zu erhalten, bei Bedarf beratend und unterstützend zu intervenieren sowie ihre empathischen Fähigkeiten bei der Einschätzung anderer Akteure einzubringen. Offensichtlich hat die STERNENFLOTTE als verantwortungsvolle Organisation erkannt, dass sie es nicht dem Zufall bzw. der jeweiligen Personalauswahl überlassen kann, ob es zu freiwilligen Reflektionen und mentaler Unterstützung kommt.[574]

Anders als in vielen heutigen Organisationen, in denen sich Führungskräfte „nicht auf die Couch legen" lassen wollen, sind auf der ENTERPRISE eine hohe Akzeptanz und Wertschätzung der Position und Person des Counselors zu beobachten. Deutlich wird daran auch die beständige Weiterentwicklung der STERNENFLOTTE. Captain KIRK hätte das wohl auch noch eher belächelt und vielleicht sogar als „Psychogetue" abgetan oder sogar versucht aus einer Counselorsitzung ein amouröses Abenteuer zu machen.

7.2.3 Regelmäßige Meditation hilft dabei, die Gedanken zu sortieren und innere Ruhe zu finden

Eine Methode, um die Impulse zu verarbeiten, die aus der Selbstreflektion und aus dem Feedback anderer entstehen, ist Meditation, die in unterschiedlichen Ausprägungen praktiziert werden kann. So spielt beispielsweise Meditation bei den VULKANIERN eine wichtige Rolle, wie sich bei Commander SPOCK in verschiedenen Situationen beobachten lässt. Im Film „Das unentdeckte Land" entzündet SPOCK eine Meditationspyramide und meditiert über seinen Fehler, VALERIS vertraut zu haben, nachdem sich herausgestellt hatte, dass sie für das Attentat auf den

---

[572] Voyager (1999): Das Generationsschiff, 5. Staffel, Zeit 25:00
[573] Vgl. Voyager (1999): Das Generationsschiff, 5. Staffel, Zeit 40:00
[574] Vgl. The Next Generation (1989): Mutterliebe, 3. Staffel

klingonischen Kanzler GORKON verantwortlich war. Im Anschluss daran reflektiert er seine Erkenntnisse mit Captain KIRK. Beide können sich so ihre eigenen Fehler eingestehen und zugleich den Blick wieder nach vorne richten.[575]

Meditation kann auch ein Weg sein, um das Unbewusste und Verdrängte wieder ins Bewusstsein zu holen und damit bearbeitbar und gestaltbar zu machen. In der Folge „Unterdrückung" meditiert Commander TUVOK zunächst alleine und dann später zusammen mit JANEWAY, um zu rekonstruieren, was vor sieben Jahren mit ihm geschehen ist und dazu führte, dass er jetzt auf der VOYAGER frühere Mitglieder des MAQUIS angreift, sich aber daran nicht erinnern kann. So findet er heraus, dass der BAJORANISCHE VEDEK, TEERO ANAYDIS, mit dem er eine Gedankenverschmelzung gemacht hatte, ihn jetzt zu manipulieren versucht, und dass er der Angreifer war. Bei der Meditation im abgedunkelten Raum zündet er dazu eine Meditationslampe an, kniet sich auf seinem roten Meditationskissen, legt die Hände zusammen, beide Zeigefinger aufeinander.[576]

Das Meditieren beschränkt sich aber nicht auf VULKANIER. Vielmehr ist es eine kulturübergreifende Technik, die, - bei aller Verschiedenheit in der konkreten Ausprägung – **gemeinsame und konstituierende Merkmale** aufweist: Geistige Sammlung und Fokussierung, Ordnung der Gedankenwelt, Finden innerer Ruhe und Stabilität. Unterstützt werden diese Ziele durch spezifische Rituale, durch die Gestaltung der Situation durch Kerzen, das Einnehmen einer bestimmten Sitzposition, die Verwendung spiritueller Werkzeuge und Symbole, durch eine fest vorgegebene Abfolge verschiedener Atem- und Konzentrationsübungen. Unterschiedlich ist in der Regel der **geistige Überbau**, das heißt die Inhalte und Finalität der jeweiligen Philosophie, Religion oder Weltanschauung, in die die Meditation eingebettet ist. Weitere Beispiele für die große Bedeutung von Meditation in ihrem jeweiligen spirituellen und kulturellen Kontext, stellen die Meditationen von CHAKOTAY, KIRA NERYS und WORF dar.

CHAKOTAY, der immer den Eindruck von Ausgeglichenheit und Gelassenheit vermittelt, bezieht seine mentale Stärke wohl zu einem wesentlichen Teil aus seiner tiefen Spiritualität. Er ist nicht allein, sondern seine Ahnen begleiten und unterstützen ihn. Daraus schöpft er seine Kraft und innere Ruhe. Auch hat er einen sogenannten **„tierischen Berater"**, der so etwas wie ein privater Counsellor ist. Eine spezifische Form der Meditation praktiziert Chakotay mit **„vision quest"**. In der Folge „Der mysteriöse Nebel") sucht er für Captain JANEWAY bzw. hilft ihr dabei, dass sie von einem eigenen tierischen Berater gefunden wird, der ihr durch Beratung mentale Stärke ermöglichen soll.[577]

---

[575] Vgl. Spielfilm Star Trek VI (1991): Das unentdeckte Land, Zeit 1:25:35. Siehe auch Spielfilm Star Trek II (1982): Der Zorn des Khan, Zeit 35:55, in dem SPOCK im schwarzen Gewand und mit gefalteten Händen meditiert.

[576] Vgl. Voyager (2000): Unterdrückung, 7. Staffel, Zeit 20:10, 23:19

[577] Vgl. Voyager (1995): Der mysteriöse Nebel, 1. Staffel, Zeit 23:05

Überhaupt ist festzustellen, dass CHAKOTAY es offensichtlich als seine Aufgabe ansieht, anderen Crewmitgliedern durch seinen Ansatz der Meditation in Phasen mentaler Schwäche unterstützend zur Seite zu stehen. Beispielsweise meditiert er mit NEELIX, damit dieser seine (Nah-)Toderfahrung verarbeiten kann. Diese hatte ihn in einen Zustand tiefer Verunsicherung gestürzt, da das Leben nach dem Tod nicht seinen persönlichen THALAXIANISCHEN Erwartungen entsprach. Mit Hilfe der gemeinsamen Meditation hält er NEELIX schließlich erfolgreich davon ab, sich in einen Nebel zu beamen und zu sterben.[578] Auch Commander TUVOK nutzt die Meditation nicht nur für sich selbst, sondern führt KES in die Technik der Meditation ein und wirkt darüber auch als wertvoller Counselor für sie.[579]

Major **KIRA NERYS** auf DEEP SPACE NINE schöpft aus ihrer Spiritualität, dem BAJORANISCHEN Glauben, ebenfalls ein großes Maß an mentaler Stärke und Stabilität. Ihr Glaube an die PROPHETEN und deren fürsorgenden Schutz für das BAJORANISCHE Volk, gibt ihr Zuversicht und psychischen Halt, ohne die sie wohl kaum die 26 Jahre unter brutaler CARDASSIANISCHER Herrschaft überlebt hätte.[580] Es sind dabei auch gerade die **im Alltag fest verankerten und regelmäßigen Rituale**, Zeremonien und Gebete, die eine bedeutende Rolle spiele und ein Gefühl der Nähe und Geborgenheit hervorrufen.

Als raffinierte psychologische Methode kann in diesem Zusammenhang das BAJORANISCHE DANKBARKEITSFESTIVAL bezeichnet werden. Im Rahmen einer freudig-religiösen Zeremonie schreiben die BAJORANER ihre Sorgen und Probleme, also Dinge, die ihre mentale Stärke beeinträchtigen, auf einen Zettel („Erneuerungsschriftrolle"), der dann verbrannt wird. Symbolisch werden damit auch die Probleme verbrannt und die betreffenden Personen von ihrer psychischen Last befreit.[581]

Positiv auf das Selbstbewusstsein von KIRA NERYS wirkt sich sicherlich auch aus, dass sie sich, bei allem Glauben an die PROPHETEN und trotz der Ohnmachtserfahrungen unter den CARDASSIANERN, eine starke **internale Kontrollüberzeugung** erarbeitet und bewahrt hat. Mit internaler Kontrollüberzeugung ist gemeint, dass sie zum Beispiel durch eine aktive Rolle im bajoranischen Widerstand oder die Übernahme der Führungsaufgabe auf DEEP SPACE NINE ihr Schicksal als von ihr selbst beeinflussbar ansieht. Sie nimmt das Heft des Handelns selbst in die Hand. Das erfordert einerseits ein bestimmtes Ausmaß an mentaler Stärker. Andererseits wird durch proaktives, selbstbestimmtes Handeln weiter mentale Stärke im Sinne eines positiven Kreislaufs aufgebaut.

Insgesamt ist die Fähigkeit, selbst aktiv zu werden, die eigenen Gestaltungsmöglichkeiten zu suchen, zu erweitern und zu nutzen, ein zentrales gemeinsames

---

[578] Vgl. Voyager (1997): Leben nach dem Tod, 4. Staffel
[579] Vgl. Voyager (1996): Der Kriegsherr, 3. Staffel, Zeit 42:20
[580] Vgl. Deep Space Nine (1995): Shakaar, 3. Staffel
[581] Vgl. Deep Space Nine (1994): Das Festival, 3. Staffel, Zeit 14:00

Merkmal der Führungskräfte der STERNENFLOTTE und Ausdruck ihrer besonderen mentalen Stärke.

Bei **WORF** sind es die KLINGONISCHEN Traditionen und Riten, die ihm Halt und Orientierung geben. Sein Rollenverständnis als KLINGONISCHER Krieger lässt prinzipiell keine Angst und mentale Schwäche zu. Jeder mögliche Anflug von mentaler Schwäche, Panik oder Wehrlosigkeit wird im Keim zu ersticken versucht. Durch die konsequente Ausrichtung der Lebensführung auf das glorreiche Kämpfen und Töten, verherrlicht in Schlachtengesängen bei einem Fass BLUTWEIN, das diesbezügliche Training von Kindesbeinen an, erarbeiten sich KLINGONEN eine besondere (grausame?) mentale Stärke, die viel mit Mut und Tapferkeit zu tun hat. Selbstzweifel, Zögern und Zaudern sind verachtenswert, es zählt alleine die Kriegerehre. In der Folge „Augen in der Dunkelheit" meditiert WORF und will sich selbst töten, weil er „kein Krieger mehr ist" und Furcht gefühlt hat.[582]

In jedem Fall wird es WORF mit besonderem Stolz erfüllt haben, als Captain PICARD ihn im Film „Der erste Kontakt" als den tapfersten Mann bezeichnet, den er je gekannt hat.[583]

Obwohl WORF die längste Zeit seines Lebens unter und mit Menschen verbracht hat, und von vielen KLINGONEN als vermenschlicht angesehen wird, ist die KLINGONISCHE Kultur für sein Selbstverständnis und seine mentale Stärke von elementarer Bedeutung.

7.2.4 Emotionale und mentale Stabilität kann über soziale Beziehungen gestärkt werden

Ein weiterer wichtiger Baustein für mentale Stärke ist eine **emotionale, soziale Stabilität, die aus einer sozialen Einbettung** resultiert. Neben der oben angesprochen Funktion von Freunden und Familie als Reflektionspartner zu dienen, besteht ihre weitere wichtige Funktion darin, ein wechselseitiges Gefühl der Geborgenheit und Zugehörigkeit zu erzeugen. Das gibt den Besatzungsmitgliedern emotionalen Halt und fördert so die mentale Stärke bei den Einzelnen, aber auch bei der Organisation insgesamt.

Wie wichtig diese soziale Einbettung für das Wohlbefinden und letztlich auch die Arbeitsleistung eines Mitarbeiters ist, zeigt sich am Negativbeispiel von Lieutenant BARCLAY in der Folge „Der schüchterne Reginald". Er ist ein Außenseiter, zieht sich auf das Holodeck zurück, um aus dem Arbeitsalltag zu fliehen. Er fühlt sich nicht als Teil des Teams, wird von vielen mit dem nicht wertschätzenden Spitznamen „Brokkoli" angesprochen - selbst Captain PICARD spricht ihn versehentlich so an. In Folge seiner Unsicherheit macht er Fehler, was wiederum dazu führt, dass ihn die Mannschaft weiter ausgrenzt und sich, nachdem er die Reparatur der Anti-

---

[582] Vgl. The Next Generation (1991): Augen in der Dunkelheit, 4. Staffel, Zeit 30:00
[583] Vgl. Spielfilm Star Trek XIII (1996): Der erste Kontakt, Zeit 1:21:08

graveinrichtung verpfuscht hat, bei Captain PICARD über ihn beschwert. Um diese Negativspirale zu durchbrechen, beauftragt Picard Geordi LAFORGE, sich um ihn zu kümmern. BARCLAY wird dadurch mehr zum Teil des Teams und gewinnt so emotionale Stabilität und kann seine Leistungspotenziale umsetzen.[584]

Für BURNHAM ist es in vielen Fällen TYLER, dem sie nahesteht, der ihr im persönlichen Gespräch Kraft und Stabilität gibt. Eine vertraute Person kann eine wichtige „**Halteleine**" sein. In der Folge „Der Wolf im Inneren" werden drei Crewmen werden wegen niederträchtiger Gedanken gegen den IMPERATOR zum Tode verurteilt und in den Weltraum gebeamt. BURNHAM kann nur zuschauen, da sie in ihrer Rolle als TERRANISCHE BURNHAM ist. Kurz darauf spricht sie mit TYLER darüber.

> *Tyler: „Du könntest nie einer von denen werden."*

> *Burnham: „Wir alle sind Menschen. Wir haben alle die gleichen Triebe, die gleichen Bedürfnisse. Vielleicht weiß niemand von uns, aus welcher Welt er auch kommen mag, welche Dunkelheit in uns allen lauert. Danke schön, hierfür. Du erinnerst mich an alles Gute, daran, wie ich mir die Welt wünschen würde."*

> *Tyler: „Im ersten Jahr der Akademie hatte ich mega Angst vor Außenbordeinsätzen. Ich konnte alles fliegen, kein Ding. Aber in den Anzug zu steigen, war der Horror. Dann hat mir einer gesagt, denk an die Halteleine. Die ist Pflicht für die ersten Spaziergänge von Kadetten im All. Sie hält dich verbunden, mit dem, was du kennst, was du liebst. Sie hilft Dir stark zu bleiben im Angesicht dieser ... schrecklichen Schwärze. Du hilfst mir. Du bist meine Halteleine. Du bringst mich zurück. Das hast du schon getan, bevor wir hier gestrandet sind, und jetzt wieder."[585]*

Die größte Verbundenheit mit anderen Menschen erfährt eine Person wohl oft im Rahmen der eigenen **Familie**. Nicht zufällig wird daher von Captain JANEWAY und andern häufig der Begriff Familie für die Crew verwendet. Alleine im Deltaquadranten und 90 Millionen Lichtjahre von der Erde entfernt ist diese Geborgenheit in einer Gruppe von entscheidender Bedeutung für den Erhalt mentaler Stärker und den Durchhaltewille der Crew.[586] Auch bei Captain KIRK und Captain PICARD fin-

---

[584] Vgl. The Next Generation (1990): Der schüchterne Reginald, 3. Staffel. Idealtypisch zeigt sich hier sehr plastisch das Zusammenspiel aus fehlendem Zugehörigkeitsgefühl, Minderwertigkeitsgefühlen aufgrund der Ausgeschlossenheit und einer Arbeitsleistung, die niedriger ist, als es die Fähigkeiten eigentlich hergeben würden. Ausführlicher dazu vgl. Berner, Winfried/Hagenhoff, Regula/Vetter, Thomas/Führing, Meik (2015): Ermutigende Führung – Für eine Kultur des Wachstums, Stuttgart, S. 17 ff

[585] Discovery (2018): Der Wolf im Inneren, 1. Staffel, Zeit 05:40

[586] Vgl. Voyager (1995): Der mysteriöse Nebel, 1. Staffel sowie Voyager (1999): 23:59, 5. Staffel, Zeit 29:05. Das deckt sich auch mit den Befunden der Soziobiologie: Das Leben in einer solchen Kleingruppe, in der jeder jeden persönlich kennt, entspricht auch der sozialen Struktur, in der die Menschheit den größten Teil ihrer Geschichte gelebt hat und das Verhalten und Werte entscheidend geprägt hat. Die Vorteile einer solchen sozialen Struktur bestehen unter anderem darin, sich besser gegenüber Feinden zu wehren, den Nahrungserwerb effizienter zu gestalten und die eigenen Ressourcen besser verteidigen zu können. Diese Vorteile werden auch von der

det sich das Verständnis, dass die Crew die Familie ist.[587] Wie herzlich und vertraut das Verhältnis im Führungsteam der ENTERPRISE unter dem eigentlich relativ nüchternen PICARD ist, zeigt sich an seiner humorvoll-emotionalen Hochzeitsrede an RIKER und TROI.

Picard: „Die Pflicht, das Leben eines Raumschiffcaptains, ist erfüllt von erhabenen Pflichten. Ich habe Männer im Gefecht kommandiert, ich habe zahlreiche Friedensverträge zwischen unversöhnlichen Feinden zum Abschluss gebracht, ich habe die Föderation bei 27 Erstkontakten mit außerirdischen Spezies vertreten, aber nichts ist vergleichbar mit der erhabenen Pflicht, die mir heute auferlegt ist – als Trauzeuge. Also, ich weiß, dass man bei einer solchen Gelegenheit von mir erwartet, die Herrlichkeit dieser gesegneten Verbindung würdevoll und überschwänglich herauszustellen, aber haben Sie beide mal darüber nachgedacht, was Sie mir damit antun? Natürlich sind Sie glücklich, aber wie steht's mit mir? Für mich ist das eine verdammt lästige Sache. Denn während Sie sich fröhlich auf der Titan eingewöhnen, werde ich meinen neuen ersten Offizier ausbilden müssen. Sie kennen ihn alle. Er ist ein tyrannischer Zuchtmeister, der mir niemals, niemals erlauben würde, Außeneinsätze zu fliegen."

Data: „So sind die Vorschriften, Sir. Dienstanweisungen der Sternenflotte …"

Picard: „Mr. Data!"

Data: „Sir?"

Picard: „Halten Sie die Klappe."

Data: „Ja, Sir."

Picard: „Nun, 15 Jahre habe ich darauf gewartet, das sagen zu dürfen. Aber mal im Ernst, Will, Deanna, Sie können es sich noch überlegen, ja?"

Riker und Troi zusammen: „Nein."

Picard: „Nein. Tja, also dann. Will Riker, Sie waren 15 Jahre lang meine getreue rechte Hand. Sie wiesen mir stets den richtigen Kurs. Deanna Troi, Sie standen mir als Counselor zur Seite und als mein Gewissen. Sie haben mir geholfen, meine besseren Seiten wahrzunehmen. Sie gehören zu meiner Familie. Und in bester Schifffahrttradition wünsche ich Ihnen beiden stets klare Sicht. Meine treuen Freunde, machen Sie es so. Auf Braut und Bräutigam."[588]

Auf DEEP SPACE NINE, einer Station, wo Freund und Feind nicht immer klar voneinander zu trennen sind, hat Commander SISKO **quasi-familiäre Strukturen** geschaffen. Mitglieder dieser „Familie" sind sein Sohn JAKE, Major NERYS, Dr.

Mannschaft der Voyager genutzt und ermöglichen es so, den langen Weg zurück zur Erde erfolgreich zu machen. Vgl. Wuketits, Franz M. (2002): Was ist Soziobiologie?, München, S. 82 ff sowie Volland,, Eckart (2000): Grundriss der Soziobiologie, 2. Auflage, Heidelberg, S. 29 ff

[587] Vgl. Spielfilm Star Trek V (1989): Am Rande des Universums, Zeit 1:30:00 sowie Spielfilm Star Trek X (2002): Nemesis, Zeit 04:05

[588] Spielfilm Star Trek X (2002): Nemesis, Zeit 04:05

BASHIR, DAX, O'BRIAN, ODO und WORF. Mit anderen Worten alle Personen, die in Schlüsselfunktionen sind und auf die sich SISKO zu hundert Prozent verlassen können muss. Sie verbringen neben der Arbeit auch viele private Stunden miteinander und pflegen einen hierarchiefreien Umgang, was folgende Beispiele zeigen: Sie kochen miteinander[589], essen zusammen[590], verbringen gemeinsame Zeit auf dem Holodeck[591], spielen Dart wie SISKO und O'BRIAN[592] oder heiraten sogar wie, wie Worf und JADZIA DAX[593]. Und natürlich verbringt Worf die nach KLINGONISCHEM Brauch vorgeschriebenen letzten vier Tage als Junggeselle mit SISKO, O'BRIAN, BASHIR sowie mit seinem Sohn ALEXANDER und dem KLINGONEN MARTOK.[594] Dass KIRA NERYS das Kind für die O'BRIANS austrägt, ist zwar nicht ganz freiwillig, passt aber letztlich nahtlos in das Bild dieser Vertrauensgemeinschaft und vertieft diese auch noch.[595]

Die soziale Einbettung schafft seelische Stabilität und wirkt wie eine Energiequelle für Zuversicht, Selbstvertrauen und mentale Stärke. Wichtig ist die seelische Unterstützung gerade in schwierigen Zeiten, in schwachen Stunden, bei Selbstzweifeln oder der Verarbeitung von schockierenden Situationen. Zum Selbstmanagement von Führungskräften gehört damit auch das **Annehmen von Hilfe von Untergebenen**. Wie folgende Situationen exemplarisch zeigen, findet eine solche Stabilisierung typischerweise bilateral statt, da es so einfach ist, sich zu öffnen, Schwäche zu zeigen und Hilfe anzunehmen:

- In der Folge „Die Stunde der Erkenntnis" macht sich Captain KIRK schwere Selbstvorwürfe, dass drei Mitarbeiter getötet wurden und die ENTERPRISE in Gefahr gebracht wurde. SPOCK redet ihm gut zu, beruhigt und stabilisiert ihn, sodass er kurz darauf wieder mit voller mentaler Stärke seine Führungsrolle ausfüllen kann.[596]

- In der Folge „Die Schockwelle, Teil 1" explodiert ein Shuttle bei der Landung auf einer Minenkolonie und 3600 Kolonisten sterben. Daraufhin hat Captain ARCHER einen (seltenen) schwachen Moment voller Selbstmitleid und Entmutigung. Er ist so niedergeschlagen, dass er sogar den Befehl akzeptiert, zur Erde zurückzukehren und die nächste Mission erst wieder in zehn Jahren stattfinden zu lassen. T'POL baut ihn erfolgreich auf und fordert von ihm, sich von den VULKANIERN nichts gefallen zu lassen. [597]

---

[589] Vgl. Deep Space Nine (1994): Equilibrium, 3. Staffel, Zeit 00:01
[590] Vgl. Deep Space Nine (1997): Statistische Wahrscheinlichkeiten, 6. Staffel, Zeit 08:40
[591] Vgl. Deep Space Nine (1999): Badda-Bing, Badda-Bang, 7. Staffel
[592] Vgl. Deep Space Nine (1995): Shakaar, 3. Staffel, Zeit 00:01
[593] Vgl. Deep Space Nine (1997): Klingonische Tradition, 6. Staffel
[594] Vgl. Deep Space Nine (1997): Klingonische Tradition, 6. Staffel, Zeit 08:30
[595] Vgl. Deep Space Nine (1996): Quarks Schicksal, 4, Staffel
[596] Vgl. Raumschiff Enterprise (1967): Die Stunde der Erkenntnis, 2. Staffel, Zeit 15:00
[597] Vgl. Enterprise (2002): Die Schockwelle, Teil 1, 1. Staffel, Zeit 10:10

- Als sich die VOYAGER seit zwei Monaten in einer Region im Weltall befindet, in der keine Sterne zu sehen sind, befindet sich Captain JANEWAY in einem Zustand seelischer Leere. Sie macht sich Selbstvorwürfe und sieht sich nicht mehr in der Lage, die Rolle des Captains auszufüllen und will das Kommando an CHAKOTAY übergeben. Dieser steht ihr zu Seite, redet ihr gut zu und baut sie schließlich erfolgreich wieder auf.[598]

- In der Folge „Für die Uniform" verrät der frühere Sicherheitschef MICHAEL EDDINGTON die STERNENFLOTTE und wechselt zum MAQUIS, worauf SISKO persönlich tief enttäuscht und voller Ärger und Rachegefühlen ist. Diesen Ärger lässt er aber verbal nur vor JADZIA DAX raus und reagiert sich dabei auch körperlich an einem Boxsandsack ab. Kurz darauf ist er wieder die kontrollierte, mental starke und souveräne Führungskraft.[599]

Verstärkend wirkt in diesem Zusammenhang der Effekt, dass man aufgrund der quasi-familiären und freundschaftlichen Bindungen ein größeres Ausmaß an Unterstützung erfährt, da diese einem in der Regel nicht in den Rücken fallen. Aus dieser Sicherheit und erwartbaren Verlässlichkeit resultiert ebenfalls mentale Stärke und Zuversicht in das erfolgreiche Gelingen zukünftiger schwieriger Situationen.

7.3 Ein gesunder und belastbarer Körper steht in positiver Wechselwirkung mit einem gesunden Geist

Neben einem gesunden Geist sollte auch der Körper gesund und belastbar sein. Die Sternenflottenführungskräfte haben diese Relevanz erkannt und kümmern sich entsprechend um sich selbst. Das Selbstmanagement des eigenen Körpers betrifft verschiedene Ebenen: Bewegung und Training, Ernährung sowie Regeneration.

7.3.1 Durch regelmäßige und vielseitige körperliche Betätigung bleibt der Körper in Bewegung und wird trainiert

Die körperliche Fitness wird trainiert über diverse **sportliche und spielerische Betätigungen**. Bei folgenden Sportarten steht eher das reine Spiel im Vordergrund:

- Beim **Freiklettern und Bergsteigen** von Captain KIRK im Yosemite Nationalpark im Film „Am Rande des Universums"[600];

---

[598] Vgl. Voyager (1998): Nacht, 5. Staffel, Zeit
[599] Vgl. Deep Space Nine (1997): Für die Uniform, 5. Staffel, Zeit 15:30
[600] Vgl. Spielfilm Star Trek V (1989): Am Rande des Universums, Zeit 09:30. SPOCK kann allerdings die Begeisterung von KIRK nicht nachvollziehen und taucht überraschend neben KIRK an der Steilwand mit Antriebsdüsen an den Schuhen auf, worauf dieser sich erschreckt und fällt und dann von SPOCK im letzten Moment gerettet wird.

- beim **Racquetball**, einem squashartigen Ballsport, der unter anderem von O'BRIAN und BASHIR auf DEEP SPACE NINE gespielt wird, die extra dafür einen Raum herrichten;[601]
- beim **Reiten** auf dem Holodeck von Captain PICARD, der sich dafür gerne einen Araber auswählt und als Einstimmung sogar das Satteln übernimmt;[602]
- beim **Fechten** trainiert PICARD seine Reaktionsfähigkeiten und Fokussierung;[603]
- beim **Wasserball**, von Captain ARCHER früher intensiv selbst gespielt und jetzt als Fan weiterverfolgt. Neben der körperlichen Betätigung wurde auch der Geist trainiert. Für ARCHER gilt ein Lehrsatz aus dem Wasserball auch für jede Führungskraft:

  Archer: „Sobald du aufgibst, ist das Spiel verloren.“[604]

Kampfsport und -training gehen über die reine sportliche und spielerische Betätigung und das Körpertraining hinaus, da es hier einerseits darum geht, bestimmte Kampftechniken zu erlernen und anzuwenden. Ein Beispiel dafür ist die Sportart Fechten, praktiziert unter anderem von HIKARU SULU[605] und von Captain PICARD[606]. Ein weiteres Beispiel ist die Sportart **Ringen**, die JADZIA gerne am frühen Morgen praktiziert und dies auch dem TRILL-Kandidaten ARJIN empfiehlt.[607] Auch SISKO war zumindest für eine Zeitlang als Ringer aktiv und war sogar Captain des Ringerteams der STERNENFLOTTENAKADEMIE.[608]

Andererseits geht es um den **Stressabbau über das kanalisierte Ausleben von Aggressionen**. Das zeigt sich in der Folge „Rikers Vater", in der Commander RIKER gegen seinen Vater KYLE RIKER zum **„Ambu-jitsu"** in die Kampfarena steigt. Die Gegner tragen einen gut gepolsterten Anzug, die Augen können aufgrund eines speziellen Helms nichts sehen und beide versuchen mit einem Stab, der einen Annäherungssensor hat und Geräusche macht, den anderen zu besiegen. RIKER hat zu seinem Vater ein sehr angespanntes Verhältnis. Über den Kampf wird nicht nur die Beweglichkeit trainiert, vielmehr können Vater und Sohn ihre Gefühle füreinander ausleben und klären.[609]

Die Führungskräfte der STERNENFLOTTE sind sich grundsätzlich sehr bewusst, dass das unkontrollierte Ausleben von Aggressionen die Handlungsfähigkeit der

[601] Vgl. Deep Space Nine (1994): Rivalen, 2. Staffel
[602] Vgl. The Next Generation (1989): Brieffreunde, 2. Staffel, Zeit 01:08, 15:38
[603] Vgl. The Next Generation (1988): Begegnung mit der Vergangenheit, 1. Staffel sowie Picard (2020): Unbedingte Offenheit, 1. Staffel
[604] Vgl. Enterprise (2002): Vox Sola, 1. Staffel, Zeit 25:00
[605] Vgl. Raumschiff Enterprise (1966): Implosion der Spirale, 1. Staffel
[606] Vgl. The Next Generation (1988): Begegnung mit der Vergangenheit, 1. Staffel
[607] Vgl. Deep Space Nine (1994): Der Trill-Kandidat, 2. Staffel
[608] Vgl. Deep Space Nine (1996): Die Apokalypse droht, 5. Staffel
[609] Vgl. The Next Generation (1989): Rikers Vater, 2. Staffel

Teams beeinträchtigt und das Holodeck dabei helfen kann, um zum einen den Körper gesund und beweglich zu halten, und zum anderen, um schädliche Aggressionen zu kanalisieren, wie Counselor DEANNA TROI in der Folge „Klingonenbegegnung" festhält:

> *Troi: „Ich habe die Erfahrung gemacht, dass die Trainingsprogramme auf dem Holodeck sehr geeignet sind, alle Aggressionen abzubauen."*[610]

Das gilt besonders für die KLINGONEN in der STERNENFLOTTE, die kulturell und wohl auch genetisch deutlich stärkere Aggressionen in sich tragen als die Menschen der Erde. So verarbeitet B'ELEANNA TORRES ihre Aggressionen aus dem Kampf gegen die CARDASSIANER in einem Kampfprogramm auf dem Holodeck. Sie deaktiviert dafür sogar die Sicherheitsprogramme, um ein möglichst echtes Kampfgefühl zu bekommen.[611] Und auch WORF nutzt regelmäßig verschiedene Kampfprogramme auf dem Holodeck.[612]

In der Folge „Der Ausgesetzte" programmiert ODO für einen jungen JEM'HADAR, der alleine auf einem Schiff entdeckt wurde und nun aufgrund seiner Gewalttätigkeit ein Risiko für DEEP SPACE NINE darstellt, ein spezielles Holodeckkampfprogramm zur gezielten Kanalisierung und Verarbeitung von Aggressionen.[613]

7.3.2 Gesunde Ernährung liefert die Energie und die erforderlichen Nährstoffe

Eine gesunde Ernährung ist wichtig für die Leistungsfähigkeit des Körpers, da sie ihn mit den erforderlichen Vitaminen und Nährstoffen versorgt. Zugleich trägt der Genuss von wohlschmeckenden Speisen und Getränke zu einer positiven Stimmung bei. Gibt es dagegen zu wenig zu essen oder sind die Speisen ungenießbar, dann wirkt sich das auch auf die Moral der Mannschaft auf.

Später sind die Raumschiffe und -stationen der STERNENFLOTTE standardmäßig mit **Replikatoren** ausgestattet. Dabei handelt es sich um eine Technologie, die auf molekularer Ebene arbeitet und die es ermöglicht zum Beispiel verschiedene Speisen und Getränke herzustellen, die genauso schmackhaft sind, wie die herkömmlich hergestellten.[614] Damit wird sichergestellt, dass die Mannschaft mit den erforderlichen Vitaminen und Nährstoffen versorgt wird. Im engeren Sinne wären damit das Kochen und die händische Zubereitung von Speisen aus Effizienzgründen nicht mehr erforderlich. Neben den reinen Nährstoffen ist auch der Genuss des Essens wichtig für Körper und Geist, wie diese Bestellung am Replikator nach dem gemeinsamen Joggen zeigt. Und die beste Wirkung wird erzielt, wenn dies gemeinsam und nach körperlicher Ertüchtigung erfolgt.

---

[610] Vgl. The Next Generation (1989): Klingonenbegegnung, 2. Staffel, Zeit 20:20
[611] Vgl. Voyager (1998): Extreme Risiken, 5. Staffel, Zeit 12:20
[612] Vgl. The Next Generation(1989): Klingonenbegegnung, 2. Staffel, Zeit 20:50
[613] Vgl. Deep Space Nine (1994): Der Ausgesetzte, 3. Staffel, Zeit 32:30
[614] Vgl. The Next Generation (1990): Die Sünden des Vaters, 3. Staffel

Tilly mit schlapper Stimme: „Computer, grüner Saft, besonders grün.“

Burnham: „Computer, Befehl zurücknehmen. Das ist kein gutes Verhältnis von Proteinen, Kohlehydraten und Fett. Computer, ein Frühstücksburrito mit drei Eiern und schwarzen Bohnen.“

Tilly: „Comp...“

Burnham: „Zweimal!“

Tilly: „Computer, füge Salsa hinzu.“

Burnham: „Computer, geröstete Tomatensalsa. Tomaten sind eine reiche Lycopinquelle, merk dir das.“

Tilly: „Mann, du bist echt ganz schön schräg.“

Computer: „Zwei appetitliche und nahrhafte Burritos.“[615]

Auch in der Folge „Equilibrium" ist anschaulich zu sehen, dass die positive Funktion des gemeinsamen Kochens und Essens über die bloße Nahrungsaufnahme hinausgeht. SISKO, JAKE, DAX, ODO, KIRA und BASHIR kochen und essen gemeinsam und sprechen sowohl über private als auch berufliche Dinge. Sie fühlen sich einander zugehörig und lachen miteinander. Das wirkt sich positiv auf den Zusammenhalt des Teams und das wechselseitige Vertrauen aus.[616] Insofern werden mit der Nahrung nicht nur physische Nährstoffe aufgenommen, sondern auch wichtige „psychische und emotionale Nährstoffe".[617]

Das wird auch für Captain JANEWAY ein Grund gewesen sein, als sie in der Folge „Der Fürsorger" NEELIX nicht nur als Führer durch den DELTA-QUADRANTEN auf die Voyager nimmt, sondern auch als Koch. Bereits hier deutet sich die spätere weitere Funktion von NEELIX als Moraloffizier an.[618]

Neben der Verbindung zwischen Nahrungsaufnahme und sozialer Einbettung kann das **achtsame Trinken oder Essen** auch im Sinne einer Meditation genutzt werden. Daher finden sich auch in verschiedenen Kulturen Teezeremonien, wie beispielsweise bei den KLINGONEN. Nachdem Doktor PULASKI in der Folge „Der Planet der Klone" WORF geholfen hat, gesichtswahrend aus einer Situation herauszukommen, in der er in Ohnmacht gefallen ist, lädt dieser sie zu einer klingonischen Teezeremonie ein.[619] Da dieser Tee aber für Menschen tödlich ist, injiziert sie sich ein Gegengift, um gemeinsam mit WORF die Zeremonie durchführen zu können.

---

[615] Discovery (2017): Lethe, 1. Staffel, Zeit 08:43

[616] Vgl. Deep Space Nine (1994): Equilibrium, 3. Staffel, Zeit 00:01

[617] Bei SISKO kommt hinzu, dass sein Vater Koch ist und damit bereits seit frühester Kindheit das Kochen und gemeinsame Essen immer auch mit familiärer Nähe und Geborgenheit zusammenhing. Vgl. Deep Space Nine (1998): Das Gesicht im Sand, 7. Staffel

[618] Vgl. Voyager (1995): Der Fürsorger, 1. Staffel

[619] Vgl. The Next Generation (1989): Der Planet der Klone, 2. Staffel, Zeit 06:00

Einen **meditativen Charakter** hat es auch, wenn Captain PICARD sich im Replikator eine heiße Tasse Tee bestelle (**„Tee, Earl Grey, heiß"**), da es ihm hilft, die Gedanken zu ordnen und sich auf das Gewünschte zu fokussieren. Er verknüpft dabei in einem ritualisierten Verhaltensmuster die körperliche Erfahrung der Getränkeaufnahme mit der Fokussierung seines Geistes. Das ist für ihn eine Ressource und Kraftquelle, die er einfach dadurch abrufen kann, dass er einen heißen Tee bestellt.[620] Er behält diese Gewohnheit sein Leben lang bei, da eine Tasse Earl Grey „immer hilft". Allerdings bestellt er mit 94 Jahren nur noch entkoffeinierten Earl Grey.[621]

7.3.3 Langfristige Leistungsfähigkeit benötigt auch Phasen der Regeneration

Erfahrene Führungskräfte wissen grundsätzlich, dass sie sich selbst nicht in permanenter Bewegung halten sollten, sondern dass es auch wichtig ist, sich bewusst Momente der **Regeneration** zu nehmen. Dazu gehören Phasen der Entspannung des Schlafs, des Urlaubs oder Freizeitaktivitäten. Jeder muss auch hierbei seinen eigenen persönlichen Weg finden. Es gibt sowohl Persönlichkeitstypen, die neue Energie eher aus dem Alleinsein und der körperlichen Ruhe generieren, während andere eher das gemeinschaftliche Erlebnis brauchen, wie die folgenden Beispiele zeigen.

Eine klassische Form der Regeneration ist ein Urlaub, in dem es in erster Linie um körperliche Entspannung geht. Hier stehen das Ausruhen und die Pflege des Körpers im Vordergrund. Einen weiteren Aspekt der Regeneration beinhaltet der eher unkonventionelle Vorschlag von T'POL an ARCHER in der Folge „Gefallene Heldin". Sie schlägt zum Abbau von Spannungen in der Mannschaft Landurlaub auf dem Planeten RISA mit 200.000 Profimasseusen vor, auch um damit die Effizienz der Mannschaft zu steigern.[622]

Inwiefern die Profimasseusen tatsächlich zum Einsatz kommen, kann nicht mit Sicherheit gesagt werden. Zumindest macht aber ein Teil der ENTERPRISE für zwei Tage und Nächte Landurlaub auf RISA und beispielsweise Lieutenant REED und Commander TUCKER nutzen die Gelegenheit auf dem Freizeitplaneten, um Frauen kennenzulernen. Sie werden aber Opfer von zwei attraktiven RISANISCHEN Frauen und wachen gefesselt, nur mit Unterwäsche bekleidet, im Hotelzimmer auf. Die von T'POL geplante „sexuelle Entspannung" findet dafür aber HOSHI, die mit einem anderen Gast, RAVIS, im Bett landet. Doktor PHLOX nutzt in der Zwischenzeit

---

[620] Vgl. Spielfilm Star Trek X (2002): Nemesis, Zeit 19:25 sowie The Next Generation (1990): Noch einmal Q, 3. Staffel
[621] Vgl. Picard (2020): Gedenken, 1. Staffel
[622] Vgl. Enterprise (2002): Gefallene Heldin, 1. Staffel, Zeit 00:15

die Urlaubstage der Mannschaft für seinen Winterschlaf und sorgt so für die für ihn passende Regeneration.[623]

Auch wenn die positive Wirkung eines Urlaubs bekannt ist, fällt es insbesondere den Captains oft noch schwer, sich auch diese Auszeit zuzugestehen. Möglicherweise passt das vermeintliche Nichtstun nicht zu ihrem Selbstbild als aktive und gestaltende Führungskraft. Vielleicht sehen sie es auch als eine Schwäche an, die sie ihrer Mannschaft zugestehen, sich selbst aber nicht. Oder sie halten sich selbst für so wichtig und unersetzlich, dass sie sich eine Auszeit nicht vorstellen können, wie ARCHER in der Folge „Zwei Tage auf Risa" oder KIRK und SPOCK in der Folge „Landurlaub".[624]

In der Folge „Picard macht Urlaub" ist Captain PICARD deutlich urlaubsreif, er muss aber von der Mannschaft regelrecht überredet werden, Urlaub zu nehmen. Auch er macht Urlaub auf dem tropischen Planeten RISA, der bei der Sternenflotte ein beliebtes Urlaubsziel ist.[625] Statt zur Entspannung am Strand befindet sich PICARD schnell in einem spannenden Abenteuer um die Superwaffe TOX UTHAT wieder. Dort lernt er auch die attraktive Archäologin VASH kennen, die ihn fasziniert und in die er sich allem Anschein nach sogar verliebt. Letztlich ist es genau die Art von Urlaub, die PICARD braucht, voller Aktivität, Abenteuer und, er ist ja auch begeisterter Archäologe, voller intellektueller Stimulation.[626]

So verpönt es im 21. Jahrhundert für viele Führungskräfte ist, einfach nur am Strand zu entspannen, genauso verpönt ist es noch drei Jahrhunderte später. Die sozial akzeptierte Form des Urlaubs einer Führungskraft ist der leistungsorientierte Aktivurlaub, so wie beispielsweise die Klettertour von Captain KIRK mit SPOCK und MCCOY im Yosemite Nationalpark.[627]

Eine Regeneration des Körpers kann und sollte aber nicht nur punktuell während eines Urlaubs stattfinden, auch wenn gewisse Erholungseffekte erst nach mehreren Tagen eintreten. Mindestens genauso wichtig ist es, regelmäßig Momente der **Regeneration in den Alltag zu integrieren**. Der Steuermann der ENTERPRISE, TRAVIS MAYWEATHER, zieht sich dafür zurück in seine „Lieblingsschwerelosigkeitsecke" oben im Raumschiff. Dort ist er allein, kann das Erlebte verarbeiten,

[623] Vgl. Enterprise (2002): Zwei Tage auf Risa, 1. Staffel
[624] Vgl. Raumschiff Enterprise (1966): Landurlaub, 1. Staffel, Zeit 04:50 sowie Enterprise (2002): Zwei Tage auf Risa, 1. Staffel, Zeit 00:45
[625] So verbrachten beispielsweise WORF, DAX zusammen mit BASHIR, QUARK und LEETA einen gemeinsamen Urlaub auf RISA. Vgl. Deep Space Nine (1996): Die Reise nach Risa, 5. Staffel. Auch Commander RIKER war zum Urlaub auf RISA und brachte von dort ein interaktives Videospiel mit, das schnell die Mannschaft süchtig macht. Vgl. The Next Generation (1991): Gefährliche Spielsucht, 5. Staffel, Zeit 00:01
[626] Vgl. The Next Generation (1990): Picard macht Urlaub, 3. Staffel
[627] Vgl. Spielfilm Star Trek V (1989): Am Rande des Universums, Zeit 09:30

seinen Geist sammeln und zugleich aufgrund der niedrigen Gravitationskraft auch den Körper entlasten.[628]

Andere Offiziere suchen über Freizeitaktivitäten entweder alleine oder gemeinsam mit den Kollegen Abstand vom Arbeitsalltag und nutzen dafür häufig das Holodeck, das es erlaubt, sich in völlig neue Welten zu begeben, wie beispielsweise Captain PICARD in der Rolle des Privatdetektivs DIXON HILL aus den 40er Jahren des 20. Jahrhunderts.[629] In der Regel ergeben sich daraus durchaus gefährliche und kraftraubende Abenteuer. Trotzdem stellen sie gesamthaft betrachtet eine Kraft- und Regenerationsquelle dar, da sie Körper und Geist neue Impulse geben und neue Bewegungsabläufe erfordern.

7.4 Das Ziel eines erfolgreiches Selbstmanagements für Führungskräfte besteht darin, Körper, Geist und persönliche Ziele gesamthaft zu managen

Wie in den vorangehenden Abschnitten gezeigt wurde, gehört es zur eigenen Führungsverantwortung, sich selbst im Hinblick auf die eigenen Ziele sowie einen gesunden Geist und Körper zu managen. Die Fähigkeit sich selbst zu führen ist die Grundlage und Voraussetzung, um andere zu führen. Es geht darum, die eigene Leistungs- und Handlungsfähigkeit zu erhalten und auszubauen, um die Führungsaufgaben (siehe vorangehende Missionen) erfolgreich zu bewältigen. Die zentrale Herausforderung besteht nun darin, die unterschiedlichen Aspekte des Selbstmanagements aus einer **gesamthaften Perspektive** zu gestalten und kontinuierlich weiterzuentwickeln.

7.4.1 Das Selbstmanagement-Dreieck ermöglicht den gesamthaften Blick auf das Selbstmanagement

Erfolgreiches Selbstmanagement zeigt sich daran, dass die eigenen Ziele erreicht werden, und dass die persönliche Gesundheit und Energie erhalten bzw. gesteigert werden. Körper, Geist und persönliche Ziele wirken dabei zusammen, im Positiven wie im Negativen. Eine Führungskraft mit einem fokussierten Geist und einem gesunden Körper, die von der Sinnhaftigkeit der verfolgten Ziele überzeugt ist, ist eine hochwirksame Führungskraft. Dagegen ist die Wirksamkeit eingeschränkt, sobald einer der drei Bereiche geschwächt ist. Und eine Störung in einem Bereich wirkt sich in der Regel negativ auf die anderen aus. Veranschaulicht ist dies in der folgenden Abbildung.

---

[628] Vgl. Enterprise (2003): Horizon, 2. Staffel, Zeit 07:35
[629] Vgl The Next Generation (1988): Der große Abschied, 1. Staffel sowie The Next Generation (1989): Andere Sterne, andere Sitten, 2. Staffel

Abbildung 23: Das Selbstmanagement-Dreieck[630]

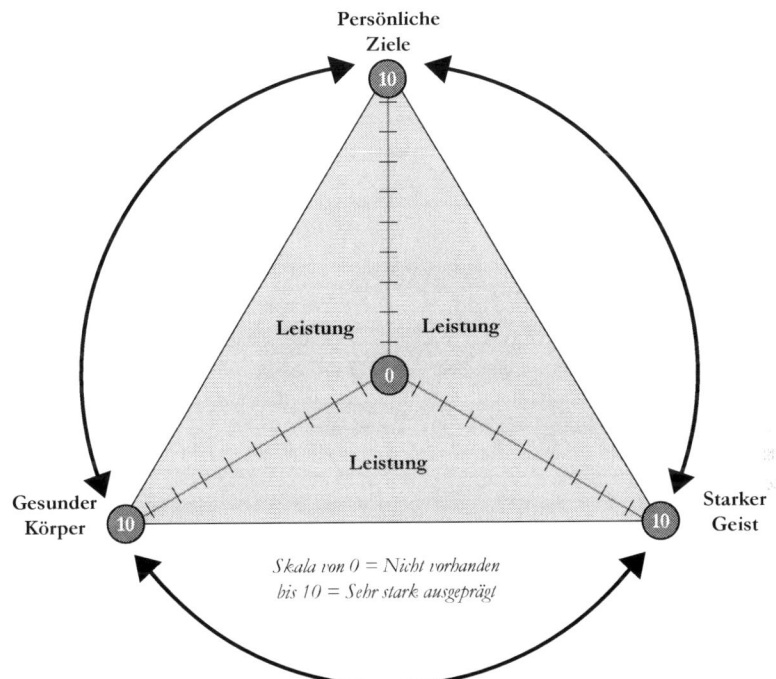

Aus der jeweiligen Kombination der Ausprägung der drei Bereiche ergibt sich als Fläche das Ausmaß an jeweiliger Leistungsfähigkeit und Gesundheit. Da es sich um die individuelle Leistungsfähigkeit und Gesundheit handelt, ist auch der Maßstab (Wieviel sind 100%?) individuell und kann letztlich nur subjektiv bestimmt werden. Jede Führungskraft ist daher aufgefordert, in sich hineinzuhorchen und eine für sie stimmige Einschätzung zu geben. In der Praxis hat sich gezeigt, dass solche Selbsteinschätzungen zu sehr treffenden Bewertungen führen, die die Grundlage für daraus abzuleitende Maßnahmen sind. Das gilt auch deshalb, da nur dann Handlungen abgeleitet werden, wenn eine Person selbst das Defizit und den Handlungsbedarf erkennt.

---

[630] Quelle: Eigene Erstellung

7.4.2 Das Zusammenspiel von Körper und Geist sollte zielgerichtet und konsequent genutzt werden

Wie sehr die drei Bereiche zusammenhängen und sich wechselseitig stärken bzw. schwächen können, zeigt die Forschung von AMY CUDDY ET. AL. zu den sogenannten **High-power-poses**. Das Besondere an den Forschungsergebnissen ist, dass sich nicht nur die mentale Verfassung auf die Körpersprache und die körperliche Leistungsfähigkeit einer Person auswirken, sondern auch das bloße Einnehmen bestimmter Posen sich, positiv wie negativ, auf die mentale Verfassung und das Selbstvertrauen auswirkt. Über das Einnehmen von High-power-poses wird dem Gehirn Stärke und Souveränität suggeriert, woraufhin das Gehirn verstärkt das Dominanzhormon Testosteron ausschüttet und das Stresshormon Cortisol reduziert.[631]

High-power-poses sind dadurch gekennzeichnet, dass eine Person sehr viel Raum einnimmt und dabei sehr offene Körperhaltungen einnimmt. Beispiele dafür sind breitbeiniges Sitzen, aufrechtes Stehen mit den Händen in den Hüften, das Verschränken der Arme hinter dem Kopf, Beine hoch auf den Tisch legen, das Hineingreifen in die Sphäre des anderen durch Anfassen, selbstbewusstes raumgreifendes gelassenes Gehen.[632]

Es ist in diesem Zusammenhang auffallend, wie ruhig und fokussiert die STERNENFLOTTENOFFIZIERE auch in vielen eigentlich hektischen Gefahrensituationen gehen. Damit signalisieren sie sich selbst, wie gelassen und souverän sie sind und bleiben über diesen Mechanismus tatsächlich gelassen und souverän. In gewisser Weise stellt das ruhige und fokussierte Gehen der STERNENFLOTTENOFFIZIERE damit auch eine Form der **Geh-Meditation** und des Achtsamkeitstrainings dar, die als Kraftquelle genutzt werden kann. Das Konzept der Achtsamkeit stammt aus der buddhistischen Lehre und meint einen Wahrnehmungszustand, in dem jeder Moment sehr bewusst wahrgenommen wird und eine Person mit Geist und Körper präsent im Hier und Jetzt agiert.[633]

Dagegen sind **Low-power-poses** durch das genaue Gegenteil gekennzeichnet. Es wird möglichst wenig Raum eingenommen, die Person sitzt zusammengekauert am

---

[631] Vgl. Carney, Dana R./Cuddy, Amy J.C./Yap, Andy J. (2010): Power Posing: Brief Nonverbal Displays Affect Neuroendocrine Levels and Risk Tolerance; in : Psychological Science XX(X), S. 1-6.

[632] Vgl. Cuddy, Amy (2012): Ihre Körpersprache beeinflusst, wer Sie sind in: https://www.youtube.com/watch?v=Ks-_Mh1QhMc, Zugriff 11.07.2017. Die Forschung von Cuddy ist in der Wissenschaft durchaus umstritten, da die Replikation der Ergebnisse in vielen Fällen nicht möglich war. Möglicherweise spielen weitere Faktoren eine Rolle, die bislang in ihren Wirkungsweisen noch nicht ganz verstanden werden. Unabhängig davon zeigen zumindest die Führungsszenen in STAR TREK, dass die Körperhaltung ganz klar eine Wirkung auf die Person selbst und auf die anderen Personen hat.

[633] Zu einer Einführung in die Praxis der Geh-Meditation vgl. Thich Nhat Hanh/Anh-Huong, Nguyen (2008): Geh-Meditation, 5. Auflage, München

Rande, der Kopf ist gesenkt, die Person steht unsicher mit ineinandergeschlungenen Beinen da und weicht anderen aus.

Ob bewusst oder unbewusst nehmen die STERNENFLOTTENOFFIZIERE in vielen Momenten und gerade in schwierigen Führungs- und Entscheidungssituationen die High-power-poses ein. Damit stärken sie ihr Selbstvertrauen, verändern zu ihren Gunsten eine Konfliktsituation und mobilisieren aus sich heraus ihre herausragende Führungsstärke. Derartige **Dominanzgesten** wirken dabei in zwei Richtungen. Zum einen stärken sie die eigene Person und die eigenen Mitarbeiter, zum anderen wirken High-power-poses in Konfliktsituationen einschüchternd auf die andere Konfliktpartei und markieren einen Dominanzanspruch. Das Ziel besteht dann darin, noch bevor der Konflikt richtig beginnt, der anderen Seite das Signal zu geben, dass auf dieser Seite ein mächtiger Gegner steht, der nicht einfach überrannt werden kann. Auch das ist Bestandteil des Führungshandelns.

Janeway: „Manchmal erfordert die Diplomatie ein wenig Säbelrasseln."[634]

Folgende Beispiele zeigen die Bandbreite derartigen Dominanzverhaltens:

- Captain KIRK sitzt **breitbeinig auf der Brücke in seinem Sessel**, die Arme ausgebreitet auf seinem Stuhl und vermittelt seinem Team Souveränität und Kontrolle über die Situation.[635]

- Commander SISKO empfängt GUL DUKAT an **seinem Schreibtisch**, der bis vor zwei Wochen noch der Schreibtisch von GUL DUKAT war. Er sitzt dort demonstrativ entspannt, mit einem **Lächeln, zurückgelehnt** und die Hände zusammengefaltet und aufgestützt. So macht er in diesem ersten Kräftemessen seine Stärke und Entschlossenheit deutlich.[636]

- Kurz nach dem Aufstehen aus seinem Stuhl auf der Brücke zieht Captain PICARD oft **mit beiden Händen sein Oberteil hinunter**. Dabei strafft sich der Körper, die Brust wird herausgedrückt und die Ellenbogen machen auf beiden Seiten den Körper breiter, er nimmt mehr Raum an und damit präsenter.

- Captain KIRK steht **breitbeinig auf der Brücke, die Hände zu Fäusten** geballt in die Hüfte gestemmt, als die ENTERPRISE in ein mächtiges Wesen hineinfliegt. Das vermittelt seinem Team und sich selbst Standfestigkeit und Entschlossenheit.[637]

- Captain ARCHER hält in der Folge „Die Vergessenen" eine Ansprache an seine Mannschaft, um ihnen Mut zuzusprechen, ihnen zu danken und den getöteten 18 Crewman zu gedenken. Er geht und steht breitbeinig zusammen mit T'POL,

[634] Voyager (2000): Aus Fleisch und Blut – Teil 1, 7. Staffel, Zeit 22:30
[635] Vgl. Spielfilm Star Trek XII (2013): Star Trek – Into Darkness, Zeit 1:02:06
[636] Vgl. Deep Space Nine (1993): Der Abgesandte, 1. Staffel, Zeit 39:15
[637] Vgl. Spielfilm Star Trek I (1979): Der Film, Zeit 1:16:00

REED und TUCKER oben auf der Gang. Entschlossen schaut er auf seine Mannschaft hinunter, spricht zu ihr und diese schaut zu ihm herauf. Damit ist sein Führungsanspruch deutlich für alle. Sie sind bereit, ihm zu folgen[638]

- Captain KIRK **greift DECKER am Arm und schiebt ihn** aus der der Krankenstation. Damit dominiert er DECKER, greift in dessen persönlichen Nahebereich hinein und markiert seinen Führungsanspruch.[639]

Dabei es nicht zwingend erforderlich, dass man tatsächlich so mächtig und dominant ist. Es ist ausreichend, wenn die andere Seite den Eindruck hat, man wäre mächtig. Daher lässt sich bei den Captains der STERNENFLOTTE oft der Versuch beobachten, den **Gegner zu bluffen**. Voraussetzung dafür ist, dass die andere Seite nicht direkt überprüfen kann, wie die Ressourcenausstattung des Gegners ist. Es wird über den Bluff versucht, die Situation umzugestalten und eine neue, für sich vorteilhaftere Wirklichkeit, zu konstruieren. Ein solcher Bluff hat oft den Charakter einer Warnung oder Drohung im Sinne „wenn du … machst, dann hat das folgende Konsequenzen für dich". Bildlich gesprochen werden **Drohkulissen** aufgebaut, sodass sich die Konfliktparteien wie auf einer Theaterbühne in einer neuen Situation befinden, aber nicht genau einschätzen können, inwiefern der Panzer des anderen nur aus Pappe ist oder real. Die **Körpersprache wird dabei als wichtiger Indikator** genutzt, wie glaubwürdig die Drohung des anderen ist.

Ein gutes Beispiel hierfür liefert die Folge „Pokerspiel", in der ein großes kugelförmiges Raumschiff, die Fesarius des Kommandeurs BALOK, mit Kollisionskurs auf die ENTERPRISE zusteuert. Mit Hilfe eines Täuschungsmanövers – KIRK behauptet, die Schiffe der FÖDERATION seien mit einem Selbstzerstörungssystem namens „Corbomite" ausgerüstet, - gelingt es die Bedrohung abzuwenden und das kinderartige Wesen, das hinter der Puppe BALOK steckt zu besiegen.[640] Dies war ein reiner Bluff, das Selbststörungssystem war eine reine Erfindung und trotzdem war das im Nachhinein so genannte **Corbomite-Manöver** erfolgreich, weil es die andere Seite glaubte.

Etwas anders gelagert ist die Situation in der Folge „Verwerfliche Experimente". Dort befinden sich unsichtbare Eindringlinge an Bord der VOYAGER, die mit der Crew Experimente durchführen, und die zu körperlichen Beschwerden und Veränderungen ihrer Körper führen. Durch SEVEN OF NINE werden die Eindringlinge sichtbar gemacht. Zunächst drohen die Eindringlinge damit, alle Personen auf dem Schiff zu töten, wenn die Experimente nicht fortgesetzt werden könnten. Da aber droht Captain JANEWAY im Gegenzug mit überzeugender Stimme und Körperhaltung, dass sie dann eher mit der VOYAGER in den binären Pulsar fliegen würde, was den Tod aller zur Folge hätte. Die Drohung ist erfolgreich und die Eindringlinge

---

[638] Vgl. Enterprise (2004): Die Vergessenen, 3. Staffel, Zeit 01:15
[639] Vgl. Spielfilm Star Trek I (1979): Der Film, Zeit 1:22:15
[640] Vgl. Raumschiff Enterprise (1966): Pokerspiel, 1. Staffel

verlassen das Schiff.[641] Der Unterschied zum vorangehenden Beispiel von KIRK liegt darin, dass hier JANEWAY tatsächlich die Option hatte, in den Pulsar zu fliegen. Die VOYAGER setzte sich tatsächlich in Bewegung. Inwiefern sie tatsächlich dazu bereit war, lässt sich nicht mit Sicherheit sagen, aber zumindest glaubten es ihr die Eindringlinge. Für die Außenstehenden, ohne sichere Informationen, ist die Situation bei KIRK prinzipiell die gleiche wie bei JANEWAY. Sie mussten eine Einschätzung vornehmen auf Basis des Auftretens und der Glaubwürdigkeit der beiden Captains.

Erfolgreiches Selbstmanagement zeigt sich damit immer auch im Hinblick auf die Verbesserung der relativen Position zu anderen und die Durchsetzung der eigenen Ziele und Interessen. Eine Taktik, um die eigene Position zu verbessern besteht darin, den **anderen unter Stress zu setzen**, sodass er nicht wohlüberlegt und im Vollbesitz der geistigen und körperlichen Kräfte agieren kann. Ansätze, um das zu erreichen bestehen zum Beispiel darin, ein Ultimatum zu stellen und den Zeitdruck zu erhöhen. Eng damit verbunden ist der Ansatz der „Erpressung" als stärkere Form der Drohung. Es wird im Extremfall das Messer tatsächlich an die Brust gesetzt oder wie in der Folge „Anomalie" von Captain ARCHER einem VENTAXIANER der Sauerstoff entzogen.[642] Hier zeigen sich auch aus einer ethischen Betrachtung die Grenzen der Unterdrucksetzung. ARCHER überschreitet klar die den Werten der STERNENFLOTTE entsprechenden Grenzen, was wohl darauf zurückzuführen ist, dass die DELPHIC-AUSDEHNUNG seine mentalen Fähigkeiten beeinträchtigt.

Insgesamt ist auch die **Steuerung der zeitlichen Abläufe** eine wichtige Taktik. Genauso wie für den Gegner die verfügbare Zeit verkürzt werden kann, kann selbst über bewusste Verzögerung Zeit gewonnen werden, um Kräfte zu sammeln und den Zeitpunkt des Handelns selbst wählen zu können.[643]

Eine konflikterfahrene Führungskraft bestimmt sehr bewusst die Dramaturgie des zeitlichen Ablaufs, um wie bei einem Film über Vorlauf- und Pausentaste, abhängig von jeweiligen Interessen die Entscheidungsprozesse und Situationen zu verlangsamen oder zu beschleunigen. Zum Beispiel schafft es ARCHER in der Folge „Gefallene Heldin" erfolgreich, wertvolle zehn Minuten Zeit zu schinden bis zum rettenden Eintreffen der VULKANIER. Die ENTERPRISE ist auf der Flucht vor den MAZARITEN, da diese die VULKANISCHE Botschafterin V'LAR, die an Bord der ENTERPRISE ist, in ihre Gewalt bringen wollen. Diese hatte, so stellte sich nachher heraus, Beweise für das verbrecherische Verhalten der MAZARITEN gesammelt. Er schickt V'LAR auf die Krankenstation und täuscht vor, dass diese sich dort in einer Behandlungsröhre zur Regeneration ihrer Haut befinden würde – zur Behandlung der Plasmaverbrennungen und eines neurologischen Traumas. Die MAZARITEN kommen an Bord und verlangen von Dr. PHLOX die Röhre zu öffnen, was dieser

---

[641] Vgl. Voyager (1997): Verwerfliche Experimente, 4. Staffel, Zeit 37:05
[642] Vgl. Enterprise (2003): Anomalie, 3. Staffel
[643] Vgl. Discovery (2017): Algorithmus, 1. Staffel, Zeit 02:55

verweigert. Daraufhin feuern die MAZARITEN auf die Röhre und auf der Anzeige der Röhre erscheint „System Failure". In diesem Moment greifen die VULKANIER ein. Die MAZARITEN ergeben sich und ziehen ab. Als sie die Krankenstation verlassen wollen, erscheint in der Tür V'LAR – es war nur eine List. [644]

Captain KIRK und Commander SPOCK steuern bzw. manipulieren sogar die zeitliche Wahrnehmung von KHAN, indem KIRK verschlüsselt mit SPOCK auf der ENTERPRISE kommuniziert während er unten auf dem Planeten mit CAROL und DAVID MARCUS und anderen ist. Beide wussten, dass die Kommunikation abgehört wurde und sprachen von einem Zeitraum von zwei Tagen, bis die ENTERPRISE wieder einsatzbereit sein würde. Tatsächlich waren es aber nur zwei Stunden, was ihnen einen Überraschungseffekt brachte.[645]

Der Stresspegel auf der gegnerischen Seite kann auch durch **persönliche Angriffe** erhöht werden, die darauf abzielen, den Gegner psychologisch und ihn in seinem Selbstbewusstsein zu schwächen. In der Folge „Wettkampf in der Holosuite" liefert sich Captain SISKO mit dem vulkanischen Captain SOLOK, einem früheren Klassenkameraden, eine Reihe an Sticheleien, Rangeleien und verbalen Schlagabtauschen. Das ist vergleichbar zum Beispiel mit vermeintlich harmlosen und mit einem Lächeln getarnten „Frotzeleien" zwischen zwei konkurrierenden Führungskräften vor der entscheidenden Sitzung eines Lenkungsausschusses.

SISKO und SOLOK sehen sich als Rivalen und SOLOK fordert SISKO und seine Crew zu einem Baseballspiel auf der Holosuite heraus. Allerdings gerät SISKO hier durch SOLOK mindestens genauso selbst unter Druck wie SOLOK durch ihn. Erwartungsgemäß verliert das Team von SISKO, erzielt aber einen Punkt, der großen Jubel auslöst. Dass sie feiern, irritiert wiederum SOLOK, der etwas lächerlich gemacht wird und schließlich so beleidigt wie es einem VULKANIER möglich ist, den Raum verlässt. Insofern waren die persönlichen und psychologischen Angriffe von SISKO durchaus erfolgreich.[646]

7.4.3 Es kommt darauf an, das richtige Maß zwischen Unter- und Überforderung zu finden

Die Entwicklung der eigenen Persönlichkeit und Leistungsfähigkeit resultiert aus der aktiven Auseinandersetzung und Bearbeitung von Entwicklungsfeldern und Verbesserungspotenzialen. Das oben beschriebene Selbstmanagement-Dreieck kann dabei helfen, diese zu identifizieren und im Gesamtkontext zu priorisieren.

Dabei gilt es das richtige **Maß zwischen Unter- und Überforderung** zu finden. Wenn Körper und Geist in einem gesunden Zustand sind, gemessen an einem mitt-

---

[644] Vgl. Enterprise (2002): Gefallene Heldin, 1. Staffel, Zeit 35:02
[645] Vgl. Spielfilm Star Trek II (1982): Der Zorn des Khan, Zeit 1:13:55
[646] Vgl. Deep Space Nine (1998): Wettkampf in der Holosuite, 7. Staffel

leren Stress- und Erregungsniveau, dann ist die Leistungsfähigkeit am größten, wie die gespiegelte U-Kurve von YERKES-DODSON zeigt.

Wichtig dabei ist, dass das optimale Stressniveau gerade bei anspruchsvollen Aufgaben, die Kreativität und konzeptionelles Arbeiten erfordern, niedriger ist als bei Routinetätigkeiten. Daher sollte eine Führungskraft darauf achten, gerade in den anspruchsvollsten Zeiten nicht „am Anschlag" zu fahren, sondern das eigene **Stress- und Erregungsniveau auf einem mittleren Wert** zu halten.

Abbildung 24: Yerkes-Dodson-Kurve[647]

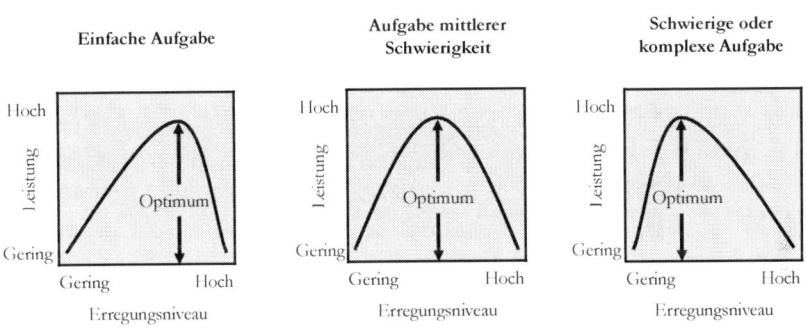

Vom Glücksforscher MIHALY CSIKSZENTMIHALYI stammt das Konzept des **Flow-Erlebens**, das durch folgende Komponenten charakterisiert werden kann:

1. Klare Ziele,
2. Unmittelbare Rückmeldung,
3. Handlungsmöglichkeiten und Fähigkeiten entsprechen einander,
4. Die Konzentration steigt
5. Was zählt ist die Gegenwart,
6. Die Beherrschung der Situation,
7. Verändertes Zeitgefühl,
8. Das Aussetzen des Ich-Bewusstseins.[648]

Mit dem Flow-Erleben können damit Momente im Arbeitsalltag beschrieben werden, in der eine Person vollständig eins mit einer Aufgabe wird und sich in einem Strom aus Energie und Glücksgefühl befindet. Der Zustand des Flow-Erlebens ist dabei abhängig vom individuell passenden Maß zwischen Unter- und Überforde-

---

[647] Quelle: Zimbardo, Philip G./Gerrig, Richard J. (2004): Psychologie. 16. Auflage München, S. 558 f

[648] Vgl. Csikszentmihalyi, Mihaly (2004): Flow im Beruf – Das Geheimnis des Glücks am Arbeitsplatz, 2. Auflage, Stuttgart, S. 63 ff

rung. Wenn dieses Maß realisiert werden kann, dann ist das Wohlbefinden am größten und damit auch die Gesundheit und damit wiederum die langfristige Leistungsfähigkeit. Über die Erweiterung von Fähigkeiten (Punkt A zu Punkt B) können und sollten auch die Anforderungen der Aufgaben gesteigert werden (Punkt C), da sonst schnell Langeweile eintritt – siehe nachfolgende Abbildung.

Da der Mensch ein lernendes Wesen ist, kann daher auch sukzessive die Arbeitsleistung gesteigert werden, solange das richtige Maß an Unter- und Überforderung erhalten bleibt. Für Führungskräfte bedeutet das zum einen, dass sie bei ihren eigenen Mitarbeitern das individuell passende Maß im Blick haben sollten, um möglichst häufig das Flow-Erlebnis zu ermöglichen. Zum anderen bedeutet das, dass sie für sich selbst die Rahmenbedingungen und Aufgaben schaffen sollten, um in das Flow-Erlebnis zu kommen.

Abbildung 25: Steigerung der Komplexität im Zuge des Flow-Erlebnisses[649]

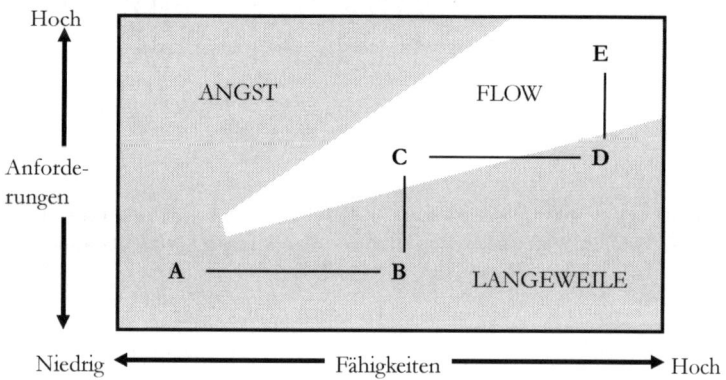

7.4.4 Die verschiedenen Anforderungen aus Privat- und Berufsleben müssen in Einklang gebracht werden, um das Leben nicht zu einseitig und instabil zu führen

Die bisher beschriebenen Maßnahmen zielten in erster Linie darauf ab, die berufsbezogene Leistungsfähigkeit zu erhalten und auszubauen. Aus einem ganzheitlichen Verständnis des Selbstmanagements heraus gehören aber auch weitere Maßnahmen und Handlungsfelder dazu, die auf eine **langfristige und ganzheitliche Persön-**

---

[649] Quelle: Csikszentmihalyi, Mihaly (2004): Flow im Beruf – Das Geheimnis des Glücks am Arbeitsplatz, 2. Auflage, Stuttgart, S. 93

lichkeitsentwicklung abzielen. Die eigene Persönlichkeit setzt sich aus einer Vielzahl an Rollen, Eigenschaften und Interessen zusammen. Im Sinne einer ganzheitlichen Persönlichkeitsentwicklung sowie geistigen und körperlichen Gesundheit sollte allen relevanten Lebensbereichen der erforderliche Raum zur Entfaltung gegeben werden. Da die Lebenszeit aber begrenzt ist und nicht alle Interessen gemeinsam realisiert werden können, zielt ein ganzheitliches Selbstmanagement auch darauf ab, eine möglichst gute Kombination zu erreichen.

Die diesbezüglichen Herausforderungen werden deutlich bei der **Vereinbarkeit von Beruf und Familie** bzw. von Partnerschaften. Der Dienst auf den Raumschiffen und -stationen ist sehr anspruchsvoll und fordert einen hohen zeitlichen Arbeitseinsatz. Daher finden sich dort viele Führungskräfte, die kein wirkliches Familienleben haben. Es gibt zwar Freundschaften und auch das eine oder andere Hobby, diese werden aber vor allem mit den jeweiligen Arbeitskollegen ausgelebt, wie beispielsweise Captain KIRK, Commander SPOCK und Doktor MCCOY, die im Spielfilm „Am Rande des Universums" ihren Landurlaub gemeinsam verbringen und am Lagerfeuer bei Bohnen mit MCCOYS Geheimzutat Tennessee Whiskey darüber sprechen.

> *McCoy: „Es ist mir ein Rätsel, warum wir hier zusammensitzen. Da gehen wir uns auf dem Schiff jahrelang von früh bis abends gegenseitig auf die Nerven. Und, was machen wir, wenn wir Landurlaub haben? Wir verbringen ihn gemeinsam. Andere Leute haben Familie."*
>
> *Kirk: „Andere Leute, Pille, nicht wir."*[650]

Obwohl der Tonfall halb scherzhaft ist, schwingt doch zumindest in dieser Situation auch ein gewisses Bedauern mit, was sich auch im Film „Der Zorn des Khan" zeigt, als er erfährt, dass er der Vater von DAVID ist, mit dessen Mutter Dr. CAROL MARCUS er vor vielen Jahren zusammen war.[651]

Dafür spricht auch die spätere Situation im NEXUS im Film „Treffen der Generationen". Der NEXUS ist ein Ort außerhalb des Raum-Zeit-Kontinuums, in dem einem alle Wünsche erfüllt werden. Captain KIRK lebt dort mitten in der Natur in einer Hütte, hackt Holz und äußert Captain PICARD gegenüber, dass er dortbleiben will und ANTONIA heiraten will.[652] Letztlich ist er aber doch in erster Linie STERNENFLOTTENOFFIZIER und verlässt das Familienleben. Oder genauer gesagt, seine Familie sind seine beiden Freunde SPOCK und MCCOY, wie er im Film „Am Rande des Universums" auf der Abschlussfeier erkennt.

> *McCoy zu Kirk: „Hast du nicht gesagt, Männer wie wir haben keine Familie?"*

---

[650] Spielfilm Star Trek V (1989): Am Rande des Universums, Zeit 19:47

[651] Vgl. Spielfilm Star Trek II (1982): Der Zorn des Khan, Zeit 1:10:00. Bevor er sich auf seine neue Rolle als Vater einstellen kann, stirbt DAVID dann relativ schnell im Kampf mit den KLINGONEN. Vgl. Spielfilm Star Trek III (1984): Auf der Suche nach Mr. Spock, Zeit 1:06:28

[652] Vgl. Spielfilm Star Trek VII (1994): Treffen der Generationen, Zeit 1:25:00

Kirk „Ich hab mich geirrt. "[653]

Auch Captain PICARD hat den Verzicht auf Ehefrau und Familie bewusst in Kauf genommen, zugunsten seiner Karriere, wie er in der Folge „Das Herz eines Captain" ebenfalls mit einem leichten Bedauern sagt.

Worf: „Waren Sie verheiratet?"

Picard: „Ein ehrgeiziger Offizier der Sternenflotte muss auf Einiges verzichten. "[654]

Gerade für die Captains als oberste Führungskräfte auf den Raumschiffen ist es offensichtlich auch bis in 24. Jahrhundert hin schwierig, neben der Karriere auch Familie und Partnerschaft zu haben. Das gilt neben Captain KIRK und PICARD auch für Captain ARCHER und für Captain JANEWAY. Letztere war zumindest in einer Liebesbeziehung mit MARK JOHNSON, bevor sie in den BADLANDS durch den FÜRSORGER 70.000 Lichtjahre in den DELTA-QUADRANTEN befördert wurde.[655]

Es gibt aber auch Ausnahmen, die zeigen, was möglich ist – trotz der anspruchsvollen Tätigkeit. Zu nennen ist diesem Zusammenhang auf jeden Fall Commander bzw. später Captain SISKO. Nachdem seine Frau von den BORG getötet wurde, ist er alleinerziehender Vater von JAKE und nimmt diese Vaterrolle in allen Facetten verantwortungsvoll wahr. Und er zeigt sich auch offen sehr begeistert von einem JEM'HADAR-Baby, das auf einem fremden Schiff allein aufgefunden wird. Allerdings hat es einen beschleunigten Metabolismus, der die Alterung extrem beschleunigt, sodass bald statt eines niedlichen Babys ein aggressiver pubertierender JEM'HADAR zu managen ist.[656]

Zugleich fehlt ihm eine intime Beziehung zu einer Frau und er ist offensichtlich schwer verliebt als er KASSIDY YATES kennenlernt und beide beginnen kurz darauf eine Beziehung. YATES ist Captain des Frachters XHOSA und arbeitet als freie Händlerin.[657] Schließlich heiraten SISKO und YATES, wobei sich SISKO über den Willen der PROPHETEN hinwegsetzt.[658] Ihm gelingt die Vereinbarkeit von Beruf und Familie durchaus, wobei es sicherlich hilfreich ist, dass er auf einer Raumstation lebt, auf der KASSIDY YATES beruflich sowieso immer wieder ist, und nicht auf einem Raumschiff in den unendlichen Weiten. **Eine Beziehung braucht gemeinsame Zeit und gemeinsame Erlebnisse**, um dauerhaft bestehen zu können und sich weiterzuentwickeln.

Dabei fühlt sich SISKO oft hin- und hergerissen zwischen den verschiedenen Rollenerwartungen und bedauert zum Beispiel in der Folge „Defiant" im Gespräch mit

---

[653] Spielfilm Star Trek VII (1994): Treffen der Generationen, Zeit 1:30:00
[654] The Next Generation (1989): Das Herz eines Captains, 2. Staffel, Zeit 20:10
[655] Vgl. Voyager (1995): Der Fürsorger, 1. Staffel, Zeit 12:31
[656] Vgl. Deep Space Nine (1994): Der Ausgesetzte, 3. Staffel, Zeit 08:10
[657] Vgl. Deep Space Nine (1995): Familienangelegenheiten, 3. Staffel
[658] Vgl. Deep Space Nine (1999): Bis das der Tod uns scheide, 7. Staffel, Zeit 37:30

GUL DUKAT über ihre Söhne, dass er nie ausreichend Zeit für JAKE hat.[659] Dieses Spannungsfeld dauerhaft auszuhalten, nie grundsätzlich auflösen zu können und **jeden Tag aufs Neue zu versuchen, die beste Balance zu finden**, das ist der Preis für Familie und Beruf. Neben den familiären und beruflichen Rollenerwartungen kommen bei SISKO noch die Erwartungen an ihn als Abgesandter der PROPHETEN dazu. Daraus ergeben sich zum einen zeitliche Konflikte, zum anderen inhaltliche Konflikte, wie beispielsweise in der Folge „Tränen der Propheten", als die Propheten gegen den Versuch der Übernahme CARDASSIAS sind. SISKO entscheidet sich, in seiner Rolle als STERNENFLOTTENOFFIZIER aber bewusst gegen die PROPHETEN.[660] Es ist keine leichte Entscheidung, aber sie gelingt auch deshalb so gut, weil er sich der verschiedenen Rollenerwartungen sehr bewusst ist und die Argumente sehr reflektiert gegeneinander abwiegt.

SISKO ist ein aktiver Gestalter und konsequenter Manager seines Lebens und lebt die verschiedenen Rollen durchaus offen und transparent. So küsst er beispielsweise ganz selbstverständlich vor den Augen von DAX seine Freundin KASSIDY YATES.[661] Trotzdem ist er doch erstaunt und etwas peinlich berührt, als er erfährt, wie offen sich auch sein Sohn JAKE mit seinem Freund NOG über seine Beziehung mit KASSIDY unterhält.[662] Beruf und Familie bilden für SISKO eine Einheit. Anders ist das bei Captain PICARD, der die Romanze mit VASH auf dem Urlaubsplaneten RISA in der Folge „Picard macht Urlaub" zwar sehr wohl genossen hatte, der aber vom Begrüßungskuss von VASH, die ihn später auf der Enterprise in der Folge „Gefangen in der Vergangenheit" besucht, doch sehr unangenehm überrascht war.[663] Er hatte niemandem aus der Mannschaft etwas über VASH und die gemeinsame Zeit erzählt, worüber VASH enttäuscht ist. Für PICARD selbst sind Beruf und Privates in der Regel klar voneinander getrennt. Eine Ausnahme stellt die Beziehung zu ANIJ im Film „Der Aufstand" dar, in die er sich offenkundig verliebt hat. Allerdings ist da in gewisser Weiser auch privat unterwegs, da er ja vorher die Uniform abgelegt hat, um gegen den Admiral der STERNENFLOTTE zu kämpfen.[664] Was Liebesbeziehungen innerhalb seiner Mannschaft betrifft, ist PICARD dagegen weniger streng, lässt ihnen Freiraum, erwartet aber sicherlich, dass die Arbeitsleistung nicht darunter leidet.

Picard: „Was das angeht, mache ich meinen Mitgliedern keine Vorschriften."[665]

---

659 Vgl. Deep Space Nine (1994): Defiant, 3. Staffel, Zeit 25:30
660 Vgl. Deep Space Nine (1998): Tränen der Propheten, 6. Staffel, Zeit 18:50
661 Vgl. Deep Space Nine (1995): Indiskretionen, 4. Staffel, Zeit 07:20
662 Vgl. Deep Space Nine (1995): Indiskretionen, 4. Staffel, Zeit 33:30
663 Vgl. The Next Generation (1990): Picard macht Urlaub, 3. Staffel sowie The Next Generation (1991): Gefangen in der Vergangenheit, 4. Staffel, Zeit 03:00
664 Vgl. Spielfilm Star Trek IX (1998): Der Aufstand
665 The Next Generation (1988): Der unmögliche Captain Okona, 2. Staffel, Zeit 24:45

Immerhin gibt es, als VASH die ENTERPRISE zusammen mit Q verlässt, noch einen für PICARD durchaus leidenschaftlichen Abschiedskuss zwischen den beiden.[666]

Ein weiterer Fall eines alleinerziehenden Vaters ist WORF, dessen Sohn ALEXANDER ROZHENKO zunächst von den Großeltern auf der Erde großgezogen wurde. Als ALEXANDER ein Jahr alt war wurde seine Mutter, K'EHLEYR, vom KLINGONEN DURAS getötet. In der Folge „Die Soliton-Welle" kommt ALEXANDER schließlich an Bord der ENTERPRISE und geht dort zur Schule. Es braucht einige Zeit, bis Vater und Sohn zusammenfinden und auch WORF normaler Arbeitsalltag wird beeinträchtigt. Da WORF ALEXANDER in der Schule anmeldet, kommt er zu spät zum Dienst, worauf PICARD mit Verständnis reagiert. Ebenso als WORF bei ihm im Zimmer immer wieder wegen ALEXANDER gerufen wird, bezüglich seiner Einstufungsprüfungen, einer medizinischen Untersuchung.

> Picard: „Mr. Worf, Sie sind beileibe nicht der erste Offizier auf diesem Schiff, der ein neues Familienmitglied hat. Kümmern Sie sich um Ihren Sohn. Die Sicherheitsmaßnahmen können warten.[667]

WORF selbst ist es aber offenbar sichtbar unangenehm. Er tut sich schwer damit, diese neue Rolle in sein Leben zu integrieren. Das liegt sicherlich auch daran, dass ALEXANDER ein auffälliges Verhalten zeigt und zum Beispiel versucht, ein Eidechsenmodell zu stehlen.[668] WORF fasst die Situation und sein Gefühlslage prägnant in einem Logbucheintrag zusammen.

> Worf: „Persönliches Computer-Logbuch Lieutenant Worf, Sternzeit 45376,8. Alexander hat sich beschämend verhalten und als sein Vater muss ich mich nun mit ihm auseinandersetzen. Allerdings würde ich lieber gegen zehn baldukianische Krieger kämpfen, als ein kleines Kind zu erziehen.[669]

Er nimmt aber die Herausforderung an und setzt sich mit seinem Sohn auseinander und will ihn erziehen, auch wenn dies in den Anfängen noch etwas holprig und ungelenk erscheint. Er findet aber im Laufe der Zeit eine Beziehung zu seinem Sohn und dieser zu ihm. Eine Beziehung, die für beide Seiten wichtig und bereichernd ist. Daher ist nur konsequent, dass WORF seinen Sohn auch mit auf seinen Jungesellenabschied vor der Hochzeit mit DAX nimmt. Nach KLINGONISCHEM Brauch verbringt der zukünftige Ehemann vor der Hochzeit vier Tag mit den besten Freunden. Neben SISKO, O'BRIAN, BASHIR und MARTOK gehört auch ALEXANDER dazu. Das zeigt, dass es WORF sogar gelungen ist, die reine Vater-Sohn-Beziehung um eine freundschaftliche Beziehung zu ALEXANDER zu erweitern.[670]

---

[666] Vgl. The Next Generation (1991): Gefangen in der Vergangenheit, 4. Staffel, Zeit 42:15

[667] Vgl. The Next Generation (1992): Die Soliton-Welle, 5. Staffel, Zeit 10:40

[668] Vgl. The Next Generation (1992): Die Soliton-Welle, 5. Staffel, Zeit 15:10

[669] The Next Generation (1992): Die Soliton-Welle, 5. Staffel, Zeit 15:34

[670] Vgl. Deep Space Nine (1997): Klingonische Tradition, 6. Staffel, Zeit 08:30

Besonders im Fall von **Dual Career Couples**, wenn beide Partner sowohl Karriere machen als auch Familienleben haben wollen, sind Konflikte nicht zu vermeiden. Es kommt daher darauf an, diese Konflikte entsprechend zu managen und die Situation zu gestalten. KEIKO ISHIKAWA und MILES O'BRIAN, getraut von Captain PICARD in der Folge „Datas Tag", in einer Zeremonie aus japanischen und irischen Elementen, sind ein Beispiel dafür.[671] Er ist der Chefingenieur der ENTERPRISE und sie ist zivile Botanikerin auf der ENTERPRISE. Als Chief O'BRIAN den Posten des Chefingenieurs auf DEEP SPACE NINE übernimmt folgt sie ihm auf die Station und stellt ihre eigene Karriere zurück, da sie dort nicht als Botanikerin arbeiten kann. Nach heftigen Diskussionen mit ihrem Mann entscheidet sie sich dafür, auf der Station zu bleiben, auch damit ihr Mann nicht auf seine Beförderung verzichten muss, und arbeitet dort als Lehrerin.[672] Ohne Kompromisse, hier vor allem von der weiblichen Seite, ist offensichtlich keine gemeinsame Familienzeit möglich. Und das Finden eines für beide Seiten tragbaren Kompromisses erfordert viele Diskussionen und gegebenenfalls Streitereien.[673]

Da Menschen am Arbeitsplatz sehr viel Zeit miteinander verbringen, gemeinsame Erfahrungen machen, schwierige Situationen bestehen und gemeinsame Interessen ausleben können, können sich rein kollegiale Arbeitsbeziehungen über die Zeit auch in partnerschaftliche Beziehungen und Ehen verwandeln, wie die folgenden Beispiele zeigen:

- WORF und JADZIA DAX lernen sich auf DEEP SPACE NINE kennen, werden ein Paar und heiraten schließlich nach KLINGONISCHER Tradition[674]. Zuvor setzten sie sich intensiv mit den eigenen Gefühlen und Erwartungen auseinander.[675]

- RIKER und TROI waren vor der gemeinsamen Zeit auf der ENTERPRISE ein Paar, dann getrennt, kommen wieder zusammen und heiraten ebenfalls.[676]

- B'ELEANNA TORRES und TOM PARIS lernen sich auf der VOYAGER kennen, durchlaufen verschiedene stürmische Momente, finden aber letztlich zusammen, und heiraten und haben eine gemeinsame Tochter MIRAL PARIS.[677]

---

[671] Vgl. The Next Generation (1991): Datas Tag, 4. Staffel, Zeit 40:00

[672] Vgl. Deep Space Nine (1993): Unter Verdacht, 1. Staffel

[673] Vgl. Deep Space Nine (1994): Das Festival, 3. Staffel, Zeit 21:15. Zusätzlich zu möglichen Innerpaarkonflikten können sich weitere Belastungsproben für die Beziehung ergeben. So beispielsweise in der Folge „Gefährliche Liebschaften", in der sich Major KIRA und O'BRIAN emotional näher kommen. Die intensive Zusammenarbeit liefert dafür die Gelegenheit. KEIKO merkt dies zunächst nicht, sie ermuntert sogar ihren Mann, KIRA zu massieren und sie nach BAJOR zu begleiten. Vgl. Deep Space Nine (1996): Gefährliche Liebschaften, 5. Staffel

[674] Vgl. Deep Space Nine (1997): Klingonische Tradition, 6. Staffel

[675] Vgl. Deep Space Nine (1996): Die Reise nach Risa, 5. Staffel

[676] Vgl. Spielfilm Star Trek X (2002): Nemesis, Zeit 04:05

[677] Vgl. Voyager (2000): Rennen, 7. Staffel

- SEVEN OF NINE und CHAKOTAY kommen sich schrittweise näher auf der VOYAGER, haben einige Dates und küssen sich in der Schlussfolge „Endspiel" zum ersten Mal beobachtbar.[678]

Etwas einfacher mit den Anforderungen an Bord der Raumschiffe zu vereinbaren als langfristige familiäre Beziehungen sind **kürzere Liebesabenteuer**, von denen es eine Reihe in der STERNENFLOTTE gibt, wie beispielsweise auf der Party auf der Discovery in der Folge „T=Mudd[2]" zu beobachten ist.[679] Damit ist ein weiterer wichtiger Lebensbereich zu nennen, die **Sexualität**. Da die Mitglieder der STERNENFLOTTE immer für einen langen Zeitraum dauerhaft an ihrem Arbeitsplatz Raumschiff oder -station sind, ist es allerdings nicht ganz einfach auch diesem Lebensbereich den entsprechenden Raum zu geben.

Da das Eingehen selbst einer kurzfristigen Liebesbeziehung in der Regel Auswirkungen auf die weitere Zusammenarbeit hat, insbesondere wenn die Beziehung nicht im beiderseitigen Einvernehmen beendet wurde, werden derartige Bedürfnisse oft außerhalb der Organisation ausgelebt.

In den beiden Folgen „Die Arbeiterschaft" findet sich die Mannschaft der VOYAGER auf einem Planeten wieder, auf dem sie in einer Fabrik arbeiten muss. Die Erinnerungen an ihre frühere Identität als STERNENFLOTTENMITGLIEDER werden durch einen Impfstoff unterdrückt. Schnell entwickelt sich eine Beziehung zwischen Captain JANEWAY und JAFFEN, einem Arbeitskollegen, die sie sehr genießt. Offensichtlich hat sie ein tiefes Bedürfnis nach Partnerschaft und Nähe, das sie so nicht auf der VOYAGER ausleben kann.[680] Am Ende kehrt die Mannschaft wieder wohlbehalten auf die VOYAGER zurück und JAFFEN würde gerne mitkommen. JANEWAY ist aber dagegen und verabschiedet sich von ihm, da sie es nicht für angebracht hält auf dem Schiff mit einem Besatzungsmitglied zu fraternisieren. Für Captain JANEWAY steht die Pflicht als Captain, ihre Mannschaft und „Familie" wieder nach Hause zu bringen, an erster Stelle.[681]

An der Spitze einer Organisation ist es oft einsam, wobei das wohl insbesondere für Frauen gilt und möglicherweise an den fremden und eigenen (!) Erwartungen an die Rolle als Führungskraft liegt. Captain KIRK ist da „entspannter" und küsst in der Folge „Kirk unter Anklage" eine Exfreundin von ihm, die bei seiner Gerichtsverhandlung sogar seine Anklägerin ist.[682] Er bandelt in der Folge „Kodos, der Henker" mit der Schauspielerin LENORE KARIDIAN an.[683] Er hat eine Romanze mit EDITH KEELER in der Folge „Griff in die Geschichte" in den 30er Jahren in New

---

[678] Vgl. Voyager (2001): Endspiel, 7. Staffel, Zeit 37:04

[679] Vgl. Discovery (2017): T=Mudd[2], 1. Staffel

[680] Vgl. Voyager (2001): Die Arbeiterschaft – Teil 1, 7. Staffel sowie Voyager (2001): Die Arbeiterschaft – Teil 2, 7. Staffel

[681] Vgl. Voyager (2001): Die Arbeiterschaft – Teil 2, 7. Staffel, Zeit 40:00

[682] Vgl. Raumschiff Enterprise (1967): Kirk unter Anklage, 1. Staffel, Zeit 46:30

[683] Vgl. Raumschiff Enterprise (1966): Kodos, der Henker, 1. Staffel, Zeit 09:20

York. Er lädt auf dem Planeten ARGELIUS mit glänzenden Augen die leicht beklei-
deten Bauchtänzerinnen an den Tisch mit MCCOY und dem Chefingenieur SCOTT
ein.[684] Als die Bauchtänzerin mit SCOTT verschwindet ergibt sich folgender bezeich-
nender Dialog:

> *Kirk: „Und jetzt Pille, gehen wir in eine kleine Bar, wo hübsche Frauen sind."*
>
> *McCoy: „Oh ja, da weiß ich eine, ne richtige Nahkampfdiele."*[685]

Die Technologie des Holodeck erweitert die Möglichkeiten für intime Beziehungen, ohne direkte Auswirkungen auf den Arbeitsalltag. Wohl auch deshalb hatte
Captain JANEWAY in der Folge „Fair Haven" drei Tage lang eine Liebesbeziehung
zu einem Hologramm, einem Barkeeper. Darin wird sie auch im „Beichtgespräch"
mit dem DOKTOR bestätigt.

> *Doktor: „Aber Sie sind der Captain. Eine Beziehung zu einem Crewmitglied ist unmög-
> lich. Die sind ihre Untergebenen. Also, was bleibt Ihnen übrig?"*[686]

Problematisch ist also, oder wird als solche angesehen, die Beziehung zwischen
zwei Personen, die in einer **hierarchischen Abhängigkeit** stehen. Die persönliche
Nähe könnte sich, so die Befürchtung, negativ auf die rein sachlich erforderlichen
Entscheidungen auswirken, zugunsten des Partners. Allerdings gilt dies grundsätzlich genauso für tiefe freundschaftliche Beziehungen. Sobald Sexualität mit hinzu-
kommt, ist die Vermutung, dass die Führungskraft nicht mehr objektiv und frei
entscheiden kann besonders gegeben. So zu beobachten in der Folge „Der Feuersturm", in der sich Captain PICARD in die neue Chefin der Stellarkartographie, Lieutenant Commander NELLA DAREN, verliebt. In einer Gefahrensituation muss er,
um den Rest des Teams zu retten, DAREN in Lebensgefahr bringen. Dieser Zwie-
spalt führt letztlich dazu, dass sich DAREN vom Schiff versetzen lässt.[687]

Einen noch größeren Interessenskonflikt gibt es durch die langjährige auch intime
Freundschaft zwischen Captain LORCA und Admiral CORNWELL, seiner Vorgesetzten. CORNWELL hat wahrgenommen, dass sich LORCA verändert hat und will mit
ihm darüber reden. Tatsächlich hat er sich nicht nur verändert, sondern es handelt
sich jetzt, ohne dass es sie es schon weiß, um den LORCA aus dem
SPIEGELUNIVERSUM.

> *Cornwell: „Du bist der Captain des hochentwickeltsten Schiffs der ganzen Flotte, dem
> Eckpfeiler der gesamten Verteidigung gegen die Klingonen. Du kannst nicht so tun, als ob
> die Discovery dein Eigentum wäre. Ist es war, was man über Lieutenant Stamets erzählt,
> hat er zu eugenischen Maßnahmen gegriffen?"*

---

[684] Raumschiff Enterprise (1966): Der Wolf im Schafspelz, 2. Staffel, Zeit 02:22
[685] Raumschiff Enterprise (1966): Der Wolf im Schafspelz, 2. Staffel, Zeit 03:48
[686] Voyager (2000): Fair Haven, 6. Staffel, Zeit 33:00
[687] Vgl. The Next Generation (1993): Der Feuersturm, 6. Staffel

Lorca gelassen: „Dank ihm läuft der Sporenantrieb wieder. Er hat Schiff und Crew gerettet. ";

Cornwell: „Und das rechne ich ihm auch hoch an, aber es gibt Regeln … "

Lorca: „Regeln sind für Admirals, die im Innendienst arbeiten. Ich muss hier einen Krieg gewinnen. ";

Cornwell: „Gut, dann mach dir besser keine Feinde auf der eigenen Seite. "

Lorca: „Warum bist du hier? Was ist wirklich los?"; Cornwell: „Ich bin hier, um einen Freund zu besuchen. "

Lorca: „Okay. Warum hören wir dann nicht auf, wie Sternenflottenoffiziere zu reden, Kat, und unterhalten uns wie Freunde. "[688]

LORCA nimmt eine Flasche Single Malt und lächelt ihr zu. Kurz darauf landen beide zusammen im Bett und das Kritikgespräch ist zunächst zu Ende. Aufgrund der engen Beziehung ist CORNWELL offensichtlich nicht in der Lage, bereits hier schon die notwendigen Konsequenzen zu ziehen. Die **Nähe macht blind** und führt zu einer Fehleinschätzung. LORCA nutzt ihre Gefühle zur Manipulation und kann so erstmal das Kommando über die DISCOVERY behalten. Allerdings will sie sich, wie sie in einer späteren Szene zu ihm sagt, nach ihrer Rückkehr mit ihm über seinen Rücktritt unterhalten.[689]

Die virtuellen Realitäten des Holodecks können auch dafür eingesetzt werden, um die Abwesenheit des Partners teilweise zu kompensieren. So schlägt TOM PARIS Commander TUVOK vor, ein Holodeckprogramm mit seiner Frau zu nutzen, um seinen intensiven Bedürfnissen nach Sexualität während des PON FARR, der vulkanischen Paarungszeit, Rechnung zu tragen.[690] Ähnliche Funktionen erfüllen die Erotiksimulationen in den **Holosuiten** von QUARK auf DEEP SPACE NINE, die von SISKO als Befehlshaber der Station toleriert werden.[691] Es kann sogar vermutet werden, dass sich SISKO der positiven Wirkung auf die Stimmung und Ausgeglichenheit der Personen auf DEEP SPACE NINE sehr bewusst ist und daher auch befürwortet. Insofern wäre die Nutzung von **Virtual und Augmented Reality** auch während der Arbeitszeit in den heutigen Organisationen des 21. Jahrhunderts durchaus zu empfehlen bzw. zu prüfen.

---

[688] Discovery (2017): Lethe, 1. Staffel, Zeit 20:05
[689] Discovery (2017): Lethe, 1. Staffel, Zeit 37:00
[690] Vgl. Voyager (2000): Aus Fleisch und Blut – Teil 1, 7. Staffel, Zeit 20:10
[691] Die Simulationen haben Namen wie „Lustgöttin von Rixx" oder „Vulkanische-Liebessklavin". Vgl. Deep Space Nine (1995): Kleine, grüne Männchen, 4. Staffel sowie Deep Space Nine (1996): Der Aufstieg, 5. Staffel

7.4.5 Führungskräfte sind gefordert, eigenverantwortlich für kontinuierliche Inspiration und Stimulation im Sinne ihrer Entwicklungsziele zu sorgen

Um sich selbst weiterzuentwickeln und ein höheres Niveau der eigenen Fähigkeiten im Hinblick auf die eigenen Ziele zu erreichen, ist es erforderlich, für kontinuierliche Inspiration und Stimulation von Geist und Körper zu sorgen. Die Persönlichkeit besteht aus mehr als aus der reinen Arbeitsrolle, wie auch Captain JANEWAY in der Folge „Rebellion Alpha" deutlich macht:

> *Janeway: „Ich bin mehr als nur der Captain. Ich führe auch eine Gemeinschaft und Gemeinschaften brauchen Amüsement, Kultur, einen kreativen Ausgleich."*[692]

Denn nur in der Auseinandersetzung mit Neuem und dem Einüben neuer Verhaltensweisen entwickelt sich die Persönlichkeit ganzheitlich weiter. Eine besondere Betonung liegt dabei auch auf dem eigenverantwortlichen aktiven Suchen und Entwickeln. Die Führungskräfte der STERNENFLOTTE kümmern sich selbst darum und gehen mit einer offenen und positiven Geisteshaltung an Impulse und neue Ideen heran. Im Sinne eines **agilen Selbstmanagements** können so die eigenen Grenzen und Fähigkeiten immer weiter vergrößert werden. Agil bedeutet hierbei, dass die dabei verfolgten Ziele immer wieder auf den Prüfstand gestellt werden und sich mit den Erfahrungen und Erkenntnissen im Laufe der Zeit weiterentwickeln.

Die eigene Entwicklung wird in aufeinanderfolgenden Abschnitten vorangetrieben, die als **„Entwicklungssprints"** bezeichnete werden können. Die Dauer dieser einzelnen Sprints kann grundsätzlich individuell gesetzt werden und sollte sich an den anstehenden Aufgaben und Übungssituationen orientieren. Zu empfehlen ist eine Dauer von ca. einem Monat, damit zum einen sehr fokussiert die ausgewählten Entwicklungsthemen angegangen werden können und zum anderen, damit es frühzeitig zu **Feedback- und Reviewschleifen** kommt. Am Ende jedes Sprints ist zu prüfen, was erreicht wurde, was nicht erreicht wurde und was die zu bearbeitenden Entwicklungsthemen für den nächsten Sprint sind. Wichtig hieran ist, dass immer nur von Sprint zu Sprint geplant wird und dabei aber das übergreifende Ziel des Selbstmanagements im Blick gehalten wird.[693]

Die zentrale Botschaft und Annahme des agilen Selbstmanagements lautet, dass **Entwicklung möglich** ist. Nicht alles ist möglich und es ist vielleicht auch nicht einfach, sich gezielt weiterzuentwickeln und zu verändern – grundsätzlich ist es aber möglich. Unterstützt wird diese Annahme durch die neuere Hirnforschung,

---

[692] Voyager (1997): Rebellion Alpha, 3. Staffel, Zeit 24:33

[693] Die innere Logik der Entwicklungssprints wurde hier aus dem agilen Projektmanagement übertragen. Vgl. Preußig, Jörg (2015): Agiles Projektmanagement – Scrum, Use Cases, Task Boards & Co, Freiburg

die sehr klar die Plastizität des Gehirns, damit auch der Gedanken und Gefühle, bis ins hohe Alter belegt.[694]

Abbildung 26: Mit agilem Selbstmanagement die eigene Persönlichkeit immer weiter entwickeln[695]

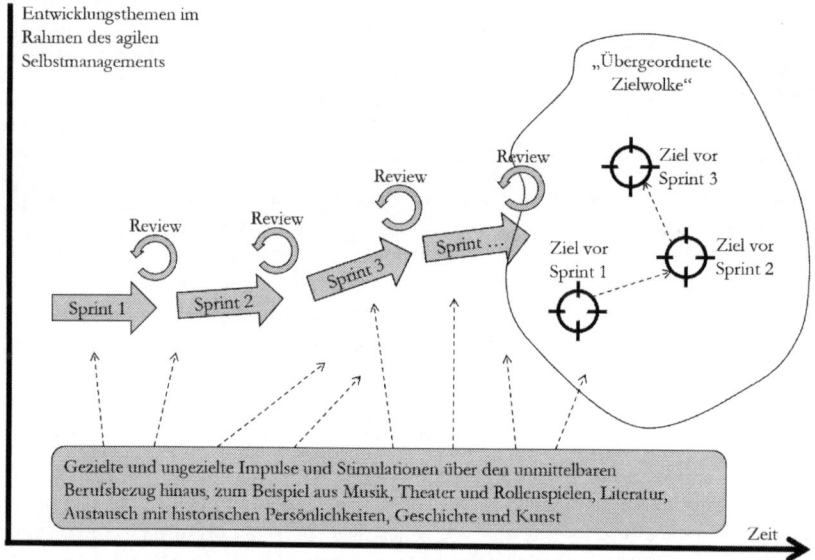

Mögliche Inspiration und Stimulation können dabei aus den unterschiedlichsten Bereichen kommen, die in Abhängigkeit der jeweiligen Ziele der Persönlichkeitsentwicklung bewusst ausgesucht werden sollten. Allerdings sind neben den gezielten Impulsen auch ungezielte Impulse sinnvoll, da nicht immer genau klar ist, wie die Ursache-Wirkungszusammenhänge sind und der Optionenraum insgesamt erweitert wird. Auch können die Impulse durchaus gegenläufig sein und damit unterschiedliche Sichtweisen und Aspekte adressieren.

Folgende Liste gibt einen Überblick über verschiedene Impulse für eine ganzheitliche Persönlichkeitsentwicklung, allein oder zusammen mit anderen. Reisen, der Austausch mit anderen Kulturen und der tägliche Umgang auch mit neuen Technologien wurden hier nicht mit aufgenommen, da diese Grundbestandteile des Arbeitens und Lebens in der STERNENFLOTTE sind:

---

[694] Vgl. Birbaumer, Niels (2014): Dein Gehirn weiss mehr, als du denkst – Neueste Erkenntnisse aus der Hirnforschung, 3. Auflage, Berlin, S. 34 ff
[695] Quelle: Eigene Erstellung

- **Musik**: O'BRIAN (Cello) und DATA (Violine) spielen zusammen in einem Streichquartett[696]; SCOTT spielt das schottische Nationalinstrument Dudelsack, zum Beispiel „Amazing Grace" zum Begräbnis von SPOCK[697]; PICARD spielt RESSIKANISCHE Flöte und findet über die Musik sogar zu einer Liebesbeziehung[698]; RIKER ist Hobby-Jazzmusiker und spielt Posaune[699]; SISKO spielt im Restaurant seines Vaters, dem SISKO'S Creole Kitchen in New Orleans Klavier, und bekommt beim Spielen eine Vision[700]; HARRY KIM spielt Klarinette im Jugendsymphonieorchester[701]; der DOKTOR der VOYAGER will sogar den Dienst quittieren, um Opernsänger zu werden, um sich als Persönlichkeit weiterzuentwickeln;[702]

- **Theater und Rollenspiele**: Data und die anderen Offiziere spielen SHERLOCK HOLMES-Abenteuer und fühlen sich so in andere Rollen ein[703], genauso wie die Mannschaft der VOYAGER in die Romane „Beowulf"[704]; JANEWAY erholt sich als Lehrerin Miss LUCIE DAVENPORT im alten England lernt so ganz andere Herausforderungen kennen[705]; DATA und PICARD spielen und inszenieren auf dem Holodeck Stücke von SHAKESPEARE, z.B. Henry V. nach;[706]

- **Literatur**: TOM PARIS schreibt eigene Holoromane über Captain PROTON und stabilisiert sich so in einer schwierigen Situation[707], DATA studiert Dichtkunst, zum Beispiel der DOOSODARIANER[708];

- **Austausch mit historischen Persönlichkeiten**: Der DOKTOR der VOYAGER baut gezielt historische Persönlichkeiten (z.B. LORD BYRON, MAHATMA GANDHI) in seine Programmierung ein, um seine Persönlichkeit weiterzuentwickeln[709]; JANEWAY trifft sich regelmäßig mit dem Universalgelehrten und Künstler LEONARDO DA VINCI, um sich Rat zu holen und sich inspirieren zu lassen;[710]

---

[696] Vgl. The Next Generation (1989): Die Macht der Paragraphen, 3. Staffel
[697] Vgl. Spielfilm Star Trek II (1982): Der Zorn des Khan, Zeit 1:36:40
[698] Vgl. The Next Generation (1993): Der Feuersturm, 3. Staffel
[699] Vgl. The Next Generation (1992): So nah und doch so fern, 5. Staffel sowie The Next Generation (1988): 11001001, 1. Staffel
[700] Vgl. Deep Space Nine (1998): Das Gesicht im Sand, 7. Staffel,
[701] Vgl. Voyager (1995): Der Fürsorger, 1. Staffel, Zeit 39:22
[702] Vgl. Voyager (2000): Der Virtuose, 6. Staffel, Zeit 24:30
[703] Vgl. The Next Generation (1988): Sherlock Data Holmes, 2. Staffel
[704] Vgl. Voyager (1995): Helden und Dämonen, 1. Staffel
[705] Vgl. Voyager (1995): Bewusstseinsverlust, 1. Staffel, Zeit 00:01
[706] Vgl. The Next Generation (1990): Der Überläufer, 3. Staffel
[707] Vgl. Voyager (1998): Nacht, 5. Staffel
[708] Vgl. The Next Generation (1993): Das Interface, 7. Staffel
[709] Vgl. Voyager (1997): Charakterelemente, 3. Staffel
[710] Vgl. Voyager (1997): Apropos Fliegen, 4. Staffel

- **Archäologie und Geschichte**: PICARD pflegt sein Hobby als Archäologe, und steht im Austausch mit anderen Archäologen[711]; SISKO beschäftigt sich intensiv mit der Geschichte der Erde des 21. Jahrhunderts und profitiert aus den Lehren der Vergangenheit;[712]

- **Kunst**: PICARD und DATA sind zusammen in einem Aktmalkurs[713] und der junge ARCHER bemalt liebevoll ein Modell eines Raumschiffs[714].

Bemerkenswerterweise findet sich die systematischste Persönlichkeitsentwicklung bei zwei Charakteren, die nicht menschlich sind – bei Commander DATA und bei dem DOKTOR der VOYAGER. Beide versuchen möglichst alle Facetten des menschlichen Lebens zu erleben. Emotionen, Familie, Freude an der Musik, das sind alles Elemente, die für die beiden künstlichen Lebensformen nicht selbstverständlich sind und daher umso erstrebenswerter und wertvoller.

Wie sehr sich eine solche Grundhaltung auch positiv auf die Entwicklungsbereitschaft der anderen Personen auswirken kann, zeigt die Schlussszene im Film „Nemesis". Nachdem DATA zerstört wurde, spricht Captain PICARD zu dem nach DATA aussehenden Androiden über DATA, der allerdings noch weit nicht über dessen Fähigkeiten und Persönlichkeit verfügt.

> Picard: *„Sein Staunen, seine Wissbegierde in Bezug auf jede Facette der menschlichen Natur hat uns allen ermöglicht zu erfahren, was das Beste an uns ist. Er entwickelte sich, er begrüßte die Veränderung, weil er immer besser sein wollte als er war. "*[715]

Der Androide versteht nicht, aber beim Rausgehen von PICARD fängt er an zu singen – und PICARD lächelt.

Als Androide fehlt DATA zunächst konstruktionsbedingt die Fähigkeit, Emotionen zu empfinden, er kann Situationen nur rein rational wahrnehmen und verarbeiten. Mit Hilfe eines Emotionschips, der unter der Schädelabdeckung eingesetzt wird, ist er dann aber in der Lage, die gesamte Bandbreite menschlicher Gefühle zu empfinden. Diese sind zunächst so überwältigend, dass er Captain PICARD auffordert, ihn zu deaktivieren. PICARD gibt diesem Wunsch nicht nach, sondern fordert ihn auf, die Gefühle zu integrieren.[716] Das gelingt nach und nach immer besser und DATA bringt so seine Fähigkeiten und seine Persönlichkeit auf eine höhere Entwicklungsstufe. Beim Kampf gegen die BORG im Film „Der erste Kontakt" hat er seine neuen Persönlichkeitsfacetten bereits so gut integriert, dass er bei Bedarf den Emotionschip abschalten kann, worum ihn PICARD in dem Moment, als sie die BORG auf

---

[711] Vgl. The Next Generation (1991): Gefangen in der Vergangenheit, 4. Staffel sowie The Next Generation (1993): Das fehlende Fragment, 6. Staffel

[712] Vgl. Deep Space Nine (1995): Gefangen in der Vergangenheit – Teil 1, 3. Staffel

[713] Vgl. The Next Generation (1990): Riker unter Verdacht, 3. Staffel, Zeit 00:01

[714] Vgl. Enterprise (2001): Aufbruch ins Unbekannte, 1. Staffel, Zeit 00:01

[715] Spielfilm Star Trek X (2002): Nemesis, Zeit 1:42:42

[716] Vgl. Spielfilm Star Trek VII (1994): Treffen der Generationen, Zeit 52:00

der ENTERPRISE bekämpfen, durchaus beneidet.⁻ᵗ Die Persönlichkeit um neue Fähigkeiten und Aspekte zu erweitern bedeutet damit auch, diese zielgerichtet und in der gewünschten Dosierung einsetzen zu können.

Auch der DOKTOR auf der VOYAGER versucht kontinuierlich in neue Lebensbereiche vorzustoßen, etwas auszuprobieren und so seine Persönlichkeit ganzheitlich weiterzuentwickeln. Das gilt für die oben beschriebenen Impulse. Es gilt auch zum Beispiel für den Versuch, echtes Familienleben zu erfahren. In der Folge „Das wirkliche Leben" erschafft er sich eine Holofamilie aus Ehefrau CHARLENE und den Kindern JEFFREY und BELLE. Als allerdings B'ELANNA TORRES das Programm so erweitert, dass er nicht mehr nur das heile Familienleben lebt, sondern auch die anstrengenden Seiten, schaltet er das Programm ab. Offensichtlich waren das zu viele Impulse für ihn.⁻¹⁸ Das wirft die Fragen auf, wieviel neue Impulse und welche Intensität produktiv sind und ab wann es zu viele Impulse sind, sodass sie nicht mehr zu verarbeiten sind. Das wird individuell sehr unterschiedlich sein und muss eigenverantwortlich selbst entschieden werden im Rahmen eines aktiven Selbstmanagements. In jedem Fall aber ist davon auszugehen, dass auch hier die Verarbeitungskapazität von neuen Impulsen wie ein Muskel trainiert werden kann und die Auseinandersetzung mit Neuem kontinuierlich praktiziert werden muss.

---

717 Vgl. Spielfilm Star Trek VIII (1996): Der erste Kontakt, Zeit 31:20
718 Vgl. Voyager (1997): Das wirkliche Leben, 3. Staffel. Vgl. Voyager (1997): Skorpion – Teil 1, 3. Staffel. Vgl. Voyager (1997): Der schwarze Vogel, 4. Staffel

8 Mission 6: Integriertes Krisen- und Change Management In der Krise zeigt sich echte Führungsqualität – Die Herausforderungen der Krise meistern und zugleich nachhaltige Veränderungen anstoßen

Auf den ersten Blick kann in der dynamischen und unsicheren VUCA-Welt (Volatility, Uncertainty, Complexity, Ambiguity) durchaus jede neue Herausforderung als Krise angesehen werden. Allerdings lohnt sich der differenzierte Blick auf Krisen und deren Abgrenzungen zu den „normalen" Herausforderungen des Führungsalltags, da sie ein unterschiedliches Führungsverhalten erfordern. Grundsätzlich gelten hier die gleichen Lehren aus den unendlichen Weiten der vorangehenden fünf Missionen. Aufgrund der besonderen Bedrohlichkeit und des Ausmaßes einer Krise lohnt sich aber die gesonderte und differenzierte Betrachtung. Dies umso mehr, als dass eine Krise nicht isoliert betrachtet werden sollte, sondern immer im Zusammenhang eines größeren Veränderungsprozesses, der aktiv von Führungskräften gestaltet werden kann und sollte.

Kernfragen, die auf dieser Mission beantwortet werden:

• Was ist das Besondere an Krisensituationen und welche Arten von Krisen gibt es? Wie verhalten sich Menschen in Krisensituationen?

• Wie hängen erfolgreiches Krisenmanagement und Change Management zusammen?

• Wie können Führungskräfte insbesondere in Krisenzeiten die organisatorische und individuelle Handlungsfähigkeit sicherstellen und aktives Change Management betreiben?

8.1 Krisen sind existenzbedrohende Situationen, können in unterschiedlichen Arten auftreten und brauchen kompetente Führung

Was ist also eine Krise und wie grenzt sie sich zu anderen schwierigen Situationen ab? Krisen sind besonders schwierige Situationen, die für die betroffenen Individuen, Organisationen oder Gesellschaften eine Existenzbedrohung darstellen. Entscheidend ist hierbei vor allem die **subjektive Wahrnehmung einer existenziellen Bedrohung**, da die subjektive individuelle bzw. kollektive Bewertung dessen, was existenzbedrohend ist, für das Verhalten ausschlaggebend ist.

In einer Krise stoßen die bisherigen Denk- und Lösungsmuster an eine Grenze und sind nicht ausreichend, um die Krise zu bewältigen. Erfolgreiche Krisenbewältigung erfordert grundsätzlich neue und andere Denk- und Lösungsmuster, mit anderen Worten einen **Paradigmenwechsel**.[719] Die folgende Matrix zeigt eine Aus-

---

[719] Der Begriff Paradigmenwechsel wurde von THOMAS KUHN geprägt und er beschreibt, dass sich wissenschaftlicher Fortschritt nicht kontinuierlich entwickelt, sondern in Revolutionen

wahl verschiedener Arten von Krisen, charakterisiert auf der Vertikalen hinsichtlich der betroffenen Ebenen und auf der Horizontalen hinsichtlich der Eintrittswahrscheinlichkeit der Existenzbedrohung.

Abbildung 27: Arten und Beispiele von Krisen bei STAR TREK[720]

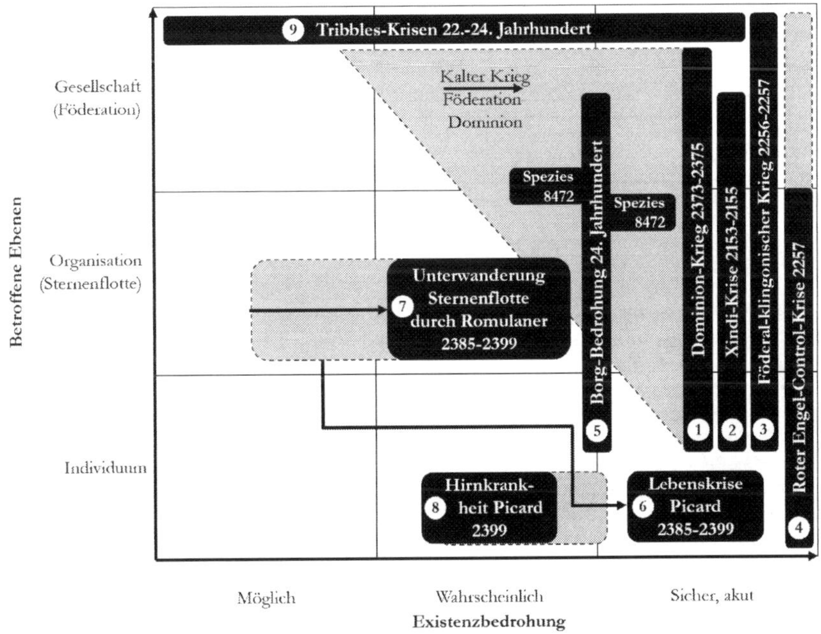

8.1.1 DOMINION-Krieg von 2373 bis 2375: Im direkten Kontakt können Konflikte und Krisen besser verstanden und gelöst werden

Beim **DOMINION-Krieg von 2373 bis 2375** handelt es sich um eine längere Krisensituation, die nach den ersten Kontakten zwischen der FÖDERATION und dem DOMINION, einer Großmacht aus dem GAMMA-QUADRANTEN zunächst mit einem **„kalten Krieg"** beginnt, in dem beide Seiten sich auf einen Krieg vorbereiten und sich **Angst** ausbreitet.[721] Die Geheimdienste der ROMULANER, der TAL SHIAR, und der CARDASSIANISCHE OBSIDIANISCHE ORDEN bereiten sich **unabgestimmt** im

---

und „Sprüngen" stattfindet. Bisherige Erklärungsmodelle, also Denk- und Lösungsmuster, werden von neuen Modellen im Sinne neuer Paradigmen abgelöst. Vgl. Kuhn, Thomas (1996): Die Struktur wissenschaftlicher Revolutionen, 13. Auflage, Berlin

[720] Quelle: Eigene Erstellung

[721] Vgl. Deep Space Nine (1994): Das Haus des Quark, 3. Staffel

Verborgenen auf die befürchtete Invasion des DOMINION vor, indem sie selbst einen Angriff auf das DOMINION vorbereiten. Das verschärft die Krise natürlich weiter und führt letztlich in einen existenzbedrohenden Krieg für beide Seiten.[722]

Anfänglich war die Aggression des DOMINION eine Reaktion auf die Expeditionen der FÖDERATION durch das BAJORANISCHE Wurmloch.[723] Nach und nach werden beide Seiten für die jeweilige andere Seite der aggressive Feind. Der zunehmend unübersichtliche Kampf wird mit allen militärischen und politischen Mitteln geführt, an wechselnden Fronten und in neuen Bündnissen. Mit herkömmlichen Mitteln kann die Krise nicht bewältigt werden.

Vor allem **zwei neue Lösungsmuster** tragen dazu bei, zu einem Friedenschluss zu kommen: Zum einen gelingt es ODO einen **direkten Kontakt** zur GRÜNDERIN (der Ansprechpartnerin zur GROßEN VERBINDUNG der FORMWANDLER) herzustellen, ihr Vertrauen zu gewinnen und sie davon zu überzeugen, dass die FÖDERATION keine Invasion in den GAMMA-QUADRANTEN plant.[724] Es ist ein Lösungsmuster, das auf den ersten Blick fast banal erscheint, aber (erstaunlicherweise) in vielen Krisen und Konflikten nicht genutzt wird. Im Gegenteil wird häufig die Kommunikation mit dem (vermeintlichen) Gegner im Krisenfall sogar noch reduziert, da mit der anderen Seite „einfach nicht zu reden" ist.

Zum anderen zielte eine **Geheimdienstoperation** von SEKTION 31 direkt auf die Vernichtung der GRÜNDER, indem sie ODO mit einem tödlichen morphogenen Virus infizierten, der sich auf die anderen GRÜNDER überträgt.[725] Im Gegenzug für die Heilung durch die FÖDERATION kapituliert das DOMINION und der Krieg ist beendet.

8.1.2 XINDI-Krise 2153-2155: Führungsverantwortung endet nicht mit Bewältigung einer akuten Krise

Die **XINDI-Krise 2153-2155** hat ihren Ursprung in der Manipulation der SPHÄRENBAUER, die, von den XINDI wie Götter angebetet, den XINDI glaubhaft machten, dass die Menschheit sie im 26. Jahrhundert auslöschen will.[726] Daher greifen die XINDI die Erde präventiv an. Zunächst mit einer Sonde, danach soll mit der sogenannten XINDI-SUPERWAFFE die Erde komplett ausgelöscht werden. Zuvor wird aber die ENTERPRISE unter Captain ARCHER in die DELPHIC-AUSDEHNUNG

---

[722] Vgl. Deep Space Nine (1994): Defiant, 3. Staffel sowie Deep Space Nine (1995): Der geheimnisvolle Garak -Teil 1 und Teil 2

[723] Vgl. Deep Space Nine (1994): Der Plan des Dominion

[724] Vgl. Deep Space Nine (1999): Das, was Du zurücklässt – Teil 1 sowie Deep Space Nine (1999): Das, was Du zurücklässt – Teil 2

[725] Vgl. Deep Space Nine (1999): Ein Unglück kommt selten allein, 7. Staffel

[726] Vgl. Enterprise (2004): Azati Prime, 3. Staffel

geschickt, um die weitere Bedrohung durch die XINDI abzuwehren und diplomatische Beziehungen aufzunehmen.[727]

Die XINDI-KRISE, eine Existenzbedrohung für alle Menschen und die STERNENFLOTTE (die FÖDERATION existiert noch nicht) kann durch die ENTERPRISE schließlich bewältigt werden. Ein Erfolgsfaktor ist auch hier, dass es gelingt, **Kontakt und Vertrauen zu einem wichtigen Gegner**, DEGRA, aufzunehmen. DEGRA ist verantwortlich für den Bau der XINDI-SUPERWAFFE.[728]

Das gelingt nur, weil es das Team von Archer schafft, **genau zu verstehen**, wer Verursacher und Treiber der Krise ist und zwar die Sphärenbauer. Damit kann an der Ursache der Krise angesetzt werden. DEGRA, als Wissenschaftler für sachliche Argumente und Beweise zugänglich (adressatengerechte Kommunikation), kann damit überzeugt werden, dass der wahre und der gemeinsame Feind die SPHÄRENBAUER sind, die letztlich auch das Leben der XINDI bedrohen. Er setzt sich daraufhin für die Menschen vor dem XINDI-RAT ein.[729]

Ein weiterer Erfolgsfaktor in dieser Krise ist, dass die ENTERPRISE militärisch aufgerüstet wird. Das Schiff wird kampfstärker gemacht und die MACOS kommen als militärische Einheit mit an Bord.[730] Hier werden die **„Werkzeuge" und Methoden den neuen Anforderungen der Krise angepasst**.

Interessant an der XINDI-KRISE ist auch die Phase nach Abwehr der direkten Bedrohung, da hier deutlich wird, dass eine existenzbedrohende Krise immer den Weg in verschiedene Zukünfte eröffnet. Soziologisch formuliert ist eine Krisensituation immer **kontingent**. Der eine Weg zeigt hier in Richtung Abschottung der Erde gegenüber allen Außerirdischen, wofür auf der Erde einige Menschen demonstrieren.[731] Der andere Weg zeigt genau in die andere Richtung, in eine gemeinsame Zukunft. Der zweite Weg setzt sich dank klarer visionärer Führung (z.B. von ARCHER), mit einer konsequenten Verfolgung des Ziels des friedlichen Zusammenlebens und -arbeitens durch und die KOALITION DER PLANETEN wird 2155 gegründet.[732] **Führungsverantwortung endet nicht mit Bewältigung der Krise**, sondern Führung muss auch die Zeit danach aktiv gestalten und die großen Handlungsspielräume und Ambiguitäten nutzen.

---

[727] Vgl. Enterprise (2001): Die Ausdehnung, 2. Staffel
[728] Vgl. Enterprise (2004): Die Vergessenen, 3. Staffel
[729] Vgl. Enterprise (2004): Der Rat, 3. Staffel
[730] Vgl. Enterprise (2001): Die Ausdehnung, 2. Staffel
[731] Vgl. Enterprise (2004): Zuhause, 4. Staffel
[732] Vgl. Enterprise (2004): Terra Prime, 4. Staffel

8.1.3 Föderal-klingonische Krieg 2256-2257: Mangelhaftes Verständnis der Situation führt schnell in akute Krisen – bei der Lösungssuche ist der strategische Weitblick wichtig

Der Föderal-klingonische Krieg von 2256-2257 beginnt mit der akut kritischen Situation am DOPPELSTERN am 11. Mai 2256, als die USS SHENZHOU das KLINGONISCHE Artefakt entdeckt und plötzlich feindlichen Schiffen gegenübersteht. Die Situation eskaliert und wird von einer möglichen Krise schnell zu einer realen Krise.

Aufgrund einer Fehleinschätzung von Captain GEORGIOU kommt es zum Krieg GEORGIOU will, anders als ihre erste Offizierin BURNHAM, nicht „über ihre Werte springen" und die KLINGONEN **nicht als erste angreifen**. Sicherlich ist es spekulativ, inwiefern ein Erstangriff der STERNENFLOTTE den späteren Krieg hätte verhindern können. Auf jeden Fall wäre aber anfangs noch die Gelegenheit da gewesen, den KLINGONEN ein spürbares Zeichen der Schlagkraft der STERNENFLOTTE zu geben. Zumindest waren die VULKANIER mit der Strategie, bei jedem Kontakt mit den KLINGONEN zuerst zu feuern über 240 Jahre erfolgreich.[733] Die erste Lehre aus dieser Krise besteht daher darin, **die „Sprache" des Gegners zu verstehen** und entsprechend zu kommunizieren. Die KLINGONEN haben das Auftreten von GEORGIOU, die nach Maßstäben der STERNENFLOTTE durchaus souverän und fest auftritt, als Zeichen der Schwäche interpretiert und sich ermuntert gefühlt, diese auszunutzen und den Krieg zu beginnen.

Zum anderen resultierte die Fehleinschätzung wohl auf der **Unkenntnis** der aktuellen politischen Instabilität des KLINGONISCHEN Reichs. Der STERNENFLOTTE war nicht bekannt, welches Konfliktpotenzial darin bestand, dass die 24 KLINGONISCHEN Häuser in sich stark zerstritten waren und dabei eine gemeinsame, fast panische Angst vor der kulturellen Vernichtung hatten. Nur deshalb konnte der Außenseiter T'KUVMA zum „Fackelträger" der KLINGONISCHEN Aggression werden.

Ermuntert durch ihren Erfolg beim DOPPELSTERN beginnen die KLINGONEN mit einem Vernichtungskrieg gegen die FÖDERATION. Dabei nutzen sie ihren strategischen Vorteil der Tarntechnologie aus und sind 2257 kurz davor, die STERNENFLOTTE zu vernichten und den Krieg zu gewinnen. Eine Zeitlang gelingt es der STERNENFLOTTE noch, vor allem mit Hilfe der USS DISCOVERY, die dank des SPORENANTRIEBS an beliebige Punkte im Universum „springen" kann, sich gegen die Angriffe zu wehren. Insofern ist auch das ein Beispiel dafür, dass es in einer Krise neue Technologien und Vorgehensweisen braucht.

Allein das ist aber hier nicht ausreichend. Die Krisenbewältigung gelingt nur, als eine neue Strategie gewählt wird. Die USS DISCOVERY soll direkt nach QO'NOS springen und dort einen Gegenschlag ausführen. Auch hier, wie zum Beispiel bei

---

[733] Vgl. Discovery (2017): Leuchtfeuer, 1. Staffel, Zeit 10:00

der XINDI-KRISE, gelingt die Lösung nur, weil **direkt an der Ursache der Krise angesetzt** wird.[734] Zugleich, und das macht den entscheidenden Unterschied, entwickelt BURNHAM mit **strategischem Weitblick** einen Plan, wie eine **Nachkriegsordnung** aussehen könnte und verhindert damit, dass aus einer Krise direkt die nächste Krise folgt. L'RELL, mit TYLER-VOQ als Verbindungs- und Vertrauensmann, bekommt von der STERNENFLOTTE den Zünder für die Wasserstoffbombe zur Zerstörung von QO'NOS. Damit erhält sie ein Machtmittel, um sich gegenüber den anderen KLINGONENHÄUSERN durchzusetzen.[735] Hier hat die STERNENFLOTTE dazugelernt und eine Form der **Sprache und ein Setting** gefunden, die der KLINGONISCHEN Kultur entsprechen.

Allerdings gärt die Krise latent weiter und es kommt im weiteren Verlauf der Geschichte zu weiteren Auseinandersetzungen und Krisen zwischen FÖDERATION und KLINGONEN. Zu einer langfristigen Beseitigung einer Krise brauch es letztlich immer die Bereitschaft aller Beteiligten.

8.1.4 ROTER ENGEL-CONTROL-Krise 2257: In einem funktionierenden Team können bessere Lösungen zur Krisenbewältigung gefunden werden

Die **ROTE-ENGEL-CONTROL-Krise** beginnt mit dem Erscheinen mysteriöser Signale, wobei anfangs nicht klar, inwiefern sie eine Bedrohung für die FÖDERATION darstellen. Captain PIKE übernimmt das Kommando über die USS Discovery und versucht, das Geheimnis aufzuklären. Es handelt sich zunächst also um eine mögliche Krise, die im Sinne einer **Früherkennung** genauer analysiert werden soll. Dieses frühe Bewusstsein für eine existenzbedrohende Krise hilft dabei, vorbereitet zu sein, als sich später herausstellt, dass die künstliche Intelligenz CONTROL alles Leben in der Galaxie auslöschen will.

Das Rätsel hinter dem ROTEN ENGEL zu verstehen gelingt der Crew der DISCOVERY, weil sie zum einen offen für verschiedenste Informationen und Szenarien ist. Sie berücksichtig die eigenen wissenschaftlichen Analysen und Einschätzungen genauso wie die von SEKTION 31 oder die Visionen von SPOCK. Es ist ein **gemeinsamer Erkenntnis- und Lösungsprozess**, der aus der Kooperation aller Teammitglieder erarbeitet wird. Captain CHRISTOPHER PIKE prägt dabei wesentlich die kulturellen Rahmenbedingungen, in denen diese Offenheit und Kooperation gedeihen können und jeder seine Ideen einbringen kann. Seine vorbildliche Werteorientierung und sein klarer **moralischer Kompass** geben die erforderliche Orientierung.

Hinzu kommen das außergewöhnliche Engagement und die Bereitschaft auch hohe **persönliche Opfer** für die Bewältigung der Krise zu erbringen. Exemplarisch zeigt sich das bei Captain PIKE, der für den ZEITKRISTALL seine Zukunft als Invalide in

---

734 Vgl. Discovery (2018): Nimm meine Hand, 1. Staffel
735 Vgl. Discovery (2018): Nimm meine Hand, 1. Staffel

Kauf nimmt oder bei BURNHAM, die, um die SPHÄRENDATEN in Sicherheit zu bringen, sich für immer aus dem 23. Jahrhundert verabschiedet und mit Teilen der DISCOVERY ins 30. Jahrhundert fliegt.[736]

8.1.5 BORG-Bedrohung in der zweiten Hälfte des 24. Jahrhunderts: Mit strategischem Weitblick die personellen und strukturellen Krisentreiber ausschalten

Seit dem Aufeinandertreffen mit den BORG am 1. März 2153 von Captain Archer stellen die BORG, die ihre Heimat im DELTA-QUADRANTEN haben, eine **mögliche** existenzbedrohende Krise für die FÖDERATION dar.[737] Erst 2365 findet aber der offizielle Erstkontakt statt. Q schleudert die ENTERPRISE von Captain PICARD in der Folge „Zeitsprung mit Q" in den Delta-Quadranten in die tödliche Konfrontation mit den BORG.[738]

Das Ziel der BORG, einer kybernetischen Lebensform mit kollektivem Bewusstsein, ist die Assimilation von anderen Spezies, die über wertvolle Technologie oder Wissen verfügen. Nach der Assimilation stehen die Technologie und das Wissen dem gesamten BORG-Kollektiv zur Verfügung.

Die Bedrohung durch die BORG ist auch deshalb so groß, weil jede assimilierte Person selbst zu einem BORG wird und sich die Kräfteverhältnisse damit in akuten Krisensituationen **exponentiell verschieben**. Wie bei einer Virusübertragung, übernehmen die BORG ihre Gegner als Wirt und steuern ihn in der Verbundenheit des BORG-Kollektivs. Darin liegt ihre Stärke, aber darin liegt zugleich die größte Schwäche. BORG, die vom KOLLEKTIV getrennt werden, sind alleine orientierungslos. Zahlenmäßig ist die FÖDERATION den BORG weit unterlegen, das heißt, mit herkömmlichen Mitteln ist auch hier die Krise nicht zu bewältigen. Eine nachhaltige Schwächung der BORG gelingt in den zwei Fällen, in denen die BORG-KÖNIGIN getötet werden kann. Einmal im Film „Der erste Kontakt" durch Captain PICARD, dem dies mit Hilfe von DATA gelingt. Und dann durch Captain JANEWAY im Zusammenspiel mit ihrem anderen Ich, Admiral JANEWAY aus der Zukunft, die die BORG-KÖNIGIN mit einem neurolytischen Virus infiziert.[739]

Das bestätigt die Beobachtung der obigen Krisen, dass direkt an der Ursache, **am Treiber der Krise** angesetzt werden sollte und nicht nur an den Symptomen. Das erfordert **strategischen Weitblick und den Verzicht auf panischen Aktionismus**. Es ist unklar, inwiefern die BORG-Bedrohung damit überstanden ist, denn schon einmal ist eine BORG-Königin gestorben und wurde durch eine neue er-

---

[736] Vgl. Discovery (2019): Tal der Schatten, 2. Staffel sowie Discovery (2019): Süße Trauer – Teil 2, 2. Staffel
[737] Vgl. Enterprise (2003): Regeneration, 2. Staffel
[738] Vgl. The Next Generation (1989): Zeitsprung mit Q, 2. Staffel
[739] Vgl. Voyager (2001): Endspiel, 7. Staffel

setzt.[740] Das Frühwarnsystem der STERNENFLOTTE sollte daher weiterhin auch auf **schwache Signale** der BORG ausgerichtet sein, die überstandene Krise gut analysieren und für mögliche weitere vorbereitet sein.

Die Folge „Endspiel" ist weiterhin sehr lehrreich, da mit der Infizierung der KÖNIGIN auch das Ziel verfolgt wird, ein wichtiges TRANSWARPZENTRUM der BORG zu zerstören. Ein solches Zentrum ermöglicht es den BORG, sozusagen „Abkürzungen" durch das Universum zu nehmen. Die Infrastruktur wirkt damit wie ein **Krisenbeschleuniger**, da durch die TRANSWARPKANÄLE sehr schnell neue existenzbedrohende BORG-SCHIFFE auftauchen können. Auch die Berücksichtigung von übergreifenden Strukturen und Wegen erfordert einen **strategischen** und langfristigen Blick, der über die akute Krisenbekämpfung hinausgeht.

Die BORG stellen eine übergreifende Bedrohung für die FÖDERATION auf allen Ebenen dar. Aber auch hier lohnt sich der differenzierte Blick, denn nicht immer sind sie damit auch der zentrale Feind. In den beiden Teilen der Folge „Skorpion" wird die VOYAGER von SPEZIES 8472 bedroht, die auch für die BORG eine Bedrohung darstellen. Janeway schließt **mit den BORG daher eine Allianz gegen Spezies 8472.**[741] Hier **überlagert eine Krise eine andere Krise** und erhöht die Komplexität für die handelnden Führungskräfte, da die langfristigen Wechsel- und Folgewirkungen derartiger Allianzen nur schwer einzuschätzen sind.

Einen Monat später, im Jahr 2375, trifft die VOYAGER in der Folge „In Fleisch und Blut" erneut auf SPEZIES 8472. Sie entdecken auf einer Basis die Simulation des Hauptquartiers der STERNENFLOTTE. Offensichtlich hat SPEZIES 8472 das Ziel, die STERNENFLOTTE zu unterwandern, was eine „wahrscheinliche" existenzbedrohende Krise für STERNENFLOTTE und FÖDERATION bedeutet. Mit Hilfe von isomorphen Injektionen können sie menschliches Aussehen annehmen. JANEWAY schließt schließlich mit SPEZIES 8472 die ersten **diplomatischen Kontakte** und einen Deal. Im Gegenzug für die Übermittlung von Plänen der Nanotechnologie erhält sie die Zusicherung für die friedliche Koexistenz mit der FÖDERATION.[742] Ihr gelingt es damit durch frühzeitiges Handeln im Sinne einer **Krisenprävention** die wahrscheinliche Bedrohung nicht zu einer akuten und sicheren Bedrohung werden zu lassen.

---

[740] Vgl. Spielfilm Star Trek VIII (1996): Der erste Kontakt
[741] Vgl. Voyager (1997): Skorpion – Teil 1, 3. Staffel sowie Voyager (1997): Skorpion – Teil 2, 4. Staffel. Die SPEZIES 8472 (Bezeichnung der Borg) stammt aus dem FLUIDEN RAUM, einer anderen Dimension, die durch die Erzeugung einer Quantensingularität erreicht werden kann. Aufgrund der hohen Anzahl von DNS in den Zellen kann SPEZIES 8472 von den BORG nicht assimiliert werden.
[742] Vgl. Voyager (1998): In Fleisch und Blut, 5. Staffel

8.1.6 Lebenskrise PICARD 2385-2399: Auch die Besten und Stärksten können „aus der Bahn geworfen" werden

Die Lebenskrise von Admiral JEAN-LUC PICARD, nach seinem Rücktritt aus der STERNENFLOTTE im Jahr 2385, ist eine über 14 Jahre lang akute Krise auf der individuellen Ebene. Sie wurde ausgelöst durch die Verweigerung der STERNENFLOTTE, die vo ihm initiierte Rettungsmission der ROMULANER weiter zu unterstützen. Das führte bei ihm zu Rückzug, Lähmung und Verbitterung, wie er in der Folge „Gedenken" im Gespräch mit LARIS formuliert.

> Picard: „All diese Jahre habe ich hier gehockt. Die Wunden meiner verletzten Ehre geleckt und Bücher über Geschichte geschrieben, an die niemand sich erinnern möchte. Ich habe mir selbst rein gar nichts abverlangt – die ganze Zeit."

> Laris: „Nein, Admiral."

> Picard: „Ich habe nicht gelebt, sondern auf den Tod gewartet."[743]

Es ist eine bemerkenswerte Situation, denn bislang zeichnete PICARD aus, dass ihn nichts „aus der Bahn werfen" konnte; weder als er von dem übermächtigen Wesen Q stellvertretend für die Menschheit vor Gericht steht und die Vernichtung der gesamten Menschheit droht noch als er durch die BORG assimiliert wurde und auch nicht beim Tod seines engsten Freundes DATA.[744]

Lebens- und Sinnkrisen, das zeigt sich hier, können auch die Besten und Stärksten treffen und können eine lange Zeit andauern. Offensichtlich hatte PICARD hier seine Heimat und sein Zugehörigkeitsgefühl zur STERNENFLOTTE verloren. Auch vorher gab es verschiedene Situationen, in denen er Störgefühle im Hinblick auf das Verhalten und die Werteorientierung einzelner Führungskräfte der STERNENFLOTTE hatte. So legte er beispielsweise im Film „Der Aufstand" seine Uniform ab, da er es nicht mit seinen Überzeugungen vereinbaren kann, wie Admiral DOUGHERTY mit den BA'KU umgehen will.[745] Hier geht die Krise aber tiefer und betrifft grundsätzlich die gesamte STERNENFLOTTE, seine STERNENFLOTTE, die sein Leben ist. Sie bedroht sein Selbstverständnis und damit seine psychische Existenz.

Seine persönliche Krisensituation wird durch einen **externen Impuls** gelöst. Die Androidin DAHJ sucht bei ihm Hilfe und er besinnt sich auf seine Überzeugungen.[746] Er hat jetzt wieder eine **klare Aufgabe und ein Ziel**, für die es sich zu kämpfen lohnt. Er mobilisiert daraufhin, trotz seines mittlerweile hohen Alters von 94 Jahren, seine Kräfte für diese anspruchsvolle Mission. Er ist wieder der „alte" PICARD.

---

[743] Picard (2020): Gedenken, 1. Staffel, Zeit 35:10
[744] Vgl. The Next Generation (1989): In den Händen der Borg, 3, Staffel, The Next Generation (): Mission Farpoint, 1. Staffel sowie Star Trek X (2002): Nemesis,
[745] Vgl. Spielfilm Star Trek IX (1998): Der Aufstand
[746] Vgl. Picard (2020): Gedenken, 1. Staffel

8.1.7 Unterwanderung STERNENFLOTTE durch ROMULANER 2385-2399: Mangelhafte Früherkennung kann zu späteren bedrohlichen Krisen führen

Eng verbunden mit der vorherigen Krise ist die Unterwanderung der STERNENFLOTTE durch die ROMULANER, die letztlich zur Lebenskrise von PICARD führten. Eine wichtige Rolle spielt hierbei die ROMULANERIN OH, ein Mitglied des ROMULANISCHEN Geheimdienstes TAL SHIAR und der geheimen Unterorganisation ZHAT VASH, die im Jahr 2399 die Sicherheitschefin der STERNENFLOTTE ist. Sie und andere waren verantwortlich für den Amoklauf der Androiden auf dem Mars.[747]

Hier handelt es sich um ein Beispiel für eine zunächst mögliche Krise für die STERNENFLOTTE, da sie die Existenz und Handlungsfähigkeit der STERNENFLOTTE latent bedroht. Eine **frühere Erkennung und Beseitigung der Bedrohung** hätte die spätere militärische, existenzielle Bedrohung verhindern können, als in der Folge „Et in Arcadia Ego – Teil 2" die ROMULANER der STERNENFLOTTE gegenüberstehen.[748] Die Möglichkeit zur Früherkennung war grundsätzlich da. Die Gerüchte über eine Unterwanderung und Verschwörung in der STERNENFLOTTE hinsichtlich des Angriffs der Androiden auf dem Mars waren bekannt. MUSIKER hatte PICARD und andere bereits im Jahr 2385 darüber unterrichtet und Beweise vorgelegt.[749] Offensichtlich gab es aber in der STERNENFLOTTE über 14 Jahre lang weder die Offenheit noch die Bereitschaft sich mit den bestehenden Gerüchten einer Unterwanderung auseinanderzusetzen.

8.1.8 Hirnkrankheit PICARD 2399: Mentale Stärke und Out-of-the-Box-Ansätze können bei der Krisenbewältigung helfen

Die Hirnkrankheit, das IRUMODISCHE SYNDROM, von PICARD stellt eine Krise auf der individuellen Ebene dar. Ihm ist seit 2370 bekannt, dass er daran leidet. Die neurologische, genetisch bedingte Krankheit löst nach dem Ausbruch den Zerfall der synaptischen Bahnen aus und führt zu Senilität.[750] PICARD lässt sich 2399 von Doktor BENAYOUN auf Tauglichkeit für seine Mission zur Suche von SOJI untersuchen und erfährt, dass die Krankheit offensichtlich kurz vor dem Ausbruch steht.[751]

Aus einer wahrscheinlichen Krise wird damit eine akute Krise, die durchaus dazu hätte führen können, dass PICARD sich hätte entmutigen lassen und zurück in seine Lebenskrise fällt. Das passiert aber nicht. Im Gegenteil scheint es seinen Willen eher zu bestärken, diese vielleicht letzte Mission fokussiert und mit voller Energie anzugehen.

---

[747] Vgl. Picard (2020): Bruchstücke, 1. Staffel
[748] Vgl. Picard (2020): Et in Arcadia Ego – Teil 2
[749] Vgl. Picard (2020): Das Ende ist der Anfang, 1. Staffel, Zeit 13:40
[750] Vgl. The Next Generation (1994): Gestern, heute, morgen, 7. Staffel
[751] Vgl. Picard (2020): Karten und Legenden, 1. Staffel, Zeit 18:09

Das gelingt ihm, weil er nicht zulässt, dass die Krankheit ihm das Heft des Handelns aus der Hand nimmt. Es ist nicht so, dass er die Krankheit verdrängt, er ist sich der Tragweite immer bewusst, aber er entscheidet sich dafür, sie und ihre Folgen **anzunehmen**. PICARD gibt damit ein beeindruckendes Beispiel für seine **mentale Stärke und Resilienz** und für die Grundhaltung, keine ausweglosen Situationen zu akzeptieren.

Das ermöglicht ihm, handlungsfähig und aktiv zu bleiben. Schließlich eröffnet sich ihm durch DR. SOONG auf dem Planeten der Androiden, COPPELIUS, die Möglichkeit, nach seinem Tod sein Bewusstsein in einen Androidenkörper zu transferieren.[752] Wäre er auf seinem Weingut geblieben, hätte er diese Chance verpasst und wäre tot bzw. senil.

Diese überraschende, glückliche Auflösung der Krise ist auch ein Beispiel dafür, dass eine Lösung außerhalb des bisherigen Lösungsraums gefunden wird, durch einen **Out-of-the-Box-Ansatz**.

8.1.9 TRIBBLES-Krisen: Durch exponentielle Vermehrung wird aus „süßem" Pelzknäuel eine existenzielle Bedrohung – Eine versteckte Bedrohung

Als letztes Beispiel, um die Bandbreite und die damit verbundenen Herausforderungen verschiedener Krisentypen zu veranschaulichen, werden die TRIBBLES gewählt. Bei den TRIBBLES (Tribleustes ventricosus, Polygeminus grex) handelt es sich um nichtintelligente kleine Lebensformen, die wie ein kleines Pelzknäuel aussehen, deren Fiepen einen beruhigenden Effekt auf das menschliche Nervensystem hat.[753] Das interessante an diesem Krisentyp ist, dass die kleinen Tiere alleine keine Bedrohung für andere darstellen, sie machen vielmehr einen „süßen" Eindruck. Die Existenzbedrohung für andere resultiert aus ihrer **exponentiellen Reproduktionsrate**. Sie werden bereits schwanger geboren und vermehren sich asexuell so stark, dass, bei einer guten Futtersituation, aus einem TRIBBLE innerhalb von drei Tagen 1.771.561 TRIBBLE entstehen können.[754] Die Existenzbedrohung besteht nun darin, dass sie das gesamte Ökosystem eines Planeten und damit die Lebensgrundlage für andere kollabieren lassen.[755] Daher wurden sie von den KLINGONEN in der gesamten Galaxie gejagt und ihr Heimatplanet wurde ausgelöscht.[756]

Die TRIBBLES sind damit ein gutes Beispiel für Krisen in der VUCA-Welt. Die Gefahr und die Dynamik werden **zunächst unterschätzt** und plötzlich ist die Exis-

---

[752] Vgl. Picard (2020): Et in Arcadia Ego – Teil 2, Zeit 39:20
[753] Vgl. Raumschiff Enterprise (1967): Kennen Sie Tribbles?, 2. Staffel
[754] Vgl. Deep Space Nine (1996): Immer die Last mit den Tribbles, 5. Staffel sowie Raumschiff Enterprise (1967): Kennen Sie Tribbles?, 2. Staffel
[755] Vgl. Deep Space Nine (1993): Die Nachfolge, 1. Staffel sowie Enterprise (2003): Böses Blut, 2. Staffel
[756] Vgl. Deep Space Nine (1996): Immer die Last mit den Tribbles, 5. Staffel

tenz bedroht. Lösungswege stellen hier zum einen der radikale Ansatz der Klingonen dar, die Tribbles auszurotten, bevor sie zu einer realen Bedrohung werden können. Zum anderen zeigt sich hier, dass es auf **schnelle Reaktionsfähigkeit beim Eintreten einer Krise** ankommt, verbunden mit einer prinzipiellen Sensibilität dafür, dass **viele Krisen auf den ersten Blick nicht als solche zu erkennen sind.**

8.2 Im Überblick: Psychologische und soziale Wirkungsmuster im Krisenverlauf und Führung- und Managementimpulse für erfolgreiches nachhaltiges Krisen- und Change-Management

Bevor es im darauffolgenden Kapitel darum geht, welche konkreten Implikationen sich für Führungskräfte und Management in Krisensituationen ergeben, geht es in diesem Kapitel zunächst darum, welche psychologischen und sozialen Wirkungsmuster bei Krisen ablaufen und welche Führungs- und Managementimpulse wann erforderlich sind. Das nachfolgende Modell gibt einen Überblick über die zentralen Schritte im Krisen- und Change Management und die Handlungsfelder für Führung und Management.

Abbildung 28: Wahrnehmung und Verhalten in Krisensituationen[757]

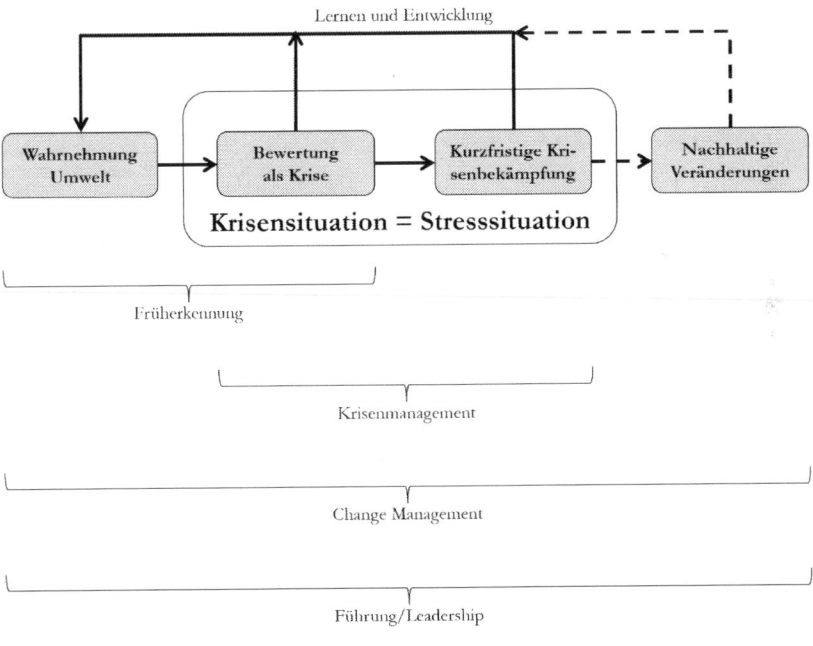

---

[757] Quelle: Eigene Erstellung

Das Modell integriert Krisenmanagement und Change Management, wobei die kurzfristige Krisenbekämpfung als wichtige Vorstufe für nachhaltige Veränderungen gesehen wird. Für beide sind eine frühzeitige und fundierte Wahrnehmung und Bewertung der Situation erfolgskritisch. Die dahinterliegende Grundannahme ist, dass es immer **frühe und „schwache Signale"** gibt, die auf eine drohende Krise und grundsätzlichen Veränderungsbedarf hinweisen. **Führung und Leadership** spielen eine übergreifende Rolle, sowohl zur Krisenerkennung und -bewältigung und für das Anstoßen nachhaltiger Veränderungen als auch bei der Förderung eines kontinuierlichen Lern- und Entwicklungsprozesses, um für künftige Krisen immer besser gewappnet zu sein.

8.3 Die richtige Wahrnehmung der krisenrelevanten Informationen ist die zentrale Voraussetzung für erfolgreiche Krisenbewältigung

In dem obigen Kreislaufmodell beginnt alles mit der **Wahrnehmung der Umwelt** im Hinblick auf krisenrelevante Informationen, da deren Wahrnehmung die Voraussetzung für ein erfolgreiches Krisenmanagement ist. Diese kann auf der **individuellen Ebene** durch die **menschlichen Sinne** erfolgen: Sehen, Hören, Hautempfindungen, Geruch, Geschmack, Gleichgewichtssinn, Kinästhesie.[758]

Die Wahrnehmungsfähigkeit ist dabei von Person zu Person unterschiedlich stark ausgeprägt. Bei der BETAZOIDIN TROI kommt sogar noch ein weiterer Sinn hinzu, sie kann die Emotionen bei anderen deutlich wahrnehmen und verstehen. Und die BETA ANNARI, wie zum Beispiel MR. VUP in der Folge „Keine Gnade", haben einen so ausgeprägten Geruchssinn, dass sie riechen, was jemand zum Frühstück gegessen hat und ob jemand lügt.[759] Bei anderen werden die Wahrnehmungsfähigkeiten durch technologische und kybernetische Implantate erweitert, so zum Beispiel bei LAFORGE, der, von Geburt an blind, mit seinem VISOR neben dem sichtbaren Licht auch elektromagnetische Frequenzen wahrnehmen kann und somit unter anderem Hohlräume als solche erkennen kann.

Über die einzelnen Sinne, auch in Kombination, können Menschen Veränderungen, Auffälligkeiten und Gefahrensignale in der Umwelt und bei sich selbst wahrnehmen. Dabei muss nicht unbedingt die Ursache einer Gefahrenwahrnehmung direkt ersichtlich sein. Sie kann sich auch eher diffus durch ein **„merkwürdiges Bauchgefühl"** bemerkbar machen.

Entscheidend ist hierbei, inwiefern die Sinne **auf krisenrelevante Informationen „programmiert" und sensibilisiert** sind und eine Gefahr auch als eine solche erkennen. Grundsätzlich sind die menschlichen Sinne in jedem Moment einer viel größeren Anzahl an sensorischen Reizen ausgesetzt, als dass diese auch alle wahrgenommen werden könnten. Das Gehirn filtert daher permanent nur ein Bruchteil

---

[758] Kinästhesie ist der Sinn des Körperempfindens, z.B. Spannungszustände. Vgl. Zimbardo, Philip G./Gerrig, Richard J. (2004): Psychologie. 16. Auflage München, S. 120

[759] Vgl. Picard (2020): Keine Gnade, 1. Staffel

der Informationen und Reize heraus, die weiterverarbeitet werden sollen (**Wahrnehmungsfilter**). Diese Form der **Aufmerksamkeitssteuerung** im Hinblick auf bestimmte Muster ist typischerweise von Person zu Person unterschiedlich und abhängig unter anderem von den jeweiligen **Vorerfahrungen, Einstellungen, Ausbildungen, Fähigkeiten und akuten Bedürfnissen.**

So merkt beispielsweise Captain PICARD im Film „Der Aufstand", wahrscheinlich anhand bestimmter Vibrationen oder Geräusche, dass die Drehmomentsensoren nicht synchron laufen. LAFORGE, der neben ihm steht, hat das nicht wahrgenommen.[760] PICARD dagegen, der dafür sensibilisiert ist, nimmt frühzeitig diese Unregelmäßigkeit wahr. Die Sensoren können neu kalibriert werden, bevor daraus ein größeres Problem entsteht, das gegebenenfalls die Sicherheit des Schiffes gefährden würde.

Ein weiteres Beispiel für die Fähigkeit von PICARD, relevante Informationen herauszufiltern, zeigt sich in der Folge „Das Ende ist der Anfang". Er ist bei Captain RIOS und will ihn als Pilot gewinnen, doch der ist zunächst zögerlich.[761] Für PICARD ist es überlebenskritisch, dass Captain und Schiff in gutem Zustand sind, da sonst daraus selbst bedrohliche Krisen (z.B. Überlebenssysteme funktionieren nicht zuverlässig) entstehen könnten bzw. in kritischen Situationen nicht leistungsfähig sind. Mit dieser „Brille" nimmt er die Situation an Bord der LA SIRENA wahr.

> Picard: *„Ach ja? Ich sehe ein Schiff, das makellos gepflegt ist. Jede Schraube und jede Halterung sitzen ordnungsgemäß. Und alles ist nach den Vorschriften der Sternenflotte verstaut. Ich weiß nicht, was Ihnen widerfahren ist, Rios, oder Ibn Majid. Aber nach fünf Minuten auf diesem Schiff weiß ich ganz genau, wen ich hier vor mir habe. Sie sind Anhänger der Sternenflotte, durch und durch. Das steht ihnen auf der Stirn geschrieben."*[762]

PICARD prüft permanent das, was er wahrnimmt, auf mögliche Auffälligkeiten und Krisensignale hin ab. Auch Commander BURNHAM erkennt in der Folge „Leuchtfeuer" sehr schnell, dass das unbekannte Objekt am DOPPELSTERN nicht natürlichen Ursprungs ist. Ihre Aufmerksamkeit ist hoch, alle Sinne sind geschärft, da grundsätzlich alles in der Nähe der Grenze zu den KLINGONEN potenziell krisenrelevant ist. Sie überzeugt Captain GEORGIOU und SARU im Dreiergespräch, dass es wichtig ist, das Objekt genauer zu verstehen und fliegt schließlich zur weiteren Untersuchung dort hin. Sie richtet ihre Wahrnehmung bewusst auf eine Gefahr hin aus und vergrößert damit bewusst die Summe der verfügbaren Informationen, die für weitere Entscheidungen relevant sein könnten.[763]

---

[760] Vgl. Spielfilm Star Trek IX (1998): Der Aufstand, Zeit 14:45
[761] Der Hintergrund für die zögernde und zunächst abwehrende Haltung von RIOS liegt wohl auch darin, dass er auf der USS IBN MAJID Zeuge der Tötung zweier Androiden wurde. Dieser Vorfall wurde vertuscht und RIOS aus der STERNENFLOTTE entlassen.
[762] Picard (2020): Das Ende ist der Anfang, 1. Staffel, Zeit 20:15
[763] Vgl. Discovery (2017): Leuchtfeuer, 1. Staffel, Zeit 13:30

Neben der individuellen Ebene können krisenrelevante Informationen auch auf einer **organisatorisch-technischen Ebene** wahrgenommen werden. Bei STAR TREK sind das typischerweise die **Schiffssensoren oder die Tricorder** auf Außeneinsätzen. Beispiele sind Kurz- und Langstreckensensor, Bodensensor, Handscanner, Waffendetektor oder die Transspektrale Sensorenphalanx.[764] Auch hier kommt es darauf an, dass die Instrumente darauf ausgerichtet werden, bestimmte Signale zu erfassen und herauszufiltern.

Man muss **wissen, auf welche Signale die Sensoren ausgerichtet werden müssen**. Dafür sind häufig situative Anpassungen erforderlich. So ist der ENTERPRISE in der Folge „Klingonenbegegnung" bekannt, dass die älteren Tarnvorrichtungen der KLINGONEN Gammastrahlung emittieren. Die Crew der ENTERPRISE sucht daher bei einer Auffälligkeit gezielt nach Gammastrahlung und kann so den KLINGONISCHEN D7 KREUZER entdecken und eine tödliche Gefahr abwenden.[765]

Die Herausforderung besteht nun insgesamt für ein Führungsteam darin, nicht nur festzulegen, welche Informationen wahrgenommen und gezielt herausgefiltert werden sollen, sondern vor allem auch darin, welche Informationen **ausgeblendet und nicht wahrgenommen** werden sollten. Das ist wichtig, da es sonst zu einer **Reizüberflutung**, einem **Information Overload**, kommt. Sonst sieht man den Wald vor lauter Bäumen nicht. Allerdings besteht das Risiko, wenn die Aufmerksamkeit nur auf bestimmte Signale und Muster ausgerichtet ist, dass andere Signale nicht wahrgenommen werden.

Gelingt es nicht, die krisenrelevanten Informationen wahrzunehmen und die „richtige Brille" aufzusetzen, dann führt das zu einem **trügerischen Sicherheitsgefühl** und das tatsächliche Eintreffen einer Krise kommt so überraschend, dass (zu) wenig Zeit für Gegenmaßnahmen bleibt.

Hinzu kommt, dass es aus verschiedenen Gründen zu **Wahrnehmungsstörungen oder -verzerrungen** kommen kann. So können beispielsweise die Schiffssensoren durch Subraumanomalien oder gravimetrische Störungen beeinträchtigt werden. Diese können natürlichen Ursprungs sein oder bewusst von Feinden herbeigeführt werden, um sich einen taktischen Vorteil zu verschaffen.

Aber auch auf der individuellen Ebene kann es zu Wahrnehmungsverzerrungen kommen. Ein Beispiel dafür ist Commander SPOCK im Film „Das unentdeckte Land", wie er selbstkritisch zu KIRK feststellt. Es stellte sich heraus, dass die VULKANIERIN VALERIS für das Attentat auf den KLINGONISCHEN Kanzler GORKON verantwortlich war. SPOCK wollte frühzeitige Anzeichen dafür offen-

---

[764] Vgl. zu einem umfassenden Überblick und Linkverzeichnis Sensor (2020): in: https://memory-alpha.fandom.com/de/wiki/Sensor, Zugriff 29.05.2020
[765] Vgl. The Next Generation (1989): Klingonenbegegnung, 2. Staffel

sichtlich nicht wahrnehmen, da er sich nicht vorstellen konnte, dass sein Zögling zu einem solchen Verhalten fähig wäre.[766]

Insofern müssen Einschätzung der Richtigkeit und Relevanz der Wahrnehmung immer – und in Stresssituationen besonders – mit einem gewissen **Maß an Vorsicht** begegnet werde und die eigene Wahrnehmungsfähigkeit sollte nicht überschätzt werden.

8.4 Erst die Bewertung einer Situation als Krise macht eine Krise zur Krise und erfordert die richtigen Führungsentscheidungen

Die Wahrnehmung und Ansammlung von Informationen reichen für sich alleine genommen nicht aus, dass eine Krise auch als solche erkannt wird und entsprechende Gegenmaßnahmen ergriffen werden. Im nächsten Schritt geht es darum, dass die Wahrnehmungen als kritisch und potenziell existenzbedrohend bewertet werden.

Zu unterscheiden ist hierbei, inwiefern es sich um eine eher **direkte emotionale oder um eine eher rationale Bewertung** handelt. In den Fällen, in denen die wahrgenommene Bedrohung akut und sehr hoch ist, dominieren typischerweise die unmittelbaren emotionalen **Notfallreaktionsmuster**, die evolutionsbiologisch tief im Menschen verankert sind.

Das **direkte emotionale Stressreaktionsmuster** läuft wie folgt ab: Über die Sinnesorgane gelangt ein Gefahrensignal ins Gehirn. Dort, im Hypothalamus, wird die Situation als gefährlich bewertet. Der Körper wird in **Alarmbereitschaft** versetzt, indem Impulse an die Nebenniere über das vegetative Nervensystem geschickt werden. Es wird verstärkt Adrenalin produziert und die nicht notwendigen Körperfunktionen und das Immunsystem werden heruntergefahren. Die Atmung beschleunigt sich und das Herz schlägt schneller. Es wird möglichst viel Energie bereitgestellt, um die körperliche Leistungsfähigkeit zu erhöhen und die akute Gefahrensituation zu bewältigen.[767]

Evolutionsbiologisch ist das durchaus sinnvoll, da es den Menschen dabei geholfen hat, sich gegenüber gefährlichen Tieren zu verteidigen oder schnell flüchten zu können. Es wird nicht lange nachgedacht, sondern das Notprogramm läuft sozusagen von alleine ab. Allerdings hat dieses Reaktionsmuster **Nebenwirkungen**, die **für die Krisenbewältigung in modernen Organisationen** oft eher hinderlich sind. Denn es ist gemacht für eine körperliche Abreaktion (Kampf, Flucht) und nicht für längerfristige Krisensituationen, in denen sich der Stress nicht einfach in

---

[766] Vgl. Spielfilm Star Trek VI (1991): Das unentdeckte Land, Zeit 1:25:35
[767] Vgl. Zimbardo, Philip G./Gerrig, Richard J. (2004): Psychologie. 16. Auflage München, S. 563 f

körperlichen Handlungen entladen kann. Das kann langfristig zu **chronischem Stress**, mit negativen psychischen und physiologischen Folgen führen.[768]

Zudem verhindert diese starke körperliche automatisierte Reaktion, dass viel Aufmerksamkeit und Fokus für **eine ausgewogene Analyse der Situation** bleiben. Es geht darum, schnell ein brennendes Feuer zu löschen und nicht abzuwägen, wer wann früher etwas hätte anders machen können. Diese Stressreaktionsmuster können sich in unterschiedlichen Verhaltensweisen beim Menschen und, wie STAR TREK zeigt, offensichtlich auch bei anderen Lebewesen in der Galaxie, zeigen. Eine Ausnahme stellen dabei die VULKANIER dar, da sie ihre Emotionen so gut kontrollieren können, dass sie in der Regel keine emotionalen Reaktionsmuster zeigen und alles mit kühler Logik betrachten können.

Bei der emotionalen Krisenbewertung erfolgt die Bewertung sozusagen **automatisch als körperliche Reaktion**. Anders sieht es bei der **rationalen und bewussten Bewertung** einer Situation als Krise aus. Die ist immer dann vorzuziehen, wenn es nicht darum geht, zum Beispiel auf einen akuten Angriff eines KLINGONEN zu reagieren oder sich mit schnellem Lauf von einem brennenden Schiffsdeck in Sicherheit zu bringen. Die Vorteile bestehen darin, dass mehr Informationen in die Entscheidungsfindung, wie auf die Krise reagiert werden sollte, einbezogen und abgewogen werden können. Außerdem ist es so möglich, auch die **längerfristigen Folgen** zu berücksichtigen. Das verlangt eine besondere **mentale Stärke** von den Führungskräften, denn sie müssen es schaffen, sich der emotionalen Stressreaktion soweit zu verweigern, dass sie weiterhin einen **„kühlen Kopf"** behalten. Den Führungskräften der STERNENFLOTTE und insbesondere den Captains gelingt das in der Regel sehr gut.

Hilfreich ist dabei etwas, das in der Psychologie und Therapie als Konzept der **radikalen Akzeptanz** bezeichnet wird. Damit ist gemeint, dass die Situation mit allen auch negativen und stressbelasteten Fakten und Emotionen so angenommen und akzeptiert wird, wie sie ist. Das bedeutet noch nicht, eine Lösung zu haben, schafft aber die Voraussetzung, sich der Situation überhaupt zu stellen und die Energie auf das eigene Denken und Handeln zu richten. Das ermöglicht einen Weg aus dem Leid der Opferrolle und erhöht das Gefühl der Selbstwirksamkeit und die Resilienz.[769]

Die Fähigkeit Krisen früh als solche zu erkennen, zu bewerten und schnell angemessen zu handeln zeichnet KIRK aus, bereits bevor er Captain wurde. Im Film „Star Trek" erkennt er sofort anhand des Schlagwortes „Gewittersturm" in der Be-

---

[768] Vgl. Panse, Winfried / Stegmann, Wolfgang (2007): Angst macht Erfolg – Erkennen Sie die Macht der konstruktiven Angst, München, S. 69 ff

[769] Den philosophischen Überbau dazu stellt die Philosophie der Stoa dar, bei der die Erlangung der Gemütsruhe im Zentrum steht, die auf Affektkontrolle und der Akzeptanz dessen, was verändert werden kann und was nicht, basiert. Vgl. stellvertretend Seneca (2014): Das große Buch vom glücklichen Leben – Gesammelte Werke, Köln

schreibung von CHEKOV, dass es sich um eine existenzielle Bedrohung handelt. Er stellt sofort die Verbindung zu der Situation auf der USS KELVIN im Jahr 2233 her, in der sein Vater GEORGE KIRK gestorben ist. Dadurch gewinnt er wertvolle Zeit und kann aufgrund seiner mentalen Stärke fokussiert handeln, ohne in einen lähmenden Panik- oder Angstzustand zu fallen. Zugleich ist das ein gutes Beispiel dafür, wie **aus früheren Krisen gelernt** werden kann. Dabei müssen es nicht zwingend die selbst erlebten Krisen sein bzw. die Krisen, die man bewusst erlebt (JAMES KIRK wurde in der Krisensituation in 2233 erst geboren).[770]

Zu Beginn des Films „Der erste Kontakt" wird die STERNENFLOTTE von den BORG angegriffen, die Kurs auf die Erde nehmen. Captain PICARD hat den Auftrag, die NEUTRALE ZONE zu bewachen, da die ROMULANER den Angriff der BORG für einen eigenen Angriff auf die STERNENFLOTTE nutzen könnten. Die ENTERPRISE hört, wie ein Schiff der STERNENFLOTTE von den BORG zerstört wird. Die Wahrnehmung der Krise erfolgt dabei zum einen visuell und auditiv über die Schiffssensoren. Zum anderen nimmt PICARD, der vor Jahren selbst von den BORG assimiliert worden war, die „Stimmen" der BORG wahr. Auf Basis dieser Informationen bewertet er die Situation als akute existenzbedrohende Krise. Er „weiß", dass die BORG die Erde angreifen und zerstören wollen und er übernimmt nach der Zerstörung des Admiralsschiffs das Kommando der Flotte.

> *Picard: „Alarmstufe Rot. Alle Mann auf Gefechtsstation. Energie!"*[771]

Wichtig sind hierbei als Voraussetzungen für die erfolgreiche Krisenbewältigung die folgenden Schritte:

1. **Zusammenführung** verschiedener aussagekräftiger Wahrnehmungen und Informationsquellen;

2. Klare und **schnelle Bewertung** der Krisenrelevanz mit „kühlem Kopf";

3. Konsequente und schnelle Ableitung der erforderlichen mutigen **Entscheidungen** und **Verantwortungsübernahme**;

4. **Klare Kommunikation** an „alle Mann" für ein gemeinsames Krisenverständnis und Versetzung des gesamten Teams in **Alarmbereitschaft**;

5. Start konkreter **Handlungen zur Krisenbewältigung**.

Die vorangehenden Situationen sind Beispiele, in denen die Krisenbewertung im Wesentlichen von einer **Einzelperson** vorgenommen wird, die aufgrund ihrer persönlichen Vorerfahrung besonders sensibilisiert war. Häufiger wird es allerdings die Situation geben, in denen die Bewertung einer Krise das Ergebnis eines **gemeinsamen Entscheidungsprozesses** ist, wie die oben beschriebene ROTER ENGEL-CONTROL-Krise:

---

[770] Vgl. Spielfilm Star Trek XI (2009): Star Trek, Zeit 40:00
[771] Vgl. Spielfilm Star Trek VIII (1996): Der erste Kontakt, Zeit 08:25

1. Das **Frühwarnsystem** der STERNENFLOTTE nimmt die SIEBEN SIGNALE als Anomalie („schwarzer Schwan") und potenzielle Bedrohung wahr, da sie von definierten Normwerten abweichen.

2. Captain PIKE wird mit der **genauen Analyse** der Signale beauftragt und die **Aufmerksamkeit** der Sensoren und Personen wird auf alle potenziell relevanten Informationen (quantitative, qualitative) **ausgerichtet**.

3. Die Bewertung, inwiefern es sich tatsächlich um eine Gefahr handelt, erfolgt hypothesengestützt und iterativ als **gemeinsamer Erkenntnis- und Lösungsprozess** von den Teams der ENTERPRISE, SEKTION 31 und anderen.

4. Dabei werden bewusst unterschiedliche Meinungen und Perspektiven **offen und kontrovers diskutiert**, Lösungsvorschläge und **Szenarien** werden **ausprobiert und weiterentwickelt**.

5. Die Bewertung der Krise als Krise **entwickelt sich schrittweise weiter**, die Krise wird **immer weiter hochgestuft** bis das Ausmaß der Bedrohung (Vernichtung allen Lebens in der Galaxie) deutlich wird.

6. Aufgrund der Mehrdeutigkeit der verfügbaren Informationen braucht es immer wieder die **Entscheidung der Führungskräfte** (PIKE, CORNWELL, LELAND), wie konkret weiter vorgegangen werden soll;

7. Insgesamt wird das **richtige Maß an** erforderlicher Diskussion und Analyse und schneller Entscheidung und Handlung gefunden.

Aufgrund des hohen empfundenen Handlungsdrucks und der hohen emotionalen Belastung kommt es häufig vor, dass **Analyse und Bewertung einer Krise zu kurz kommen**. Die emotionale Stresssituation führt dazu, dass man handeln will und keine Zeit mit Analysen „verschwenden" will, die immer einen bewussten und reflektierten Geist benötigen. Mit dem Totschlagargument „Keine Paralyse durch Analyse" werden alle diejenigen mundtot gemacht, die Fragen nach dem Warum, Wieso, Weshalb stellen. Natürlich handelt es sich um einen **Balanceakt** abzuwägen, wieviel der knappen Zeit auf Analysen und wieviel auf Handeln verteilt werden sollte. Problematisch ist es aber, wenn die Krise, ihre **Treiber und Ursachen zu wenig verstanden** werden. Denn dann dominiert **Aktionismus – Handeln um des Handelns willen** -, ohne dass sichergestellt ist, dass das Handeln auch tatsächlich die Krise bekämpft.

Der häufig anzutreffende Aktionismus in Krisensituationen kann aber noch andere Hintergründe, Interessen und Begleiterscheinungen haben, wie die folgende Szene aus „Das Ende ist der Anfang" zeigt, die 2385 vor dem STERNEN-FLOTTENHAUPTQUARTIER spielt. PICARD überbringt RAFFI MUSIKER die Nachricht, dass die Rettungsaktion für die ROMULANER sofort abgebrochen wird und alle Androiden verboten werden.

Musiker: „Darauf weiß ich keine Antwort. Noch nicht. Aber eines weiß ich: Im Beta-Quadranten leben derzeit viele Milliarden Menschen im Explosionsradius einer Supernova. Es ist doch nicht deren Schuld, wenn ein Haufen A500 auf dem Mars Amok läuft."

Picard: „Da haben Sie absolut recht. Aber dennoch brennt der Mars. Viele Zehntausende sind tot. Niemand denkt nach. Niemand hört zu. Nur blinder Aktionismus."

Musiker: „Einen Augenblick, was ist darin passiert, JL?"

Picard: „Die sind der Auffassung, dass unser Plan nicht praktikabel ist. Die Hälfte von denen hat die Romulaner von Anfang an nicht retten wollen. Und der Rest ist schlichtweg verängstigt. Ich hätte nie für möglich gehalten, dass die Sternenflotte mal für Angst und Intoleranz steht."[772]

Derartige Interessensunterschiede erschweren sicherlich die effektive Krisenanalyse und -bekämpfung. Trotzdem sollte versucht werden, auch ohne aufwändige und lange Analyse im Führungsteam zumindest ein gemeinsames Verständnis und Grundwissen über die Krise herzustellen und diese kontinuierlich an neue Erkenntnisse anzupassen (**hypothesengestütztes Inspect & Adapt**)

Folgende **Leitfragen** können dabei helfen:

- Worin bestehen genau die Bedrohung bzw. die Krise? (Was? Wer? Wann? Wo?)

- Welche Risiken bestehen, mit welcher Eintrittswahrscheinlichkeit und welchem Schadensausmaß?

- Was passiert, wenn nichts unternommen wird?

- Welche Ursachen und Treiber verstärken die Krise und welche verringern sie? Was sind konkrete Ursache-Wirkungszusammenhänge? Welche objektiven Beweise gibt es dafür?

- Welche Stakeholder spielen eine Rolle in der Krise und welche Interessen haben sie? Wer profitiert von der Krise?

- Was ist zwingend sicherzustellen bzw. zu verhindern?

- Welche Maßnahmen haben die größte Wirkung? Welche Ressourcen sind dazu erforderlich?

- Was können wir selbst beeinflussen?

Auch in der Phase der Krisenbewertung kann es zu **Bewertungsfehlern oder -verzerrungen** kommen.[773] Diese können nicht gänzlich vermieden, aber doch reduziert werden. Hilfreich ist auf jeden Fall, möglichst verschiedene Sichtweisen zu

---

[772] Picard (2020): Das Ende ist der Anfang, 1. Staffel, Zeit 03:25
[773] Vgl. insgesamt Kahnemann, Daniel (2012): Schnelles Denken, langsames Denken, 7. Auflage, München zu möglichen kognitiven Verzerrungen, Selbstüberschätzungen und Bewertungs- und Entscheidungsfehlern.

berücksichtigen, um **Groupthink-Effekte** zu vermeiden. Dabei tendieren Gruppen dazu, sich aufgrund von Konformitätsbestreben in der Bewertung immer mehr auf eine Sichtweise zu einigen, die Perspektive immer weiter zu verengen und die Fakten zunehmend zu ignorieren.[774] Die Führungskräfte der STERNENFLOTTE sind sich dieses Risikos bewusst und legen Wert darauf, die unterschiedlichsten Meinungen in offenen Diskussionen zu fördern. Dabei achten sie darauf, immer die Fakten zu berücksichtigen und die Offenheit zu haben, sich von anderen überzeugen zu lassen und die eigene Meinung zu ändern.

Vorbildlich zeigt sich das zum Beispiel in der Folge „New Eden", in der Captain PIKE mit SARU, SPOCK, TYLER und BURNHAM darüber diskutiert, wie mit dem neu erschienen Signal über BORETH umzugehen ist.

> *Spock: „Ein neues Signal ist erschienen."*
>
> *Pike: „Das Signal ist das vierte von sieben und über dem klingonischen Planeten Boreth erschienen."*
>
> *Tyler: „Wir haben Dr. Burnhams Zeitkristall zerstört. Das Signal kann nicht von ihr erzeugt worden sein."*
>
> *Saru: „Zudem hat sie behauptet, darüber nichts zu wissen."*
>
> *Spock: „Was nahelegt, dass ein anderes zeitreisendes Wesen die Signale erzeugt."*
>
> *Tyler: „Ist es eine Falle? Ein Agent von Control aus der Zukunft?"*
>
> *Pike: „Die Begleitumstände deuten nicht daraufhin. Eines hat zur Rettung der Menschen von Terralysium beigetragen, deren Vorfahren Dr. Burnham persönlich gerettet hatte. Daher vermute ich, dass die Signale ..."*
>
> *Burnham: „Spekulieren, was diese Signale bedeuten oder wer sie erzeugt hat, bringt uns kein Stück weiter."*
>
> *Pike (ehrlich interessiert): „Was schlagen Sie vor, Commander?"*
>
> *Burnham: „Eins steht fest, darauf zu warten, dass uns die Signale antworten, war nichts als eine kolossale Zeitverschwendung. Ganz zu schweigen, dass Leland die KI ist. Er ist Control. Wir sollten Agent Georgiou helfen, ihn zu finden."*
>
> *Saru: „Aber wir haben festgestellt, dass das Archiv der Sphäre von diesem Schiff weder entfernt noch gelöscht werden kann. Wenn wir Leland nun mit der Discovery verfolgen würden, servieren wir ihm die Daten auf einem Silbertablett."*
>
> *Pike: „Wir alle wollen ihn aufhalten, Sie ganz besonders, das verstehe ich. Aber unsere Priorität liegt im Schutz dieser Daten. Deshalb konzentrieren wir uns auf diese Signale und auf die Frage, wieso es über Boreth erschienen ist. Mr. Tyler, eine Idee?"*

---

[774] Vgl. Janis, Irving L. (1982): Groupthink, 2. Auflage, Boston

Tyler: „Auf Boreth befindet sich ein klingonisches Kloster. Der Legende nach soll dort eines Tages Kahless wiedererscheinen. Es ist das einzige Gebäude auf dem ganzen Planeten. Ich sehe keinen Zusammenhang zu den Signalen, aber ich könnte Kanzlerin L'Rell bitten, uns einen Besuch zu gestatten."

Pike: Sehr gut. Tun Sie das."[775]

Die Situation wird aus den unterschiedlichsten Perspektiven betrachtet, Hypothesen werden aufgestellt und verworfen und am Ende wird eine Entscheidung getroffen, die von allen mitgetragen wird.

8.5 Die kurzfristige Krisenbekämpfung hat oberste Priorität, um die unmittelbare Existenzbedrohung abzuwenden

Im nächsten Schritt geht es darum, die Erkenntnisse und Entscheidungen der Krisenwahrnehmung und -bewertung in konkrete Handlungen zur Bekämpfung der Krise umzusetzen. Das Feuer muss gelöscht werden. Das kann auf unterschiedliche Art und Weise erfolgen, wobei einige Handlungsmuster eher **funktional und andere eher dysfunktional** sind.

Eher dysfunktional sind Handlungsmuster die **Angstabwehrverhalten und emotionale Stressreaktion** sind. Sie zeigen sich vor allem dann, wenn die negativen Emotionen Überhand gewinnen, Menschen unter hoher Anspannung und Stress stehen und die mentale Stärke beeinträchtigt ist. Sie sind eher dysfunktional, weil die mobilisierte Energie nicht in erster Linie in die Bewältigung der Krisensituation geht. Ein Verhalten, dass unter Stress selbst bei den sonst so besonnenen und fokussierten Captains der STERNENFLOTTE auftreten kann.

Im Film „Der erste Kontakt" haben die BORG die ENTERPRISE geentert und es wird Mann gegen Mann gekämpft. Es ist eine Situation, die voller Stress und Adrenalin ist. Captain PICARD ist mit LILLY auf dem Holodeck und hat gerade mit dem Maschinengewehr aus den 30er Jahren zwei BORG getötet. Als beide schon tot sind, schreit PICARD laut auf und will auf beide nochmal mit dem Gewehr draufhauen. Erst als LILLY ihn abhält, kommt er zur Besinnung und erlangt seine Selbstkontrolle zurück. Es ist glücklicherweise nur ein kurzer Moment, aber wenn dieser Zustand länger angehalten hätte, hätte er verhindert, dass PICARD die akute Bedrohung erfolgreich bekämpft hätte. Wieder im Besitz seiner mentalen Stärke holt er bei dem BORG den Gedächtnischip heraus, der hilft, die BORG zu besiegen.[776]

Auch bei Captain ARCHER führt in der Folge „Anomalie" offensichtlich das hohe Stressniveau dazu, verstärkt durch die psychischen Auswirkungen der DELPHIC-AUSDEHNUNG, dass er einen VENTAXIANER in einer Luftschleuse einsperrt und die Luft entweichen lässt, um ihn dazu zu bringen, wichtige Codes herauszugeben.[777]

---

[775] Discovery (2019): Tal der Schatten, 2. Staffel, Zeit 03:44
[776] Vgl. Star Trek VII (1996): Der erste Kontakt, Zeit 52:04
[777] Vgl. Enterprise (2003): Anomalie, 3. Staffel

Zwar erhält er die Codes und insofern ist es ein funktionales Verhalten. Allerdings wirkt ARCHER in dieser Situation nicht mehr als die besonnene Führungskraft, die die Situation voll im Griff hat.

Im Film „Star Trek" finden sich verschiedene Situation, die KIRK und SPOCK in ihrer Storming- und Norming-Phase zeigen. Die eigentlich für die Krisenbewältigung erforderliche Energie und Aufmerksamkeit gehen hier **dysfunktional in Rollenkämpfe**. Hätten diese länger angehalten, hätte dies die erfolgreiche Bekämpfung der Bedrohung durch NERO verhindern können.[778]

In den vorangehenden Beispielen zeigt sich das Stressverhalten in Form von übertriebenem **Angriff und Aggression**. Stressverhalten kann sich aber auch in Form von **Fluchtverhalten** äußern. In der VOYAGER-Folge „Nacht" befindet sich Captain JANEWAY nach zwei Monaten in einer Region ohne Sterne in einem psychischen Loch. Sie bleibt in ihrem Quartier, isoliert sich von der Mannschaft und nimmt die in einer Krise extrem wichtige Führungsrolle nicht ein. Sie flieht vor der Krise – ein dysfunktionales Verhalten. Mit Hilfe von CHAKOTAY findet sie schließlich wieder zurück zur alten Handlungskraft.[779]

Eine **funktionale kurzfristige Krisenbekämpfung** fokussiert dagegen die Aufmerksamkeit und das Handeln auf die Beseitigung der akuten Gefahr. Damit werden allerdings oft zunächst nur die **Symptome und nicht die tieferliegenden Ursachen** bekämpft. Letzteres ist Aufgabe des folgenden Schrittes „Nachhaltige Veränderungen".

8.5.1 Erfolgsfaktoren auf der individuellen Ebene verdeutlichen die Bedeutung mentaler Stärke und betonen die Eigenverantwortung

Auf der individuellen Ebene gibt es eine Reihe an wichtigen Erfolgsfaktoren als Voraussetzung für die erfolgreiche Krisenbekämpfung. Diese machen in der Regel auch im Normalfall eine „gute Führung" aus. Ihnen kommt aber im Fall einer existenzbedrohenden Krise eine noch größere Bedeutung zu.

Der wohl **wichtigste** Erfolgsfaktor besteht für Führungskräfte darin, einen **„kühlen Kopf" zu bewahren**, um fokussiert handeln zu können. In einer Krise ist das besonders wichtig, da hohe Dynamik und Zeitdruck zu einem erhöhten Stressniveau führen. Es sollten daher nur die Personen in eine Führungsposition befördert werden (Personalauswahl), die über ein besonderes Ausmaß an **Resilienz und mentaler Stärke** verfügen, wie die Captains der STERNENFLOTTE, die, bis auf wenige situative Ausnahmen, beides vorbildhaft verkörpern.

---

[778] Vgl. Spielfilm Star Trek XI (2009): Star Trek
[779] Vgl. Voyager (1998): Nacht; 5. Staffel, Zeit 12:10. Siehe auch Panse, Winfried / Stegmann, Wolfgang (2007): Angst macht Erfolg – Erkennen Sie die Macht der konstruktiven Angst, München, S. 84 ff zu anderen Formen des Angstabwehrverhaltens. Insgesamt werden unterschieden: Angriff, Verteidigung, Anlehnung, Überlassung, Koalition, Flucht, Verdrängung, Rationalisierung, Verschiebung, Reaktionsbildung, Progression und Regression.

Das gilt letztlich nicht nur für Führungskräfte, sondern für alle Teammitglieder. Keiner sollte seinen „Kopf ausschalten" und jeder ist in der Eigenverantwortung, die eigene psychische und physische Leistungsfähigkeit für den Moment der Krise bereits im Vorfeld sicherzustellen. Nur mutige Mitarbeiter sind in der Lage, in der akuten Krisensituation die richtigen Maßnahmen zu ergreifen und keinem **„blinden Aktionismus"** an den Tag zu legen.

Ein **zweiter** Erfolgsfaktor besteht darin, auch in einer unübersichtlichen Krisensituation die volle **Schlagkraft eines Teams** nutzen zu können. Dafür braucht es bei allen Teammitgliedern den erforderlichen **Sense of Urgency** (Krisenbewusstsein) und ein **Alignment** hinsichtlich des gemeinsamen Vorgehens. Erreicht werden kann dies zum einen frühzeitig durch die richtige Personalauswahl und vorangehende Teambuildingmaßnahmen. Dadurch sind im Fall einer Krise die Mitarbeiter, die als ein Team funktionieren, sofort handlungsfähig, ohne sich in Grundsatzdiskussionen und Rollenkämpfen zu verlieren. Zum anderen braucht es dafür geeignete **Kommunikationsmöglichkeiten**, die sicherstellen, dass jeder die erforderlichen Informationen hat und bei Bedarf eine **Rückkopplung** hinsichtlich neuer Erkenntnisse geben kann.

Führungskräfte stehen dabei vor einer Gratwanderung, bei der sie es schaffen müssen, einerseits die Krise und Fakten **nicht schönzureden** und andererseits aber auch die Situation **nicht zu sehr zu dramatisieren**. Sicherlich auch abhängig von der jeweiligen Krisenfähigkeit und Problemlösungskompetenz der Mitarbeiter geht es darum, die relevanten Fakten situativ weiterzugeben, dabei authentisch zu sein und die Zuversicht zu vermitteln, dass die Krise gemeinsam bewältigt werden kann.

Zur Schlagkraft eines Teams gehört auch, dass das Team **flexibel und situativ** agieren kann. Voraussetzung hierfür ist, dass die Teammitglieder über eine große Bandbreite an Problemlösungsstrategien verfügen und diese auch anwenden wollen und können.

Als **dritter** Erfolgsfaktor kann die Bedeutung der **Führungspräsenz** in der Krisenbewältigung gesehen werden, da es in einer Krisensituation, im Vergleich zu „normalen" Führungssituationen, deutlich mehr Momente gibt, in denen Entscheidungen getroffen werden müssen, für die es keine Standardprozesse oder Regeln gibt. Zudem braucht es **Eskalationsinstanzen**, um langwierige Diskussionen unter Gleichberechtigten zu beenden. In der Folge „Alte Bekannte" gibt Admiral CORNWELL dafür ein ein gutes Beispiel, die als Vorgesetzte, sowohl von PIKE als auch LELAND, die sich beide nicht einigen können, ihre Rolle als Eskalationsinstanz klar einnimmt und beide zur Raison ruft.[780]

Führungspräsenz ist auch wichtig, um den Mitarbeitern **Stabilität bei psychischen Durchhängern** zu geben und die Motivation aufrecht zu erhalten. Natürlich müssen alle Mitarbeiter möglichst selbständig agieren und sich selbst motivie-

---

[780] Vgl. Discovery (2019): Alte Bekannte, 2. Staffel, Zeit 45:47

ren. Aber Führungskräfte haben aufgrund ihrer Position und Vorbildrolle eine **hervorgehobene Rolle** bei der Vermittlung von Orientierung und Stabilität.

Einen **vierten** Erfolgsfaktor stellt die Fähigkeit dar, trotz einer akuten Existenzbedrohung **über den akuten Krisenherd hinauszuschauen**. Zum einen, da so **weitere Gefahren** erkannt werden können. Zum anderen, weil außerhalb der direkten Situation auch **bislang ungenutzte Chancen und Ressourcen** zu Krisenbewältigung liegen können. Dieser Punkt verweist bereits auf das Change Management im nächsten Schritt, um nachhaltige Veränderungen und Verbesserungen zu initiieren. In der Folge „Solch süße Trauer" gibt BURNHAM als ROTER ENGEL der DISCOVERY ein weiteres Signal, das sie zum Planeten XAHEA führt, der von TILLYS Freundin Po regiert wird. Die DISCOVERY folgt dem Signal, nimmt die Hilfe der jungen und brillanten Ingenieurin PO an und eröffnet sich damit eine neue wichtige Chance, um CONTROL zu bekämpfen.[781]

Auch bei Captain ARCHER kommen wichtige Impulse für die Krisenbewältigung von außen, vom Zeitagenten DANIELS. Dieser bringt ARCHER zu Anfang zunächst zehn Monate zurück in die Vergangenheit in sein Apartment in San Francisco. Später bringt er ihn in die Zukunft ins 31. Jahrhundert, um ihn vor den SULIBAN zu schützen. Er holt ihn aus der akuten Krisensituation heraus und bringt ihn **real und mental auf eine höhere Betrachtungsebene und auf Distanz**, was ARCHER dabei hilft, die akute Krise im TEMPORALEN KALTEN KRIEG besser zu verstehen und entsprechend zu handeln. Wichtig hierbei ist, dass der Impuls von außen kommen kann, aber selbst gehandelt werden muss. Es ist zugleich ein gutes Beispiel für die **Kontingenz einer Krisensituation**. Aus jeder Situation können sich unterschiedliche Zeitlinien und Zukünfte entwickeln und ich selbst kann diese durch mein Handeln beeinflussen.[782]

8.6 Erfolgsfaktoren auf der organisatorischen Ebene sind Notfallmanagementstrukturen und organisatorische Flexibilität für situatives Handeln

Neben individuellen und personenbezogenen Erfolgsfaktoren kommen auch organisatorischen Voraussetzungen eine wichtige Rolle bei der Krisenbekämpfung zu. Entscheidend ist dabei, dass die entsprechenden Organisationsstrukturen und Verhaltensweisen **bereits vor der Krise** geschaffen werden. In der Krise selbst ist dafür keine Zeit.

Ein **erster** Erfolgsfaktor sind funktionierende **Notfallmanagementstrukturen und -prozesse**, die den Mitarbeitern bekannt sind und die sicher beherrscht werden. Sie dienen dazu, Chaos in der akuten unübersichtlichen Krisensituation zu verhindern. Hierzu gehört, dass es überhaupt eine **gemeinsame Sprache, Begriffsverständnisse und Klassifikationen** gibt (zum Beispiel Alarmstufe rot;

---

[781] Vgl. Discovery (2019): Solch süße Trauer, 2. Staffel
[782] Vgl. Enterprise (2002): Die Schockwelle, Teil 1, 1. Staffel

schwarzer Alarm beim Sporenantrieb, medizinischer Notfall). Erst wenn eine Situation als Krise beschrieben und besprochen werden kann, und zuvor gedanklich erfasst und strukturiert werden kann, erst dann kann bewusst gehandelt werden. Damit weiß jeder trainierte (!) Mitarbeiter, was die eigene Rolle ist und was die anderen jetzt tun und koordiniertes Handeln ist möglich.

Grundsätzlich sollte es **Notfallpläne** für alle kritischen Prozesse geben, die beim Eintreffen eines Notfalls oder einer Bedrohung zur Anwendung kommen. Sie be inhalten sowohl konkrete Anweisungen, Richtlinien und Vorgehensweisen als auch **Entscheidungs- und Eskalationswege** (Governance), um die Handlungsfähigkeit sicherzustellen. Wichtig ist auch, dass sie **frühzeitig und regelmäßig trainiert** und bei neuen Erkenntnissen aktualisiert werden, damit sie im Notfall gleichsam automatisch und wie selbstverständlich ausgeführt werden können. Deshalb gibt es beispielsweise an Bord der DISCOVERY in der Folge „Lichtpunkt" die sogenannte **Schattenübungseinheit**, bei der die angehenden Führungskräfte auf der Brücke die spätere Rolle ganz real einnehmen. Die richtigen Führungskräfte stehen dabei für Notfälle und als Coaches zur Verfügung.[783]

Im Stresszustand besteht bei Menschen die Tendenz, dass sie vor allem auf die vertrauten und routinisierten Problemlösungsmuster zurückgreifen, da die Stresshormone das reflektierte Denken und Handeln beeinträchtigen. Auf den Raumschiffen der STERNENFLOTTE ist immer sichergestellt, wer die nächste Person in der Befehlskette ist, wenn zum Beispiel der Captain nicht da ist oder ausfällt.[784]

Die Herausforderung besteht hier darin, dass die Notfallpläne einerseits möglichst konkret sein sollten, damit klar ist, was zu tun ist. Anderseits müssen sie so abstrakt formuliert sein, dass sie auch für **neue** Notfälle passen.

Ein **zweiter** organisatorischer Erfolgsfaktor besteht darin, eine grundsätzliche **strukturelle und kulturelle Agilität und Flexibilität** zu besitzen, mit der in Krisenfällen schnelle Anpassungen auf die Gefahrensituation möglich sind.

Bei der STERNENFLOTTE sind die Raumschiffe bewusst auf Anpassung in Krisen ausgelegt. So kann beispielsweise die Schiffsenergie bei Bedarf von der Steuerbord- auf die Backbordseite umgeleitet werden oder aus nicht kritischen Systemen in die Waffensysteme (**Energie- und Ressourcensteuerung**). Der WARPANTRIEB ermöglicht das Reisen mit Überlichtgeschwindigkeit und ist die zentrale Energiequelle an Bord eines Raumschiffs, aber auch eine potenziell große Gefahrenquelle. Bei Beschädigung des WARPKERNS, zum Beispiel bei einem Angriff, kann es zu einem WARPKERNBRUCH und einer unkontrollierten Materie-Antimaterie-Reaktion kommen. Um dieser potenziellen Existenzbedrohung zu begegnen, ist es technisch

---

[783] Vgl. Discovery (2019): Lichtpunkt, 2. Staffel, Zeit 20:30
[784] Vgl. stellvertretend Raumschiff Enterprise (1967): Im Namen des jungen Tiru, 2. Staffel, Zeit 18:20

möglich, den WARPKERN abzuwerfen und damit Distanz zum Krisenherd herzustellen.[785]

Auf diese Weise wird die **Gefahr isoliert und die Krise eingedämmt**. Ein anderes Beispiel stellen die Raumschiffe der GALAXY-Klasse wie die ENTERPRISE D von Captain PICARD dar, die mit einer UNTERTASSENSEKTION ausgestattet sind. Dabei handelt es sich um den vorderen Teil des Raumschiffs, der im Krisenfall vom Antriebsteil getrennt werden kann. So können bei einem Angriff Teile der Besatzung aus der Schusslinie genommen werden (in der UNTERTASSENSEKTION sind die Familien untergebracht) oder wenn ein Teil des Schiffes zerstört ist, ist der andere noch flugfähig.[786] Auch die Möglichkeit, einzelne Decks des Schiffes zu isolieren und abzuschotten, schafft im Krisenfall **größere Handlungsoptionen**.

Bei aller notwendigen Flexibilität braucht es natürlich zugleich auch eine gewisse **Ordnung und Vorhersehbarkeit** für eine erfolgreiche kurzfristige Krisenbewältigung. Es ist wichtig, dass die HAND PHASER im Krisenfall **griffbereit** und geladen am bekannten Platz stehen.

Die kurzfristige Krisenbekämpfung **endet**, sobald die Existenzbedrohung beseitigt ist. Hier ist darauf zu achten, dass weder zu früh das Ende der Krise verkündet wird noch, dass der Krisenzustand, und damit die Stresssituation, länger als notwendig aufrechterhalten wird. Insofern ist zu empfehlen, nach dem Krisenmodus zunächst in eine **Stabilisierungs- und Monitoring-Phase** zu wechseln, um weiterhin wachsam und handlungsbereit zu sein bis zweifelsfrei klar ist, dass keine Existenzbedrohung mehr besteht.

8.7 Krisenmanagement muss mit Change Management verknüpft werden, um eine nachhaltige Verbesserung der Ausgangssituation zu erreichen

Sobald das Feuer gelöscht ist und die akute Existenzbedrohung beseitigt ist, ist oft für Krisenmanager der Job erledigt und der Impuls ist da, einfach dort weiter zu machen, wo man vor der Krise aufgehört hat.[787] Angedeutet durch die gestrichelte Linie in der Abbildung oben. Diesem Impuls nachzugeben mag menschlich verständlich sein, zu empfehlen ist er dennoch nicht, da die tieferliegenden Krisenursachen in der Regel nicht gelöst sind und es nur eine Frage der Zeit ist, bis der Krisenherd wieder entflammt. **Nach der Krise ist vor der Krise**. Daher ist dringend zu empfehlen, in einem weiteren Schritt auch noch die erforderlichen nachhaltigen Veränderungen anzugehen, um bei einer nächsten Krise bestmöglich gewappnet zu sein.

---

[785] Vgl. The Next Generation (1994): Utopia Planitia, 7. Staffel
[786] The Next Generation (1987): Mission Farpoint, 1. Staffel
[787] Im schlimmsten Fall strebt der Krisenmanager sogar (unbewusst) danach, die Krise zu verlängern, da es sein Selbstverständnis darin besteht, in der Krise zu handeln. Außerdem sind die Fähigkeiten und Persönlichkeitstypen für die akute Krisenbewältigung oft andere als für langfristige nachhaltige Führung und Veränderung.

Die „ruhige" Zeit nach erfolgreicher Krisenbewältigung sollte bewusst zum einen dafür genutzt werden, um die Krise mit ihren Ursachen und Abläufen und das eigene Verhalten kritisch zu analysieren und Lessons Learned abzuleiten. Zum anderen dient diese Zeit dazu, Psyche und Physis zu regenerieren und die Krisenschäden zu beseitigen. Dabei sollte der alte Zustand nicht einfach wiederhergestellt werden, sondern die Erkenntnisse der Lessons Learned sollten berücksichtigt werden.

Im Verhältnis zu kurzfristiger Krisenbewältigung ist die **langfristige Veränderung deutlich schwieriger**, da der unmittelbare Handlungsdruck aufgrund der Gefahrensituation oft nicht da ist. Die Gefahr, zum Beispiel eine mögliche Supernova oder der Klimawandel, sind oft zu abstrakt als dass es einfach ist, in das Krisenbewusstsein und dann in die Handlung zu kommen. Eine akute Krisenbedrohung wirkt oft vereinigend und bestehende Interessensunterschiede werden im Angesicht der Gefahr zurückgestellt. In vielen Fällen sind die tiefergehenden Konflikte nach überstandener Krise aber nicht beseitigt, sondern treten wieder offen zu Tage und erschweren die erforderlichen nachhaltigen Veränderungen.

Zugleich sind Erschütterungen durch Krisen und deren Bewältigung oft auch wichtige **Voraussetzungen für langfristige Transformationsprozesse**. Es kann diskutiert werden, ob es ohne vorherige Krisen überhaupt zu größeren Veränderungen kommen kann. Denn erst Krisen machen unmittelbar erlebbar, dass bisheriges Denken und Handeln nicht mehr funktionieren und sorgen damit für den notwendigen Handlungsdruck und -willen.

Folgende Erfolgsfaktoren beschreiben wesentliche Handlungsfelder für Führung und Management, um erfolgreich nachhaltige Veränderungsprozesse zu managen.

8.7.1 Nachhaltige Veränderungen erfordern ein bewusstes Umschalten vom Krisenmodus in den Veränderungsmodus

Existenzbedrohende Krisen zeigen auf, wo die früheren mentalen Modelle und Grundannahmen, die Problemlösungsmuster und organisationalen Strukturen ihre Schwächen haben bzw. gänzlich ungeeignet sind. Krisen erschüttern das Selbstbild und stellen alles in Frage, was bisher, nicht hinterfragt, als ganz normal galt. Es lohnt sich, folgenden **Leitfragen im Hinblick auf strategische, kulturelle und strukturelle Aspekte** nachzugehen, offen zu diskutieren und zu reflektieren:

- Was müssen wir zwingend verändern und wo brauchen wir einen Paradigmenwechsel?

- Was müssen wir lernen? Was sollten wir „verlernen" und nicht mehr tun?

- Was hat gut funktioniert und sollte beibehalten werden?

- Welche Vorteile haben wir davon?

Ein solcher **Lessons Learned-Prozess** geht an das „Eingemachte" und erfordert einen selbstkritischen Blick auf die eigene Person und Organisation. Es sind daher

Widerstände von den Personen zu erwarten, die das eigene positive Selbstbild nicht erschüttern wollen oder die befürchten, dass sie nach dem Prozess schlechter dastehen als zuvor. Wichtig ist daher die **Grundhaltung**, dass es nicht darum geht, Schuld zuzuweisen und jemanden zur Rechenschaft zu ziehen, sondern gemeinsam zu lernen und besser zu werden.

Als notwendige Voraussetzungen für diesen Lernprozess müssen die beteiligten Personen **vom Krisenmodus in einen Veränderungsmodus umschalten**. Es müssen **Rahmenbedingungen** geschaffen werden, in denen die dafür erforderliche Offenheit und Entspanntheit möglich sind. Hier zeigen sich Parallelen zu der Unterscheidung von **schnellem (System 1) und langsamem (System 2) Denken** von KAHNEMANN. Beim schnellen Denken arbeiten die kognitiven Prozesse weitgehend automatisch und ohne willentliche Steuerung, ähnlich wie im Krisenmodus. Beim langsamen Denken, das deutlich mehr Zeit und kognitive Anstrengung erfordert, sind auch komplexe Berechnungen und Reflektionen möglich, die für den Veränderungsmodus erforderlich sind.[788]

Um die Umstellung zu begünstigen, bietet es sich dafür an, auch **andere Räumlichkeiten** zu wählen und bewusst Abstand zur „Brücke" oder dem Krisenleitstand zu halten, da sonst der Fokus zu schnell wieder auf operativen Aspekten liegt. Mit anderen Worten, der „rote Alarm" sollte für alle sichtbar ausgeschaltet sein und die Waffen sollten wieder in ihrem Schrank stehen.

In der **„Theorie U"** werden zwei grundsätzliche Quellen für individuelles oder organisationales Lernen unterschieden: Zum einen, Lernen durch die Reflektion der Vergangenheit und zum anderen Lernen durch das **Erspüren und Entwickeln möglicher sich abzeichnender Zukünfte**.[789] Interessant an diesem Ansatz sind vor allem folgende Aspekte: Der Blick in die Vergangenheit wird durch das Erspüren möglicher Zukünfte ergänzt und beide werden in der Gegenwart in einem sozialen Lernprozess zusammengeführt. Außerdem wird die **rationale Reflektion mit intuitivem und emotionalem Erspüren kombiniert**. Damit wird sichergestellt, dass tragfähige Handlungen und neue Settings gefunden werden können.

Captain PIKE schätzt dieses emotionale Erspüren ausdrücklich, wie in seinen Dankesworten an BURNHAM kurz vor der entscheidenden Schlacht gegen CONTROL deutlich wird.

> *Pike: „Und was Sie betrifft, den meisten gelingt es nie, in ihr eigenes Herz vorzudringen. Und wenn doch ist das Ergebnis oft anders als erwartet oder wir hätten uns etwas anderes für uns gewünscht. Ich bin jedenfalls sehr dankbar dafür, dass ich dabei sein durfte, wie Sie*

---

[788] Vgl. Kahnemann, Daniel (2012): Schnelles Denken, langsames Denken, 7. Auflage, München, S. 33 f

[789] Hieraus leitet SCHARMER das Konzept des Presencing (zusammengesetzt aus Presence and Sensing) als soziale Technik ab. Vgl. Scharmer, C. Otto (2018): The Essentials of Theory U – Core Principles and Applications, Oakland, S. 9

in Ihr Herz vordringen. Danke. Ich weiß, dass Sie …, ich weiß, dass Sie alle Ihrem Schicksal mit Mut und Tapferkeit entgegentreten. Auch in den Momenten, die selbst die Stärksten auf die Probe stellen."[790]

Ein weiteres Beispiel für die zukunftsgerichtete Reflektion, bereits oben ausführlicher unter „Stakeholdermanagement" beschrieben, findet sich im Film „Das unentdeckte Land". Dort hat Captain KIRK die Aufgabe, Kanzler GORKON sicher zur Erde zu den Friedensverhandlungen zwischen FÖDERATION und KLINGONISCHEM REICH zu bringen. Es finden derzeit keine Kampfhandlungen zwischen den beiden Mächten statt, aber eine **latente** existenzbedrohenden **Krisengefahr** prägt die Situation seit langem, sodass die erforderliche Relevanz gegeben ist.

Zunächst ist der Blick von Captain KIRK nur auf die Vergangenheit gerichtet. Aufgrund seiner Erfahrungen mit den KLINGONEN, denen er schon häufig im Kampf gegenüberstand und die seinen Sohn getötet haben, hat er für sich das **Paradigma** abgeleitet, dass sie „Tiere" sind und wer ihnen vertraut, verloren ist.[791] Dieses Paradigma, so nachvollziehbar es ist, führt nun aber genau dazu, dass die Existenzbedrohung bestehen bleibt. Sonderbotschafter SPOCK, weniger als KIRK in seinen Emotionen gefangen, ist da schon weiter. Er hat die Potenziale der Zukunft „erspürt" und die Notwendigkeit eines Paradigmenwechsels verinnerlicht. Daher hatte die ENTERPRISE für die Friedensmission vorgeschlagen.[792]

Im Laufe seiner Mission reflektiert KIRK alleine und mit seinen Vertrauten MCCOY und SPOCK über die Notwendigkeit und die Schwierigkeit des Wandels. Nach und nach richtet er dann auch den Blick nach vorn in die Zukunft und erspürt das, was möglich ist. Dabei gesteht er sich und MCCOY ein, dass er Angst vor einer Zukunft ohne neutrale Zone hatte. Ein solcher Paradigmenwechsel, ein mentaler Transformationsprozess ist immer schmerzhaft. Er öffnet sich aber dafür und schafft es nach und nach, das **alte Paradigma hinter sich zu lassen und in ein neues Paradigma** (im Sinne „wir können in Frieden mit den KLINGONEN leben") **mental hineinzuwachsen.**[793]

Die Umsetzung gelingt aber nur, weil auch wichtige Akteure auf Seiten der KLINGONEN bereit dafür sind. Es ist immer ein **gemeinsamer Lernprozess**, der die richtigen Leute und den richtigen Zeitpunkt braucht. Mit einem treffenden programmatischen Trinkspruch (von SHAKESPEARE) stimmt Kanzler GORKON die Beteiligten auf die Veränderungen ein.

Gorkon: „Trinken wir auf das unentdeckte Land. Die Zukunft."[794]

---

[790] Discovery (2019): Solch süße Trauer, 2. Staffel, Zeit 40:00

[791] Vgl. Spielfilm Star Trek VI (1991): Das unentdeckte Land, Zeit 10:36

[792] Vgl. Spielfilm Star Trek VI (1991): Das unentdeckte Land, Zeit 09:35

[793] Siehe auch Kapitel 7.2.2 zur Bedeutung und zu weiteren Beispielen von Reflektion für die mentale Stärke.

[794] Spielfilm Star Trek VI (1991): Das unentdeckte Land, Zeit 21:40

Ein Paradigmenwechsel bedeutet, sowohl eine neue grundsätzliche Sichtweise einzunehmen als auch die **alte Sichtweise loszulassen** und die damit verbundenen Handlungsweisen und **Routinen zu „verlernen"**. Anders formuliert, um in dem Bild zu bleiben, das PICARD gegenüber O'BRIAN wählt, demzufolge Hass eine alte Lederjacke ist, an die man sich gewöhnt und in der man sich wohlfühlt, geht es darum, die vertraute Lederjacke abzulegen, frischen Wind auf die Haut zu lassen und sich unbeschwerter zu bewegen.[795]

Bei Paradigmenwechseln muss es nicht immer gleich um den galaktischen Frieden gehen. Sie können auch „nur" das **Selbstverständnis eines Teams** betreffen. Ein Beispiel hierfür ist die Crew der DISCOVERY, die sich bei Start ihrer Mission eher als „Crew von freundlichen Wissenschaftlern" verstanden hat, wie es Captain LORCA ausdrückt.[796] Ausgelöst durch die Krise mit den KLINGONEN und die Erkenntnis, so die Existenzbedrohung nicht bewältigen zu können, lassen sie die reine, eher passive Wissenschaftlerrolle hinter sich und werden auch zu „mutigen Kriegern". Das bewirkt sowohl einen Innovationsschub im Hinblick auf neue mutige Lösungen als auch im Hinblick auf das Wir-Gefühl des Teams. Die wissenschaftliche Herangehensweise wird bewahrt, das Selbstverständnis aber insgesamt erweitert und verändert.

Wichtig ist auch, dass **aus dem mentalen Wandel konkrete materielle Konsequenzen abgeleitet und umgesetzt** werden. Ein solcher kann auch schrittweise erfolgen, wenn neue Erkenntnisse dazukommen, wie auf der ENTERPRISE unter Captain ARCHER. Auch hier besteht die Crew zunächst aus Wissenschaftlern, die den Weltraum erforschen wollen, ohne ausgeprägte militärischen Kompetenzen. Nach dem Angriff durch die XINDI werden diese aber benötigt und daher ergänzt ARCHER das Team der ENTERPRISE um die Elite-Soldateneinheit, die MACOs. Hier **beginnt der Lernprozess bereits zu Beginn der Krise**. Die strategische Vorausschau, das Erspüren der Zukunft, sind offensichtlich herausragende Führungskompetenzen von ARCHER und seinem Führungsteam, da er **Krisenmodus und Veränderungsmodus parallelisieren** kann. Der nächste Schritt im **iterativen Lernprozess** sind nach erfolgreich überstandener XINDI-Krise dann der

---

[795] Vgl. The Next Generation (1991): Der Rachefeldzug, 4. Staffel, Zeit 20:00. Ein beeindruckendes Beispiel dafür, wie wichtig es ist, in bestimmten Situationen die vertrauten Methoden und routinisierten Verhaltensweisen abzulegen, da gerade sie zur tödlichen Gefahr werden können, zeigt WEICK anhand von 27 Feuerwehrleuten, die bei einem Waldbrand sterben. Sie sterben, weil sie, ausgestattet mit schweren Anzügen und Werkzeugen, es nicht mehr schaffen, sich vor dem Feuer in Rettung zu bringen. Sie kamen nicht auf die Lösungsoption, ihre Ausrüstung abzulegen. Hätten sie es getan, hätten sie sich offenbar retten können. Aber sie hatten zu sehr verinnerlicht, dass ihre Anzüge und Werkzeuge überlebensföderlich sind, dass sie gar nicht auf den Gedanken kamen, dass sie auch eine Gefahr darstellen könnten. Vgl. Weick, Karl E. (1996): Drop Your Tools: An Allegory for Organizational Studies, in: Administrative Science Quarterly, Jun., S. 301-313
[796] Vgl. Discovery (2017): Algorithmus, 1. Staffel, Zeit 12:45

Rückbau der MACO-Strukturen und die Integration militärischer Kompetenzen in das normale STERNENFLOTTENTEAM.[797]

8.7.2 Führung nimmt als gestaltende Kraft im Veränderungsprozess eine zentrale Rolle ein

Phasen großer und grundlegender Veränderungen in der VUCA-Welt brauchen in besonderer Weise Führung und Leadership und sie machen deutlich, was die **Kernaufgabe und das Alleinstellungsmerkmal von Führung** sind. Führung ist vor allem dann erforderlich, wenn es gilt, **unter Unsicherheit zu entscheiden** und wenn es für eine Situation keine eindeutigen Regeln oder Prozesse gibt. Immer dann, wenn andere Koordinationsmechanismen nicht mehr funktionieren, kann das „VUCA-Wundermittel Führung" durch **situative Flexibilität und das Entscheiden des Unentscheidbaren** das koordinierte Handeln sicherstellen.[798] Damit ist natürlich nicht gemeint, dass die Mitarbeiter „an der kurzen Leine" durch alle Unsicherheiten geführt werden. Vielmehr brauchen gerade die anspruchsvollen Veränderungsphasen und das **Betreten von Neuland** das Mitdenken und eigenverantwortliche Handeln der Mitarbeiter.

Eine Krise kann zumindest kurzfristig nur mit einem Bedrohungsszenario bewältigt werden. Im Anblick der Gefahr schließen sich Menschen zusammen, mobilisieren ihre Kräfte und legen Ressourcen zusammen. Für eine nachhaltige Veränderung ist das nicht ausreichend, sondern zusätzlich braucht es ein **attraktives Zukunftsszenario**, das einen erstrebenswerten Zustand beschreibt, mit individuellem Nutzen („What's in for me?").

Das lenkt den Blick auf die **Chancen**, die aus einer Krise entstehen können und die wichtige Rolle, die Führungskräfte dabei spielen können und sollten, um diese herauszuarbeiten. Durch eine Krise werden „die Karten neu gemischt" und danach ist prinzipiell mehr möglich als in einer stabilen Nichtkrisensituation. Mit anderen Worten, eine **Krise verbreitert die möglichen Zukunftsszenarien** deutlich. Sowohl auf der Seite der positiven Entwicklungen als auch auf der Seite der negativen Entwicklungen.

Die Aufgabe für die Führungskräfte besteht hierbei darin, diese Szenarien zu entwickeln, die Optionsvielfalt auszuhalten und, gemeinsam mit dem Team, das Szenario zu entwickeln, das die wünschenswerte Zukunft beschreibt. In einem **iterativen Prozess aus Erzeugung und Reduktion von kontingenten Zukünften**

[797] Vgl. Enterprise (2003): Die Ausdehnung, 2. Staffel und alle Folgen der 3. Staffel
[798] Siehe auch Mission4 zu Führungssubstituten und ausführlicher zu Koordinationsmechanismen und Führungssubstituten Mintzberg, Henry (1993): Structure in Five – Designing Effective Organizations, Upper Saddle River, S. 4ff sowie Türk, Klaus (1981): Personalführung und soziale Kontrolle, Stuttgart, S. 46

wird so Schritt für Schritt eine neue Wirklichkeit konstruiert. [799] Dazu braucht es die **Grundannahme, dass die Zukunft gestaltbar** ist. PICARD macht das RIOS gegenüber deutlich, der Bedenken hat, dass die Androiden zu einer Existenzbedrohung für alles Leben werden würden. RIOS extrapoliert die Vergangenheit, aber damit beschränkt er zugleich seine **Denk- und Handlungsspielräume.** PICARD ist da deutlich weiter und freier.

> Picard: „Die mögen richtig damit liegen, was vor 200.000 Jahren geschehen ist. Die Vergangenheit ist geschrieben. Aber die Zukunft ist noch nicht in Stein gemeißelt. Und wir haben mächtige Werkzeuge, Rios. Aufgeschlossenheit, Optimismus und eine unbändige Neugier. Die haben nur Verschwiegenheit und Furcht. Und Furcht ist der große Zerstörer, Rios. "[800]

In der Psychologie gibt es das Konzept des **„posttraumatischen Wachstums",** das auf der **individuellen Ebene** beschreibt, wie krisenhafte, traumatische Erlebnisse auch zu kognitiven Reifungsprozessen führen können. Sie können zum Beispiel Auslöser dafür sein, sich von unrealistischen Zielen zu verabschieden, sich der eigenen Stärken besser bewusst zu werden oder die mentale Offenheit und Bereitschaft für Veränderungen zu erhöhen.[801] Das lässt sich auch auf die **Ebene von Organisationen und Gesellschaften übertragen.** Erst die gemeinsame (nicht immer konfliktfreie) Bewältigung der XINDI-Krise durch Menschen, VULKANIER und ANDORIANER Mitte des 22. Jahrhunderts führte dazu, dass einige Jahre später die VEREINIGTE FÖDERATION DER PLANETEN gegründet wurde. Durch den Schock der Existenzbedrohung wurde ein Erkenntnis- und Veränderungsprozess ausgelöst, der die Gesellschaften dazu brachte, mehr auf friedliche Kooperation statt auf kriegerische Konkurrenz zu setzen.[802]

Wichtige Herausforderungen für Führungskräfte liegen in dem Veränderungsprozess darin, die **richtige Balance zwischen attraktiver Zukunftsvision und Nutzenargumentation** auf der einen und der **Aufrechterhaltung des erforderlichen Sense of Urgency** durch ein Bedrohungsszenario zu finden.

8.7.3 Systematisches Change Management erkennt mögliche Widerstände und schafft die Voraussetzungen für erfolgreiche Veränderungsprozesse

Nachhaltige Veränderungen benötigen Zeit und sie benötigen auch die nachhaltige Aufmerksamkeit und das systematische, begleitende Change Management durch die

---

[799] Vgl. Backhausen, Wilhelm (2009): Management 2. Ordnung – Chancen und Risiken des notwendigen Wandels, Wiesbaden, S. 93 ff

[800] Picard (2020): Bruchstücke, 1. Staffel, Zeit 52:55

[801] Vgl. Tedeschi, Richard G. /Calhoun, Lawrence G. (2004): LGPosttraumatic growth: conceptual foundations and empirical evidence, in: Psychological Inquiry 15(1), S. 1-18

[802] Ein anderes Beispiel ist der historisch beispiellose lange Frieden in Kerneuropa nach dem zweiten Weltkrieg.

Führungskräfte. Insgesamt geht es darum, den Weg aus der „alten Welt" in die „neue Welt" zu entwickeln, zu unterstützen und zu steuern. Die folgende Abbildung fasst die zentralen oben beschriebenen Handlungsfelder und Erfolgsfaktoren in einem Change Management-Modell zusammen.

Abbildung 29: Handlungsfelder Change Management

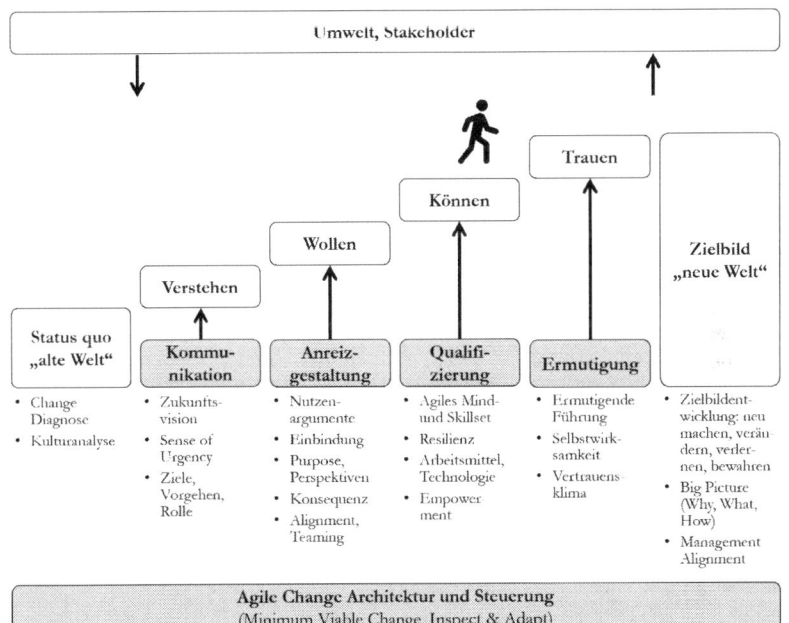

Damit Menschen sich verändern, sind im Wesentlichen vier Voraussetzungen zu erfüllen, die grundsätzlich inhaltlich-logisch aufeinander aufbauen: 1) Sie müssen die Veränderung kennen und verstehen, um sie bewusst erfassen und verarbeiten zu können. Das ist Aufgabe des **Handlungsfelds Kommunikation**, dessen Bedeutung gar nicht überschätzt werden kann. 2) Menschen müssen die Veränderung wollen und vom Nutzen überzeugt sein. Idealerweise adressieren die **Anreize** den Purpose des Einzelnen. 3) Verstehen und Wollen laufen ins Leere, wenn nicht auch die **Qualifikation** dazu kommt, die Veränderungen auch umzusetzen zu können. Das betrifft sowohl die individuellen Fertigkeiten als auch die Rahmenbedingungen, die die Veränderungen erlauben. Schließlich muss 4) auch der Mut vorhanden sein, um sich in die unbekannte Zukunft zu wagen, neue Denk- und Verhaltensweisen auszuprobieren und dabei das Risiko des Scheiterns anzunehmen. Hier setzt die **Ermutigende Führung** an (siehe auch Kapitel 6.3).

Change Management ist immer auch Stakeholdermanagement und alle relevanten Beteiligten, nicht nur die eigenen Mitarbeiter, sollten im Veränderungsprozess berücksichtigt, möglichst eingebunden und in jedem Fall sollten die Beziehungen zu den Stakeholdern aktiv gemanagt werden. Die **Unkenntnis oder Fehleinschätzung über die vitalen Interessen** anderer kann schnell zu Krisen führen, die Beendigung einer Krise verhindert oder nachhaltige Veränderungen erschweren.

Insbesondere aufgrund der Volatilitäten, Unsicherheiten, Komplexitäten und Ambiguitäten der VUCA-Welt ist zu empfehlen, die **Change Architektur agil** zu gestalten, um sich flexibel und effizient an neue Gegebenheiten und **Umwelten** anpassen zu können. Die Definition eines **Minimum Viable Change** (MVC), also welches Mindestmaß an Veränderung ist erforderlich, kann dabei helfen, die Veränderungen sehr fokussiert und effizient zu gestalten.

Ein systematisches Change Management, das von den Führungskräften als originäre Führungsaufgabe verstanden wird, hat noch einen weiteren positiven Effekt. Die **bewusste** Auseinandersetzung und Umsetzung von Veränderungen führt dazu, dass die grundsätzliche Veränderungskompetenz einer Organisation (Offenheit, Flexibilität, Agilität) erhöht wird, im Sinne einer lernenden Organisation und eines kontinuierlichen Verbesserungsprozesses.

9 Zusammenfassung und Ausblick

Dieses letzte Kapitel gibt einen zusammenfassenden Überblick über die zentralen Handlungsfelder einer Führungskraft, die auf den vorangehenden sechs Missionen beschrieben wurden sowie einen Ausblick auf weitere Missionen für Führungskräfte in den unendlichen Weiten des Managements.

9.1 Ein Führungskräftecockpit führt im Überblick die zentralen Handlungsfelder einer Führungskraft zusammen

Die Vielzahl der unterschiedlichen Handlungsfelder bringt das Risiko mit sich, dass einer Führungskraft der gesamthafte Blick verloren geht. Ein Führungskräftecockpit führt die wesentlichen Handlungsfelder und Gestaltungshebel zusammen, sodass prioritätengeleitetes Handeln unterstützt wird. Auch dies ist eine Form des visuellen Managements. Das folgende Cockpit führt damit auch die Ergebnisse und Erfahrungen der vorangehenden Missionen zusammen.

In Abbildung 31 ist ein mögliches Führungskräftecockpit dargestellt. In Analogie zur Brücke der STERNENFLOTTENRAUMSCHIFFE findet sich auch hier im Zentrum der Stuhl des Captains, es gibt einen großen Bildschirm, der den Blick nach vorne richtet und verschiedene Anzeigetafeln und -instrumente. Der ganzheitliche Blick erleichtert die Festlegung von Prioritäten, zeigt Abhängigkeiten und kann als Instrument zur Früherkennung von Risiken genutzt werden.

Durch die Visualisierung und die Verwendung von Analogien werden bei dem Nutzer Assoziationen geweckt und die rechte Hirnhälfte stimuliert, die stark auf Intuition und Emotionen fokussiert. Grundsätzlich wäre es auch möglich, die Aufgaben einer Führungskraft anders, also zum Beispiel in einer Tabelle darzustellen, wie es vielleicht der erste Impuls eines eher „linkshirnig" ausgerichteten Menschen wäre, der damit aber wohl auch entsprechend „linkshirnig" (systematisch, analytisch-logisch) führen würde. Die hier verwendete bildliche Darstellung regt dagegen die Vernetzung der beiden Hirnhälften an und fördert damit einen ganzheitlicheren Blick auf die Führungsaufgaben und -situationen. Gerade bei komplexen und neuen Führungsaufgaben braucht es sowohl das systematische Herangehen als auch die Nutzung von Intuition und Bauchgefühl.

Abbildung 30: Führungskräftecockpit für die zentralen Handlungsfelder einer Führungskraft[803]

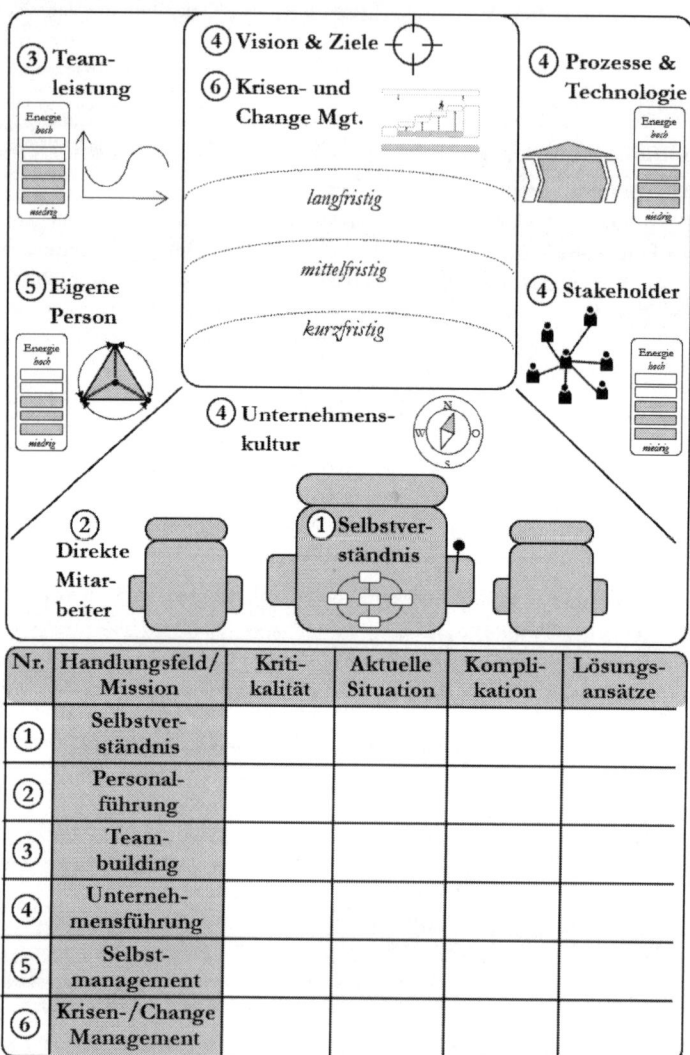

Nr.	Handlungsfeld/ Mission	Kriti- kalität	Aktuelle Situation	Kompli- kation	Lösungs- ansätze
①	Selbstver- ständnis				
②	Personal- führung				
③	Team- building				
④	Unterneh- mensführung				
⑤	Selbst- management				
⑥	Krisen-/Change Management				

---

[803] Quelle: Eigene Erstellung

9.2 Die einzelnen Elemente des Führungskräftecockpits zeigen Status und Handlungsbedarf

Im Folgenden werden die einzelnen Elemente des Führungskräftecockpits ausführlicher dargestellt, jeweils inklusive möglicher Operationalisierung und Messung des jeweiligen Status.

9.2.1 Element 1: Selbstverständnis und Richtungsimpulse als Führungskraft – Den Platz einnehmen

Unten, zentral in der Mitte, befindet sich der Sitz des Captains, der die Brücke dominiert. Von dort aus hat der Captain alle Führungsthemen im Blick und im Griff:

- **Sitz des Captains**: Zu wie viel Prozent wird die Führungsrolle (treiben, gestalten, Verantwortung, Gesamtunternehmenssicht) wahrgenommen? In einer Ampellogik, ist die aktuelle Situation „grün" (alles in Ordnung), „gelb" (Achtung, hier läuft nicht alles rund) oder „rot" (dringender Handlungsbedarf)?

- **Steuerknüppel**: Was ist die angemessene „Flughöhe" für die verschiedenen Führungsaufgaben? Wo müssen Blick und Handeln strategischer, wo operativer werden? Bei welchen Führungsthemen ist die Geschwindigkeit zu erhöhen, wo sollte Geschwindigkeit herausgenommen werden? Wo sollte einer anderer „Anflug" oder Weg gewählt werden?

- **Ort des Geschehens**: Inwiefern ist die Führungskraft immer am Ort des Geschehens? Zu wie viel Prozent befindet sich die Führungskraft zum Beispiel „auf der Brücke", „im Maschinenraum" oder auf „Außenmissionen"?

9.2.2 Element 2: Direkte Führung – Das eigene Führungsteam zusammenstellen und entwickeln

Schlagkraft erlangt eine Führungskraft nur, wenn es ihr gelingt, ein passendes und starkes (Führungs-)Team zusammenzustellen und auf das gemeinsame Ziel einzuschwören.

- **Nebensitze**: Wer ist noch Teil des Führungsteams, mit welchen Verantwortlichkeiten? Zu wie viel Prozent ist das Führungsteam „auf einer Linie"? In einer Ampellogik, ist die aktuelle Situation „grün" (alles in Ordnung), „gelb" (Achtung, hier läuft nicht alles rund) oder „rot" (dringender Handlungsbedarf)?

9.2.3 Element 3: Teambuilding/-stimmung – Die Schlagkraft des Teams erhöhen

Der Hauptschirm wird links und rechts flankiert von Anzeigetafeln, die die aus Führungssicht zentralen Rahmenbedingungen für eine erfolgreiche Umsetzung der definierten Maßnahmen abbilden. Auf der linken oberen Seite befinden sich die Anzeigen zu Stimmung und Leistung des Teams.

- **Teamkurve und -leistung**: In welcher Teamphase befindet sich das Team? Welche gezielten Führungsimpulse sind erforderlich?

- **Energieanzeige**: Wie hoch in Prozent ist der Energielevel des Teams als Ganzes? Teamenergie dabei verstanden als die Kraft und Motivation, um zielgerichtet die definierten Maßnahmen umzusetzen. Wie schlagkräftig ist das Team?

9.2.4 Element 4: Sämtliche Gestaltungshebel der Unternehmensführung nutzen

Ganz oben, zentral in der Mitte, sind die langfristigen „Zielkoordinaten" abgebildet und als Vision formuliert, auf die das gesamte Führungshandeln ausgerichtet sein sollte. Der große Bildschirm ermöglicht auch einen Blick auf all das, was auf dem Weg zu den Zielkoordinaten, zur Vision liegt. Hier werden alle wichtigen Aktivitäten und Handlungsfelder abgebildet. Die kurzfristigen Themen sind weiter unten bzw. näher und die mittel- und langfristigen Themen weiter oben bzw. in weiterer Ferne angeordnet.

- **Zielkoordinaten**: Was ist die langfristige Vision, wofür steht das Unternehmen? Worin besteht die für die relevanten Stakeholder attraktive „Big Opportunity"?

- **Handlungsfelder**: Was sind die drei bis fünf großen Handlungsfelder für die Umsetzung der Vision? Welche kurz-, mittel- und langfristigen Aktivitäten, Meilensteine und Endprodukte ergeben sich daraus?

Direkt darunter ist der „moralische Kompass", der die Führungskraft daran erinnern soll, permanent die Konsistenz von Vision, Werten und Handeln sicherzustellen:

- **Kompass**: In einer Ampellogik, ist in der aktuellen Situation die Wertekonformität „grün" (alles in Ordnung), „gelb" (Achtung, hier läuft nicht alles rund) oder „rot" (dringender Handlungsbedarf)? Ist die aktuelle Unternehmenskultur optimal oder muss sie weiterentwickelt werden?

Ein weiterer Gestaltungshebel betrifft die zielgerichtete Gestaltung von effizienten und effektiven Prozessen, in Verbindung mit leistungsfähiger Technologie.

- **Prozesse und Technologie**: Sind die Kernprozesse der Organisation konsequent auf die Ziele ausgerichtet? Werden die Kernkompetenzen sinnvoll genutzt? Werden die Schnittstellen zu den vor- und nachgelagerten Wertketten effektiv und effizient gemanagt?

Führungskräfte und Organisationen agieren nicht im „luftleeren Raum", sondern sind eingebettet in ein Netz verschiedener Stakeholderbeziehungen. Diese sollten bekannt und hinsichtlich ihrer Einflussstärke und ihrer Interessen eingebunden bzw. gestärkt oder geschwächt werden.

- **Stakeholder**: Wer sind die für die Ziele der Organisation relevanten Stakeholder? Wie ist deren Machtausstattung sowie deren Einstellung? Agieren sie bereits im Sinne der Ziele? Welche Stakeholder sind zu stärken, welche zu schwächen? Welche sollten eine andere Rolle einnehmen? In einer Ampellogik, welche Stakeholder sind „grün" (alles in Ordnung), „gelb" (Achtung, hier läuft nicht alles rund) oder „rot" (dringender Handlungsbedarf)?

9.2.5 Element 5: Selbstmanagement – Die eigene geistige und körperliche Gesundheit im Blick behalten

Auf dem Sitz des Captains sitzt die Führungskraft selbst. Nur wenn die persönliche geistige und körperliche Fitness gegeben ist, können die richtigen Entscheidungen getroffen werden und effektiv als Führungskraft gehandelt werden.

- **Energielevel**: Wie hoch in Prozent ist der persönliche Energielevel? Persönliche Energie dabei verstanden als die Kraft und Motivation, um zielgerichtet als Führungskraft zu handeln. In einer Ampellogik, wie ist der aktuelle Zustand von Geist und Körper? Mit „grün" (alles in Ordnung), „gelb" (Achtung, hier läuft nicht alles rund) oder „rot" (dringender Handlungsbedarf).

9.2.6 Element 6: Krisen- und Change-Management – Frühzeitig existenzbedrohende Krisen erkennen und Veränderungen einleiten

Es ist auch wichtig, die Umwelt der Organisation mit dedizierten „Umweltsensoren" und Frühwarnsystemen in den Blick zu nehmen. Zum Beispiel anhand der Wettbewerbskräfte innerhalb der eigenen Branche nach PORTER: Zulieferer, Kunden, Wettbewerb innerhalb der Branche, neue Wettbewerber und Substitutionsprodukte.[804]

- **Umfeldsensoren**: Was sind die zentralen Entwicklungen in der eigenen Branche? In einer Ampellogik, welche Umweltfaktoren sind „grün" (alles in Ordnung), „gelb" (Achtung, hier läuft nicht alles rund) oder „rot" (dringender Handlungsbedarf)?

Auch die eigene Veränderungsfähigkeit sollte im Blick behalten werden.

- **Change Capability**: Wie agil und flexibel ist die Organisation? Gibt es einen ausreichenden Sense of Urgency und eine attraktive Zukunftsvision? In einer Ampellogik, Mit „grün" (alles in Ordnung), „gelb" (Achtung, hier läuft nicht alles rund) oder „rot" (dringender Handlungsbedarf).

Ein weiteres Element ist ein „Risikoradar", das im Sinne eines Frühwarnsystems alle bestands- oder erfolgsgefährdenden Risiken erfasst und visualisiert.

---

[804] Vgl. Porter, Michael E. (1992): Wettbewerbsstrategie, 7. Auflage, Frankfurt, S. 26 ff

- **Risikoradar:** Was sind die 5-10 zentralen Risiken, die die angestrebten Ziele gefährden oder verhindern könnten? Wie ist deren Schadensausmaß und Eintrittswahrscheinlichkeit, in „niedrig", „mittel" und „hoch"? Welche Maßnahmen sind erforderlich, um zum einen deren Schadensausmaß und zum anderen deren Eintrittswahrscheinlichkeit zu minimieren?

9.2.7 Weitere Elemente des Führungskräftecockpits können bedarfsgerecht in Ausbaustufen ergänzt werden

Die hier vorgestellt Struktur eines Führungskräftecockpits basiert auf den Kernführungsaufgaben der vorangehenden Missionen. Sie ist Ausgangspunkt für eine individuelle Anpassung für die jeweiligen, spezifischen Führungssituationen und -konstellationen. Im Sinne eines modularen Baukastenprinzips können und sollten bedarfsgerecht weitere Elemente hinzugefügt werden und bestehende Elemente so modifiziert werden.

Die für eine Führungskraft **passende Darstellung** ist dann erreicht, wenn alle relevanten individuellen Handlungsfelder abgebildet sind. Diese Prüfung sollte zum einen analytisch vorgenommen werden, zum Beispiel aus dem Abgleich mit den jeweiligen Zielvereinbarungen oder Jahresplänen. Es sollte aber auch das Bauchgefühl befragt werden, also ob die Führungskraft mit Blick auf das Führungskräftecockpit ein „gute Gefühl" hat, damit alle Führungsthemen im Griff zu haben und aus einem „natürlichen Energiefluss" heraus die richtigen Führungsimpulse geben zu können.

Ein mögliches weiteres Element kann darin bestehen, die Teamstimmung und „Betriebstemperatur" gesondert aufzunehmen.

- **Betriebstemperatur:** Wie, visualisiert durch verschiedene Smileys, ist die Teamstimmung? In einer Ampellogik, ist aktuell das Teamklima bzw. die Teamstimmung „grün" (alles in Ordnung), „gelb" (Achtung, hier läuft nicht alles rund) oder „rot" (dringender Handlungsbedarf)?

9.3 In den unendlichen Weiten von Management und Führung warten weitere spannende Missionen für Führungskräfte

Die in diesem Buch vorgestellten sechs Missionen umfassen die Grundlagen von Führung und Management. Im Sinne eines kompakten Überblicks wurden viele Aspekte nicht detailliert und in allen Facetten dargestellt. Daher warten in den unendlichen Weiten von Management und Führung weitere spannende Missionen für Führungskräfte. Mögliche Ziele und Fragestellungen für künftige Missionen sind:

- **Konfliktmanagement und Verhandlungsstrategie:** Welche Rolle spielen Konflikte und Verhandlungen in der Führungspraxis? Wie können Konflikte konstruktiv gelöst werden? Welche Frühwarnindikatoren gibt es? Welche Optionen für erfolgreiche Verhandlungsstrategien gibt es? Was kann die STERNENFLOTTE von den FERENGI lernen? Wie sollte mit Psychopathen (z.B.

KHAN) und schwierigen Persönlichkeiten (z.B. Q, BORGKÖNIGIN) umgegangen werden? Wie kann die nachhaltige Umsetzung der Verhandlungsergebnisse sichergestellt werden?

- **Digitalisierung**: Wie können neue Technologien (z.B. Wearables, künstliche Intelligenz, Sprachsteuerung, Robotics, Hologramme) erfolgreich für eine digitale Transformation integriert und genutzt werden? Welche Inspirationen lassen sich aus DATA und dem DOKTOR ableiten? Wie kann der dafür erforderliche digitale und agile Mindset bei den Mitarbeitern entwickelt werden? Wie können Führungskräfte Big Data zur Erreichung ihrer Ziele einsetzen?

- **Mitarbeiterentwicklung**: Wie genau erfolgt die Mitarbeiterentwicklung der Zukunft? Wie kann das individuelle lebenslange Lernen mit der lernenden und agilen Organisation verknüpft werden? Wer hat dabei welche Rolle und Verantwortung?

- **Umgang mit Führungskräften der „dunklen Triade"**: Wie können und sollten Führungskräfte und Mitarbeiter mit Führungskräften umgehen, deren Charakter und Verhalten durch Narzissmus, Machiavellismus und Psychopathie gekennzeichnet ist (z.B. LORCA)? Welche Lehren können aus den Abenteuern in den SPIEGELUNIVERSEN gezogen werden? Wie kann eine Unternehmenskultur von einer Kultur der dunklen Triade zu einer sachorientierten und wertschätzenden Kultur transformiert werden?

... to be continued!

10 Literatur- und Quellenverzeichnis

Hinweis: Bei den Jahresangaben der Filme handelt es sich um das Jahr der Erstausstrahlung (in den USA).

Axelrod, Robert (2005): Die Evolution der Kooperation, 6. Auflage, München

Backhausen, Wilhelm (2009): Management 2. Ordnung – Chancen und Risiken des notwendigen Wandels, Wiesbaden

Barnard, Chester I. (2002): The Functions of the Executive, 39. Auflage, Cambridge Massachusetts

Berner, Winfried (2010): Change! – 15 Fallstudien zu Sanierung, Turnaround, Prozessoptimierung, Reorganisation und Kulturveränderung, Stuttgart

Berner, Winfried/Hagenhoff, Regula/Vetter, Thomas/Führing, Meik (2015): Ermutigende Führung – Für eine Kultur des Wachstums, Stuttgart

Birbaumer, Niels (2014): Dein Gehirn weiss mehr, als du denkst – Neueste Erkenntnisse aus der Hirnforschung, 3. Auflage, Berlin

Blanchard, Kenneth/Oncken, William/Burrows, Hal (2010): Der Minuten Manager und der Klammer-Affe, 9. Auflage, Hamburg

Bruch, Heike/Ghoshal, Sumantra (2004): A Bias for Action: How Effective Managers Harness Their Willpower, Achieve Results, and Stop Wasting Their Time, Boston

Bruch, Heike/Vogel, Bernd (2009): Organisationale Energie – Wie Sie das Potenzial Ihres Unternehmens ausschöpfen, 2. Auflage, Wiesbaden

Brynjolfsson, Erik/McAfee, Andrew (2015): The Second Machine Age – Wie die nächste digitale Revolution unser aller Leben verändern wird, 2. Auflage, Kulmbach

Canetti, Elias (2006): Masse und Macht, 30. Auflage, Frankfurt

Carney, Dana R./Cuddy, Amy J.C./Yap, Andy J. (2010): Power Posing: Brief Nonverbal Displays Affect Neuroendocrine Levels and Risk Tolerance; in : Psychological Science XX(X), S. 1-6.

Cialdini, Robert B. (1997): Die Psychologie des Überzeugens, Bern

Covey, Stephen M.R. (2009): Schnelligkeit durch Vertrauen – Die unterschätzte ökonomische Macht, Offenbach

Csikszentmihalyi, Mihaly (2004): Flow im Beruf – Das Geheimnis des Glücks am Arbeitsplatz, 2. Auflage, Stuttgart

Cuddy, Amy (2012): Ihre Körpersprache beeinflusst, wer Sie sind; in: https://www.youtube.com/watch?v=Ks-_Mh1QhMc, Zugriff 11.07.2017

Deep Space Nine (1993): Der Abgesandte, 1. Staffel, Regie: David Carson

Deep Space Nine (1993): Die Nachfolge, 1. Staffel, Regie: David Livingston

Deep Space Nine (1993): Unter Verdacht, 1. Staffel, Regie: Paul Lynch

Deep Space Nine (1994): Das Festival, 3. Staffel, Regie: Avery Brooks

Deep Space Nine (1994): Das Haus des Quark, 3. Staffel, Regie: Les Landau

Deep Space Nine (1994): Defiant, 3. Staffel, Regie: Cliff Bole

Deep Space Nine (1994): Der Ausgesetzte, 3. Staffel, Regie: Avery Brooks

Deep Space Nine (1994): Der Maquis – 1. Teil, 2. Staffel, Regie: David Livingston

Deep Space Nine (1994): Der Maquis – 2. Teil, 2. Staffel, Regie: Corey Allen

Deep Space Nine (1994): Der Plan des Dominion, 2. Staffel, Regie: Kim Friedman

Deep Space Nine (1994): Der Trill-Kandidat, 2. Staffel, Regie: David Livingston

Deep Space Nine (1994): Equilibrium, 3. Staffel, Regie: Cliff Bole

Deep Space Nine (1994): Rivalen, 2. Staffel, Regie: David Livingston

Deep Space Nine (1995): Das Wagnis, 4. Staffel, Regie: Alexander Singer

Deep Space Nine (1995): Der geheimnisvolle Garak – Teil 1, 3. Staffel, Regie: Avery Brooks

Deep Space Nine (1995): Der geheimnisvolle Garak – Teil 2, 3. Staffel, Regie: David Livingston

Deep Space Nine (1995): Der hippokratische Eid, 4. Staffel, Regie: Rene Auberjonois

Deep Space Nine (1995): Der Visionär, 3. Staffel, Regie: Reza Badiyi

Deep Space Nine (1995): Der Weg des Kriegers, 4. Staffel, Regie: James L. Conway

Deep Space Nine (1995): Der Widersacher; 3. Staffel, Regie: Alexander Singer

Deep Space Nine (1995): Familienangelegenheiten, 3. Staffel, Regie: Rene Auberjonois

Deep Space Nine (1995): Gefangen in der Vergangenheit – Teil 1, 3. Staffel, Regie: Reza Badiyi

Deep Space Nine (1995): Herz aus Stein, 3. Staffel, Regie: Alexander Singer

Deep Space Nine (1995): Indiskretionen, 4. Staffel, Regie: LeVar Burton

Deep Space Nine (1995): Kleine, grüne Männchen, 4. Staffel, Regie: James L. Conway

Deep Space Nine (1995): Shakaar, 3. Staffel, Regie: Jonathan West

Deep Space Nine (1995): Trekors Prophezeiung, 3. Staffel, Regie: Les Landau

Deep Space Nine (1996): Das Gefecht, 4. Staffel, Regie: LeVar Burton

Deep Space Nine (1996): Der Aufstieg, 5. Staffel, Regie: Allan Kroeker

Deep Space Nine (1996): Der Streik, 4. Staffel, Regie: LeVar Burton

Deep Space Nine (1996): Die Abtrünnigen, 4. Staffel, Regie: LeVar Burton

Deep Space Nine (1996): Die Apokalypse droht, 5. Staffel, Regie: James L. Conway

Deep Space Nine (1996): Die Reise nach Risa, 5. Staffel, Regie: Rene Auberjonois

Deep Space Nine (1996): Die Söhne des Mogh, 4. Staffel, Regie: David Livingston

Deep Space Nine (1996): Die Übernahme, 4. Staffel, Regie: Les Landau

Deep Space Nine (1996): Gefährliche Liebschaften, 5. Staffel, Regie: Andrew J. Robinson

Deep Space Nine (1996): Immer die Last mit den Tribbles, 5. Staffel, Regie: Jonathan West

Deep Space Nine (1996): Quarks Schicksal, 4. Staffel, Regie: Avery Brooks

Deep Space Nine (1997): Für die Uniform, 5. Staffel, Regie: Victor Lobl

Deep Space Nine (1997): Im Lichte des Infernos, 5. Staffel, Regie: Les Landau

Deep Space Nine (1997): Klingonische Tradition, 6. Staffel, Regie: David Livingston

Deep Space Nine (1997): Martoks Ehre, 5. Staffel, Regie: LeVar Burton

Deep Space Nine (1997): Statistische Wahrscheinlichkeiten, 6. Staffel, Regie: Anson Williams

Deep Space Nine (1997): Zu den Waffen, 5. Staffel, Regie: Allan Kroeker

Deep Space Nine (1998): Das Gesicht im Sand, 7. Staffel, Regie: Les Landau

Deep Space Nine (1998): Ehre unter Dieben, 6. Staffel, Regie: Allan Eastman

Deep Space Nine (1998): In fahlem Mondlicht, 6. Staffel, Regie: Victor Lobl

Deep Space Nine (1998): Inquisition, 6. Staffel, Regie: Michael Dorn

Deep Space Nine (1998): Nachempfindung, 7. Staffel, Regie: Les Landau

Deep Space Nine (1998): Tränen der Propheten, 6. Staffel, Regie: Allan Kroeker

Deep Space Nine (1998): Valiant, 6. Staffel, Regie: Michael Vejar

Deep Space Nine (1998): Wettkampf in der Holosuite, 7. Staffel, Regie: Chip Chalmers

Deep Space Nine (1999): Badda-Bing, Badda-Bang, 7. Staffel, Regie: Mike Vejar

Deep Space Nine (1999): Bis das der Tod uns scheide, 7. Staffel, Regie: Winrich Kolbe

Deep Space Nine (1999): Das, was Du zurücklässt – Teil 1, Regie: Allan Kroeker

Deep Space Nine (1999): Das, was Du zurücklässt – Teil 2, Regie: Allan Kroeker

Deep Space Nine (1999): Ein Unglück kommt selten allein, 7. Staffel, Regie: Michael Dorn

Deep Space Nine (1999): Kampf mit allen Mitteln, 7. Staffel, Regie: Mike Vejar

Die Axiome von Paul Watzlawick (2017): in: http://www.paulwatzlawick.de/axiome.html, Zugriff 07.05.2017

Dietl, Helmut (2016): A bisserl was geht immer - Unvollendete Erinnerungen, Köln

Discovery (2017): Algorithmus, 1. Staffel, Regie: Chris Byrne

Discovery (2017): Das Urteil, 1. Staffel, Regie: Adam Kane

Discovery (2017): Lakaien und Könige, 1. Staffel, Regie: Akiva Goldsman

Discovery (2017): Lethe, 1. Staffel, Regie: Douglas Aarniokoski

Discovery (2017): Leuchtfeuer, 1. Staffel, Regie: David Semel

Discovery (2017): Si Vis Pacem, Para Bellum, 1. Staffel, Regie: John S. Scott

Discovery (2017): T=Mudd², 1. Staffel, Regie: David M. Barret

Discovery (2017): Wähle deinen Schmerz, 1. Staffel, Regie: Lee Rose

Discovery (2018): Auftakt zur Vergangenheit, 1. Staffel, Regie: Olatunde Osunsanmi

Discovery (2018): Der Wolf im Inneren, 1. Staffel, Regie: T. J. Scott

Discovery (2018): Flucht nach vorn, 1. Staffel, Regie: David Solomon

Discovery (2018): Nimm meine Hand, 1. Staffel, Regie: Akira Goldsman

Discovery (2019): Alte Bekannte, 2. Staffel, Regie: David M. Barret

Discovery (2019): Bruder, 1. Staffel, Regie: Alex Kurtzman

Discovery (2019): Donnerhall, 2. Staffel, Regie: Douglas Aarniokoski

Discovery (2019): Licht und Schatten, 2. Staffel, Regie: Maria Cunningham

Discovery (2019): New Eden, 2. Staffel, Regie: Jonathan Frakes

Discovery (2019): Solch süße Trauer, 2. Staffel, Regie: Olatunde Osunsanmi

Discovery (2019): Süße Trauer, Teil 2, 2. Staffel, Regie: Olatunde Osunsanmi

Enterprise (2001): Aufbruch ins Unbekannte, 1. Staffel, Regie: James L. Conway

Enterprise (2001): Das Eis bricht, 1. Staffel, Regie: Terry Windell

Enterprise (2001): Der kalte Krieg, 1. Staffel, Regie: Robert Duncan McNeill

Enterprise (2001): Die Ausdehnung, 2. Staffel, Regie: Allan Kroeker

Enterprise (2001): Die Saat, 1. Staffel, Regie: Mike Vejar

Enterprise (2001): Freund oder Feind, 1. Staffel, Regie: Allan Kroeker

Enterprise (2001): In guter Hoffnung, 1. Staffel, Regie: Mike Vejar

Enterprise (2002): Allein, 1. Staffel, Regie: David Livingston

Enterprise (2002): Das Minenfeld, 2. Staffel, Regie: James A. Contner

Enterprise (2002): Der Kommunikator, 2. Staffel, Regie: James A. Contner

Enterprise (2002): Der Laufsteg, 2. Staffel, Regie: Mike Vejar

Enterprise (2002): Der Siebente, 2. Staffel, Regie: David Livingston

Enterprise (2002): Die Schockwelle – Teil 1, 1. Staffel, Regie: Allan Kroeker

Enterprise (2002): Die Schockwelle – Teil 2, 2. Staffel, Regie: Allan Kroeker

Enterprise (2002): Doppeltes Spiel, 1. Staffel, Regie: Roxann Dawson

Enterprise (2002): Durch die Wüste, 1. Staffel, Regie: David Straiton

Enterprise (2002): Gefallene Heldin, 1. Staffel, Regie: Patrick Norris

Enterprise (2002): Gesetze der Jagd, 1. Staffel, Regie: Allan Kroeker

Enterprise (2002): Gesetze der Jagd, 1. Staffel, Regie: Allan Kroeker

Enterprise (2002): Im Schatten von P'Jem, 1. Staffel, Regie: Mike Vejar

Enterprise (2002): In sicherem Gewahrsam, 1. Staffel, Regie: David Livingston

Enterprise (2002): Lautloser Feind, 1. Staffel, Regie: Winrich Kolbe

Enterprise (2002): Lieber Doktor, 1. Staffel, Regie: James A. Contner

Enterprise (2002): Raumpiraten, 1. Staffel, Regie: James Whitmore, Jr.

Enterprise (2002): Schiff der Geister, 1. Staffel, Regie: Jim Charleston

Enterprise (2002): Schlafende Hunde, 1. Staffel, Regie: Les Landau

Enterprise (2002): Vox Sola, 1. Staffel, Regie: Roxann Dawson

Enterprise (2002): Zwei Tage auf Risa, 1. Staffel, Regie: Michael Dorn

Enterprise (2003): Anomalie, 3. Staffel, Regie: David Straiton

Enterprise (2003): Böses Blut, 2. Staffel, Regie: Robert Duncan McNeill

Enterprise (2003): Die Ladung, 3. Staffel, Regie: David Straiton

Enterprise (2003): Die Xindi, 3. Staffel, Regie: Allan Kroeker

Enterprise (2003): Erstflug, 2. Staffel, Regie: LeVar Burton

Enterprise (2003): Horizon, 2. Staffel, Regie: James A. Contner

Enterprise (2003): Impulsiv, 3. Staffel, Regie: David Livingston

Enterprise (2003): Rajin,3. Staffel, Regie: Mike Vejar

Enterprise (2003): Regeneration, 2. Staffel, Regie: David Livingston

Enterprise (2003): Transformation, 3. Staffel, Regie: LeVar Burton

Enterprise (2004): Azati Prime, 3. Staffel, Regie: Allan Kroeker

Enterprise (2004): Beschädigungen, 3. Staffel, Regie: James L. Conway

Enterprise (2004): Brutstätte, 3. Staffel, Regie: Michael Grossman

Enterprise (2004): Countdown, 3. Staffel, Regie: Robert Duncan McNeill

Enterprise (2004): Das auserwählte Reich, 3. Staffel, Regie: Roxann Dawson

Enterprise (2004): Der Anschlag, 4. Staffel, Regie: Michael Grossman

Enterprise (2004): Der Rat, 3. Staffel, Regie: David Livingston

Enterprise (2004): Der Vorbote, 3. Staffel, Regie: David Livingston

Enterprise (2004): Die Vergessenen, 3. Staffel, Regie: LeVar Burton

Enterprise (2004): Grenzgebiet, 4. Staffel, Regie: David Livingston

Enterprise (2004): Kir'Shara, 4. Staffel, Regie: David Livingston

Enterprise (2004): Kriegslist; 3. Staffel, Regie: Mike Vejar

Enterprise (2004): Stunde Null, 3. Staffel, Regie: Allan Kroeker

Enterprise (2004): Zuhause, 4. Staffel, Regie: Allan Kroeker

Enterprise (2005): Babel, 4. Staffel, Regie: David Straiton

Enterprise (2005): Daedalus, 4. Staffel, Regie: David Straiton

Enterprise (2005): Die Heimsuchung, 4. Staffel, Regie: Michael Grossman

Enterprise (2005): Die Verbindung, 4. Staffel, Regie: Allan Kroeker

Enterprise (2005): Dies sind die Abenteuer, 4. Staffel, Regie: Allan Kroeker

Enterprise (2005): Vereinigt, 4. Staffel, Regie: David Livingston

Führing, Meik (2003): Zur Hölle mit der Vielfalt, in: Wächter, Hartmut/Vedder, Günther/Führing, Meik (Hg.): Personelle Vielfalt in Organisationen, Mering München, S. 247-263

Führing, Meik (2006): Risikomanagement und Personal – Management des Fluktuationsrisikos von Schlüsselpersonen aus ressourcenorientierter Perspektive, Wiesbaden

Gerras, Stephan J. (2010): Strategic Leadership Primer 3rd edition, Department of Command, Leadership and Management, United States Army War College, Carlisle

Handy, Charles (1995): Die Fortschrittsfalle, Wiesbaden

Hellmann, Kai-Uwe/Klein, Arne (1997): „Unendliche Weiten ..." Star Trek zwischen Unterhaltung und Utopie, Frankfurt

Janis, Irving L. (1982): Groupthink, 2. Auflage, Boston

Kahnemann, Daniel (2012): Schnelles Denken, langsames Denken, 7. Auflage, München

Kotter, John P. (2010): Buy in – Saving Your Idea from Getting Shot down, Boston

Kotter, John P. (2014): Accelerate - Building Strategic Agility for a Faster-Moving World, Boston

Kuhn, Thomas (1996): Die Struktur wissenschaftlicher Revolutionen, 13. Auflage, Berlin

Künkel, Fritz (1962): Einführung in die Charakterkunde, 13. Auflage, Stuttgart

Langer, Ellen J./Blank, Arthur/Chanowitz, Benzion (1978): The Mindlessness of Ostensibly Thoughtful Action: The Role of "Placebic" Information in Interpersonal Interaction; in: Journal of Personality and Social Psychology, Vol 36(6), S. 635-642

Malik, Fredmund (2006): Führen, Leisten, Leben, Frankfurt

Marr, Rainer/Fliaster, Alexander (2003): Jenseits der „Ich AG" – Der neue psychologische Vertrag der Führungskräfte in deutschen Unternehmen, München und Mering

Maslow, Abraham H. (2010): Motivation und Persönlichkeit, 12. Auflage, Hamburg

McGregor, Douglas (1960): The Human Side of Enterprise, New York

Mintzberg, Henry (1993): Structure in Five – Designing Effective Organizations, Upper Saddle River

Neuberger, Oswald (2002): Führen und führen lassen, 6. Auflage, Stuttgart

Okuda, Michael/Okuda, Denise (1999): The Star Trek Encyclopedia – A Reference Guide to the Future, Updated and Expanded Edition, New York

Panse, Winfried / Stegmann, Wolfgang (2007): Angst macht Erfolgt – Erkennen Sie die Macht der konstruktiven Angst, München

Peter, Laurence J./Hull, Raymond (2007): Das Peter-Prinzip: oder Die Hierarchie der Unfähigen, 8. Auflage, Reinbek

Picard (2020): Bruchstücke, 1. Staffel, Regie: Maja Vrvilo

Picard (2020): Das Ende ist der Anfang, 1. Staffel, Regie: Hanelle M. Culpepper

Picard (2020): Et in Arcadia Ego, Teil 2, 1. Staffel, Regie: Akiva Goldman

Picard (2020): Gedenken, 1. Staffel, Regie: Hanelle M. Culpepper

Picard (2020): Karten und Legenden, 1. Staffel, Regie: Hanelle M. Culpepper

Picard (2020): Keine Gnade, 1. Staffel, Regie: Jonathan Frakes

Picard (2020): Nepenthe, 1. Staffel, Regie: Douglas Aarniokoski

Picard (2020): Unbedingte Offenheit, 1. Staffel, Regie: Jonathan Frakes

Porter, Michael E. (1992): Wettbewerbsstrategie, 7. Auflage, Frankfurt

Preußig, Jörg (2015): Agiles Projektmanagement – Scrum, Use Cases, Task Boards & Co, Freiburg

Produktionskosten und weltweites Einspielergebnis der Star Trek-Filme in den Jahren 1979 bis 2016 (in Millionen US-Dollar) (2017): in: https://de.statista.com/statistik/daten/studie/497169/umfrage/produktionskosten-und-weltweites-einspielergebnis-der-star-trek-filme/, Zugriff 06.05.2017

Raumschiff Enterprise (1966): Der Wolf im Schafspelz, 2. Staffel, Regie: Joseph Pevney

Raumschiff Enterprise (1966): Die Frauen des Mister Mudd, 1. Staffel, Regie: Harvey Hart

Raumschiff Enterprise (1966): Implosion der Spirale, 1. Staffel, Regie: Marc Daniels

Raumschiff Enterprise (1966): Kirk : 2 = ?, 1. Staffel, Regie: Leo Penn

Raumschiff Enterprise (1966): Kodos, der Henker, 1. Staffel, Regie: Gerd Oswald

Raumschiff Enterprise (1966): Landurlaub, 1. Staffel, Regie: Robert Sparr

Raumschiff Enterprise (1966): Miri, 1. Staffel, Regie: Vincent McEveety

Raumschiff Enterprise (1966): Pokerspiel, 1. Staffel, Regie: Joseph Sargent

Raumschiff Enterprise (1966): Talos IV – Teil 1, 1. Staffel, Regie: Marc Daniels

Raumschiff Enterprise (1967): Auf Messers Schneide, 1. Staffel, Regie: Gerd Oswald

Raumschiff Enterprise (1967): Die Stunde der Erkenntnis, 2. Staffel, Regie: Joseph Pevney

Raumschiff Enterprise (1967): Ein Paralleluniversum, 2. Staffel, Regie: Marc Daniels

Raumschiff Enterprise (1967): Falsche Paradiese, 1. Staffel, Regie: Ralph Senensky

Raumschiff Enterprise (1967): Im Namen des jungen Tiru, 2. Staffel, Regie: Joseph Pevney

Raumschiff Enterprise (1967): Kampf um Organia, 1. Staffel, Regie: John Newland

Raumschiff Enterprise (1967): Kennen Sie Tribbles?, 2. Staffel, Regie: Joseph Pevney

Raumschiff Enterprise (1967): Kirk unter Anklage, 1. Staffel, Regie: Marc Daniels

Raumschiff Enterprise (1967): Krieg der Computer, 1. Staffel, Regie: Joseph Pevney

Raumschiff Enterprise (1967): Landru und die Ewigkeit, 1. Staffel, Regie: Joseph Pevney

Raumschiff Enterprise (1967): Notlandung auf Galileo 7, 1. Staffel, Regie: Robert Gist

Raumschiff Enterprise (1967): Pon Farr/Weltraumfieber, 2. Staffel, Regie: Joseph Pevney

Raumschiff Enterprise (1967): Reise nach Babel, 2. Staffel, Regie: Joseph Pevney

Raumschiff Enterprise (1967): Tödliche Wolken, 2. Staffel, Regie: Ralph Senensky

Raumschiff Enterprise (1968): Das Spinnennetz, 3. Staffel, Regie: Ralph Senensky

Raumschiff Enterprise (1968): Die unsichtbare Falle, 3. Staffel, Regie: John Meredyth Lucas

Raumschiff Enterprise (1968): Stein und Staub, 2. Staffel, Regie: Marc Daniels

Raumschiff Enterprise (1969): Bele jagt Lokai, 3. Staffel, Regie: Jud Taylor

Raumschiff Enterprise (1969): Die Wolkenstadt, 3. Staffel, Regie: Jud Taylor

Raumschiff Enterprise (1969): Fast unsterblich, 3. Staffel, Regie: Jud Taylor

Raumschiff Enterprise (1969): Gefährliche Planetengirls, 3. Staffel, Regie: Herb Wallerstein

Raumschiff Enterprise (1969): Seit es Menschen gibt, 3. Staffel, Regie: Herschel Daugherty

Richards, Thomas (1998): Star Trek – Die Philosophie eines Universums, München

Roberts, Wess/Ross, Bill (1996): Leadership Lessons from Star Trek The Next Generation – Make it so, New York

Rohr, Richard/Ebert, Andreas (2004): Das Enneagramm – Die neun Gesichter der Seele, München

Roth, Gerhard (2009): Persönlichkeit, Entscheidung und Verhalten – Warum es so schwierig ist, sich und andere zu ändern, 5. Auflage, Stuttgart

Ruditis, Paul (2013): Star Trek – Die visuelle Enzyklopädie, München

Scharmer, C. Otto (2018): The Essentials of Theory U – Core Principles and Applications, Oakland

Schreyögg, Georg (1998): Organisation, 2. Auflage, Wiesbaden

Seneca (2012): Von der Kürze des Lebens, Stuttgart

Seneca (2014): Das große Buch vom glücklichen Leben – Gesammelte Werke, Köln

Sennett, Richard (2011): Die Kultur des neuen Kapitalismus, 5. Auflage, Berlin

Sensor (2020): in: https://memory-alpha.fandom.com/de/wiki/Sensor, Zugriff 29.05.2020

Sinek, Simon (2009): Start with Why – How Great Leaders Inspire Everyone to Take Action, New York

Spielfilm Star Trek I (1979): Der Film, Regie: Robert Wise

Spielfilm Star Trek II (1982): Der Zorn des Khan, Regie: Nicholas Meyer

Spielfilm Star Trek III (1984): Auf der Suche nach Mr. Spock, Regie: Leonard Nimoy

Spielfilm Star Trek IV (1986): Zurück in die Gegenwart, Regie: Leonard Nimoy

Spielfilm Star Trek IX (1998): Der Aufstand, Regie: Jonathan Frakes

Spielfilm Star Trek V (1989): Am Rande des Universums, Regie: William Shatner

Spielfilm Star Trek VI (1991): Das unentdeckte Land, Regie: Nicholas Meyer

Spielfilm Star Trek VII (1994): Treffen der Generationen, Regie: David Carson

Spielfilm Star Trek VIII (1996): Der erste Kontakt, Regie: Jonathan Frakes

Spielfilm Star Trek X (2002): Nemesis, Regie: Stuart Baird

Spielfilm Star Trek XI (2009): Star Trek, Regie: J. J. Abrams

Spielfilm Star Trek XIII (2013): Into Darkness, Regie: J. J. Abrams

Spielfilm Star Trek XIII (2016): Star Trek – Beyond, Regie: Justin Lin

Sprenger, Reinhard K. (1999): Die Entscheidung liegt bei dir! Wege aus der alltäglichen Unzufriedenheit, 6. Auflage, Frankfurt

Stölzel, Simone (2012): Unendliche Weiten – Lösungsorientiert denken mit Captain Kirk, Mr. Spock und Dr. McCoy, Göttingen

Taleb, Nassim Nicholas (2012): Der Schwarze Schwan – Die Macht höchst unwahrscheinlicher Ereignisse, 4. Auflage, München

Tedeschi, Richard G. /Calhoun, Lawrence G. (2004): LGPosttraumatic growth: conceptual foundations and empirical evidence, in: Psychological Inquiry 15(1), S. 1-18

The Next Generation (1987): Der Reisende, 1. Staffel Regie: Bob Bowman

The Next Generation (1987): Mission Farpoint, 1. Staffel, Regie: Corey Allen

The Next Generation (1988): 11001001, 1. Staffel, Regie: Paul Lynch

The Next Generation (1988): Begegnung mit der Vergangenheit, 1. Staffel, Regie: Robert Becker

The Next Generation (1988): Der große Abschied, 1. Staffel, Regie: Joseph L. Scanlan

The Next Generation (1988): Der unmögliche Captain Okona, 2. Staffel, Regie:

The Next Generation (1988): Illusion oder Wirklichkeit?, 2. Staffel, Regie: Winrich Kolbe

The Next Generation (1988): Sherlock Data Holmes, 2. Staffel, Regie: Bob Bowman

The Next Generation (1989): Andere Sterne, andere Sitten, 2. Staffel, Regie: Bob Bowman

The Next Generation (1989): Auf schmalem Grat, 3. Staffel, Regie: David Carson

The Next Generation (1989): Brieffreunde, 2. Staffel, Regie: Winrich Kolbe

The Next Generation (1989): Das Herz eines Captains, 2. Staffel, Regie: Les Landau

The Next Generation (1989): Der Austauschoffizier, 2. Staffel, Regie: Bob Bowman

The Next Generation (1989): Der Planet der Klone, 2. Staffel, Regie: Winrich Kolbe

The Next Generation (1989): Der stumme Vermittler, 2. Staffel, Regie: Larry Shaw

The Next Generation (1989): Die Iconia-Sonden, 2. Staffel, Regie: Joseph L. Scanlan

The Next Generation (1989): Die Macht der Paragraphen, 3. Staffel, Regie: Cliff Bole

The Next Generation (1989): Die Thronfolgerin, 2. Staffel, Regie: Bob Bowman

The Next Generation (1989): Die Zukunft schweigt, 2. Staffel, Regie: Joseph L. Scanlan

The Next Generation (1989): Galavorstellung, 2. Staffel, Regie: Robert Scheerer

The Next Generation (1989): Klingonenbegegnung, 2. Staffel, Cliff Bole

The Next Generation (1989): Klingonenbegegnung, 2. Staffel, Regie: Cliff Bole

The Next Generation (1989): Mutterliebe, 3. Staffel, Regie: Winrich Kolbe

The Next Generation (1989): Rikers Vater, 2. Staffel, Regie: Robert Iscove

The Next Generation (1989): Yuta, die letzte ihres Clans, 3. Staffel, Regie: Timothy Bond

The Next Generation (1989): Zeitsprung mit Q, 2. Staffel, Regie: Rob Bowman

The Next Generation (1990): Der schüchterne Reginald, 3. Staffel, Regie: Cliff Bole

The Next Generation (1990): Der Überläufer, 3. Staffel, Regie: Robert Scheerer

The Next Generation (1990): Die letzte Mission, 4. Staffel, Regie: Corey Allen

The Next Generation (1990): Die Sünden des Vaters, 3. Staffel, Regie: Les Landau

The Next Generation (1990): Familienbegegnung, 4. Staffel, Regie: Les Landau

The Next Generation (1990): In den Händen der Borg, 3. Staffel, Regie: Cliff Bole

The Next Generation (1990): Noch einmal Q, 3. Staffel, Regie: Les Landau

The Next Generation (1990): Picard macht Urlaub, 3. Staffel, Regie: Chip Chalmers

The Next Generation (1990): Rettungsoperation, 4. Staffel, Regie: Robert Scheerer

The Next Generation (1990): Riker unter Verdacht, 3. Staffel, Regie: Cliff Bole

The Next Generation (1990): Tödliche Nachfolge, 4. Staffel, Regie: Jonathan Frakes

The Next Generation (1991): Augen in der Dunkelheit, 4. Staffel, Regie: Les Landau

The Next Generation (1991): Datas Tag, 4. Staffel, Regie: Robert Wiemer

The Next Generation (1991): Der Rachefeldzug, 4. Staffel, Regie: Chip Chalmers

The Next Generation (1991): Die Auflösung, 4. Staffel, Regie: Les Landau

The Next Generation (1991): Fähnrich Ro, 5. Staffel, Regie: Les Landau

The Next Generation (1991): Gefährliche Spielsucht, 5. Staffel, Regie: Corey Allen

The Next Generation (1991): Gefangen in der Vergangenheit, 4. Staffel, Regie: Cliff Bole

The Next Generation (1991): Odan, der Sonderbotschafter, 4. Staffel, Regie: Marvin V. Rush

The Next Generation (1992): Die Soliton-Welle, 5. Staffel, Regie: Robert Scheerer

The Next Generation (1992): Ein missglücktes Manöver, 5. Staffel, Regie: Paul Lynch

The Next Generation (1992): Geheime Mission auf Celtris III – Teil 1, 6. Staffel, Regie: Robert Scheerer

The Next Generation (1992): Ich bin Hugh, 5. Staffel, Regie: Robert Lederman

The Next Generation (1992): So nah und doch so fern, 5. Staffel, Regie: David Carson

The Next Generation (1993): Angriff der Borg – Teil 1, 6. Staffel, Regie: Alexander Singer

The Next Generation (1993): Angriff der Borg – Teil 2, 7. Staffel, Regie: Alexander Singer

The Next Generation (1993): Das fehlende Fragment, 6. Staffel, Regie: Jonathan Frakes

The Next Generation (1993): Das Interface, 7. Staffel, Regie: Robert Wiemer

The Next Generation (1993): Das Schiff in der Flasche, 6. Staffel, Regie: Alexander Singer

The Next Generation (1993): Der Feuersturm, 6. Staffel, Regie: Robert Wiemer

The Next Generation (1993): Kontakte, 7. Staffel, Regie: Jonathan Frakes

The Next Generation (1994): Am Ende der Reise, 7. Staffel, Regie: Corey Allen

The Next Generation (1994): Beförderungen, 7. Staffel, Regie: Gabrielle Beaumont

The Next Generation (1994): Gestern, heute, morgen, 7. Staffel, Regie: Winrich Kolbe

The Next Generation (1994): Utopia Planitia, 7. Staffel, Regie: Chris Bole

Thich Nhat Hanh/Anh-Huong, Nguyen (2008): Geh-Meditation, 5. Auflage, München

Tuckman, Bruce W. (2001): Developmental Sequence in Small Groups; in: Group Facilitation: A Research and Applications Journal - Number 3, S. 66-81

Türk, Klaus (1981): Personalführung und soziale Kontrolle, Stuttgart

Unglaublich: «Star Trek: Discovery» wird stärker und stärker und stärker, 08.03.2019, in: http://www.quotenmeter.de/n/107764/unglaublich-star-trek-discovery-wird-staerker-und-staerker-und-staerker, Zugriff 07.06.2020

Vgl. The Next Generation (1991): Gefangen in der Vergangenheit, 4. Staffel

Volland,, Eckart (2000): Grundriss der Soziobiologie, 2. Auflage, Heidelberg

Voyager (1995): Bewusstseinsverlust, 1. Staffel, Regie: Kim Friedman

Voyager (1995): Das Holo-Syndrom, 2. Staffel, Regie: Jonathan Frakes

Voyager (1995): Das oberste Gesetz, 1. Staffel, Regie: Les Landau

Voyager (1995): Der Fürsorger, 1. Staffel, Regie: Winrich Kolbe

Voyager (1995): Der mysteriöse Nebel, 1. Staffel, Regie: David Livingston

Voyager (1995): Die Parallaxe, 1. Staffel, Regie: Kim Friedman

Voyager (1995): Erfahrungswerte, 1. Staffel, Regie: David Livingston

Voyager (1995): Helden und Dämonen, 1. Staffel, Regie: Les Landau

Voyager (1996): Allianzen, 2. Staffel, Regie: Les Landau

Voyager (1996): Das Ultimatum, 2. Staffel, Regie: Marvin Rush

Voyager (1996): Der Kampf ums Dasein – Teil 1, 2. Staffel, Regie: Winrich Kolbe

Voyager (1996): Der Kriegsherr, 3. Staffel, Regie: David Livingston

Voyager (1996): Lebensanzeichen, 2. Staffel, Regie: Cliff Bole

Voyager (1996): Makrokosmos, 3. Staffel, Regie: Alexander Singer

Voyager (1996): Tuvoks Flashback, 3. Staffel, Regie: David Livingston

Voyager (1996): Unschuld, 2. Staffel, Regie: James L. Conway

Voyager (1996): Vor dem Ende der Zukunft – Teil 1, 3. Staffel, Regie: David Livingston

Voyager (1996): Vor dem Ende der Zukunft – Teil 2, 3. Staffel, Regie: Cliff Bole

Voyager (1997): Apropos Fliegen, 4. Staffel, Regie: Jesus Trevino

Voyager (1997): Charakterelemente, 3. Staffel, Regie: Alexander Singer

Voyager (1997): Das andere Ego, 3. Staffel, Regie: Robert Picardo

Voyager (1997): Das wirkliche Leben, 3. Staffel, Regie: AnsonWilliams

Voyager (1997): Das Wurmloch, 3. Staffel, Regie: Cliff Bole

Voyager (1997): Der Isomorph, 4. Staffel, Regie: Kenneth Biller

Voyager (1997): Der schwarze Vogel, 4. Staffel, Regie: LeVar Burton

Voyager (1997): Der Wille, 3. Staffel, Regie: Nancy Malone

Voyager (1997): Die Gabe, 4. Staffel, Regie: Anson Williams

Voyager (1997): Die Kooperative, 3. Staffel, Regie: Robert Duncan McNeill

Voyager (1997): Ein Jahr Hölle – Teil 1, 4. Staffel, Regie: Allan Kroeker

Voyager (1997): Gewalttätige Gedanken, 4. Staffel, Regie: Alexander Singer

Voyager (1997): Leben nach dem Tod, 4. Staffel, Regie: Allan Kroeker

Voyager (1997): Rebellion Alpha, 3. Staffel, Regie: Alexander Singer

Voyager (1997): Skorpion – Teil 1, 3. Staffel, Regie: David Livingston

Voyager (1997): Skorpion – Teil 2, 4. Staffel, Regie: Winrich Kolbe

Voyager (1997): Verwerfliche Experimente, 4. Staffel, Regie: David Livingston

Voyager (1998): 30 Tage, 5. Staffel, Regie: Winrich Kolbe

Voyager (1998): Dämon, 4. Staffel, Regie: AnsonWilliams

Voyager (1998): Die Omega Direktive, 4. Staffel, Regie: Victor Lobl

Voyager (1998): Es war einmal …, 5. Staffel, Regie: John Kretchmer

Voyager (1998): Extreme Risiken, 5. Staffel, Regie: Cliff Bole

Voyager (1998): Flaschenpost, 4. Staffel, Regie: Nancy Malone

Voyager (1998): Im Rückblick, 4. Staffel, Regie: Jesus Trevino

Voyager (1998): In Fleisch und Blut, 5. Staffel, Regie: David Livingston

Voyager (1998): In Furcht und Hoffnung, 4. Staffel, Regie: Winrich Kolbe

Voyager (1998): Jäger, 4. Staffel, Regie: David Livingston

Voyager (1998): Nacht, 5. Staffel, Regie: David Livingston

Voyager (1999): 23:59, 5. Staffel, Regie: David Livingston

Voyager (1999): Barke des Toten, 6. Staffel, Regie: Mike Vejar

Voyager (1999): Dame, Doktor, Ass, Spion, 6. Staffel, Regie: John Bruno

Voyager (1999): Das Generationsschiff, 5. Staffel, Regie: David Livingston

Voyager (1999): Das Pfadfinder-Projekt, 6. Staffel, Regie: Mike Vejar

Voyager (1999): Das ungewisse Dunkel , 5. Staffel, Regie: Cliff Bole

Voyager (1999): Equinox – Teil 2, 6. Staffel, Regie: David Livingston

Voyager (2000): Asche zu Asche, 6. Staffel, Regie: Terry Windell

Voyager (2000): Aus Fleisch und Blut – Teil 1, 7. Staffel, Regie: Mike Vejar

Voyager (2000): Der Virtuose, 6. Staffel, Regie: Les Landau

Voyager (2000): Fair Haven, 6. Staffel, Regie: Allan Kroeker

Voyager (2000): Icheb, 6. Staffel, Regie: Mike Vejar

Voyager (2000): Nachtigall, 7. Staffel, Regie: LeVar Burton

Voyager (2000): Rennen, 7. Staffel, Regie: Winrich Kolbe

Voyager (2000): Unimatrix Zero – Teil 1, 6. Staffel, Regie: Allan Kroeker

Voyager (2000): Unterdrückung, 7. Staffel, Regie: Winrich Kolbe

Voyager (2001): Die Arbeiterschaft – Teil 1, 7. Staffel, Regie: Allan Kroeker

Voyager (2001): Die Arbeiterschaft – Teil 2, 7. Staffel, Regie: Roxann Dawson

Voyager (2001): Die Leere, 7. Staffel, Regie: Mike Vejar

Voyager (2001): Die Prophezeiung, 7. Staffel, Regie: Terry Windell

Voyager (2001): Endspiel, 7. Staffel, Regie: Allan Kroeker

Weick, Karl (2008) Plans in case you are stuck; in: Mintzberg, Henry/Lampel, Joseph/Ahlstrand, Bruce (Hg.): Strategy bites back, Harlow, Great Britain, S. 50-53

Weick, Karl E. (1996): Drop Your Tools: An Allegory for Organizational Studies, in: Administrative Science Quarterly, Jun., S. 301-313

Wuketits, Franz M. (2002): Was ist Soziobiologie?, München

Zimbardo, Philip G./Gerrig, Richard J. (2004): Psychologie. 16. Auflage München